आनंद की राह

आनंद की राह

राजेंद्र तिवारी

प्रकाशक

प्रभात पेपरबैक्स

प्रभात प्रकाशन प्रा. लि. का उपक्रम

4/19 आसफ अली रोड, नई दिल्ली–110002

फोन : 23289777 • हेल्पलाइन नं. : 7827007777

इ–मेल : prabhatbooks@gmail.com ❖ वेब ठिकाना : www.prabhatbooks.com

संस्करण

प्रथम, 2022

मूल्य

तीन सौ रुपए

मुद्रक

आर–टेक ऑफसेट प्रिंटर्स, दिल्ली

ANAND KI RAAH

by Shri Rajendra Tiwari

Published by **PRABHAT PAPERBACKS**

An imprint of Prabhat Prakashan Pvt. Ltd.

4/19 Asaf Ali Road, New Delhi-110002

ISBN 978-93-5521-274-0

₹ 300.00

प्रस्तावना

प्रत्येक व्यक्ति के जीवन में एक ही प्रश्न और उत्कंठा है कि हम आनंदित कैसे रहें? मनुष्य का अंतर्निहित स्वभाव आनंदित रहने का है। सुख और आनंद में बहुत अंतर है। सुख किसी वस्तु अथवा परिस्थिति से जुड़ा होता है। वांछित वस्तु या अनुकूल परिस्थिति पक्ष में हो तो सुख का आभास होता है, परंतु इसके विपरीत, यदि परिस्थिति मनमाफिक नहीं है और जिसकी चाह है, वह प्राप्त नहीं हो पाए तो दुःखी होने लगते हैं, अर्थात् सुख के पीछे दुःख है और दुःख के पीछे सुख, परिणामतः जीवन द्वंद्वमय बना रहता है। भौतिक जीवन सुख व दुःखरूपी झूले की परिस्थितियों में झूलता रहता है, लेकिन शाश्वत आनंद किसी वस्तु अथवा परिस्थिति-विशेष से संबंधित नहीं है, इसके लिए एकमात्र रास्ता अध्यात्म का है।

अध्यात्म, धर्म-निरपेक्ष होकर अस्तित्व सापेक्ष है, अर्थात् ईश्वर, अस्तित्व अथवा प्रकृति से जुड़ने की प्रेरणा देता है एवं साथ-ही-साथ इनसे जुड़ने की प्रक्रिया भी इंगित करता है। अध्यात्म और धर्म में अंतर है। धर्म कर्तव्य का द्योतक है और अध्यात्म तत्त्व का द्योतक है। अध्यात्म, आत्म-तत्त्व व परम-तत्त्व के आभास का विषय है। आध्यात्मिक चिंतन के माध्यम से हम भेदभावरहित होकर अस्तित्व के साथ एकाकार हो जाते हैं, द्वंद्व से परे हो जाते हैं और ईश्वर से जुड़ जाते हैं, संपूर्ण प्रकृति से जुड़ जाते हैं। अतएव अध्यात्म संपूर्णरूपेण होकर चित्त की अवस्था में स्थित आनंद की ओर ले जाता है। इस मायने में अध्यात्म संपूर्णानंद होकर सच्चिदानंद की ओर प्रवृत्त करता है। मानव की 'सभ्यता' (जीवन के उपकरण) से 'संस्कृति' (जीवन के मूल्य) की यात्रा, दरअसल मूलाधार चक्र से सहस्रार चक्र की अथवा सुख से आनंद की यात्रा है, जिसकी प्रेरणा एवं यात्रा की राह अध्यात्म निर्धारित करता है।

सामान्य जीवनयापन करते हुए भी आध्यात्मिक चिंतन का व्यक्ति कर्मफल, अहंकार, विषय-वासनाएँ, सुख-दुःख, ज्ञान, बुद्धिरूपी आवश्यक जीवन तत्त्वों को स्वीकार्य भाव से अनुभव कर अंततः 'आनंद' की ओर उन्मुख होता है। आनंद वह

विशिष्ट अवस्था है, जो कामनाओं-वासनाओं को प्रेम में, धन के अहंकार को संतुष्टि या प्रचुरता के बोध में एवं पद के अहंकार को जिम्मेदारी के भाव या कर्तव्यबोध में रूपांतरित करता है।

अत: मानव जीवन का उद्देश्य सुख, सुविधा, धनोपार्जन, पद, प्रतिष्ठा से परे होकर आनंद प्राप्ति का होना चाहिए, क्योंकि आनंद के माध्यम से ही मनुष्य कामनाओं अथवा धन अथवा पद के नकारात्मक पहलुओं को सकारात्मक अवयवों के रूप में रूपांतरित कर पाता है एवं इस प्रक्रिया में (जो मूलत: आध्यात्मिक प्रक्रिया होती है), वह आनंद के विभिन्न स्वरूपों से साक्षात्कार कर पाता है। इसी कारण 'काम और अर्थ' को 'धर्म' के सुरक्षा कवच की धारणा में रखते हुए अंतिम लक्ष्य 'मोक्ष' प्राप्ति का माना गया है।

इस पुस्तक में लेखक ने अपने स्वयं के अनुभवों, अध्ययन एवं विचारों को बहुत ही सहज, सरल तथा उद्धरणों के साथ समझाया है। पुस्तक की विषय-वस्तु व प्रस्तुत ज्ञान से प्रकट होता है कि लेखक श्री राजेंद्र तिवारी ने गहन अध्ययन, मनन, चिंतन द्वारा अध्यात्म व भक्ति से संबंधित विभिन्न विषयों को बड़ी सरलता से प्रतिपादित किया है।

श्री तिवारी की पूर्व प्रकाशित पुस्तक, 'मृत्यु' एवं उसके बाद की स्थिति के विषय पर लिखी गई थी, जबकि यह पुस्तक 'जीवन' को अध्यात्म के माध्यम से आनंदित बनाने के व्यावहारिक पहलुओं पर लिखी गई है।

मै आशा करता हूँ कि पाठकगण इस पुस्तक के अध्ययन से आध्यात्मिक तौर पर लाभान्वित होंगे एवं सभ्यता से संस्कृति, मूलाधार चक्र से सहस्रार चक्र एवं सुख से आनंद की ओर यात्रा प्रारंभ करेंगे।

अनंत मंगल कामनाओं सहित—

माघ शुक्ल 5, वसंत पंचमी
दिनांक 5 फरवरी, 2022

(जस्टिस आनंद पाठक)
(मध्य प्रदेश उच्च न्यायालय के न्यायमूर्ति)
ग्वालियर (म.प्र.)

लेखक का निवेदन

विश्व में सभी ओर अशांति का साम्राज्य अपना वर्चस्व बना रहा है। कलह, संघर्ष, युद्ध, नकारात्मकता, ईर्ष्या, अहं की प्रतिस्पर्धा में शांतिविहीन समाज का स्वरूप बन रहा है। मानसिक रूप से लोग अशांत हैं और आंतरिक सुख व आनंद विलुप्त हो रहा है। भौतिक स्तर पर चिंतन करें तो प्रत्येक व्यक्ति में अभाव, अपूर्णता की सोच और असंतुष्टता पनप रही है। आध्यात्मिक धरातल पर विचार करें तो अधिकांश चिंतक इसी प्रयास में हैं कि उनका मन शांत और संतुष्ट कैसे हो? व्यक्ति हो या समाज का कोई अंग, अधिकांश भटकाव की स्थिति में हैं। प्रश्न यह है कि सांसारिक, सामाजिक, पारिवारिक, प्रशासनिक व्यवस्थाओं के अधीन रहते हुए व्यक्ति को सुख, संतुष्टि, शांति व आनंद कैसे प्राप्त हो?

मैं निश्चयात्मक रूप से यह मानता हूँ कि इस हेतु व्यक्ति को सिर्फ अपने अंदर आंतरिक शांति का आभास करना है, चिंतन का स्वरूप आध्यात्मिक बनाना है और इसके अलावा कहीं भी भटकना नहीं है, कहीं भी जाना नहीं है। अध्यात्म का तात्पर्य किसी धर्म-विशेष से नहीं है, बल्कि आध्यात्मिकता हमारी जीवन-शैली को निर्धारित करती है और प्रत्येक व्यक्ति को सही व गलत के भेद को निरपेक्ष-भाव से निर्णय लेने का रास्ता दिखाती है। जिस व्यक्ति में जितना अधिक आध्यात्मिक चिंतन होगा, वह उतना ही विवेकशील होगा। समाज के बिगड़ते स्वरूप का कारण व्यक्ति के अंदर आध्यात्मिक चिंतन का अभाव होना ही है, लेकिन विडंबना यह है कि यदि हम प्रशासनिक और राजनीतिक स्तर पर अध्यात्म की बात करते हैं तो कुछ नासमझ लोग इसे सांप्रदायिकता का नाम देकर लांछित करने लगते हैं। त्रुटि यह हो रही है कि वे मजहब, रिलीजन, सांप्रदायिकता और धर्म के आईने में अध्यात्म को देखते हैं तथा इसी कारण उन्हें अध्यात्म के विभिन्न स्वरूप प्रतीत होते हैं, जबकि आध्यात्मिक चिंतन ऐसा केंद्रबिंदु है, जहाँ कोई द्वंद्व और भेदभाव नहीं है। आध्यात्मिक चिंतन के माध्यम से हम सामाजिक जागृति, समाज की अवधारणा और संपूर्ण विश्व का बोध करते हैं। अध्यात्म का संबंध

विचारों के तंत्र से है और समाज की आवश्यकताओं को समग्र रूप में उजागर करनेवाले दृष्टिकोण से है। सामान्यतया यह कहा जाता है कि आध्यात्मिक क्षेत्र सिर्फ संत-महात्माओं और भक्ति के क्षेत्र से जुड़े व्यक्तियों के लिए है, परंतु यह त्रुटिपूर्ण सोच है। वस्तुतः जो भी व्यक्ति आध्यात्मिक चिंतन के स्वरूप को अंगीकार करेगा, वह जीवन में कभी भी कोई गलत कार्य नहीं कर सकता है। उसका प्रत्येक निर्णय निरपेक्ष व न्यायपूर्ण होगा और उससे उसे आंतरिक सुख एवं शांति प्राप्त होगी।

हमें अपने चिंतन की दिशा में सिर्फ परिवर्तन भर करना है। हम जीवन भर दूसरों के बारे में जानने का प्रयास करते रहे हैं, लेकिन स्वयं को जानने व पहचानने की तरफ ध्यान नहीं देते हैं। प्रथमतः तो हमें स्वयं का ही परिचय ज्ञात नहीं है। परिचय से तात्पर्य यह नहीं है कि स्वयं का नाम, पिता का नाम, योग्यता, जाति, धर्म, निवास की जानकारी हो। वस्तुतः यह तो सिर्फ वे सूचनाएँ हैं, जिनका नामकरण कर दिया गया है। हम जीवन भर इन सूचनाओं और परिचय का प्रचार, प्रसार करते रहे हैं। ऐसा परिचय तो सिर्फ बाहरी आवरण का है। इस पुस्तक में मैंने यह प्रयास किया है कि प्रत्येक व्यक्ति स्वयं का स्वयं से परिचय करने की प्रक्रिया समझ ले। कैसी विडंबना है कि हमें हमारे शिक्षणकाल में उस ज्ञान को परोसा ही नहीं गया, जो आनंद के आभास की राह बताता हो। प्रत्येक व्यक्ति का उद्‌देश्य आनंद में रहने का है। मैं पूछता हूँ, आनंद का आभास कहाँ होता है? मन में? तो फिर पहले अपने मन को ही समझ लें कि आखिर यह क्या बला है और हमारे मन ने अपनी चालों से हमें चकरघिन्नी बनाकर रखा है।

मनुष्य के अंदर ईश्वर ने ऐसे नैसर्गिक गुण समाहित किए हैं, जिनसे अंतःकरण में किसी भी परिस्थिति को स्वीकार करने अथवा नहीं करने का आभास उसे स्वतः एवं स्वाभाविक रूप से होता है। नैसर्गिक गुणों को कोई भी निर्मित नहीं कर सकता और न ही कोई मिटा सकता है। मनुष्य के अंतःकरण को द्वंद्व, भ्रम, अवसाद, चिंता, व्यग्रता, असंतोष, असंतुलन, क्लेश आदि ग्राह्य नहीं हैं। प्रसन्न रहना एक स्वाभाविक गुण है, लेकिन क्रोधित होना अस्वाभाविक है। कोई भी व्यक्ति लगातार हमेशा प्रसन्न तो रह सकता है, लेकिन निरंतर हमेशा के लिए क्रोधित नहीं हुआ जा सकता। इसी प्रकार प्रेम, सहयोग, दया, सकारात्मक सोच स्वाभाविक गुण हैं। यह कहना भी अनुचित नहीं होगा कि अस्वाभाविक गुणों का प्रकटीकरण जब होने लगे तो मनुष्य को स्वमेव अस्वस्थ होना मान लेना चाहिए। चाणक्य कहते हैं कि अनंत इच्छाएँ और वासना के समान कोई व्याधि नहीं है, मोह के समान कोई अन्य शत्रु नहीं है, क्रोध के समान स्वयं को जलानेवाला अन्य कोई नहीं है और ज्ञान के समान अन्य कोई दूसरा सुख व आनंद देनेवाला नहीं है। इस पुस्तक में स्वयं का स्वयं से साक्षात्कार, ईश्वर का आभास, मन की भूमिका, सुखपूर्वक आनंदित जीवन से जुड़े अनेक विषयों को परोसा है और मैं विश्वासपूर्वक कहता हूँ कि

व्यावहारिक जीवन में आनंद की राह का एकमात्र साधन अध्यात्म है, जो इस पुस्तक के माध्यम से ज्ञात हो सकेगा।

मैंने इस पुस्तक के अनेक विषयों में ऐसा उल्लेख किया है कि ध्यानावस्था में मैंने ईश्वर से वार्त्तालाप किया है और इससे पाठकगण कुछ संशय की स्थिति में भी हो सकते हैं। वस्तुतः जब पूर्णतः प्रत्येक प्रकार के रिश्तों, स्वयं की पहचान और अहं से परे होकर शून्यावस्था में ध्यानस्थ होते हैं तो उस समय स्वतः ही स्वयं के ही अंदर से निरपेक्षतापूर्वक जवाब आते हैं। ठीक उसी समय ईश्वर अंश स्वतः ही आभासित होने लगता है। ऐसे ही प्रसंग को मैंने अभिलिखित किया है।

मेरा एक निवेदन यह भी है कि सम्माननीय पाठकगण विषय-विशेष से संबंधित पूर्वग्रह से मुक्त होकर इस पुस्तक को पढ़ना प्रारंभ करें, जैसे कि पूर्व से लिखी हुई एक स्लेट पर पुनः अन्य कुछ लिखा जाए तो भ्रम और संशय की स्थिति बनेगी और विषय समझने में परेशानी होगी, अर्थात् मानसिक पटल पर यदि पूर्व से कोई धारणा निर्मित है तो उसे एक तरफ कर दें और निश्चिंत हो जाएँ।

(राजेंद्र तिवारी)
एडवोकेट
तिवारी लेन, छोटा बाजार
दतिया-475661 (म.प्र.)
फोन नं.: 07522 238333,
मो. नं.: 9425116738
इ-मेल : Rajendra.rt.tiwari@gmail.com

अनुक्रम

1

अध्यात्म क्या है?

व्यक्ति के जीवन में समस्त समस्याओं का समाधान, जीवन का आनंद, आध्यात्मिक चिंतन में ही संभव है। आध्यात्मिकता से भारत की पहचान है। भारत के तत्कालीन मानव संसाधन मंत्री डॉ. मुरली मनोहर जोशी ने मुझे एक पत्र के जवाब में लिखा था कि 'आम आदमी के नैतिक मूल्यों में हो रही गिरावट का कारण आध्यात्मिकता का ह्रास होना है।'

क्या हमने कभी ध्यान दिया है कि हम प्रत्येक क्षण 'अपने स्वयं' के साथ चर्चा करते रहते हैं। प्रत्येक विषय पर हमेशा हम 'अपने स्वयं' से चर्चा करते हैं कि 'अमुक कार्य किया जाए या नहीं किया जाए?' 'अमुक व्यक्ति से मिला जाए या नहीं, चर्चा की जाए या नहीं?' प्रश्न यह है कि किसके साथ होती है यह चर्चा? जब आप अपने स्वयं के साथ चर्चा करते हैं तो ध्यान दिया होगा कि उन क्षणों में आप अपने ही अंदर दो हैं, एक आप और दूसरा आपके अंदर वह, जिसके साथ आप चर्चा कर रहे हैं। उसका अस्तित्व प्रत्येक में अदृश्य है और यदि आप यह सोचते हैं कि उस 'अस्तित्व' का आभास कर सकें अथवा उससे परिचित होना चाहते हैं तो इसका तात्पर्य यह होगा कि आप आध्यात्मिक अभिरुचि के व्यक्ति हैं। ऐसा सभी के साथ है, चाहे वह किसी भी धार्मिक व मजहबी विचारधारा का हो। आध्यात्मिक चिंतन और धर्म में बहुत अंतर है। आध्यात्मिक चिंतन के माध्यम से हम स्वयं की जागृति, स्वयं की अवधारणा और स्वयं के अस्तित्व के आभास से संपूर्ण ब्रह्म का बोध कर सकते हैं। यहाँ स्वयं के अस्तित्व का तात्पर्य हमारे भौतिक अथवा सामाजिक व्यक्तित्व से नहीं है। अस्तित्व, अर्थात् निरपेक्ष भाव के साथ विवेकशील आत्मभाव का बोध, जो प्रत्येक समय हमारे साथ है, लेकिन हम उसके आभास से विमुख बने रहते हैं। यह कतई आवश्यक नहीं है कि सिर्फ पूजा-पाठ करनेवाला व्यक्ति ही आध्यात्मिक हो। अध्यात्म का विषय मन व चिंतन से जुड़ा हुआ है।

समाज के अंदर अनेक प्रकार की फैल रही विकृतियों से छुटकारा पाने का

एकमात्र उपाय किसी कानून या दंड-विधान से संभव नहीं है, बल्कि इस हेतु सिर्फ आध्यात्मिक चिंतन ही एकमात्र रास्ता है। जिस व्यक्ति के चिंतन की दिशा आध्यात्मिक हो जाती है, उसके मन, वचन, कर्म में एकरूपता होने लगती है। मन स्वयं के वश में होने लगता है, मन चंचलता से परे होने लगता है। मन शांत एवं अनुशासित होने लगता है, विपरीत परिस्थिति में दुःखी और अनुकूल परिस्थिति में खुश होने से परे हो जाता है। आध्यात्मिक व्यक्ति के निकट का वातावरण सकारात्मक रहता है, उसका मन विचलित एवं व्याकुल नहीं रहता है। वह उत्तेजित, आवेशित, असंयत, असंगत, असभ्य व अशिष्ट नहीं होता है। उसके चेहरे से एक शांति का भाव प्रकट होता है। उसमें घृणा, ईर्ष्या, क्रोध एवं भय नहीं रहता। उसमें लाभ, हानि का प्रभाव नहीं होगा, वह द्वंद्व से परे होगा, कभी भी उदास नहीं होगा और हीनभावना से ग्रसित भी नहीं रहेगा। वह उल्लास व नवीनता से ओत-प्रोत रहेगा। आध्यात्मिक व्यक्ति में अन्याय, क्रूरता, पक्षपात की प्रवृत्ति नहीं रहती है। इस संसार को यदि सुखमय और आनंददायक बनाना है, आतंक, उत्तेजना, परनिंदा, अलगाव एवं धन संचय की प्रवृत्ति से यदि निजात पानी है तो आध्यात्मिक चिंतन ही एकमात्र रास्ता है। दया, प्रेम-भाव, करुणा, सत्कर्म, सद्भावना, क्षमाभाव, मैत्रीभाव, सेवाभाव, बैरत्याग, भयहीनता, निःशंकता, निःशोकता, निश्चिंतता, निःस्वार्थता, कर्तव्यपरायणता आदि नैसर्गिक सद्गुण आध्यात्मिक चिंतन से ही व्यक्ति के स्वभाव में स्वअवतरित होने लगते हैं।

क्या हमने कभी सोचा है कि जीवन का उद्देश्य क्या है? जीवन का अर्थ क्या है? शारीरिक सुख और उपभोग जीवन के उद्देश्य नहीं हो सकते है। प्रत्येक दिन खाना, सोना, पढ़ना, घूमना, काम करना ही मात्र जीवन के उद्देश्य नहीं हैं। हम कभी शरीर-जीवन की लंबाई का आकलन नहीं करते हैं, जबकि इसे गणित के माध्यम से दिनों एवं घंटों में नापा जा सकता है। हम अपनी अधिकतम आयु का अनुमान करते हुए जीवन के शेष बचे हुए वर्षों में 365 का गुणन यदि करें तो शेष बचे हुए दिन हम गिन सकते हैं। ध्यान रखना होगा कि संपूर्ण जीवन में हम 1/3 समय तो सिर्फ सोने में व्यतीत करते हैं। (सामान्यतया 8 घंटे सोते हैं), अर्थात् यदि 90 वर्ष अधिकतम आयु का अनुमान करें तो 30 वर्ष सिर्फ सोने में व्यतीत किए, शेष बचे हुए दिनों का हिसाब लगाएँ तो कुछ वर्ष नहाने-धोने, कुछ वर्ष भोजन करने में, कुछ वर्ष लड़ाई-झगड़े व प्रपंचों में व्यतीत हो गए। सामान्यतया जीवन का अधिकांश समय आहार, निद्रा व मैथुन में ही व्यतीत हो जाता है और हम सभी को यह बात अच्छी तरह समझ लेनी चाहिए कि सिर्फ आहार, निद्रा, मैथुन तक ही सीमित रहना पशुगुण है। मनुष्य जीवन का उद्देश्य आत्मज्ञान, आत्मतत्त्व का आभास करना है। प्रश्न तो यह है कि अब हमारे पास कितना समय आध्यात्मिक चिंतन के लिए बचा है?

आध्यात्मिक चिंतन में ही आनंद का खजाना है। हम या तो व्यतीत हुए समय में अथवा भविष्यकाल में रहते हैं, लेकिन वर्तमान समय के साथ कभी नहीं रहते हैं। एक्कार्ट टेली कहता है कि "वर्तमान समय ही है, जिसका आपको अपने अंदर आभास करना है। व्यतीत हुए समय के संदर्भ में सोचना अथवा भविष्य की चिंता में बने रहने की अपेक्षा हमें वर्तमान समय पर ही ध्यान केंद्रित करना है, तभी हम जागृत अवस्था का अनुभव करेंगे और तब हम पाएँगे कि हम समय के बंधन से मुक्त हैं।" वस्तुतः ध्यान (मेडीटेशन) के समय वर्तमान समय के अस्तित्व का अनुभव करने योग्य है, तब हम पाएँगे कि आनंद स्वतः ही आभासित हो रहा है और यही वह स्थिति होगी, जब सिर्फ 'होने' (बीइंग) का अनुभव कर सकते हैं। इस स्थिति में 'मैं' समाप्त हो जाता है और सिर्फ 'हूँ' का आभास होता है। इस स्थिति को शब्दों के माध्यम से व्यक्त नहीं किया जा सकता, क्योंकि यह विषय आंतरिक अनुभव का है, इसकी व्याख्या नहीं की जा सकती और न ही इसे किसी भी प्रकार से वर्णित किया जा सकता है, जब हम पूर्णतः बाहरी संसार से विच्छेदित होकर अपने मन को स्थिर करते हुए ध्यानस्थ होते हैं, तब 'होने' का आभास (सेंस ऑफ बीइंग) होता है और यही आत्म-अनुभूति है।

आध्यात्मिक चिंतन का एक उद्देश्य सत्यता व यथार्थता को जानना भी है। वस्तुतः व्यक्ति के अंदर एक शोर हो रहा है और वह उसने अपनी ही कुछ अनाप-शनाप बातें सुनकर बसा लिया है, स्वयं के ही स्वर को सुनता और सुनाता रहता है। उस स्थिति में सत्य का ज्ञान नहीं हो सकता। महान् चिंतक जे. कृष्णमूर्ति ने कहा है कि "जब हम अपनी प्रतिबद्धता के अनुसार, अपने पूर्वग्रह के अनुसार व्याख्या करने लगते हैं, रूपांतरित करने लगते हैं, तब हम सत्य को खो देते हैं।" उन्होंने कहा कि "यदि कोई व्यक्ति जरा भी गंभीर है तो वह जीवन की एक ऐसी शैली का पता लगाए, जिसमें उसके अस्तित्व के किसी भी तल पर किसी भी तरह का द्वंद्व न हो।"

यदि मैं आपसे पूछूँ, "आप कैसे दिख रहे हैं ?" इस प्रश्न पर या तो आप किसी आईने के समक्ष जाएँगे या किसी अन्य से पूछताछ करेंगे और उसके पश्चात् आप जवाब देंगे, "मैं बहुत सुंदर हूँ।" परंतु यह जवाब तो आपने आईने में देखकर अथवा किसी अन्य से पूछकर बताया है और ऐसा जवाब किसी अन्य की सूचना पर आधारित है। जिसे मात्र सूचनात्मक जानकारी कहा जाएगा। आप स्वयं को तो सीधा देख ही नहीं सकते हैं। इसी तरह आपका स्वयं के संदर्भ में आकलन, दूसरों की राय पर निर्भर रहता है। स्वयं से पूछिए कि 'मैं' कैसा हूँ ? इस प्रश्न का जवाब अपने स्वयं में ईमानदारी से तलाश करने पर जो जवाब आएगा, वही स्वयं के संदर्भ में सही आकलन होगा। हमें यह कोशिश करनी है कि निरपेक्षतापूर्वक अपने स्वयं के कार्यों का, स्वयं को साक्षी मानते हुए स्वयं ही आकलन करें। इस प्रकार हम हमारे संदर्भ में दूसरों के द्वारा प्रकट की गई टिप्पणियाँ,

चाहे वह सकारात्मक हों अथवा नकारात्मक, उनसे प्रभावित नहीं होंगे। सच कहा जाए तो व्यक्ति स्वयं का सबसे अच्छा परीक्षणकर्ता है।

आध्यात्मिक स्तर पर यदि जीवन की वास्तविकता को देखें तो यह कहना भी प्रासंगिक होगा कि हमारे कर्म, उससे उत्पन्न हुए परिणाम एवं विचारों का प्रस्फुटन जब निरपेक्ष भाव से होने लगे तो चिंतन और कर्म-फल का स्वरूप आध्यात्मिक हो जाता है। न किसी से राग, न किसी से द्वेष, तभी तो निष्पक्ष आकलन होगा और तभी न्याय होगा। कर्मक्षेत्र और उससे उत्पन्न परिणामों का आपस में अटूट संबंध है। कर्म करने में सापेक्षता एवं सकारात्मकता का भाव तथा उसके परिणाम जानने में निरपेक्षता के भाव की प्रधानता ही एक सफल और तनावहीन जीवन की विशेषता है। बस, यही गीता का कर्मज्ञान है, यही सत्य है, जीवन के प्रत्येक क्षेत्र में ऐसा चिंतन दुःख एवं निराशा से मुक्तिदायक है और दृष्टाभाव से जीवनयापन का आनंद देता है।

स्वचिंतन : ***परमात्मा निरंतर हमारे साथ है, इस तथ्य में किंचित् मात्र शंका नहीं है कि वह निरंतर हमें देख रहा है, हमारे प्रत्येक कर्म पर उसकी दृष्टि है, हमारे कर्म का लेखा-जोखा कहीं-न-कहीं एकत्रित हो रहा है और उसके परिणाम हमको ही प्राप्त होनेवाले हैं।***

□

2

हमारी पहचान क्या रिश्तों से है?

एक बार ध्यानावस्था में मैंने अपने अंदर विराजमान ईश्वर से पूछा कि "मेरे जीवन की पहचान क्या है?" मेरे अंदर से जवाब आया, "तुम प्रतिक्षण रिश्ते बने हुए हो। तुम्हारा, तुम्हारे माता-पिता से रिश्ता, पत्नी और बच्चों से रिश्ता, मित्रों और दुश्मनों से रिश्ता, तुम्हारा, तुम्हारे पद और सम्मान से रिश्ता, दौलत और गरीबी से रिश्ता, शक्ति और कमजोरी से रिश्ता, तुम्हारा, तुम्हारी सामाजिक पहचान से रिश्ता, जाति और धर्म से रिश्ता, पर्स और बैंक खाते से रिश्ता आदि। ये सभी रिश्ते तुमने ही तो निर्मित किए हैं और 'तुम' को तुम्हारे एकल व स्वतंत्र रूप में 'होने' के आभास में विघ्न उत्पन्न करते हैं। इसी कारण तुम स्वयं को आभासित नहीं कर पा रहे हो, जिसके परिणामस्वरूप तुम अपने आत्म-तत्त्व से विमुख हो गए हो, अर्थात् तुमने अपने जीवन का दूसरा नाम 'रिश्ते' बना दिया है। तुम स्वयं को इन सभी रिश्तों से जोड़कर ही देखते हो और इनसे परे होकर तुम स्वयं को देख ही नहीं पा रहे हो। ये सभी रिश्ते कुछ समय से और कुछ समय तक के लिए ही हैं, लेकिन तुम तो शाश्वत हो, जन्म के पूर्व भी तुम थे और शरीर की मृत्यु के पश्चात् भी रहोगे। यदि स्वयं के 'होने' का आभास करना चाहते हो तो जब तुम ध्यान में बैठते हो, तब तुम्हें समस्त प्रकार के रिश्तों के बंधनों को विच्छेद करना होगा। तुम्हें अपने नाम और समस्त प्रकार की अपनी छद्म पहचान से अलग होना होगा। तुम अनुभव करोगे कि समस्त रिश्तों से परे हो गए हो और मेरे साथ खड़े हो। तुम अनुभव करोगे कि तुम्हारा अस्तित्व पूर्णतः पवित्र, समग्र असीमित एवं पूर्ण है। ध्यान रहे, तुम्हारा शरीर एक भवन है, जिसमें तुम निवास कर रहे हो और उसके माध्यम से तुमने अपने एक अस्थायी व्यक्तित्व का निर्माण कर लिया है, इस कारण तुम सीमित हो गए हो, इससे तुम्हें बाहर आना है। इन समस्त प्रकार के रिश्तों को अस्थायी मानते हुए अलग दृष्टा होकर सिर्फ देखना है और समझना है।" ऐसा जवाब मेरे अंदर से मुझे प्राप्त हुआ। अचानक मन के एक पवित्र कोने से ऐसा जवाब पाकर मुझे परमानंद का आभास हुआ।

कोई भी व्यक्ति बड़ी आसानी से स्वयं के साथ ऐसी चर्चा कर सकता है, परंतु

शर्त यह है कि ध्यान में एकाग्रचित्त होकर स्वयं को प्रश्नकर्ता के रूप में दृष्टा भाव से पूर्ण विश्वास के साथ स्वयं के अंदर विराजमान महाशक्ति की पहचान करनी होगी। वह महाशक्ति हमारे अंदर स्थापित है, बिना किसी शंका के उसे आभासित करना होगा एवं स्वयं के समस्त रिश्तों को भी तत्समय के लिए विच्छेदित करना होगा। ऐसा अभ्यास करने पर स्वयं के 'होने' का आभास होता है। इस अवस्था में स्वयं का शरीर भी एक वस्तु के समान प्रतीत होगा, शरीर की एक-एक गतिविधि, हृदय की धड़कन, चलती हुई श्वास, आज्ञा-चक्र से लेकर रीढ़ की हड्डी के आखिरी छोर मूलाधार चक्र तक का कंपन अनुभव होने लगेगा। इसी को 'सेंस ऑफ बीइंग' कहा जाता है। यह तर्क का विषय नहीं है, बल्कि अनुभव का है और आभास की उस स्थिति को संसार की किसी भी भाषा के माध्यम से वर्णित नहीं किया जा सकता। इस हेतु ध्यान करना होगा, ध्यान की प्रक्रिया समझनी होगी और उसका पालन करना होंगा। (पाठकों से निवेदन है कि इस संदर्भ में इसी पुस्तक में विषय 'अस्तित्व का आभास व ध्यान की प्रक्रिया' को पढ़ने का कष्ट करें) स्वयं के 'होने' के आभास की स्थिति में एंलाइटनमेंट हो सकता है। शब्द 'एंलाइटनमेंट' को भगवान् बुद्ध से जोड़कर देखा जाता है। इस अवस्था में ईश्वर के साकार स्वरूप का ध्यान नहीं होता है।

भगवान् बुद्ध एक बार एक गाँव में बैठे थे। एक व्यक्ति ने उनसे पूछा, "आप कहते हो कि किसी को भी एंलाइटनमेंट हो सकता है, परंतु अभी तक तो किसी को भी नहीं हुआ?" बुद्ध ने जवाब दिया, "गाँव में जाकर व्यक्तियों की एक सूची बनाओ और उनसे उनकी इच्छाएँ पूछकर लिखो।" उस व्यक्ति ने प्रत्येक से पता किया और सूची के साथ वापस आया। बुद्ध ने पूछा, "कितने लोग एंलाइटनमेंट का अनुभव करना चाहते हैं?" इस प्रश्न के जवाब पर आश्चर्य तो यह हुआ कि सूची में एक भी व्यक्ति इस हेतु रुचिकर नहीं था, जो एंलाइटनमेंट का अनुभव करना चाहता हो, तब बुद्ध ने कहा, "मेरे कहने का तात्पर्य यह है कि प्रत्येक व्यक्ति में एंलाइटनमेंट की क्षमता है, परंतु मैं यह नहीं कहता कि प्रत्येक व्यक्ति एंलाइटिंड होना चाहता है।"

जन्म के पूर्व और मृत्यु के पश्चात् की स्थिति पर यदि ध्यान दें तो हम तत्समय समस्त प्रकार के रिश्तों से परे होते हैं। उस अवस्था में किसी भी प्रकार की कोई पहचान शेष नहीं रहती है। उसी समय की स्थिति का चिंतन करते हुए आभास करना है। यह एक प्रकार से ध्यान की पद्धति भी है। इसलिए निरंतर अपने रिश्तों को चिह्नित करते हुए उन्हें अस्थायी, छद्म, लाभ-हानि पर आधारित होते हुए, देखना भर है। ऐसा आभास करना ही स्वयं के 'होने' का अनुभव है, परंतु होता यह है कि प्रत्येक क्षण हम दूसरों के साथ जुड़े रहते हैं, उनके माध्यम से अपनी पहचान बनाते हैं और स्वयं के आत्म-तत्त्व से परिचित नहीं हो पाते। किसी अन्य ने प्रशंसा कर दी तो हम स्वयं को प्रशंसनीय मानने लगते हैं

और यदि किसी ने निंदा कर दी तो स्वयं को बुरा मानने लगते हैं। वस्तुतः व्यक्ति स्वयं व दूसरों की इच्छापूर्ति में उलझा रहता है और स्वयं के 'होने' के अनुभव से विमुख है। जिन रिश्तों से व्यक्ति जुड़ा है, वे अपनी इच्छाओं की पूर्ति कराने के लिए लालायित रहते हैं और इस कारण व्यक्ति उनकी इच्छाओं की पूर्ति का इन्स्ट्रूमेंट बन जाता है। कहने का तात्पर्य यह नहीं है कि अपने वांछित उत्तरदायित्वों की पूर्ति के प्रति सचेत रहना है, बल्कि इस हेतु जागृत रहना है कि कहीं हमारा उपयोग, अन्य की अनावश्यक इच्छाओं की पूर्ति हेतु एक औजार के रूप में तो नहीं हो रहा है ?

स्वचिंतन : ***लोग अपने व्यापार, व्यवसाय के उत्थान व छोटी-बड़ी नौकरी के प्रमोशन पर तो सोचते रहते हैं, योजनाएँ बनाते हैं, लेकिन अपने अगले जन्म के प्रमोशन हेतु न तो सोचते हैं और न ही इस चिंतन के साथ कर्म कर रहे हैं।***

□

3

ईश्वर कहाँ है?

ईश्वर का आभास हमारे स्मरण में है और स्मरण की एकाग्रता व समय की लंबाई पर निर्भर करता है, हम उनके कितने निकट हैं। ईश्वर का आभास हमारी आस्था में है और यह हम पर निर्भर करता है कि हमारी आस्था उनमें कितनी दृढ़ता के साथ है। जहाँ तक मंदिरों व पूजा स्थलों में ईश्वर के वास का प्रश्न है तो हमें इस ओर भी ध्यान करना होगा कि एक अदृश्य ऊर्जा वातावरण में निहित रहती है और हम जहाँ भी हैं, वहाँ भी अदृश्य ऊर्जा से प्रभावित होते रहते हैं। यह ऊर्जा सकारात्मक भी होती है और नकारात्मक भी। क्या हमने कभी ऐसा अनुभव किया है कि जब हम किसी मंदिर में प्रवेश करते हैं तो अनायास ही हमारा मन शांत और आनंदित होने का आभास करता है, लेकिन हम यदि किसी अस्पताल या श्मशान स्थल पर पहुँचें तो हमारा मन स्वतः ही अशांत होते हुए वहाँ से हटने को प्रेरित करता है। इसका कारण ही यही है कि मंदिरों व पूजा स्थलों पर मंत्रजाप, प्रार्थना, ईश्वर-स्मरण इतना अधिक हो चुकता है कि वहाँ सकारात्मक ऊर्जा के कारण वातावरण हमारी आस्था के साथ स्वपेक्षी हो जाता है, अर्थात् हमारे स्वभाव के अनुरूप हो जाता है, फिर कहा जाता है कि यह स्थल जागृत हो चुका है। वास्तविकता तो यह है कि ईश्वर की मूर्ति में पूर्ण विश्वास स्थापित करते हुए हमारी अटूट आस्था के कारण हम ही अपनी आस्था व विश्वास के आधार पर प्राण-प्रतिष्ठा करते हैं, अर्थात् मंदिरों व पूजा स्थलों पर ईश्वर का वास हमारी आस्था, भक्ति व विश्वास पर आधारित है और वहाँ से हमें ऊर्जा प्राप्त होती है।

सामान्यतया हम देखते हैं कि ईश्वर के अस्तित्व की आस्था अधिकतर व्यक्तियों में, उनकी इच्छाओं की पूर्ति होने की शर्त पर ही निर्भर करती है, अतः उन्हें अपनी इच्छाओं की पूर्ति नहीं होने का भय होने के कारण ही वे ईश्वर के अस्तित्व में विश्वास रखते हैं और उनके लिए, भय के कारण से ईश्वर का अस्तित्व है। इच्छाओं की पूर्ति हुई तो उनके लिए ईश्वर का अस्तित्व है और इच्छाओं की पूर्ति यदि नहीं हुई तो ईश्वर के प्रति उनकी आस्था कमजोर हो जाती है एवं फट से वे मंदिर बदल लेते हैं। ईश्वर के प्रति

हमारी आस्था आशावादी दृष्टिकोण के साथ पूर्णतः दृढ़तापूर्वक होनी चाहिए, जबकि हो रहा है इससे उलटा। हम अपनी इच्छा-पूर्ति के साथ-साथ ईश्वर के प्रति शंकास्पद व निराशाजनक सोच भी रखते हैं। कोई भी इच्छा शंकास्पद एवं निराशावादी भाव के साथ होने पर वह निरर्थक होती है। सच तो यह है कि हम अपनी कामना को शंकारहित होकर ईश्वर के समक्ष दृढ़ आस्था के साथ प्रस्तुत ही नहीं करते हैं और ईश्वर के अस्तित्व के संबंध में संशय का भाव लिये रहते हैं। परिणामतः आस्था में संशय के साथ निराशा बनी रहती है। इसका कारण यही है कि हमें ईश्वर के प्रति पूर्ण आस्था नहीं रहती है। वस्तुतः हम उसके अस्तित्व का अनुभव नहीं कर रहे हैं, जबकि वह प्रत्येक क्षण हमारे समक्ष है।

ईश्वर का दर्शन और उसका प्रमाण व आभास यदि करना है तो इस पृथ्वी पर प्रकृति की स्वतः परिवर्तन प्रक्रिया के परिणाम को देखिए। हमारा जन्म हुआ, हृदय में निरंतर हो रही धड़कन, शरीर में हो रहे परिवर्तन और मृत्यु होना, क्या यह सब ईश्वर का चमत्कार नहीं है ? क्या हमने कभी ध्यान दिया है कि प्रत्येक दिन वृक्षों पर हरी-हरी, नवीन पत्तियाँ विभिन्न प्रकार के सुगंधित, सुंदर पुष्प उत्पन्न हो रहे हैं ? क्या हमने कभी सोचा है कि इन पुष्पों में विभिन्न प्रकार के रंग कौन भर रहा है ? प्रतिदिन सुनिश्चित समय पर सूर्योदय, दिन-रात के परिवर्तन किसी भी मानव शक्ति के नियंत्रण में नहीं हैं। किसी भी मानव शक्ति के वश में यह नहीं है कि प्रकृति की निरंतर हो रही स्वतः परिवर्तन प्रक्रिया को निर्मित कर सके। इस हेतु भले ही इसकी प्रक्रिया के संबंध में वैज्ञानिकों द्वारा विश्लेषणात्मक स्पष्टीकरण बता दिया जाए, परंतु वह पर्याप्त नहीं है। कुछ दार्शनिक, ईश्वर को ऊर्जा (एनर्जी) अथवा चेतना के स्वरूप में मानते हैं, जिसे कभी स्पर्श नहीं किया जा सकता, इसे कभी देखा नहीं जा सकता और न ही किसी स्थान विशेष पर इसे रखा जा सकता है। जिस तरह हम विद्युत बल्ब से होनेवाले प्रकाश को देख सकते हैं, प्रकाश विद्युत की उत्पत्ति है, वह विद्युत नहीं है, लेकिन हम विद्युत को स्पर्श नहीं कर सकते। इसी तरह हम सभी और यह संपूर्ण प्रकृति ऊर्जा की उत्पत्ति है, ईश्वर की उत्पत्ति है। ल्यूसिले गेमब्रेल ने कहा है, "आप इस पृथ्वी पर ईश्वर के एक अनुपम उपहार हैं। आप एक चमकते हुए सितारे हैं, जब आप स्वयं को आईने के समक्ष प्रत्येक दिन सुबह देखते हैं तो अपने आप से कहें 'मैं संभावना हूँ, मैं आनंद हूँ, मैं मुक्त हूँ, मैं प्रसन्न हूँ, मैं प्रेम हूँ और सबसे महत्त्वपूर्ण यह है कि मैं 'हूँ' '।"

सच तो यह है कि ईश्वररूपी तत्त्व हमारे अंदर ही है। हमें उसके अस्तित्व का आभास करने के लिए स्वयं के आत्म-स्वरूप का आभास करना होगा, लेकिन विडंबना तो यह है कि हमने अपने मन में ईश्वर के लिए कोई स्थान ही नहीं छोड़ा है। प्रत्येक क्षण, प्रत्येक जगह उसका आभास किया जा सकता है, जब भी हम मन में खाली हैं, पूर्णतः अहंविहीन जागृति में हैं, तभी ईश्वर प्रकट होते हैं। वस्तुतः ईश्वर कोई वस्तु नहीं है, जिसे

कहीं से खींचकर लाया जा सके और न ही उसके लिए किसी स्थान विशेष पर जाने की आवश्यकता है। हमें 'अपने स्वयं' पर केंद्रित होना है, तभी हम ईश्वर के अस्तित्व का आभास कर सकते हैं। ईश्वर हमारे मन की उस स्थिति में आभासित होता है, जब हम 'अपने स्वयं' के चेतन-तत्त्व से जुड़ जाते हैं।

स्वचिंतन : ***कभी भी गुरु, मित्र और मूर्ख से तर्क नहीं करना चाहिए, उनसे अनावश्यक उलझना नहीं चाहिए, अन्यथा संबंध कटुता में परिवर्तित हो सकते हैं। जिस विषय-वस्तु के संदर्भ में प्रत्येक दृष्टिकोण से हम संतुष्ट हैं और स्वस्थ चर्चा करना चाहते हैं, दूसरे के दृष्टिकोण को भी समझना चाहते हैं, लेकिन फिर भी सामनेवाला हठधर्मिता के कारण समझने को तैयार नहीं है तो ऐसा व्यक्ति न तो मित्र और न ही गुरु हो सकता है। उस स्थिति में विषय परिवर्तन कर देना चाहिए।***

□

4

मेरा स्मरण क्या परमात्मा तक पहुँचता है?

विषय यह है कि परमात्मा का स्मरण करने पर क्या मेरा संदेश उन तक पहुँचता है? एक दिन सुबह बिस्तर से उठने के पूर्व नेत्र बंद किए हुए ही सुदर्शन चक्रधारी का स्मरण करने की आदत के साथ ही मैंने उनसे प्रश्न पूछा कि "प्रभु मैं आपको इतना अधिक याद करता हूँ, सुबह हो या शाम, आपका स्मरण करता रहता हूँ, लेकिन मेरा प्रश्न यह है कि क्या आप भी मुझे कभी याद करते हो?" हृदय की तरंग से उठा यह प्रश्न मेरे मन के अंदर गहराई से बैठ गया। उत्तर प्राप्त होने की लालसा में यह प्रसंग कुछ अंतराल के लिए रुक गया और मेरे मन में उधेड़बुन तो चल ही रही थी। निवृत्त होकर पूजा-स्थल पर मैं ध्यानावस्था में बैठ गया। यहाँ मैं उल्लेख करना चाहूँगा कि आपका सबसे अच्छा हितैषी, स्वतंत्र व निरपेक्ष सलाहकार आप स्वयं ही हैं, लेकिन आपको अपने स्वयं को जागृत बनाए रखना होगा।

चूँकि मन में ईश्वर से प्रश्नोत्तर का प्रसंग पहले से ही था। इसका तात्पर्य यह नहीं है कि मेरे समक्ष सुदर्शन चक्रधारी भगवान् श्रीविष्णु आकर आसन पर बैठ जाते हों, जब ध्यानावस्था में स्वयं को सभी प्रकार के बाहरी संबंधों से विच्छेदित करते हुए मन की पूर्ण एकाग्रता के साथ प्रश्न किया जाता है तो तत्काल अंदर से सटीक व निरपेक्ष जवाब मिलता है। यह कहना पुनः प्रासंगिक होगा कि प्रत्येक व्यक्ति अपने स्वयं से बातें करता रहता है, स्वयं से ही प्रश्न करता है और स्वयं ही अंदर से उत्तर प्राप्त करता है, लेकिन जब पूर्वग्रह से प्रेरित हुए बिना स्वतंत्र व निरपेक्ष उत्तर की इच्छा हो तो औचित्यपूर्ण जवाब मिलता है। ऐसा ही वार्त्तालाप ध्यानस्थ होते हुए मेरा पुनः भगवान् से हुआ। विषय वही था कि जब मैं भगवान् को अधिक याद करता हूँ तो क्या उन तक मेरा संदेश पहुँचता है? मेरा प्रश्न तुरंत ही जवाब में परिवर्तित होकर मुझसे ही उत्तर की अपेक्षा के साथ पुनः प्रश्न के स्वरूप में प्रकट हुआ, जिसे मैं सुविधा की दृष्टि से यह मानकर चल रहा हूँ कि यह वार्त्तालाप भगवान् व मेरे मध्य हो रहा है। प्रश्नकर्ता 'मैं' और मेरे अंदर से ही जवाब आ रहा है, अर्थात् जवाब देनेवाला भी 'मैं'। मेरे प्रश्नों का जो जवाब मेरे ही अंदर से आ

रहा था, उसे यहाँ मैं परमात्मा की ओर से प्राप्त हुआ जवाब मानता हूँ।

वार्त्तालाप के स्वरूप से विषय स्पष्ट हो सकता है और इस वार्त्तालाप में एक ओर मैं और दूसरी ओर भी मेरे ही अंदर से 'मैं' था, परंतु प्रभु के नाम से संबोधित करता हूँ—

मेरे प्रश्न पर ही प्रश्न के रूप में जवाब आया कि "मेरे अस्तित्व का और मुझमें अपनी आस्था के माध्यम से मुझ तक अपने संदेश भेजने को, क्या प्रश्न-चिह्नित कर रहे हो?"

मैंने प्रभु से कहा, "हाँ, मुझे शंका उत्पन्न होती है कि मैं ही मैं याद करता रहता हूँ और पता नहीं आप पर उसका कोई असर होता भी है या नहीं?"

प्रभु ने मुझसे पूछा, "तुम्हारे पैर के अँगूठे में एक छोटा सा काँटा लग जाता है तो तुम्हें उसके दर्द की सूचना कहाँ होती है?"

मैंने जवाब दिया, "मेरे मस्तिष्क में।"

प्रभु ने मुझसे पूछा, "क्या मस्तिष्क तुम्हारें पैर के अँगूठे में है?"

मैंने जवाब दिया, "नहीं, मस्तिष्क तो सिर में है, विचार और अनुभव तो मस्तिष्क में ही होते हैं, चाहे अच्छे हों या बुरे, चाहे सुख के हों या पीड़ा के।"

प्रभु ने मुझसे पूछा, "यदि तुम्हारे संपूर्ण शरीर में से किसी एक बालरूपी रोम को पकड़कर खीचें तो इसकी सूचना तुम्हें कैसे व कहाँ होगी?"

मैंने जवाब दिया, "शरीर के प्रत्येक अंग व रोम-रोम की पीड़ा की सूचना मस्तिष्क को पहुँचती है और अनुभव मस्तिष्क के माध्यम से मन में ही होता है, क्योंकि मन का सीधा संपर्क मस्तिष्क से ही है।"

प्रभु ने पूछा, "यदि तुम्हारा कोई अंग मृत समान, आभासरहित, अर्थात् डेड हो जाए तो क्या उस अंग की किसी भी हलचल की सूचना तुम्हारे मस्तिष्क में पहुँचेगी?"

मैंने जवाब दिया, "नहीं, जब शरीर का अंग ही निर्जीवता की स्थिति में हो गया, तब उस स्थिति में उसे होनेवाली पीढ़ा का आभास ही नहीं होगा। लकवा या पोलियोग्रस्त व्यक्ति के अंग-विशेष का कोई भी आभास उसके मस्तिष्क तक नहीं पहुँचता है, अर्थात् उसके स्नायु-तंत्र का उस अंग से विच्छेद हो चुका होता है, जब हमारा पैर या हाथ दब जाने के कारण सुन्न हो जाता है, जिसे हम पैर का सो जाना कहते हैं, उस स्थिति में हम यह अनुभव करते हैं कि उस अंग में कोई हलचल नहीं है, कोई सेन्सेशन नहीं है।"

प्रभु ने कहा, "ठीक है। बात स्पष्ट हुई। शरीर की प्रत्येक कोशिका व तुम्हारे संपूर्ण शरीर के प्रत्येक भाग से सीधे मस्तिष्क के तार जुड़े हैं, इस प्रकार तुम यह समझो कि मस्तिष्क का निरंतर संपर्क शरीर के संपूर्ण भाग से है। यदि मस्तिष्क का निरंतर रहनेवाला संपर्क शरीर की प्रत्येक कोशिका से नहीं होता तो भला तुम्हें प्रत्येक सुख व दुःख, दर्द और पीड़ा का अनुभव कैसे हो सकता था? बस, यहीं से विषय से संबंधित तुम्हारे

प्रश्न का शंका-समाधान प्रारंभ होता है। शरीर के प्रत्येक भाग के अस्तित्व का आभास स्नायुतंत्र के माध्यम से मस्तिष्क को हो रहा है। दूसरे शब्दों में, मस्तिष्क का जुड़ाव शरीर के संपूर्ण भाग से है, इसी कारण शरीर के अंदर होनेवाले प्रत्येक अनुभव मस्तिष्क में पहुँच जाते हैं। ठीक इसी तरह मैं मस्तिष्करूपी परब्रह्म परमात्मा स्वरूप हूँ। संपूर्ण संसार और संपूर्ण ब्रह्म में जो भी गतिविधियाँ हो रही हैं, सुख की हों या दुःख की, आनंद की हों या पीड़ा की, इन सबकी जानकारी मुझे होती रहती है, अब तुम ऐसे ही समझो कि संपूर्ण संसार, संपूर्ण अस्तित्व, तुम्हें जो कुछ भी दिख रहा है, जो कुछ भी आभास हो रहा है, यह मेरा शरीर है और इस संसाररूपी शरीर का मैं मस्तिष्क हूँ, अब मेरे संसाररूपी इस शरीर में जो कुछ भी गतिविधियाँ हो रही हैं, उस सभी की जानकारी मुझे तत्काल ठीक उसी तरह मिलती है, जैसे कि तुम्हारे शरीर की प्रत्येक गतिविधि, हलचल की जानकारी तुम्हारे मस्तिष्क को मिल जाती है।"

मैंने प्रश्न किया, "लेकिन प्रभु, मेरे शरीर को हुई तकलीफ का निदान और बचने के उपाय के लिए मेरा मस्तिष्क तुरंत सक्रिय हो जाता है और उपाय भी खोज लेता है तो क्या आप भी प्रत्येक प्राणी की तकलीफ का निदान करना प्रारंभ कर देते हैं ?"

प्रभु ने जवाब दिया, "बस, अब यहीं तुम भ्रमित हो रहे हो। तुम मुझे अपने जैसा मत समझो। तुम्हारा प्रश्न यह था कि क्या तुम्हारी याद मुझ तक पहुँचती है ? उपरोक्त उदाहरण से यह स्पष्ट हो गया कि मुझे तुम्हारी प्रत्येक गतिविधि की सूचना पहुँचती है। अभी तक हुई चर्चा में विषय को समझाने के लिए शरीर और मस्तिष्क का उदाहरण देना पड़ा है। तुम शरीर और मस्तिष्क तक सीमित मत रहो।"

मैने प्रश्न किया, "शरीर का जो अंग निर्जीव हो चुका है और उसमें कोई सेन्सेशन नहीं है, तब ऐसी स्थिति में मस्तिष्क तक उसकी सूचना और पीड़ा नहीं पहुँच रही है। इससे आपका क्या तात्पर्य है ? क्या कुछ लोगों से आपको कोई सरोकार नहीं है ?"

प्रभु ने जवाब दिया, "इस बात को तुम ऐसे समझो कि प्रत्येक व्यक्ति अपने कुकर्मों और कदाचरण के कारण स्वयं ही मुझसे संपर्क तोड़ लेता है अथवा यह कहें कि स्वतः ही संपर्क टूट जाता है। उस स्थिति में मैं दृष्टा हूँ। दुष्कर्मी, दुष्ट, दुराचारी मुझे स्वयं ही याद नहीं करता, परंतु उसके कुकर्मों, कदाचरण की जानकारी मुझे हमेशा रहती है, लेकिन उससे संपर्क टूटा रहता है व कुकर्मी, दुष्ट, दुराचारी के कर्मों का परिणाम व भोग मैं देखता रहता हूँ।"

प्रभु ने कहा, "अब तुमने याद के विषय में प्रश्न किया था तो आगे सुनो, तुमने अपने व्यावहारिक जीवन में अनेक बार यह अनुभव किया होगा कि किसी प्रेमी को अथवा मित्र को बड़ी प्रगाढ़ता के साथ जब तुमने उसे याद किया तो अनायास तुमसे दूर होकर भी उसे भी तुम्हारी याद आने लगती है। कभी-कभी तुमने यह भी आपस में

कहा होगा कि 'अरे, आप आ गए, मैं आपको याद ही कर रहा था।' कभी स्वप्न में तुम अनायास अपने किसी प्रेमीजन या मित्र को देखते हो तो बाद में पता चलता है कि वह भी तुम्हें याद कर रहा था। याद का संसार याद से जुड़ा है। तुम याद करते हो तभी तो तुम्हारी याद कहीं पहुँचती है। तुम किसी का स्मरण करते हो तभी तो तुम्हारा स्मरण उस तक पहुँचता है अथवा कोई तुम्हें स्मरण करता है, तभी तो तुम्हें उसकी याद आती है। स्मरण की तीव्रता और गहराई पर ही याद का अस्तित्व जुड़ा हुआ है, जब एक व्यक्ति दूसरे व्यक्ति को बड़ी प्रगाढ़ता से एवं शुद्ध हृदय से याद करता है और उसकी याद एक जगह से दूसरी जगह पहुँच जाती है तो भला तुम जब-जब मुझे याद करते हो अथवा मेरा स्मरण करते हो तो उसकी सूचना मुझे हो जाती है, जब एक मनुष्य किसी दूसरे मनुष्य का स्मरण करता है और उसकी सूचना दूसरे तक पहुँच सकती है तो मैं तो ब्रह्म हूँ, सभी ओर निरंतर संपर्क में हूँ, जैसे ही शुद्ध हृदय से मेरा स्मरण किया और मुझे सूचना मिल जाती है। तुमने स्मरण भर किया और मैं तुम्हारे पास होता हूँ। मैं इस संपूर्ण अस्तित्व रूपी शरीर का मस्तिष्क हूँ। प्रत्येक खबर मुझ तक पहुँचती है और भविष्य में कभी भी इस प्रसंग पर शंका मत करना।"

स्वचिंतन : ***चिंता और भय के वेग से शरीर में जीवनरूपी रसों का स्राव अवरुद्ध हो जाता है, रक्त संचार बाधित हो जाता है। पाचन क्रिया शिथिल हो जाती है। आपने देखा होगा कि जब हम किसी समस्या के कारण बहुत चिंतित हो जाते हैं तो उसके परिणामस्वरूप कब्ज से पीड़ित हो जाते हैं। चिंता के स्थान पर चिंतन करें, योजनाएँ बनाएँ व उसके अनुसार कर्म करें, फिर परिस्थितियों का सामना करें। भाग्यशाली वे हैं, जो चिंता करने के स्थान पर उत्तम लक्ष्यों की पूर्ति के लिए अपने जीवन को भी अल्प मानते हैं तथा अभागे हैं वे लोग, जो कर्म के अभाव में परनिंदा, षड्यंत्र तथा प्रपंच में समय नष्ट करते हैं और काल्पनिक दुःखों में ही पड़े रहते हैं। इसी कारण कहा गया है, मन के जीते जीत है, मन के हारे हार।***

□

5

मै कौन हूँ?

क्या हमने कभी अपने अस्तित्व के संदर्भ में विचार किया है? एक बार मैंने 'अपने स्वयं' से पूछा, "क्या मैं नाम हूँ? क्या मैं प्रसिद्धि हूँ? क्या मैं शरीर हूँ?" निश्चित ही जवाब था कि "नहीं, तुम नाम नहीं हो, तुम प्रसिद्धि नहीं हो, तुम शरीर भी नहीं हो, क्योंकि नाम, प्रसिद्धि, शरीर तो कुछ समय से कुछ समय तक के लिए ही है, इनका कोई शाश्वत स्वतंत्र अस्तित्व नहीं है। तुम कहते हो, यह मेरा शरीर है, यह मेरा नाम है तो बताओ वह कौन है, जिसका यह शरीर है? वह कौन है, जिसका यह नाम है? जिसकी यह प्रसिद्धि है? परंतु प्रश्न तो यह है कि वह कौन है, जो इस नाम, प्रसिद्धि और शरीर को धारण किए हुए है? ये सभी थोपे हुए सांसारिक संबंध हैं, जो मेरे 'अहम्' को शक्तिशाली बना रहे हैं, तब पुनः प्रश्न उत्पन्न हुआ कि 'अहम्' क्या है? मेरी किसी भी प्रकार की छवि और पहचान के साथ मेरी आसक्ति अथवा जुड़ाव ही 'अहम्' है, जब हम 'अहम्' के भाव से परे होते हैं, तभी अपने 'स्वयं के होने' का आभास कर पाते हैं, परंतु इसके विपरीत होता यह है कि हम 'अहम्' के संघर्ष में प्रत्येक जगह अपनी ऊर्जा को व्यर्थ ही गँवा रहे हैं। कोई भी व्यक्ति किसी अन्य दूसरे व्यक्ति के 'अहम्' के संदर्भ में तो विस्तृत बात कर सकता है, परंतु वह अपने स्वयं के 'अहम्' से परिचित होने का प्रयास ही नहीं करता है।" (नोट : अहम् के संदर्भ में इसी पुस्तक में प्रथक् से विस्तृत विषय है—'अहम् का कारण और निवारण')

सामान्यतया व्यक्ति अपने स्वयं के 'अहम्' से चिर-परिचित नहीं होता है और वह स्वयं की अहंवादी छवि को जानना भी नहीं चाहता है तथा समस्त जीवन अन्य दूसरों के 'अहम्' का आकलन करने में लगा रहता है। ऐसे लोग हमेशा दूसरों के 'अहम्' को नापते रहते हैं और बदले में विभिन्न स्तरों पर प्रतिक्रिया व्यक्त करते रहते हैं। वह 'अहम् से व्युत्पन्न' प्रतिक्रिया का स्वरूप है। वस्तुतः यह 'अहम्' का नकारात्मक स्वरूप है और जिस व्यक्ति में अन्य दूसरों के 'अहम्' को देखकर जितनी अधिक प्रतिक्रिया उत्पन्न होगी, वह व्यक्ति उतनी ही क्षति अन्य को पहुँचा सकता है, जबकि आध्यात्मिक स्तर

पर 'अहंविहीन–जागृति' पर जोर दिया गया है। 'अहंविहीन–जागृति' का विपरीत स्वरूप होगा, 'अहंवादी वृत्ति'। अब प्रश्न यह है कि हमें परिवर्तन क्या करना है? परिवर्तन करना है अपने 'अहम्' को लोप करने का। ध्यान रखना होगा, जिसने अपने 'अहम्' को पहचाना है, वही उसका लोप कर सकता है, परंतु सामान्यतया हम अपने 'अहम्' को पहचान नहीं पाते हैं।

हम समस्त जीवन दूसरों से परिचय करने में लगे रहते हैं और यह प्रयास करते रहते हैं कि अधिक–से–अधिक लोग हमें जानें, पहचानें। हमारी रुचि हमेशा स्वयं की चर्चा होते रहने में रहती है, लेकिन कभी भी हम यह चिंतन नहीं करते हैं कि वस्तुतः हमारा परिचय क्या है? समस्त जीवन हम अपनी उन वस्तुओं का परिचय दूसरों को कराने में लगा देते हैं, जिनका हमें स्वामित्व प्राप्त है। हमारा घर, कार, दौलत, ओहदा, शोहरत, संबंधों की पहचान हम बन गए हैं। यह भी बड़ा भारी भ्रम है कि हम स्वयं को शरीर मान लेते हैं, जबकि शरीर भी हमारा एक वस्तु के समान ही है और इसके हम मालिक हैं, लेकिन कभी भी हम यह जानने का प्रयास नहीं करते हैं कि आखिर वह कौन है, जिसका यह शरीर है? हमारा परिचय क्या है? आइए, इसी विषय पर चर्चा करते हैं।

मैं कौन हूँ? क्या मैं शरीर हूँ? शरीर तो किसी निश्चित अवधि के पश्चात् नष्ट हो जाएगा। अपने विभिन्न जन्मों में शरीर को बदलता रहा हूँ, परंतु प्रश्न तो यह है कि वह कौन है, जो शरीर में मेरे होने का भाव प्रकट कर रहा है? वह कौन है, जो जन्म होने पर शरीरों को बदलता रहता है? दार्शनिक व्यक्ति शरीर को दो रूपों में बाँटे हुए हैं। एक स्थूल शरीर और दूसरा सूक्ष्म शरीर। भौतिक एवं दृश्यमान वस्तु के रूप में स्थूल शरीर है। स्थूल शरीर की क्रियाएँ मन पर आधारित हैं। इसके अतिरिक्त एक अदृश्य शरीर भी है, जिसे हम सूक्ष्म शरीर कहते हैं। यह मेरा स्थूल शरीर है अथवा यह मेरा सूक्ष्म शरीर है, परंतु फिर भी प्रश्न तो यह है कि वह कौन है, जिसका यह स्थूल शरीर है अथवा सूक्ष्म शरीर है?

क्या मैं मन हूँ? नहीं। मन भी तो मेरा इसी प्रकार है, जैसे कि यह शरीर है। वर्तमान समय में प्रकट हो रहे मेरे मन का निर्माण व स्वरूप शरीर–धारण के साथ ही तो हुआ है। भौतिक शरीर की समस्त क्रियाएँ मन के निर्देशन से होती हैं। मेरा मन मेरे स्थूल शरीर को निर्देश देता है और फिर भौतिक कार्य पूर्ण कराता है। थोड़ा और गहराई से सोचिए कि अधिकांशतः मैं अपने मन को नियंत्रित करने का कार्य भी करता हूँ, मैं अपने मन को किसी कार्य के करने और नहीं करने का निर्देश देता हूँ। (ध्यान करना होगा कि यहाँ चर्चा 'मुझ' से और मेरे 'मन' के बीच हो रही है। इसलिए भ्रमित नहीं होना है। यहाँ 'मैं' अलग है और मेरा 'मन' अलग है) मैं अपने मन को किसी विषय पर विचार करने अथवा नहीं करने का निर्देश देता हूँ। मैं प्रतिपल अपने मन से बतियाता रहता हूँ, लेकिन

प्रश्न यह भी है कि 'वह कौन है,' जो मन के माध्यम से भौतिक कार्य संपन्न कराता है। सामान्य भाषा में इसे हम 'बुद्धि' का नाम दे देते हैं। अधिकांशतः मैं अपने मन से चर्चा करता हूँ कि तुमने अमुक कार्य सही किया, अमुक कार्य गलत किया, अमुक कार्य करना चाहिए, अमुक कार्य नहीं करना चाहिए, फिर बुद्धि और तर्क के माध्यम से मेरा मन मुझे संतुष्ट करने का सफल या असफल प्रयास करता है, लेकिन मैं निरपेक्ष हूँ। मैं न्यायपूर्ण हूँ। यह आवश्यक नहीं कि मन की ओर से बुद्धिरूपी वकील के तर्कों से मैं संतुष्ट हो जाऊँ! मैं काफी खुश और संतुष्ट होता हूँ, जब मेरे कहे अनुसार मेरा मन कार्य करता है, परंतु उस समय मुझे दुःख व पछतावा होता है, जब मेरा मन मेरा कहना नहीं मानता है। मेरा दुःख बढ़ जाता है, जब मेरा मन मेरे पास ही नहीं आता है तथा वह बाहरी परिस्थितियों से प्रभावित होकर भटकता रहता है और तब एक ऐसी स्थिति धीरे-धीरे बन जाती है कि जब मेरा मन मुझसे संबंध विच्छेद कर लेता है और मुझसे विलग होकर अपने अस्थायी व्यक्तित्व का पृथक् से निर्माण कर लेता है। अंत में एक ऐसी स्थिति बनती है कि जब मेरे होने का आभास मेरे मन को नहीं होता है। मेरा मन स्वार्थ, राग, द्वेष के वशीभूत होकर सिर्फ अपने अस्थायी हित की बातें सोचता रहता है और अस्थायी स्वार्थों की पूर्ति में लगा रहता है।

अध्यात्म के क्षेत्र में लोग मुझे 'आत्मा' के नाम से जानते हैं। मेरी न तो कभी मृत्यु होती है, न ही कभी जन्म होता है। मैं निराकार हूँ, निर्विकार हूँ। मेरा कोई भी स्वरूप नहीं है। भौतिक शरीर सिर्फ ऊपरी आवरण है। इस बात को इस तरह समझते हैं कि जैसे पानी आकाश से बरसता है तो कहते हैं वर्षा, गरमी के कारण भाप, आकाश में जम जाने पर और नीचे गिरता है तो ओले, जम जाने पर वह बर्फ, पुष्प या घास पर गिरे तो ओस, फूल से गिरे तो इत्र, बहने लगे तो नदी, आँख से निकले तो आँसू और शरीर से निकले तो पसीना कहते हैं, जबकि मूलतः स्वरूप पानी है। जिसका कोई आकार नहीं है, जिस बरतन में डालो तो वैसा ही रूप धारण कर लेता है। जिस रंग को पानी में मिला दो, उसी रंग का रूप धारण कर लेगा, जैसा भी स्वाद मिला दो, वैसा स्वाद बन जाएगा। पानी निराकार है, निर्विकार है। इसी प्रकार मूल रूप में मैं आत्मा हूँ और विभिन्न स्वरूपों में हमारे नाम परिवर्तित होने लगते हैं। मैं नश्वर हूँ और कथित सूक्ष्म और स्थूल शरीर के माध्यम से मैं अपने होने का भान कराता रहता हूँ। मैं चेतना हूँ। शुद्ध और पवित्र हूँ, शुद्ध और पवित्रता से तात्पर्य किसी भी बाहरी अस्थायी एवं विपरीत परिस्थिति से परे हूँ। जिस व्यक्ति में उसकी चेतनास्वरूप आत्मा के होने का आभास रहेगा, वह व्यक्ति उतना ही द्वंद्वरहित होगा, जब मुझसे पृथक् होकर मेरा मन अपने अहम् के कारण वशीभूत होकर कार्य करेगा तो वह व्यक्ति अस्थायी रूप में सुख का अनुभव भले ही कर ले, लेकिन शाश्वत आनंद में नहीं रहेगा।

श्रीमद्भगवतगीता में भगवान् श्रीकृष्ण ने कहा है—

योऽन्तः सुखोऽन्तरारामस्तथान्तर्ज्यो तिरेव यः।
सः योगी ब्रह्मनिर्वाण ब्रह्मभूतोऽधि गच्छति॥ 5/24

अर्थात् जो अत्मा में सुख का अनुभव करता है, आत्मा में ही क्रियाशील है और आत्मा में ही आराम करनेवाला है, आत्मभाव में ठहरने के स्वभाव का है, वही यथार्थ में योगी है और अंत में परब्रह्म परमात्मा को प्राप्त हो जाता है। वस्तुतः आत्मा के द्वारा शरीर धारण किया गया है तो शरीर के कार्यकलाप भी आत्मा के नियंत्रण में होने चाहिए। आत्मा का परिणाम शरीर है और शरीर का परिणाम 'मन' है। यह शाश्वत सत्य है कि हम आत्मा हैं, हम मन नहीं हैं। हमें आत्म-भाव में रहना है और मन को अपना दास बनाना है, लेकिन सामान्यतया ऐसा नहीं हो रहा है। हम अस्थायी शरीर के साथ-साथ मन के दास बनते जाते हैं। शरीर नष्ट होने के पश्चात् धीरे-धीरे मन क्षीण होने लगता है। जिस तरह शरीर का निर्माण होता है, ठीक उसी तरह मन का निर्माण भी होता है। जन्म के बाद का वातावरण, परिवार का स्तर, संस्कार, जन्म के पश्चात् जीवन के उतार-चढ़ाव जैसी अनेक परिस्थितियों से मिलकर मन अपना स्वरूप निर्मित कर लेता है और फिर एक अस्थायी 'अहम्' का निर्माण हो जाता है। सामान्य जीवन के कार्यकलाप इसी अहम् की क्रिया एवं प्रतिक्रिया के परिणाम बन जाते हैं और यहीं से प्रारंभ होता है 'मेरा' एवं मेरे मन के द्वारा निर्मित 'अहम्' का संघर्ष। मैं मूल चेतन तत्त्व हूँ और मन के द्वारा निर्मित यह 'अहम्' शरीर धारण के पश्चात् उत्पन्न हुआ है। परब्रह्म परमात्मा, जिसे आप 'ईश्वर' कह सकते हैं, मैं उसी का अंश हूँ। शरीर धारण के पश्चात् मन के द्वारा निर्मित किया गया 'अहम्' सिर्फ रिश्तों का जंजाल है, जिसे संपूर्ण शरीर जीवन में स्थायी मान लिया जाता है, जबकि वह इंद्रधनुष की तरह अस्थायी है।

काश ऐसा हो कि मेरा मन मेरे अस्तित्व के होने के आभास को समझ पाए, अर्थात् मेरे आत्मस्वरूप को समझ पाए। मैं और मेरा मन जब एकरूपता लिये होते हैं तो अध्यात्म के क्षेत्र में इसे 'जागृत अवस्था' कहा जाता है और ठीक इसके विपरीत शरीर धारण करने के पश्चात् जब मुझसे विलग होकर बाहरी परिस्थितियों के परिणामस्वरूप मन अपने अहम् के भाव को निर्मित करके जीवनयापन करता है तो इसे 'सुप्तावस्था' कहते हैं। इसको यदि जागृत करना है तो मेरे आत्म-तत्त्व भाव में अपने आप को समाहित कर लो। मैं चेतना हूँ, शांत हूँ, शाश्वत हूँ, द्वंद्वरहित हूँ, दुःख और सुख जैसे शब्दों से परे हूँ। जो निरंतर आत्म भाव में रहते हैं, वे महापुरुष, महात्मा, ज्ञानी, शांत, सत्य पर चलनेवाले, विवेकशील, भयहीन होते हैं, क्योंकि उनका मन और स्थूल शरीर आत्म-भाव के अनुरूप कार्य करता है। परब्रह्म परमात्मा ने स्थूल शरीर तो इसलिए दिया है कि आत्म-तत्त्व का आभास हो सके।

उपनिषद् का सिद्धांत है कि जिसे तुम जानना चाहते हो, वह स्वयं तुम ही तो हो। जिसे तुम खोज रहे हो, वह तुम स्वयं हो, जैसे कि मिट्टी के विभिन्न प्रकार के बरतनों को देखकर उन बरतनों के स्वरूप के कारण उनमें भिन्नता प्रकट होती है, लेकिन जिस समय हम मिट्टी को जान लेंगे तो ज्ञात होगा कि वही मिट्टी एक ही है, जो पृथक्-पृथक् स्वरूपों के साथ प्रकट हो रही है।

हम संपूर्ण ब्रह्म के एक अंश मात्र हैं। मूलत: हम परम चेतना के अंश हैं। स्वरूप अलग-अलग है, लेकिन इसमें चेतना का अंश एक समान है। इसी का आभास करना है। इसी बात को समझना है। इसी कारण स्वयं को जानना है। हम सभी अस्थायी रूप से मोह के बंधन में बँधे हैं। इसी कारण स्वयं को पहचान नहीं पा रहे हैं। हम भूल जाते हैं कि हम अस्थायी हैं। शाश्वत तो सिर्फ आत्मा है। आत्मस्वरूप का आभास प्रतिपल करते रहना है। जिस समय भी मौका मिले तो अपने अस्थायी, भौतिक व मानसिक रूप से निर्मित परिस्थिति व संबंध से पृथक् होकर स्वयं के होने का अनुभव करना है कि हम सिर्फ आत्मा हैं। मेरा किसी से कोई स्थायी संबंध नहीं है। मैं शाश्वत हूँ। मेरा कोई रूप नहीं है, सिर्फ परम तत्त्व का अंश हूँ।

□

6

ईश्वर का स्वरूप साकार है या निराकार?

जो मनुष्य ईश्वर का स्मरण और उनका ध्यान करने में अटूट आस्था रखते हैं, वे अपने इष्टदेव से प्रार्थना के रूप में वार्त्तालाप भी करते रहते हैं। प्रत्येक व्यक्ति के संदर्भ में यह परिकल्पना की जा सकती है कि वह अपने परिवार के द्वारा बचपन में सिखाए गए और ग्रहण किए गए उपदेशों एवं पूर्वजन्म से संबंधित संस्कारों से भी जुड़ा रहता है। इसी कारण व्यक्ति प्रतिदिन पूजा करता है, ध्यान करता है। यह प्रसंग उसी संदर्भ में है।

(नोट : प्रश्नकर्ता भी मैं था और जवाब भी मेरे ही अंदर से प्रकट हो रहा था, सुविधा के लिए प्रश्न-उत्तर मुझ एवं ईश्वर के संबोधन से उल्लेख कर रहा हूँ)

एक बार पूजन करते समय ध्यानावस्था में मैंने भी अपने अंदर निहित ईश्वर से प्रश्न किया कि "प्रभु, पूजन-समय आपके साकार स्वरूप का मैं स्मरण करता हूँ और अध्यात्मज्ञानी आपको निराकार मानते हैं, अतः कृपया मुझे बताएँ कि आप साकार स्वरूप में हैं या सिर्फ निराकार हैं?"

- प्रभु ने जवाब के रूप में मुझसे ही प्रश्न किया—तुम स्वयं अपने आप को क्या मानते हो? साकार या निराकार?
- मैंने जवाब दिया—यह मेरी देह है और मेरे शरीर के द्वारा आपकी पूजा व ध्यान किया जा रहा है, अतः मैं तो इस समय साकार स्वरूप हूँ।
- प्रभु ने जवाब दिया—फिर तो तुम्हारे लिए मैं भी साकार स्वरूप में हूँ और जब तुम स्वयं को निराकार समझने लगोगे, स्वयं को निराकार भाव में स्वीकार कर लोगे, तब मैं उस समय तुम्हारे लिए निराकार हूँ, लेकिन ध्यान रखना साकार स्वरूप परिवर्तनीय है और नष्ट होने योग्य है। प्रत्येक साकार वस्तु बनती है और नष्ट भी होती है, परंतु मैं तो शाश्वत हूँ, स्थायी हूँ, मेरा न कभी जन्म हुआ है और न ही कभी मेरी मृत्यु होगी। तुम तो मेरी पूजा बचपन में भी करते थे, जवानी में भी की, प्रौढ़ावस्था में भी कर रहे हो और अब आगे वृद्धावस्था में भी

करोगे। तुम्हारा रंग, रूप, आयु बदलती रही, अब प्रश्न यह है कि तुम्हारी कौन सी आयु के कौन से स्वरूप को हम साकार स्थायी व सुनिश्चित मान लें?

- मैंने पुनः प्रश्न किया—स्थूल शरीर धारण किए हुए मेरा कौन सा साकार स्वरूप पहचानने योग्य है?
- प्रभु ने जवाब दिया—तुम कभी एक्स-रे मशीन के सामने खड़े होकर अपनी फोटो देखो, तुम्हें यह ज्ञात हो जाएगा कि तत्समय तुम्हारा स्वरूप कैसा दिख रहा है।
- मैंने जवाब दिया—मैं तो बिल्कुल हड्डियों का ढाँचा और भूत जैसा दिखूँगा। न तो मेरी इतनी सुंदर आँखें, रंग, रूप दिखेगा और न ही मेरे स्वरूप की सुंदरता दिखेगी।
- प्रभु ने प्रश्न किया—तुम्हारी मौत के बाद तो वह भी तुम्हें नहीं दिखेगा और फिर तुम्हारे दाह-संस्कार के बाद तुम्हारी हड्डियाँ व राख एक थैले में भर दी जाएगी, तब तुम अपना साकार स्वरूप कैसे देखोगे?
- मैंने जवाब दिया—तब तो मेरे शरीर की पहचान ही समाप्त हो जाएगी, तब फिर मैं अपने साकार स्वरूप के बारे में क्या समझूँ?
- प्रभु ने कहा—स्पष्ट है कि जब तक तुम स्वयं को साकार समझ रहे हो, तब तक तुम अपूर्ण हो, अस्थायी हो और इसी कारण मैं भी तुम्हारे साथ तुम्हारी संतुष्टि के लिए साकार स्वरूप में हूँ। यह साकार स्वरूप अस्थायी व छद्म है। कुछ समय से कुछ समय तक का। क्या तुम मुझे भी अस्थायी व छद्म, कुछ समय से कुछ समय तक के लिए ही मानते हो? ध्यान रखना, तुम अस्थायी और छद्म हो सकते हो, मैं नहीं।

इस प्रकार पूजन के समय ध्यानावस्था में कुछ मिनटों का मेरा यह संवाद स्वयं मुझसे हुआ, जिसे मैं अपने हृदय में विराजमान ईश्वरस्वरूप परमात्म तत्त्व से होना मानता हूँ। इसका निष्कर्ष यही निकला है कि ईश्वर भक्ति और पूजन में यदि पुजारी स्वयं को साकार स्वरूप में समझ रहा है तो ईश्वर उसके लिए तत्समय साकार है और यदि वह स्वयं को निराकार मानते हुए अपनी देह को पूजन का माध्यम मानकर ईश्वर को निराकार समझ रहा है तो ईश्वर निराकार हैं। उस समय आत्मा का परमात्मा से मिलन हो रहा है। उल्लेखनीय यह है कि भक्ति और पूजन में ईश्वर का साकार स्वरूप रहेगा, लेकिन ध्यानावस्था में ही ईश्वर का निराकार स्मरण हो सकता है।

जब हम किसी मंदिर में अथवा पूजन करते समय भगवान् की मूर्ति के दर्शन करते हैं तो वहाँ दो परिस्थितियाँ बनती हैं, एक दृश्य की और दूसरी दर्शन की। अधिकतर लोग दृश्य देखते हैं। भगवान् की मूर्ति कैसे कपड़े पहने है? मुकुट कैसा चमकदार लगा है?

लाइट कैसी रंगीन है ? मूर्ति कितनी सुंदर दिख रही है आदि अनेक दृश्यमान वस्तुओं को देखकर अपने दर्शन की इतिश्री मान लेते हैं। दूसरी स्थिति दर्शन की यह है कि मंदिर में अथवा पूजन के समय ईश्वर दर्शन का स्मरण करते हुए आँखें स्वतः ही बंद हो जाती हैं, अर्थात् वास्तविक दर्शन तो आँख बंद होकर ही होते हैं और खुली आँखों से तो सिर्फ दृश्य ही दिखता है।

अतः दर्शन करने में जब आँख बंद हो जाए तो यह कल्पना करें कि मेरा शरीर भगवान् की मूर्ति के सामने है और मैं अपने शरीर से बाहर निकलकर अपने ही शरीर को भगवान् की मूर्ति के दर्शन करते हुए देख रहा हूँ। उस समय आप स्वयं के व मूर्ति के दृष्टा हैं। आप स्वयं को देख रहे हैं और मूर्ति को भी देख रहे हैं। आप निराकार हैं तो ईश्वर भी निराकार है। निराकार का निराकार से मिलन हो रहा है। दोनों निराकार मूर्ति व दर्शनकर्ता को देख रहे हैं। मंदिर में दर्शन के समय आँख बंद करके मन को सब ओर से हटाकर अपने ही शरीर से बाहर निकलने की कल्पना कर सीधे परमात्मा के समक्ष स्वयं को समर्पित कर देना चाहिए। उन क्षणों में कोई विनती नहीं, कोई इच्छा नहीं, कोई माँग नहीं, कोई चाहत नहीं, सिर्फ परमात्मा में अपने स्वयं की आत्मा के अस्तित्व का मिलन होने का अनुभव ही दर्शन करना माना जाएगा। यदि थोड़ा सा भी मन में भटकाव आए तो यह ध्यान कर लेना चाहिए कि मेरा शरीर तो मूर्ति के समक्ष है और मैं स्वयं परमात्मा के निकट से अपने ही शरीर को देख रहा हूँ। श्री रामकृष्ण परमहंस ने कहा है कि "ईश्वर साकार है या निराकार, इस विषय पर किसी एक पर विश्वास रखने से काम बन जाएगा, यदि निराकार में विश्वास रखते हो तो भी अच्छा है, परंतु फिर यह मत कहना कि यही सत्य है और सब झूठ। यह समझ लेना कि निराकार भी सत्य है और साकार भी सत्य है। जिस पर तुम्हारा विश्वास है, उसी को पकड़े रहो।" (श्रीरामकृष्णवचनामृत, भाग प्रथम, पृ. 6)

'निर्गताः आकाराः यस्मात् सः निराकारा। निर्लीनाः आकाराः यस्मिन इति निराकारा', अर्थात् जिसमें से आकार निकले हैं, वह निराकार है और जिसमें सभी आकार लीन (विलीन) हो जाते हैं, वह निराकार है। वह तो सभी को आकार दे रहा है और जो सभी को आकार दे रहा है, वह भी निराकार है। उसने जिसको जितने भी आकार दिए हैं, वे समस्त आकार उसी में लीन हो जाते हैं, विलय हो जाते हैं। सभी आकार उसी में लीन हो जाते हैं और फिर भी वह निराकार है, उसमें समस्त आकार समाहित हैं और फिर भी वह निराकार है। ठीक भी तो है कि जिसने सभी को आकार दिए हैं और सभी आकार उसी में विलीन हो जाते हैं, वह निराकार ही तो है। पानी का क्या कोई आकार है ? उसे जिस बरतन में डालो, वह उसी आकार का हो जाता है, अर्थात् उसका कोई भी एक निश्चित आकार नहीं है। इसी तरह परमात्मा विभिन्न स्वरूपों में स्वयं को ही देख रहा है,

अतः उसका कोई भी एक निश्चित स्वरूप नहीं है। मूलतः वह निराकार है और जो उसे साकार रूप में पूजते हैं, उनके लिए वह साकार है। ईश्वर की भक्ति में लीन भक्त उनके साकार स्वरूप को ही मान्यता देते हैं।

स्वचिंतन : प्रत्येक वस्तु, प्रत्येक व्यक्ति, प्रत्येक विचार के अनेक गुण व आयाम होते हैं। हम जिस दृष्टिकोण से किसी विषय-वस्तु को देख रहे हैं, वह उतनी ही नहीं है। उसे अनेक दृष्टिकोणों से देखे जाने की क्षमता है। हमें जो दृष्टिकोण विरोधी प्रतीत होता है अथवा उसका अन्य दृष्टिकोण दिख नहीं रहा है, उस पर ईमानदारी से विचार करें तो वह भी अपने स्थान पर विद्यमान है, अतः अपने मन से पक्षपात की दुरभिसंधि हटाकर अन्य दृष्टिकोण को सहिष्णुतापूर्वक ज्ञात कर सकते हैं, मनन कर सकते हैं।

□

7

क्या अद्वैत की अनुभूति संभव है?

वेदांत में कहा गया है कि 'ब्रह्म सत्यम् जगत् मिथ्या', अर्थात् ब्रह्म ही सत्य है और जगत् मिथ्या है। इस विषय पर खूब चर्चाएँ होती रही हैं। उच्च कोटि के विद्वान् एवं अध्यात्मज्ञानी इस विषय पर प्रवचन करते रहे हैं। विभिन्न तर्कों के माध्यम से उन्होंने यह प्रमाणित करने का प्रयास किया है कि ब्रह्म ही सत्य है और जगत् मिथ्या है। प्रवचनों में भी आनंद आता है। वेद का यह सिद्धांत पूर्णत: सार्वभौमिक शाश्वत सत्य है, क्योंकि दृश्यमान जगत् परिवर्तनशील है एवं नश्वर है। जो नश्वर है, वह सत्य नहीं हो सकता। हमारी देह इस दृश्यमान जगत् का भाग है और यह नश्वर है, कुछ समय से है और कुछ समय तक के लिए है, अत: शाश्वत सत्य नहीं है, परंतु प्रश्न तो यह है कि क्या अद्वैत का अनुभव किया जा सकता है ?

अद्वैत अर्थात् जहाँ दो नहीं हैं। सबकुछ एक ही है। जहाँ कोई द्वंद्व नहीं है। अद्वैत के भाव में 'मैं' और 'तुम' नहीं हैं, जब 'मैं' और 'तुम' नहीं हैं तो ईश्वर भी नहीं है, क्योंकि जैसे ही 'मैं' का भाव प्रकट हुआ तो तत्काल दूसरा अन्य प्रकट हो जाएगा। ईश्वर तभी है, जब 'मैं' का भाव है। ईश्वर के अस्तित्व की धारणा में एक 'मैं' का अस्तित्व है और दूसरा ईश्वर है और यहाँ भी द्वैत का भाव है, जबकि अद्वैत में सिर्फ एकाकार होना है। अद्वैत में 'मैं' विलुप्त होना है। 'अहम् ब्रह्मास्मि', अर्थात् 'मै ब्रह्म हूँ', अब चूँकि यदि जगत् है तो 'मैं' भी हूँ, परंतु जगत् मिथ्या है तो 'मैं' भी मिथ्या है।

शास्त्रार्थ व तर्क के माध्यम से प्राप्त हुआ ज्ञान, सिर्फ उधार का ज्ञान है। अनुभव का नहीं। बड़े-से-बड़े अध्यात्मज्ञानी यह प्रवचन तो करेंगे कि ब्रह्म ही सत्य है, बाकी सब झूठ है। जगत् को माया कहते हुए इसे तुच्छ भी कहेंगे। मायाजाल से दूर रहने की सीख भी देंगे, परंतु सुख-सुविधा में रुकावट होने पर क्रोधित भी हो जाएँगे। देखिए, यह चर्चा व्यावहारिक स्तर पर हो रही है। प्रश्न यह है कि सुख-सुविधा किसको प्रकट हो रही है ? शरीर को या मन को ? परंतु शरीर व मन तो नश्वर हैं, जब से शरीर है, तभी से मन बना। शरीर और मन सत्य नहीं हैं, क्योंकि परिवर्तनशील हैं, शाश्वत नहीं हैं और नष्ट

होने योग्य हैं, फिर तो मन को आनंद देनेवाली सुख-सुविधा भी अस्थायी व असत्य है। असत्य को असत्य की कमी होने पर उत्पन्न हुआ क्रोध करनेवाले को यह अधिकार नहीं है कि वह ब्रह्म को सत्य कहे और जगत् को मिथ्या कहे। ब्रह्म सत्य है, यह तभी अनुभव करने योग्य है, जब पूर्ण रूपेण यह आभास कर लिया जाए कि मैं ही ब्रह्म हूँ।

देखिए, जब हम किसी दुःख, सुख, वस्तु, ज्ञान का अनुभव करते हैं तो उस परिस्थिति में दो स्थितियाँ निर्मित होती हैं। एक है वह परिस्थिति, जिसका अनुभव किया जा रहा है और दूसरा है अनुभवकर्ता, जो उस परिस्थिति को अनुभव कर रहा है, जैसे कि एक भक्त अपने भगवान् की भक्ति में लीन होकर अपने इष्टदेव के प्रेम में अश्रुधारा बहा रहा है। इस स्थिति में यहाँ दो का अस्तित्व है, एक भगवान्, जिनकी भक्ति हो रही है और दूसरा है भक्त, लेकिन यह अद्वैत नहीं हुआ। यहाँ भी द्वैत है, अर्थात् किसी भी परिस्थिति का अनुभव करने के लिए पहले तो 'मैं' का होना आवश्यक है। जहाँ 'मैं' प्रकट हुआ, वहाँ अद्वैत विलुप्त हो गया और द्वैत प्रकट हो गया। समुद्र में से एक लोटा पानी लेकर वह समुद्र से अलग हो गया। उस लोटे के पानी को अद्वैत का आभास नहीं होगा, क्योंकि लोटे का पानी समुद्र को देख रहा है और लोटे में अपने अस्तित्व का अनुभव भी कर रहा है। उस लोटे के पानी को अद्वैत का आभास हो ही नहीं सकता, जैसे ही उसे समुद्र में डाल देंगे, लोटे का पानी समुद्र में मिल गया, अब उस लोटे के पानी से पूछा जाए कि तुम कहाँ हो ? वह कोई भी जवाब देने की स्थिति में नहीं होगा, क्योंकि वह समुद्र में मिल गया है। उसके लिए पृथ्वी का तट और मायाजाल सबकुछ समाप्त हो गया। शक्कर को जब तक पानी में घोला नहीं गया, तब तक वह अपने अस्तित्व को पहचानती रहेगी, जैसे ही उसे पानी में घोल दिया गया, अब शक्कर का पता-ठिकाना ज्ञात नहीं हो सकता। वह अद्वैत हो गई। कपूर का अस्तित्व तभी तक है, जब तक वह जलाया नहीं गया है, जैसे ही उसे जला दिया जाएगा, फिर वह हवा में विलय हो जाएगा। द्वैत का अद्वैत में मिलन हो गया।

एक बार एक पंडित ने श्री रामकृष्ण परमहंसजी से पूछा कि "अद्वैत तत्त्व के बारे में आपका क्या मत है ? ब्रह्म ही सत्य है और जगत् मिथ्या, यही वेदांत का सार है या नहीं ?" इस प्रसंग पर रामकृष्ण परमहंस बोले, "सब मिथ्या है, परमतत्त्व ही सत्य है, इस तरह का बोलना तो सरल होता है, किंतु इस प्रकार के कथन श्रोताओं को समझ नहीं आ सकते, जब तक यथार्थता का अनुभव नहीं किया जाए, तब तक उसके विषय में ज्ञान प्राप्त नहीं हो सकता। अद्वैतवाद कठिन है। ब्रह्म ही सत्य है, बाकी सब झूठ, इस भावना को मन में उतारना सरल नहीं है। जोर-जोर से जो लोग 'जगत् माया, ब्रह्म सत्य' कहते हैं, परंतु एक दिन भी उनके भोजन में रुकावट हो जाए तो क्रोधित होने लगते हैं। इसलिए सामान्य व्यक्ति के लिए भक्ति-मार्ग ही श्रेयस्कर है। अद्वैत तत्त्व पर प्रवचन

और पुस्तकों, शास्त्रों को पढ़ने मात्र से अद्वैत का आभास नहीं हो सकता है, जब अपने हृदय में पूर्ण मनोयोग से अद्वैत भाव प्रकट होने लगे, तभी व्यक्ति स्वयं को ब्रह्म में लीन होने का आभास करने लगता है, जब तक यह स्थिति आभासित न होने लगे, तब तक अद्वैतवाद पर सिर्फ बातें-ही-बातें और चर्चाएँ हैं।"

इसी कारण अद्वैत का विषय अध्ययन का नहीं है, अनुभव का है। अद्वैतवादी होने पर किसी भी भौतिक परिस्थिति के परिवर्तन से व्यक्ति प्रभावहीन रहेगा, लेकिन यह कार्य निरंतर साधना करने से ही संभव हो सकता है। संभवतः एक जन्म भी इसके लिए कम पड़ जाए। इस भ्रम में नहीं रहना चाहिए कि मृत्यु के बाद हम अद्वैत हो जाएँगे। मृत्यु के बाद भी मन, बुद्धि, चित्त, अहंकार बना रहता है। इस प्रकार अद्वैत का अनुभव किया ही नहीं जा सकता। अद्वैत होने पर अनुभवकर्ता विलुप्त हो जाएगा। हाँ, इतना अवश्य है कि ध्यानावस्था में 'मैं' को विलुप्त कर शून्य में विलीन हो जाने की साधना करने से अद्वैत की स्थिति निर्मित हो सकती है, परंतु उसके बाद उसके अनुभव, उसके आनंद को याद रखना भी पुनः द्वैत में परिवर्तित हो जाएगा। वह स्थिति तो ऐसी होगी कि जैसे कोई व्यक्ति बेहोश हो गया और जब होश में आया तो उसे यह ज्ञात ही नहीं होगा कि वह कहाँ था, उसे कैसा लगा। जहाँ सोच है, चिंतन है, अनुभव है, स्मृति है, वहाँ 'मैं' का प्रकटीकरण भी है, फिर ऐसी स्थिति में अद्वैत नहीं होगा। यह द्वैत की स्थिति बनेगी। अद्वैत से तात्पर्य ब्रह्म के अस्तित्व में विलय हो जाना है।

स्वचिंतन : ***जीवन में संगत का बहुत बड़ा प्रभाव होता है। देखना यह है कि हमारी संगत किसके साथ है? हमारे मित्र कैसे हैं? उठक-बैठक किसके साथ है, उनका आचरण कैसा है? वे कैसी चर्चाएँ करते हैं? जैसी चर्चाएँ होंगी, वैसी ही मानसिकता व सोच निर्मित होगी।***

□

8

हमारे संबंधों की धुरी

मेरे परमपूज्य गुरुजी योगीराज श्री चंद्रमोहनजी महाराज ने एक बार अपने प्रवचनों में कहा था कि जीवन में जो लोग निकट संबंधी होते हैं, उनसे किसी-न-किसी रूप में पूर्वजन्म का रिश्ता भी होता है। ये संबंध प्रेम के हों या घृणा के, लेकिन इनके जुड़े रहने का कोई-न-कोई कारण अवश्य होता है। ऐसे ही नहीं कोई आपकी पत्नी या पति, भाई, माता, पिता, पुत्र, पुत्री, मित्र, सगे-संबंधी बन गए। इन रिश्तों के पीछे कोई-न-कोई अदृश्य, अव्यक्त, अनजान कारण है। पति-पत्नी के मध्य सात जन्मों का रिश्ता उनके प्रेम व समर्पण पर आधारित है। संबंधों का नाम भले ही कुछ भी हो, परंतु यह आवश्यक नहीं कि उनकी भूमिका का निर्वाह यथावत् हो। उदाहरणार्थ—पितृभक्त पुत्र, मातृभक्त पुत्र, उदासीन पुत्र (अर्थात् माता-पिता के प्रति उदासीन, पालन-पोषण, शिक्षित होने के बाद भी उनसे कोई सरोकार नहीं), ऋणी पुत्र (अर्थात् पूर्वजन्म के अपने किसी ऋण अथवा दायित्व का निर्वाह करनेवाला), शत्रु पुत्र (अर्थात् पूर्वजन्म की शत्रुता का बदला लेनेवाला), इसी प्रकार अनेकों-अनेक संबंधी-रिश्तेदार अपने-अपने पूर्व कर्मों के कारण एक-दूसरे से जुड़े रहते हैं और उनसे किसी-किसी रूप में पूर्व जन्म का कोई रिश्ता रहता है।

रिश्तेदार, मित्र और संबंधियों से जिस सामाजिक मान्यता के साथ संबंधों का नामकरण हुआ है तो कोई आवश्यक नहीं कि वह मान्यता वास्तविक और शाश्वत हो। एक समाचार-पत्र में मैंने पढ़ा था कि एक पुत्र ने अपनी माँ का गला काटकर उस कटे हुए स्थान पर अपना मुँह लगाकर माँ का खून पिया था, जब पुलिस ने उसे पकड़ा और पूछताछ की तो उसने बताया कि वह एक तांत्रिक साधना की पूर्णता में यह कुकृत्य कर बैठा है। इसी प्रकार एक समाचार पढ़ा था कि एक पिता ने अपने पाँच वर्ष के पुत्र की मंदिर में सिर पटककर हत्या कर दी, पिता मंदिर में दैवीय शक्ति को खुश करने के लिए बलि देना चाहता था। ऐसे ही अनेकों अनेक समाचार आए दिन सुनने व पढ़ने को मिल जाते हैं, फिर प्रश्न यह है कि क्या माँ-बेटा अथवा पिता-पुत्र के इन संबंधों को मान्यता दी जा सकती है ? माँ-बेटे का संबंध तो ममता, प्यार और सेवा पर आधारित है। पिता-

पुत्र का संबंध तो पालन-पोषण और सुरक्षा के संबंधों पर आधारित है, फिर क्यों इन संबंधों की हत्या हो गई? मैंने अपने वकालती व्यवसाय में अनेक ऐसे प्रकरण देखे हैं, जिनमें किसी-न-किसी स्वार्थ या निजी कारण के वशीभूत होकर अपने रिश्तेदारों, मित्रों की हत्या की गई अथवा उन्हें धोखे दिए या धोखे खाए।

एक प्रसंग उल्लेख करना चाहूँगा, मेरे एक अति निकट के परिचित के प्रथम पुत्र का जन्म हुआ और लगभग दो माह पश्चात् ही यह अनुभव किया गया कि बच्चा शारीरिक रूप से गतिहीन हो गया है। जन्म के तत्काल बाद वह बच्चा रोया नहीं था, चिकित्सकों का कहना था कि उसे उसी समय श्वास के माध्यम से ऑक्सीजन नहीं मिल पाई, इसी कारण उसकी यह स्थिति हुई। वह दुग्धपान तो कर लेता था, लेकिन उसके हाथ, पैरों व शरीर में कोई हलचल नहीं होती थी। उसके माता-पिता ने उसका बहुत इलाज कराया, लेकिन कहीं से कोई लाभ नहीं हुआ। उस बच्चे की आयु बढ़ती रही और वह एक मृत शरीर की स्थिति में पड़ा रहता था। वह अपने शरीर से मच्छर-मक्खी भी नहीं हटा पाता था, गर्दन भी नहीं हिलाता था, रोता, हँसता भी नहीं था, माता-पिता द्वारा उसके मुँह में दूध डालने पर वह पी लेता था। समय व्यतीत होता रहा और उस बच्चे की आयु सात वर्ष हो गई, वह एक शव के समान था और माता-पिता पर बोझ था, वे चिंतित थे और सोचते कि बेहतर होता कि इस बच्चे का जन्म ही नहीं होता। अनेक बार मैंने उसके पिता को समझाया कि "इस बच्चा के मोह में मत रहना, यह तुम्हारे पूर्वजन्म का कोई संबंधी है, जो इलाज के रूप में पैसा खर्च कराकर वसूली करने व दुःख देने के लिए तुम लोगों को पुत्र के रूप में मिला है।" अंततः मैंने उस बच्चे के पिता से कहा कि इस बच्चे की जन्मकुंडली एक ज्योतिषी को दिखाते हैं और समस्त संवेदनाओं से परे होते हुए मैंने उस बच्चे के पिता के समक्ष ही ज्योतिषी से पूछा कि "इस बच्चे की मृत्यु कब होगी? कुंडली के अनुसार इसकी आयु कितनी है?" ज्योतिषी ने गंभीरतापूर्वक कुंडली का अध्ययन किया और बताया कि इस बच्चे के ग्रह-नक्षत्र के अनुसार इसकी शेष आयु छह माह से अधिक नहीं है। कुछ समय व्यतीत हुआ, वह बच्चा बीमार रहने लगा, माता-पिता ने काफी इलाज कराया और उसके आठ माह पश्चात् उसकी मृत्यु हो गई, अर्थात् बच्चे के द्वारा जन्म लेने के कारण मानसिक रूप से माता-पिता के संबंध जुड़े रहे, परंतु उनके मध्य पूर्वजन्म के कर्म-बंधन का कारण दुःख व वसूली के लेन-देन का था।

इस तरह हमारी मान्यताओं पर आधारित नामांकित संबंधों को हम शाश्वत और स्थायी नहीं मान सकते हैं। ऐसे भी उदाहरण देखने को मिल जाते हैं कि जिनसे किसी भी प्रकार की कोई रिश्तेदारी नहीं है, लेकिन फिर भी उन व्यक्तियों से प्रेमपूर्ण, समर्पण, स्नेह, ममता और प्रेम के संबंध बन जाते हैं। हम अपने व्यावहारिक जीवन में भी अनुभव करते हैं कि अनजाने में मिले लोगों में कुछ इस प्रकार के होते हैं कि जिनका सान्निध्य

और निकटता अपने मन को भाती है, अनायास ही उनका सत्संग और स्पर्श सुखदायी लगता है, जबकि इसका तार्किक कारण शब्दों में व्यक्त नहीं कर पाते हैं। ठीक इसके विपरीत कुछ ऐसे लोग भी संपर्क में आते हैं, जिनकी निकटता और स्पर्श असहनीय, मन को पीड़ादायक व विकर्षणवाली होती है तथा इसके पीछे का कारण ज्ञात नहीं हो पाता है। इस प्रकार हमारे जीवन में मित्र और शत्रु के रूप में जो भी संपर्क में आते हैं, वे हमारे ही इस जन्म या पूर्व जन्मों की किन्हीं कर्म, क्रिया अथवा प्रतिक्रिया के परिणाम होते हैं।

व्यक्ति का पुनर्जन्म उसके अपने पूर्व कर्मों के कारण विभिन्न परिस्थितियों एवं विभिन्न स्थितियों में होता है। मनुष्य जब निद्रा में होता है तो यह भी मृत्यु और जन्म का ही एक लघुस्वरूप निद्रा व जागरण है। योगशास्त्र के अनुसार, जब व्यक्ति निद्रा में होता है, तब उसका मन सुषुम्ना नाड़ी में चला जाता है। यह कहा जाता है कि सुषुम्ना नाड़ी में हमारे कई जन्मों का लेखा-जोखा रहता है। निद्रा में हम कभी-कभी ऐसे स्वप्न भी देखते हैं, जो कतई वर्तमान जीवन से संबंधित नहीं रहते हैं। एक ही प्रकार के बार-बार दृश्य स्वप्न में दिखते हैं और वे कतई वर्तमान जीवन से संबंधित नहीं होते हैं। यहाँ यह कहना गलत नहीं होगा कि ऐसे दृश्य पूर्वजन्म से संबंधित भी हो सकते हैं। कर्म-फल के अनुसार पुनर्जन्म होता है, अर्थात् इस जन्म में हमको यदि कोई दुःख भोगना पड़ रहा है तो वह दुःख या तो हमारे इसी जन्म में किए गए बुरे कर्म का परिणाम है या पूर्वजन्म का प्रारब्ध है।

पुनर्जन्म का सिद्धांत सिर्फ हिंदुओं में ही मान्य है, परंतु सच तो यह है कि पुनर्जन्म संपूर्ण मानव जाति में होता है। ईसाइयों व मुसलिमों में पुनर्जन्म को मान्यता नहीं दी गई है। यह भी एक भ्रम है। पूर्वजन्म के रिश्तों के प्रमाण भी अनेक हैं। डॉ. ब्रायन वीज की पुस्तक 'मैनी लाइव्स मैनी मास्टर्स,' (1988 में सायमन एंड सचस्टर, यूनाइटेड स्टेट्स से प्रथम बार प्रकाशित) में उन्होंने बताया है कि एक कैथोलिक ईसाई, अति सुंदर लड़की कैथरीन पर वह अपने इलाज का प्रयोग कर रहे थे। कैथरीन मानसिक रूप से अत्यधिक बीमार थी, वह बहुत ही अधिक उदास रहती थी, भयग्रस्त थी, अधिक तनाव में रहती थी, अकसर पानी से बहुत डरती थी, अँधेरे से भी बहुत डरती थी। डॉ. वीज ने उसे बताया कि अब सिर्फ एक ही रास्ता है कि 'हिप्नोसिस' के माध्यम से बीमारी का कारण पता करे। हिप्नोटाइज्ड अवस्था में वह सभी प्रश्नों का पालन व जवाब के लिए तैयार थी। डॉ. वीज ने उसे निर्देश दिया कि वह अपनी पूर्वजन्म की यादों को बताए। कैथरीन ने बताया कि एक पूर्वजन्म में जब वह 5 वर्ष की थी तो एक आदमी ने उसका मुँह दबाकर उसे पानी में डुबाया था। यह सुनते ही डॉ. ब्रायन वीस को यह ज्ञात हो गया कि कैथरीन के अवचेतन मन (सब-कौंशस माइंड) में पानी के प्रति डर क्यों समाया था। कैथरीन ने अपने अनेक पूर्वजन्मों की घटनाएँ बताईं। उसने बताया कि एक बार

के पूर्वजन्म में उसकी एक छोटी पुत्री थी, जिसका नाम क्लियेस्ट्रा था और कैथरीन के इस वर्तमान जन्म में वह उसकी भतीजी रिचेल है। डॉ. ब्रायन वीज ने उससे पूछा कि "बताओ कि पूर्व जन्म में मेरा, तुमसे क्या रिश्ता रहा है?" केथरीन ने तत्काल जवाब दिया कि वह पहचान गई है, डॉ. ब्रायन वीज उसके पूर्वजन्म में टीचर रहे हैं। उसने आगे बताया कि "आप मुझे पुस्तकों से पढ़ाते थे, आप वृद्ध थे और आपके बाल भूरे (ग्रे) थे, आपने सफेद कपड़े पहन रखे थे और आपका नाम डियोगेनेज था तथा वह समय वर्ष 1568 बी.सी. का था।" कैथरीन ने अपने एक पूर्वजन्म समय 1756 ए.डी. के बारे में बताया कि वह एक स्पेनिश महिला थी, उसका नाम लोईसा था और उस समय उसकी आयु 56 वर्ष थी। उसने आगे बताया कि उस जन्म में वह वेश्या थी, परंतु यह बात वह अन्य किसी को नहीं बताती थी और छुपाती थी, क्योंकि उस समय वह स्वयं में शर्म व कुंठा का अनुभव करती थी। कैथरीन ने अपने कई सौ साल पुराने जन्मों के संदर्भ में एवं अपनी पहचान एवं अपने पिताओं के नाम बताए। डॉ. वीज ने अपनी उक्त पुस्तक 'मैनी लाइव्स मैनी मास्टर्स' के अध्याय 13 में उल्लेख किया है कि जब कैथरीन हिप्नोसिस अवस्था में थी, तब डॉ. वीज ने उससे पूछा कि "तुम्हारा बार-बार इस पृथ्वी पर जन्म हुआ है तो क्या तुम ऐसा समझती हो कि तुमने अपने जन्मों में उत्थान (प्रोग्रेस) किया है?" तो कैथरीन ने 'हाँ' में जवाब दिया था। डॉ. वीज ने उससे पूछा कि "इस पृथ्वी पर तुमने कितने जीवन बिताए हैं?" कैथरीन ने जवाब दिया, "86 बार।"

डॉ. ब्रायन वीज द्वारा लिखित एक अन्य पुस्तक 'ऑन्ली लव इज रियल' में उन्होंने एक युवती एलिजाबेथ एवं एक युवक पेड्रो, जो कि डॉ. वीज के पास इलाज कराने हेतु पृथक्-पृथक् समय में पहुँचे थे, एलिजाबेथ व पेड्रा पूर्व से एक-दूसरे से परिचित नहीं थे। उन दोनों पर प्रयोग किया तो ज्ञात हुआ कि एलिजाबेथ व पेड्रो के पिछले कई जन्मों में एक-दूसरे से किसी-न-किसी रूप में रिश्ते रहे हैं और बाद में जब डॉ. ब्रायन वीज से इलाज के दौरान परिचित हुए तो एक-दूसरे से प्रेम करने लगे और विवाह कर लिया। (पूर्वजन्म के रिश्तों के विवरण, लेखक की पूर्व प्रकाशित पुस्तक—'मृत्यु कैसे होती है? फिर क्या होता है?' प्रभात प्रकाशन, नई दिल्ली से प्रकाशित हैं)

पूर्वजन्म एवं पुनर्जन्म के संदर्भ में गीताप्रेस गोरखपुर से प्रकाशित कल्याण अंक 'परलोक और पुनर्जन्मांक' से एक घटना (कल्याण, पृ. 585) से उद्धृत हैं, जिसमें आचार्य बलरामजी शास्त्री ने उल्लेख किया है कि जब सन् 1947 में भारत-पाकिस्तान का बँटवारा हुआ था, तब बरेली में इकराम अली एक प्रतिष्ठित व्यक्ति थे, उनके दो पुत्र थे, एक पाकिस्तान में बस गया था और दूसरा पुत्र मोहम्मद फारुक भारत के बरेली शहर में था और उसकी मृत्यु सन् 1954 में हो गई। मोहम्मद फारुक के पुनर्जन्म की घटना का रहस्य तब खुला, जब एक मुसलिम अध्यापक हशमतुल्लाह अंसारी ईद मिलने

के लिए अपने पाँच वर्षीय पुत्र के साथ इकराम अली के यहाँ पहुँचे थे। वहाँ पहुँचते ही हशमतुल्लाह अंसारी के पाँच वर्षीय बालक ने सभी को अचंभे में डाल दिया, जब वह अपने पूर्वजन्म के पिता इकराम अली को पहचानते हुए कहने लगा कि वह तो इस घर का मोहम्मद फारुक है। उसने अपने पूर्वजन्म मोहम्मद फारुक के सभी सामान को पहचान लिया और अपनी पूर्व जन्म की बीवी फातिमा बेगम को भी पहचान लिया। उसने फातिमा से बातें कीं और कई ऐसे रहस्यों को बताया, जो पति-पत्नी के रूप में केवल मोहम्मद फारुक और फातिमा ही जानते थे। उसने एक बंदूक और अपने भाई के पास पाकिस्तान में स्वयं के द्वारा भेजे गए 05 हजार रुपए का रहस्य भी बताया था, जब भावुकतावश फातिमा बेगम ने उस बच्चे को अपनी गोद में बैठाना चाहा तो उस बालक ने तत्काल कहा, "तुम मेरी बीवी हो फातिमा! मैं कुरसी पर बैठूँगा।" वह बालक फातिमा बेगम की गोद में नहीं बैठा। यह वाकया कई समाचार-पत्रों में छपा था। वाराणसी के 'संसार' नामक समाचार-पत्र में 03 जुलाई, 1959 को छपा था।

हमारे साथ हमारा ही एक आभामंडल निर्मित है, जो हमारे गुण और चिंतन के अनुरूप स्वतः ही निर्मित हो जाता है। यह आभामंडल हमेशा हमारे साथ रहता है और हमारे चारों ओर तरंगें प्रस्फुटित करता रहता है, जब एक समान आभामंडल की तरंगें अन्य दूसरे के निकट आती हैं अथवा उनमें संपर्क होता है तो वे आपस में आकर्षित होकर आनंद का अनुभव करते हैं। स्वस्थ विचारों और सद्गुणों के परिणामस्वरूप निर्मित हुआ आभामंडल का जब उसी के समान आभामंडल से मिलन होगा तो आनंद आभासित होगा एवं इसके विपरीत यदि कुत्सित, तमोगुणी व नकारात्मक विचारों से निर्मित आभामंडल से संपर्क हो जाता है तो स्वतः ही मन में विकर्षण उत्पन्न होने लगेगा, लेकिन यदि आपस में दो तमोगुणी, कुत्सित, नकारात्मक विचारोंवाले व्यक्तियों के आभामंडल जब एक-दूसरे के संपर्क में आते हैं तो उनमें आकर्षण होने लगता है और वे एक-दूसरे के लिए सुखदायी मित्र बन जाते हैं। हमारे संबंधों की एक अदृश्य धुरी यह भी होती है।

हमारे सामने जो दिखनेवाला दृश्यमान संसार है, उसके पीछे एक अन्य संसार भी है, जो अदृश्यमान है। उसी अदृश्यमान संसार से हम सभी शासित होते हैं। वस्तुतः हम उसी अदृश्यमान संसार के पुर्जे हैं और उसी से संचालित हो रहे हैं। ईश्वर की महिमा भी देखिए कैसी है? जो दिखता नहीं है, उससे हम संचालित हो रहे हैं, कुछ लोग इसे भाग्य कहते हैं, जबकि भाग्य के निर्माता भी हम ही हैं। जन्म-जन्म से यह हमारे साथ अदृश्य रूप में चल रहा है। इस संसार में हम हैं, लेकिन हम क्या हैं? एक पाँच-छह फीट लंबे एवं दो फीट चौड़े शरीर के ढाँचे और क्या! यही एकमात्र पूर्ण एवं अंतिम सत्य है? लेकिन नहीं, हम जितना दिखते हैं, उससे भी कई गुना अधिक हम वह हैं, जो हम नहीं दिखते हैं। "मैं जो अदृश्यमान हूँ और दूसरों को दिखता नहीं हूँ, बल्कि सच तो यह है

कि मैं स्वयं अपने आप को भी नहीं जानता हूँ।" हमें चिंतन करना चाहिए कि हम क्या हैं, क्या बन चुके हैं और क्या बनने जा रहे हैं ? हम अपने कौन से प्रकार के गुणों और विचारों की क्रिया और प्रतिक्रिया के परिणाम हैं, यह विश्लेषण भी हमें हर समय करते रहना चाहिए, तभी हम अपने उस नहीं दिखनेवाले अदृश्य कल का निर्माण कर पाएँगे।

निश्छलता, निष्कपटता, सकारात्मकता, व्यवहार में पारदर्शिता, प्रेममय होना, ये ईश्वरीय गुण हैं और जिस व्यक्ति में इन गुणों की प्रधानता होगी, वही व्यक्ति ईश्वर के अधिक निकट होगा। ऐसे गुणों की जीवंतता हमें अपने अंदर बनाए रखनी है, लेकिन प्रश्न यह भी है कि क्या हम अपने स्वयं के साथ इतने पारदर्शी एवं ईमानदार हैं ? जो व्यक्ति अपने स्वयं के साथ ईमानदार नहीं है, वह कभी भी समाज के साथ अथवा किसी व्यक्ति-विशेष के साथ पारदर्शी और ईमानदार नहीं हो सकता है और ईश्वर की भक्ति तो उससे कोसों दूर रहती है। हम क्या सोच रहे हैं, क्या बोल रहे हैं और क्या कर रहे हैं, क्या इन तीनों में अंतर है ? क्या हममें प्रतिदिन, प्रतिपल इसका आकलन और निरीक्षण करने की हिम्मत है ? मन, वचन और कर्म में यदि एकरूपता है तो पारदर्शिता स्वतः प्रस्फुटित होने लगेगी। यदि हम स्वयं के साथ ईमानदार नहीं हैं तो फिर यह सब नाटक है।

व्यावहारिक जीवन की नाटकीय कलाबाजियों के कारण क्षणिक प्राप्त हुई सफलता को उपलब्धि मानकर अंततः हम भ्रम के सागर में ही डूबे रहते हैं। ईश्वर ने हमें वाणी क्यों दी ? इसीलिए कि मन के अंदर जो भाव आएँ, उन्हें हम यथावत् शब्दों के माध्यम से व्यक्त कर सकें। ईश्वर ने हमें शरीर व इंद्रियाँ क्यों दीं ? इसीलिए कि मन के अंदर के भावों को कर्म के रूप में परिवर्तित कर सकें, लेकिन हमने प्रकृति के विरुद्ध कार्य करना प्रारंभ कर दिया। मन और वाणी के मध्य दरार पैदा कर दी एवं मन एवं शारीरिक इंद्रियों के मध्य भी एकरूपता नहीं रही, जब मन, वाणी और कर्म के भेद का घड़ा पूर्णतः भर जाता है, तब फिर हमारे लिए ईश्वर ही निर्णय करता है। अनेकों-अनेक जन्मों में ऐसे ही कदाचरण बनाए रखने के कारण हमारे पूर्व कर्मों के परिणामस्वरूप हमें जो प्राप्त होता है, वह सामने है। अनेक उदाहरण हमारे सामने होते हैं कि जीभ तो है, लेकिन गूँगे हैं, कान तो हैं, लेकिन बहरे हैं, मन तो है, लेकिन विवेक नहीं है। आखिर यह सब क्यों है ? गौर करना होगा कि यही कर्मफल है।

स्वचिंतन : ***निंदा सुनकर उत्तेजित होने से निंदक को महत्त्व देना ही है। विवेकशील व्यक्ति मिथ्या दोषारोपण पर हँसकर टाल देता है।***

□

9

प्रारब्ध और भाग्य : क्यों व कैसे?

कर्म करने का कर्तव्य एवं कर्म-फल का सीधा संबंध मनुष्य से है। कौन सा कर्म करना चाहिए और कौन सा नहीं करना चाहिए, इसका निर्णय करने हेतु मनुष्य में बुद्धि और विवेक का समावेश किया गया है। बुद्धि और विवेक ईश्वर ने मनुष्य को उपहारस्वरूप दिए हैं और इनके दुरुपयोग का परिणाम भी मनुष्य को ही भोगना होगा। मनुष्य योनि को कर्म योनि भी कहा गया है। मनुष्य जन्म ही ऐसा है, जिसमें हम अपना उत्थान कर सकते हैं और बुद्धि एवं विवेक का दुरुपयोग होने पर पतन भी हो सकता है। मनुष्य योनि के अलावा शेष प्राणी कर्म-योनि के नहीं है, बल्कि वे सिर्फ भोग-योनि के प्राणी हैं। संपूर्ण जीवन मनुष्य ने जैसे कर्म किए हैं और शरीर जीवन की मृत्यु जब हो जाती है तो उसके संपूर्ण जीवन में किए गए कर्म ही उसके प्रारब्ध बन जाते हैं। प्रारब्ध, अर्थात् कर्मों का इतिहास, अर्थात् कर्म-फल। मृत्यु के पश्चात् भोगने योग्य कर्म का प्रारब्ध समाप्त नहीं होता है, बल्कि किए गए कर्मों के परिणाम भोगने हेतु पुनर्जन्म होता है। मनुष्य को समस्त प्रकार के कर्मों का फल या तो इसी जन्म में अथवा अगले जन्म में भोगना होता है। यही प्रारब्ध है। इस प्रकार प्रारब्धों की श्रृंखला बनती जाती है। मनुष्य के कर्म यदि ऐसे रहे हैं कि उसने अपने पूर्व कर्मों के परिणाम को भोग लिया है एवं समस्त जीवन सत्कर्मी रहा है तथा अब कुछ भी भोगने को नहीं रहा है, तब ऐसी स्थिति में भोगने योग्य प्रारब्ध समाप्त हो जाते हैं। अच्छे कर्म करने से उनका परिणाम भी अच्छा ही होता है। यदि मनुष्य ने दुष्कर्म किए हैं तो उसका परिणाम भी उसी को भोगना होगा और तब उसे दुःख ही मिलनेवाला होगा, परंतु होता यह है कि मनुष्य को जब किसी माध्यम से जीवन में दुःख मिलता है और वह परेशान होता है तो साधारणत: वह अपने सिर्फ अच्छे कर्मों को ही याद करता है। कहने लगता है कि "मैंने तो कभी कोई गलत काम नहीं किया तब यह दुःख क्यों प्राप्त हो रहा है?" लेकिन वह अपने नकारात्मक विचार, दूसरों को कष्ट पहुँचानेवाले दुष्कर्मों की ओर नहीं देखता है अथवा उसे याद नहीं रहता है। ऐसी स्थिति में वह परेशान होता है और इसी को 'प्रारब्ध' कहा जाता है। कर्म

के कारण उपहार या दंड मिलना ही प्रारब्ध है। प्रारब्ध की समाप्ति के साथ जब मनुष्य अपने कष्टों को भोग लेता है और उनसे निवृत्त हो जाता है तो मृत्यु पश्चात् जीवात्मा को परलोक मिलता है।

भाग्य पर आश्रितता का औचित्य

प्रश्न यह है कि जब भाग्य पहले से ही सुनिश्चित है तो हमारे प्रयासों की सार्थकता क्या है? हम अपने बीच में यदा-कदा यह चर्चा सुनते रहते हैं कि जो भाग्य में होगा, वही होना है। भाग्य से ज्यादा और समय से पहले कभी किसी को कुछ नहीं मिलता। सभी क्षेत्रों में भाग्य की निर्भरता प्रकट होने लगी है। भाग्यवादी प्रत्यक्ष या अप्रत्यक्ष रूप से ईश्वर भक्त भी हो जाते हैं। राजनीतिक क्षेत्र, फिल्म उद्योग में, व्यापारिक क्षेत्र में एवं अनेकों-अनेक दिशाओं में कार्य करनेवाले भाग्य पर निर्भर होते देखे जा सकते हैं, जब कोई व्यक्ति अपने प्रयासों में असफलता का परिणाम प्राप्त करता है तो वह भाग्य को कोसने लगता है।

ऐसे सभी प्रश्नों के लिए हमें पहले भाग्य को समझना होगा कि भाग्य क्या है? हमारा भाग्य क्या ईश्वर लिखता है? परंतु ऐसा कदापि नहीं है। यदि यह मान लिया जाए कि सबकुछ पूर्व से ही सुनिश्चित है और जो भाग्य में होगा, वही होना चाहिए, तब तो ऐसी स्थिति में मनुष्य सिर्फ एक स्वचालित मशीन की तरह ही हो जाएगा। एक ऐसी मशीन, जिसमें पूर्व से सबकुछ फीड कर दिया गया है, कंप्यूटर की तरह प्रोग्रामिंग कर दी गई है और फिर मनुष्य को कुछ भी करना नहीं है, सिर्फ यांत्रिक होकर रह जाना है। मंगल ग्रह पर यान को भेजा गया और उसमें पहले से ही प्रोग्रामिंग कर दी गई है कि कौन से समय पर यान को क्या करना है, क्या हमारा भाग्य ऐसी प्रोग्रामिंग से परिपूर्ण है? परंतु ऐसा तो हो ही नहीं सकता। यदि इस सोच व मानसिकता को धारित कर लिया जाए, तब ऐसी स्थिति में तो मनुष्य अकर्मण्य, निष्क्रिय हो जाएगा, फिर तो ऐसी सोच बन जाएगी कि जो कुछ होना है, होकर रहेगा, फिर न पढ़ना है, न लिखना है, न कोई कर्म करना है, न कुछ सीखना है, क्योंकि सबकुछ भाग्य और समय पर निर्भर होने की मानसिकता बन जाएगी। इस कारण भाग्य पर निर्भर रहनेवाले लोग पूर्णतः गलत और भ्रमजाल में उलझे रहते हैं।

क्या भाग्य होता है? क्या भाग्य बनता है? ये ऐसे प्रश्न हैं, जहाँ प्रत्येक को गंभीरता से सोचना होगा। मैं मानता हूँ कि भाग्य होता है। मैं यह भी मानता हूँ कि भाग्य बनता है। मैं यह भी मानता हूँ कि भाग्य बनाया जाता है, लेकिन मैं यह नहीं मानता कि मेरा भाग्य किसी व्यक्ति या शक्ति द्वारा बनाया जाता है। वस्तुतः मनुष्य स्वयं अपने भाग्य का निर्माता है। हमारे कर्म के परिणाम से ही हमारा भाग्य निर्मित होता है। हमारा प्रारब्ध

ही हमारा भाग्य है, जैसे हमारे कर्म होते हैं, उसी प्रकार का हमारा भाग्य बनता है। हम आज क्या हैं? हम व्यतीत हुए कल की क्रिया और प्रतिक्रिया के परिणाम 'आज' हैं। इसी प्रकार आज की क्रिया और प्रतिक्रिया के परिणाम 'कल के होनेवाले हम' होंगे। हम स्वयं अपने भाग्य के निर्माता हैं। किसी व्यक्ति को लाभ या हानि अथवा किसी कार्य के सुपरिणाम या कुपरिणाम के कारण हम अनावश्यक रूप से भाग्य को जिम्मेदार मानते हैं। हमें जैसा और जिस रूप में 'आज' का स्वरूप प्राप्त हुआ है, वह यदि सुखदायी व अच्छा है तो इसका तात्पर्य यह है कि हमने व्यतीत हुए कल में अच्छे कर्म किए हैं और व्यतीत हुए कल का स्वरूप इसी जन्म का हो सकता है या पूर्वजन्म का भी हो सकता है। ऐसा भी कई बार देखा जाता है कि व्यक्ति वर्तमान में अच्छे कर्म नहीं कर रहा है, लेकिन वह सुख भोग रहा है। इसका तात्पर्य है कि उसके व्यतीत हुए कल के अच्छे कर्मों के परिणाम उसके साथ हैं। इसके विपरीत कभी यह भी देखने में आता है कि व्यक्ति वर्तमान में बहुत अच्छे कर्म कर रहा है, लेकिन फिर भी उसे सुपरिणाम नहीं मिलता, लाभ नहीं होता, बल्कि हानि ही होती रहती है। इसका स्पष्ट तात्पर्य यह है कि व्यतीत हुए कल में उसने बुरे कर्म किए हैं, इसी कारण उसका भाग्य 'दुर्भाग्य' में बदल गया है। इस सोच और विचार को जीवन में उतारने के लिए हमें अपने संपूर्ण जीवन के व्यतीत हुए समय का बारीकी और निष्पक्षता के साथ आकलन करना होगा। इसी को प्रारब्ध कहते हैं। क्यों नहीं हम स्वयं के परीक्षक बन जाएँ? इस प्रकार हमारा भाग्य भी होता है और अपने भाग्य के निर्माता भी हम स्वयं ही हैं।

स्वचिंतन— भाग्यशाली हैं वे लोग, जिन्हें चिंता करने की फुरसत नहीं मिलती और उत्तम लक्ष्यों की पूति के लिए अपने जीवन को भी अल्प मानते हैं। इसी प्रकार अभागे हैं वे लोग, जो कर्महीन हैं, परनिंदा व व्यसनों में समय जाया करते हैं और काल्पनिक दुःखों में पड़े रहते हैं।

□

10

दो प्रश्न

सामान्यतः इस जगत् में ईश्वर में आस्था रखनेवाले और आध्यात्मिक अभिरुचि के लोगों में दो प्रश्न उत्पन्न हो सकते हैं—

1. हम ईश्वर के अंश हैं और जन्म से लेकर मृत्यु तक उसी की सत्ता के अधीन हैं, तब फिर प्रश्न यह है कि ईश्वर ने हमें इस पृथ्वी पर क्यों भेजा है?
2. चूँकि मनुष्य का अस्तित्व और उत्पत्ति परमात्मा से है तो फिर मनुष्य दुराचारी क्यों हो जाता है?

ये दोनों ही प्रश्न मौलिक हैं और चिंतन करने योग्य हैं। सच तो यह है कि प्रत्येक आध्यात्मिक चिंतक को स्वयं के अंदर इन दोनों ही प्रश्नों का जवाब खोजना चाहिए। दोनों प्रश्नों के उत्तर गहन स्व-चिंतन से स्वयं ही ज्ञात करना उचित होगा। बार-बार स्वयं से प्रश्न कीजिए और इन प्रश्नों का जवाब अवश्य मिलेगा, अंदर से नैसर्गिक जवाब मिलने पर अपने अस्तित्व का आभास हो सकेगा।

मेरे चिंतन के अनुसार, ईश्वर निराकार, निर्गुण है। वास्तविकता तो यह है कि प्रत्येक के अंदर आत्मा का वास है और वह निराकार है। इसमें दो मत नहीं हैं कि आत्मा ईश्वर का अंश है, लेकिन कर्म-बंधन के कारण आत्मा पर अनेक परतें चढ़ चुकी हैं, परंतु हम इस चिंतन के साथ स्थिर नहीं हैं और संशय में भी बने रहते हैं। ईश्वर के मन में साकार जगत् की कल्पना हुई। ईश्वर ने सोचा होगा कि साकार और द्वैत भाव के साथ स्थूल जगत् का निर्माण किया जाए, जब पृथ्वी और प्रकृति का निर्माण हो गया तो प्रेम की अभिव्यक्ति और सहयोग के लिए मनुष्य की उत्पत्ति होना भी आवश्यक था, अतः ईश्वर ने मनुष्य का निर्माण किया और उससे स्वधर्म जीवनयापन करने की कल्पना की। यहाँ धर्म का तात्पर्य गुण से है। स्वधर्म, अर्थात् जो ईश्वर के गुण हैं, प्रेम, दया, सहयोग, सहायता, आनंद को पूर्ण रूप से अनुभव करना और अन्य मनुष्य को भी उक्त गुणों का अनुभव करने देना। इसी उद्देश्य के लिए ईश्वर ने मनुष्य को पृथ्वी पर भेजा है। ईश्वर ने मनुष्य स्वरूप की उत्पत्ति देकर उसे स्वतंत्र कर दिया, जिससे कि वह अपना स्वयं

का उत्थान करे, लेकिन जन्म के बाद मनुष्य निजी होकर जीने लगा, उसने प्रेम, दया, सहयोग, आनंद की दूसरों से तो अपेक्षा की, लेकिन स्वयं उन दूसरों की आशाओं से परे होता गया। परिणामतः वह कर्म बंधन में फँसता गया और अपने दुष्कर्मों के कारण परिणाम भोगने लगा, दुराचारी होता गया।

कर्म बंधन के कारण मनुष्य जन्म और मुत्यु के चक्कर में फँस गया। उसे प्रथम बार तो ईश्वर ने ही पृथ्वी पर भेजा था, लेकिन अपने कर्म बंधन के कारण वह परलोक से पृथ्वी पर जन्म लेता रहा और मरता रहा। कर्म बंधन के कारण भोग तो करना ही पड़ेगा और भोग के लिए जन्म भी लेना पड़ेगा, अतः यह सोचना उचित नहीं होगा कि ईश्वर ने हमें पृथ्वी पर भेजा है। वस्तुतः हमने ही ऐसे कर्म किए हैं कि उनके बंधन व भोग में फँस गए हैं और बार-बार जन्म लेना पड़ रहा है, अब यदि जन्म-मृत्यु से बचना है कि ऐसे कर्म करें कि मोक्ष प्राप्त हो जाए।

दूसरे प्रश्न का जवाब अंशतः ऊपर दिया जा चुका है कि मनुष्य ईश्वरीय गुणों से परे होता गया। उसने ईश्वर अंश होने की धारणा से जीवनयापन करना समाप्त कर दिया। परिणामतः वह कर्म बंधन में फँसता गया। जो लोग दुराचारी होते गए, वे अपनी स्थिति के लिए स्वयं जिम्मेदार हैं।

अब हम यदि उत्थान चाहते हैं तो अभी भी कुछ बिगड़ा नहीं है। सुधरने के रास्ते अभी भी हैं। इस हेतु सर्वप्रथम तो स्वयं के अंदर नकारात्मकता का भाव समाप्त करना चाहिए, जो शनैः-शनैः अभ्यास करने से होगा। जो जितना नकारात्मक होता है, उसे उतना ही क्रोध आता है। दोनों ही अवगुण एक-दूसरे से संबंधित हैं। नकारात्मकता व क्रोध बहुत बड़े दुर्गुण हैं। क्रोध करते रहने से ईश्वरीय गुण धारण नहीं हो सकते। क्रोधी व्यक्ति किसी भी प्रकार से किसी भी संत-महात्मा का शिष्य बनने योग्य नहीं होता है। ज्यों-ज्यों क्रोध की आदत पड़ेगी, त्यों-त्यों व्यक्ति क्रोध के वशीभूत होता जाएगा। वह स्वयं के नियंत्रण से परे होता जाएगा, फिर उसके लिए क्रोध रोकना संभव नहीं होगा। यही स्थिति अन्य दुर्गुणों के साथ भी बन जाती है। इस प्रकार किसी भी तरह का दुर्गुण हो, उसके साथ युद्ध करना चाहिए और उसे पराजित करना चाहिए, तब एक समय ऐसा आएगा कि दुर्गुण क्षीण होकर पराजित होने लगेगा और सद्गुणरूपी व्यक्तित्व में आत्मविश्वास बढ़ेगा।

स्वयं के अंदर सद्गुणों को धारण करने की आदत बनानी चाहिए। अन्य दूसरों की सहायता, सहयोग का सुपरिणाम मृत्यु के पश्चात् जीवात्मा को प्राप्त होता है और फिर परलोक में अन्य जीवात्माएँ भी सहयोग व सहायता करती हैं। हम मनुष्य शरीर में रहते हुए यदि सद्गुणी हो गए तो परलोकीय जीवात्माएँ जुड़ने लगती हैं और मनुष्य को उसी प्रकार सहयोग करने लगती हैं कि जैसे एक गुरु अपने शिष्य की सहायता करता

है। अप्रत्यक्ष एवं अदृश्य रूप से ऐसे मनुष्य स्वयं ही दीक्षित हो जाते हैं। शरीर जीवन में रहते हुए भाग्यशालियों को सद्गुरु प्राप्त होते हैं। सुयोग्य गुरु के सान्निध्य में सुयोग्य शिष्य साधना करते-करते उससे असीम आनंद और चित्त के ठहराव की अनुभूति होने लगती है।

(नोट : मृत्यु के समय कैसा और मृत्यु के पश्चात् कैसा अनुभव होता है, इस हेतु लेखक की पुस्तक—'मृत्यु कैसे होती है ? फिर क्या होता है ?' प्रभात प्रकाशन, नई दिल्ली से प्रकाशित)

स्वचिंतन : ***धर्म के निकट कौन हैं? जिसने अपने मन को सभी प्रकार से शांत किया हो, जिसका मन द्वंद्व-शून्य हो, जिसके मन में कोई संघर्ष नहीं हो, जिसके मन में सभी के प्रति समादर व प्रेम हो, जिसके मन में सभी के प्रति करुणा हो, ईर्ष्या नहीं।***

□

11

'कल' की चिंता : कारण और निवारण

आइए, हम आनेवाले 'कल' पर चर्चा करते हैं। बीता हुआ 'कल' कभी हमारा आनेवाला 'कल' था, फिर वह 'आज' बन गया और फिर यह बीते हुए 'कल' का स्वरूप ले लेता है। समय निरंतर खिसक रहा है, लेकिन उसके आभास से हम विमुख हैं और समय परिवर्तन के परिणाम को ही देख पाते हैं। जीवन के व्यतीत हुए आयामों की ओर जब हम देखते हैं तो चौंककर कहते हैं, "ओह! कितना समय निकल गया, पता ही नहीं चला।" हम सभी आनेवाले 'कल' की योजना के ताने-बाने में उलझे रहते हैं। जिस किसी को भी देखो, वह 'कल' के लिए ही चिंतित है कि 'कल' क्या होगा? धन, दौलत, गाड़ी, मकान, इज्जत, प्रतिष्ठा, जो कुछ भी हमारे सामने हैं, इन सबकी 'कल' के लिए ही चिंता है। समस्त सुख-दुःख, संबंध, झगड़े-फसाद 'कल' की सोच पर ही निर्भर हैं। 'कल' के कारण ही तनाव, 'कल' के कारण ही स्वस्थ रहना है, 'कल' के कारण ही सुख की चिंता, अर्थात् सबकुछ 'कल' पर ही निर्भर है। ऐसा प्रकट हो रहा है कि प्रत्येक आदमी 'कल' के लिए ही जीवित है, वह 'कल' बनकर ही जी रहा है। हम 'आज' का आनंद और सुख का अनुभव करने के बजाय सिर्फ 'कल' के कारण चिंतित हैं, तनाव में हैं, दुःख में हैं और योजनाएँ बना-बनाकर उन्हें पूर्ण करने की चिंता में हैं। योजनाएँ असफल हो गईं तो भी चिंता है, 'कल' अधिक बेहतर व्यतीत हो, इसकी चिंता है। हमारे सामने आज है ही नहीं, सिर्फ 'कल' की ही सोच है।

प्रसंग से जुड़ने के लिए जीवन की कुछ वास्तविकताओं का जिक्र करना होगा। एक धनाढ्य सेठ, जिसने अपार धन-संपदा को संचय करने में अपना संपूर्ण जीवन लगा दिया, इतना अधिक संग्रह किया कि उसकी सात पीढ़ी उस धन का उपभोग कर सकती हैं, उससे मुझे मिलने का मौका मिला। एक दिन एक सार्वजनिक उद्देश्य हेतु आर्थिक सहयोग लेने के लिए मैं अपने साथियों सहित उस धनाढ्य व्यक्ति से मिलने गया था। कुछ देर इंतजार करने के बाद सेठजी कमर तक झुकी हुई हालत में चलते हुए कमरे में आए और मकान के स्वागत कक्ष में अधलेटी अवस्था में बैठ गए। मैंने सेठजी से पूछा

कि "क्या आप कुछ अस्वस्थ हैं?" उन्होंने जवाब दिया, "अत्यंत पीड़ा से व्यथित हूँ, बवासीर हो गई है, इस कारण से न तो बैठ पा रहा हूँ और न ही लेट पा रहा हूँ। ब्लड प्रेशर रहता है और डायबिटीज भी है, इसलिए न तो नमकीन खा रहा हूँ और न ही मीठा। इस कारण छाछ में रूखी रोटी डुबा-डुबा के खाकर आया हूँ।" सेठजी की यह हालत देखकर मैं किंकर्तव्यविमूढ़ जैसा शून्य में देखने लगा और सोचने लगा कि 'हे ईश्वर, इस सेठ को तूने इतना सबकुछ दिया है कि यदि यह चाहे तो सोने की थाली और कटोरी में भोजन कर सकता है, लेकिन इसकी हालत देखकर ऐसा प्रतीत हो रहा है कि जैसे यह तो कंगाल हो। जिसे ईश्वर ने भूख तो दी है और अपार धन-संपदा के साथ समस्त साधन भी दिए हैं, लेकिन अपनी मनमर्जी से यह सेठ भोजन भी नहीं कर सकता है। यह कंगाल और दयनीय नहीं तो और क्या है?'

एक दूसरी वास्तविकता से वाकिफ हुआ—एक अत्यंत धनवान व्यक्ति को धनार्जन की बीमारी थी। वह गरीबों की जमीन गिरवी रख कर्जा देता और ब्याज पर ब्याज लगाकर जमीन हड़प लेता। वह अवैध तरीके से पैसा कमाने की मशीन बन गया था। उसके सामने यह चिंतन नहीं था कि उसे संपत्ति इकठ्ठी करना आवश्यक है या नहीं? उसका ध्येय था कि कैसे भी हो, पैसा आना चाहिए और इस हेतु उस पर हत्या के आरोप भी लगे व जेल की भी हवा खानी पड़ी, तो भी उसके माथे पर शिकन नहीं थी, लेकिन उसके परिवार में कोई सुख-चैन नहीं था। उसका एकमात्र पुत्र और वह भी गंभीर बीमारी से ग्रसित, पता नहीं कब ईश्वर नजर हटा ले। वह स्वयं व पुत्र के लिए हमेशा भयभीत बना रहता और इस कारण उसने निजी सुरक्षा गार्ड भी लगा रखे थे। वह इस ओर चिंतन ही नहीं कर रहा था कि आखिर इतनी धन संपदा का उपभोग कौन करेगा? लेकिन अपनी आयु के तृतीय चरण में रहते हुए भी उसे जमीन-जायदाद इकट्ठी करने की बीमारी थी। इन प्रसंगों से मुझे लगा कि कितनी मूर्खता है, जो अपना अति लंबा व विशाल 'कल' का निर्माण करके धन संचय में लगे हैं और आज के आनंद का अनुभव नहीं कर पा रहे हैं।

यहाँ पाठकगण का इस ओर ध्यान आकर्षित करना चाहूँगा कि किसी व्यक्ति-विशेष द्वारा अति दूर के भविष्य की चिंता में धन संग्रह करना एक दोषपूर्ण मानसिक बीमारी है और सर्वजन हिताय ध्येय के साथ कर्म करना, व्यवसाय करना, देशहित के कार्य करना और निजी लाभ और व्यक्तिगत सुख-सुविधा से परे होकर विकास कार्य में सहयोगी होना कतई बुरा नहीं है। यहाँ हमें व्यक्तिगत सुख-सुविधा हेतु भविष्य के लिए धन-संपत्ति संग्रह करने की चिंता और सर्वजन हिताय ध्येय को लेकर कर्म करने में भेद सुनिश्चित करना होगा।

आइए, एक कल्पना करें कि हम सब मिलकर पूर्ण मनोयोग व विश्वास के साथ सुनिश्चित रूप से यह मान लें और इसे दृढ़ता के साथ इस तरह सोचें कि यह कल्पना

नहीं है, बल्कि वास्तविकता है कि 'कल' ठीक रात को 12 बजे संपूर्ण संसार नष्ट हो जाएगा। इसकी जानकारी संसार में दूर-दूर तक सभी को पहुँच चुकी है, आकाशवाणी हो चुकी है, पृथ्वी में कंपन प्रारंभ हो गया है, पृथ्वी में गरमाहट बढ़ रही है। संसार में सभी व्यक्तियों को सूचना भी है कि 'कल' रात 12 बजे इस पृथ्वी की समाप्ति हो जाएगी। संसार के समस्त वैज्ञानिक एकमत होकर घोषणा कर चुके हैं कि 'कल' और सिर्फ 'कल' ही, एकमात्र पृथ्वी का अंतिम दिन है। पलक झपकते ही सबकुछ समाप्त। कुछ भी नहीं बचना। इसका भी मौका नहीं मिलेगा कि पृथ्वी की समाप्ति के समय हम किसी के भी हालचाल पूछ सकें अथवा यह जान सकें कि हममें से पहले किसकी मृत्यु हुई है और किसकी मृत्यु बाद में हुई? सभी जीव-जंतु, पेड़, पौधे, हवा-पानी को भी पता है कि 'कल' का दिन नष्ट होने का दिन है और प्रत्येक को अपने अंतर्मन में विश्वास हो गया है कि समस्त प्राणियों की मृत्यु 'कल' रात को 12 बजे हो जाएगी, अब प्रश्न यह है कि हमारी मनःस्थिति कैसी बनेगी? उक्त कल्पना के साथ आँखें बंद करके बैठ जाइए, कल्पना को विश्वास में परिवर्तित करते हुए अब सोचिए और अपनी मनःस्थिति का आकलन करिए। पूर्णतः शांत, न सुख दिख रहा है और न ही दुःख। समस्त सुख अनुभवहीन हो गए हैं और दुःख तो कहीं दूर-दूर तक है ही नहीं, बल्कि परिस्थिति उलटी हो गई कि जो भी किसी-न-किसी प्रकार से दुःखी है, उसे अपने पूर्व दुःखों की तरफ ध्यान देने का मन ही नहीं करेगा। उसे स्वतः ही अपने दुःखों का अनुभव ही नहीं होगा। दुःख के पार हो गए। ऐसी स्थिति में यदि कोई पूछे कि क्या आप धन-दौलत के अभाव से दुःखी हैं? तो आप तुरंत जवाब देंगे कि "कैसी धन-दौलत, कैसा अभाव, जब 'कल' अंतिम दिन ही है तो अभाव कैसा?" आपसे कोई पूछे कि आपको अमुक बीमारी है, क्या उससे आप बड़े दुःखी हैं? आप छूटते ही जवाब देंगे कि "कैसी बीमारी, कौन सी बीमारी, उसका आभास ही नहीं हो रहा है, अब जब 'कल' मौत का ही दिन है और सबकुछ समाप्त हो जाना है तो बीमारी के दुःख की चिंता करके भी क्या कर लेंगे?" आपसे यदि कोई कहे कि अमुक व्यक्ति ने आपके साथ धोखा किया था या बुरा किया था और आपकी इज्जत उतारी थी तो आप उससे बदला तो ले लो। आप छूटते ही जवाब देंगे कि "कैसा बदला, कैसी इज्जत, अब जब 'कल' रात को 12 बजे बदला लेनेवाला ही तथा इज्जत की चिंता करनेवाला और इज्जत व प्रतिष्ठा को देखनेवाला ही मृत्यु को प्राप्त हो जाएगा तो बदला और इज्जत की प्रासंगिकता ही समाप्त हो गई। बंद करो ये इज्जत और प्रतिष्ठा एवं बदला लेने की बातें, अब कुछ भी इस दिशा में मन के अंदर कोई सोच नहीं आ रहा है। 'कल' मौत का दिन है और विचारों की शृंखला शून्य हो गई है। योजनाएँ, विचार-मंथन सबकुछ शून्य हो गए हैं।"

वर्ष 2020 के प्रारंभ में पूरी दुनिया के देश कोरोना वायरस (कोविड-19) की

महामारी से ग्रसित हो गए। यह माना गया कि वायरस चीन के द्वारा निर्मित कर पूरी दुनिया में फैलाया गया। अमेरिका, इटली, ब्रिटेन, स्पेन, रूस, पाकिस्तान, जापान, जर्मनी, भारत आदि सैकड़ों देशों में इस महामारी के फैलने से त्राहि-त्राहि मच गई। लाखों लोगों की मृत्यु हो गई। सर्वाधिक धनाढ्य व शक्तिशाली देश अमेरिका एक असहाय व निरीह देश हो गया था। दुनिया के अधिकांश देश लॉकडाउन व कर्फ्यू की स्थिति में हो गए थे। बड़े-से-बड़े धनाढ्य व्यक्ति का धन कुछ भी काम का नहीं रहा था। इस महामारी ने गरीब और अमीर, जाति और धर्म, सुविधा और संसाधन के भेद को समाप्त कर दिया था। कोरोना वायरस महामारी फैलने से सभी स्तब्ध थे। यह बीमारी एक से दूसरे को फैलनेवाली रही है, इस कारण समस्त गतिविधियाँ रुक गई थीं। सभी को घरों में बंद रहने के निर्देश, बाजार, दुकानें, सरकारी कार्यालय, न्यायालय आदि सब कामकाज बंद कर दिया गया था। भारत में 25 मार्च, 2020 से लगातार लॉकडाउन की घोषणा हो गई, जो संपूर्ण देश में कई महीनों तक जारी रहा। स्वतंत्र रूप से घूमना-फिरना, सामूहिक समारोह बंद कर दिए गए। मंदिरों में, मसजिदों में एकत्रित होना प्रतिबंधित कर दिया गया था। ट्रेनें चलना, सड़कों पर आम आवागमन पूर्णतः बंद हो गया था। देश का हर व्यक्ति मौत से भयभीत रहने लगा था। इन दिनों भविष्य की सात पीढ़ियों के लिए धन संग्रह की चिंता व कल्पना ही विलुप्त हो गई। जिन्होंने अवैध तरीकों से अन्य को दुःख देते हुए धन-संपत्ति का संग्रह किया था, वह सब निरर्थक होना लोगों की समझ में आने लगा।

यह मात्र कल्पना नहीं है, बल्कि प्रत्येक व्यक्ति के जीवन की वास्तविकता और सत्य भी है कि प्रत्येक का 'कल' मौत का दिन है और अंतर सिर्फ इतना है कि हम अपना-अपना 'कल' अपनी-अपनी कल्पनाओं के अनुसार इतना दूर मानकर बैठे हैं कि जैसे हमारा अंतिम 'कल' कभी आना ही नहीं है। आज का दिन व्यतीत हो जाता है और आनेवाला 'कल' का दिन आज में परिवर्तित हो जाता है। प्रत्येक व्यक्ति का आनेवाला 'कल' व्यतीत होता रहता है, फिर भी हम 'कल' की ही चिंता करते रहते हैं। प्रत्येक की, हमारी, आपकी, सभी की 'कल' मौत होनी है और अंतर सिर्फ इतना ही है कि हमें अपने 'कल' की दूरी का पता नहीं है, वह हमसे छुपी है। हमें यह ज्ञात नहीं हो पा रहा है कि हमारी समाप्ति का वह 'कल' का दिन कब है ? हम सिर्फ 'कल' की चिंता में जी रहे हैं और आज के आनंद का अनुभव नहीं कर पा रहे हैं।

अब आगे का विचार दो भागों में विभक्त करूँगा—

1. 'कल' का अर्थ क्या है, अर्थात् 'कल' की परिभाषा क्या है ? 'कल' किसे कहेंगे ?
2. आनंद किसमें निहित है, 'कल' में या 'आज' में ?

प्रथम बिंदु के संदर्भ में यह कहूँगा कि सामान्य भाषा में प्रत्येक व्यक्ति का 'कल'

उसका अपना व्यक्तिगत और पृथक्-पृथक् है। किसी का 'कल' उसकी अपनी निजी भविष्य की कोई उपलब्धि तक सीमित है, किसी का 'कल' उसके अपने संपूर्ण जीवन तक सीमित है, किसी का 'कल' उसके परिवार की अगली एक पीढ़ी तक सीमित है, किसी का 'कल' उसकी दो पीढ़ियों तक सीमित है और किसी का 'कल' उसके परिवार की अगली सात पीढ़ियों तक का उसने फैलाकर रखा है। जिसका जितना लंबा विशाल 'कल' है, वह उतना ही चिंतित है। किसी का 'कल' इतिहास बनने की इच्छा में निहित है तो उसे और भी अधिक चिंता है। वह कुछ समय तक अखबारों में और पुस्तकों में छपना चाहता है और उसके बाद वह भी नष्ट हो जाता है। यह सब कहने का तात्पर्य मेरा यह है कि हमको अपना 'कल' कम-से-कम एक निश्चित समय का निर्धारित करना चाहिए और इस निर्धारण में संतुष्टि व ठहराव होना आवश्यक है। अपने 'कल' की सीमा को निर्धारित करने से पहले यह ध्यान अवश्य रखना है कि हमसे पहले जो इस दुनिया से जा चुके हैं, उनमें से अधिकांश ने किसी-न-किसी रूप में अपने-अपने 'कल' की लंबाई को सुनिश्चित किया होगा और कुछ समय तक वे भी अपने-अपने कार्य-क्षेत्रों में किसी अल्प समय तक चर्चित रहे, लेकिन इस दुनिया से जाना उन्हें भी पड़ा। जाने के बाद उनकी चर्चा और नाम छपाई कुछ समय तक तो हुई, लेकिन इसका क्या विश्वास कि उनके जाने के बाद उन्हें अपनी चर्चा, वैभव और नाम छपाई का आनंद मिला हो। मृत्यु हुई और शरीर नष्ट हुआ, फिर सबकुछ समाप्त, काहे की चर्चा, किसका आनंद, काहे का सुख और काहे का दु:ख? परंतु इतना अवश्य है कि वे 'कल' बनने की उत्कट इच्छा के कारण चैन से नहीं जी पाए। समस्त जीवन चिंतित ही बने रहे।

यह बात अलग है कि कुछ लोग ऐसे भी होते हैं, जो सिर्फ आज बनकर जीते हैं और अपने कार्यों व उपलब्धियों के कारण वे आनेवाले 'कल' की चर्चा के विषय बने रहते हैं। ध्यान यह रखना है कि उनका वह चर्चित रहनेवाला 'कल' भी अल्प एवं सीमित समय का रहा है। इसलिए यदि सुख, आनंद और चैन से जीना चाहते हो तो पहले कोशिश यह करनी है कि सिर्फ आज बनकर जिया जाए। मानसिक तौर पर यह प्रयास यदि शत-प्रतिशत संभव नहीं हो पा रहा है तो अपने 'कल' की लंबाई को कम-से-कम निर्धारित करना है और जब यह निर्धारित हो जाए तो अपने सुनिश्चित 'कल' तक की व्यवस्था आपनी योजना के अनुसार हो जाए और यह संतुष्टि हो कि बस हो गया, हमारे द्वारा निर्धारित 'कल' की लंबाई का इंतजाम तो उसके बाद निश्चिंत होकर सिर्फ आज बनकर मस्ती के साथ जीना सीखो। सच तो यह है कि हम प्रत्येक दिन प्रत्येक समय अपनी आर्थिक असुरक्षा, सामाजिक असुरक्षा, व्यावहारिक असुरक्षा की भावना में जी रहे हैं। मानव जीवन में ऐसी असुरक्षा होना स्वाभाविक भी है। अचंभा तो यह है कि तथाकथित धार्मिक कार्यों में लगे मठ, मठाधीश, तथाकथित साधु-संन्यासी, मुल्ला-

मौलवी और विभिन्न धर्मों, मजहब, रिलीजन के प्रचारक असुरक्षा की भावना से ग्रसित हैं, इसलिए उनके मूल उद्देश्य सफल नहीं हो पा रहे हैं।

द्वितीय बिंदु यह है कि आनंद कहाँ निहित है, 'कल' में या आज में? आप अपने मन की गहराई के साथ आँखें बंद करके सभी ओर से मानसिक रूप से विच्छेदित होकर कल्पना करिए कि इसी क्षण, इसी पल हम जहाँ बैठे हैं, जहाँ भी हैं, बस सिर्फ यही समय व जगह पर्याप्त और पूर्ण है और इसके परे न कुछ है और न ही कुछ वांछित है, फिर इसी धारणा के साथ मानसिक स्तर पर यह आभास करिए कि इसी क्षण, इसी पल और इसी श्वास में पूर्णता है और इससे पहले जो गुजर चुका, वह मर गया, कुछ याद भी नहीं है, आनेवाले किसी भी समय की कोई चिंता नहीं है और न ही किसी विषय-वस्तु की अपेक्षा है और न ही कुछ इच्छा है। इस सोच व समय के साथ इस तरह बहने का प्रयास करिए, जैसे कि समयरूपी नदी की धारा के साथ विचाररूपी किनारे भी बहने लगे हैं, फिर विचार और समय में अंतर समाप्त हो जाएगा। बस इसी क्षण इसी श्वास में संपूर्ण अस्तित्व का आभास करिए। सोचिए कि इसी पल, इसी क्षण और सिर्फ इसी श्वास में जीवन है। बस न इससे पहले कुछ था और न ही कुछ आगे है। ऐसी साधना के समय एकाग्रचित्त होना और सीधे बैठना एवं अपनी श्वास पर नियंत्रण करना व श्वास के साथ बहने का प्रयास करिए। यदि एक बार में ऐसी प्रक्रिया और चिंतन का ठहराव नहीं हो पा रहा है तो निराश होने की आवश्यकता नहीं है। पुनः आँख बंद करके ध्यान करिए, अपने इष्टदेव की तसवीर के सामने शांत बैठकर प्रयास करिए। एक ऐसी स्थिति निर्मित होगी कि आप रोमांचित हो जाएँगे, आपकी सुषुम्ना नाड़ी गतिशील होने लगेगी और संपूर्ण शरीर में एक तरंग-सी आभासित होगी, ऐसा अनुभव होगा कि शरीर का रोम-रोम आनंदित हो रहा है, पुलकित हो रहा है, रोमांच हो रहा है। यदि ऐसा अनुभव हो पा रहा है तो समझ लो और विश्वास कर लो कि आनंद का वास सिर्फ आज में है और चिंता व तनाव का वास 'कल' की सोच में है, जब आप आज में हैं तो सुखी हैं, आनंदित हैं और जब आप 'कल' में हैं तो चिंतित और दुःखी हैं। आध्यात्मिक स्तर पर आज से तात्पर्य है, यही वर्तमान समय इसी श्वास के साथ बहना। सामाजिक एवं व्यावहारिक स्तर पर अपने-अपने 'कल' को कैलेंडर के वर्षों और तारीखों में सुनिश्चित कर लो।

आइए, अब यह भी चिंतन करें कि क्या हमारे वश में भविष्यरूपी 'कल' है? क्या हमारे वश में शत-प्रतिशत भविष्यरूपी 'कल' है? यदि हाँ, तो इस भविष्यरूपी 'कल' में हमारी मौत होनेवाली है, क्या हम इसे टाल सकते हैं? और विश्वास मानिए कि इस भविष्यरूपी 'कल' के दिन हमारी मौत हो ही जाएगी, टाल सको तो टाल के बताओ। यह भविष्यरूपी 'कल' के समय की लंबाई भर हमको ज्ञात नहीं है, लेकिन मौत अवश्य होनी है। निश्चित ही यह हमारे वश में नहीं है, लेकिन इतना अवश्य है कि वह मौत का

दिन जिंदगी में जरूर आएगा और भले ही वह सुनिश्चित दिन हमको पता न हो और हो सकता है कि किन्हीं परिस्थितियोंवश उस दिन का पता भी लग जाए, फिर भी उस दिन को टालना संभव नहीं है, जब हम अपनी मृत्यु के दिन को टाल ही नहीं सकते, उसे बदल ही नहीं सकते तो क्यों चिंता के सागर में भविष्यरूपी 'कल' की चिंता में डूबे रहना चाहते हैं ? हमारे हाथ में हमारी इच्छानुसार भविष्यरूपी 'कल' यदि होता तो हमारे शत-प्रतिशत भविष्य के समस्त कार्य सफल होते रहते।

- हमारे हाथ में यदि भविष्यरूपी 'कल' होता तो हमने इच्छा करते ही आज के इस संसार को जीत लिया होता।
- हमारे हाथ में भविष्यरूपी 'कल' यदि होता तो जीवन के प्रत्येक क्षेत्र में हम अजेय होते।
- हमारे हाथ में भविष्यरूपी 'कल' यदि होता तो हमारी मौत कभी होनेवाली नहीं है, फिर हम अमर कहलाने लगते।
- हमारे हाथ में भविष्यरूपी 'कल' यदि होता तो हमें निराशा नहीं होती। निराशा की आशंका तभी है, जबकि हमारे हाथ में भविष्यरूपी 'कल' का नियंत्रण नहीं है और इसी कारण हम असुरक्षा की भावना से ग्रसित हैं। इसी कारण असफलता की आशंका, पराजय की आशंका के कारण तनाव, चिंता, दुःख और परेशानियाँ हैं, जिनका मूल कारण यह है कि हम प्रतिपल भविष्यरूपी 'कल' बने हुए हैं।

जब हमारे नियंत्रण में भविष्यरूपी 'कल' है ही नहीं, तो हम 'कल' बनकर क्यों जी रहे हैं ? हम क्यों नहीं आज वर्तमान बनकर जी पाते हैं। सोचिए, हम सिर्फ आज ही और सिर्फ आज के लिए ही हैं एवं आज के कारण जो परिणाम निकलना है सो निकले, उसको 'कल' देखेंगे और जब वह परिणाम सामने दिखेगा तो वह भी हमारा वर्तमान आज बन जाएगा। हम वर्तमान में जीने का अभ्यास करें, वर्तमान बनकर ही जिएँ। आज का कार्य कर चुके और हो जाइए निश्चिंत। हमारे वर्तमान कर्म के कारण से जो भी परिणाम निकलेगा, उसके लिए कल देखा जाएगा, जब वह परिणाम सामने आएगा, तब फिर उसी तरह वर्तमान आज बनकर कार्य करना और उसी तरह सोचना, उसी तरह व्यवहार करना। हमारे आनंद का वास सिर्फ वर्तमान में है और न तो इसके आगे भविष्य में है और न ही व्यतीत हुए 'कल' में था।

एक रहस्यमय बात आपको बताता हूँ, जिस ओर आपने कभी ध्यान ही नहीं दिया। आपने कभी अपनी उस स्थिति का आभास किया है कि जब आप किसी बात पर पूर्णता के साथ हँसे हों। ध्यान करना, जब आप पूर्ण खुशी के साथ ठहाका मारकर हँसते हैं तो उस समय आपका रोम-रोम पुलकित हो जाता है और हँसी के कारण आँखों में आँसू भी

छलक आते हैं, तब आपने अनुभव किया होगा कि हँसी और खुशी के उस असीम आनंद की चरम कोटि के क्षण में आप शून्य की स्थिति में पहुँच जाते हैं। यह स्थिति हँसी के उस अंतिम छोर पर होती है, जहाँ कोई विचार, कोई चिंतन नहीं होता है और उस क्षण में हँसी का विषय भी सोच से बाहर हो जाता है। जिस कारण से हँस रहे थे, वह कारण भी हँसी और आनंद के अंतिम छोर के समय मन से विलुप्त हो जाता है। वही क्षण आपके पूर्ण आनंद का था। भले ही हँसी की उस विषय-वस्तु को बाद में सोच-सोचकर पुनः हँसते रहें, लेकिन वह तो उसकी प्रतिच्छाया ही होगी। आनंद और हँसी के अंतिम छोर की उस शून्य स्थिति पर उस विषय-वस्तु के कारण बार-बार नहीं पहुँचा जा सकता। उस शून्य के क्षण में आप भविष्य के समय को भूल चुके होते हैं, अर्थात् आपके सामने उस स्थिति में न तो व्यतीत हुआ समय का आभास था और न ही आनेवाले समय का आभास था। आप निश्चिंत थे, तनावरहित थे।

एक दूसरा उदाहरण भी देखिए—संभोग करते समय आप आनंद लेते हैं, संभोग प्रारंभ होते ही आनंद की यात्रा के साथ स्वयं को भूलते जाते हैं और संभोग के आनंद में स्वयं को डुबोते जाते हैं। आनंद की गहराई आपकी निश्चिंतता और विचारशून्यता पर निर्भर रहती है। आप उन लम्हों में निश्चिंत रहना चाहते हैं। उस समय यदि आप किसी भविष्य की योजना या आनेवाले 'कल' के किसी विचार में पड़ जाते हैं तो आपके आनंद की मात्रा कम हो जाएगी, अर्थात् भविष्यरूपी 'कल' की शून्यता, विचारशून्यता आपके सुख और आनंद को तत्समय बढ़ाती है। आप सिर्फ यह अनुभव करते हैं कि आनंद-ही-आनंद, सुख-ही-सुख और फिर संभोग की अंतिम परिणति में आखिरी स्टेज पर स्खलन के समय आप पूर्णता को प्राप्त हो जाते हैं, इस चरमकोटि के समय आप पूर्णतः खाली व शून्य होते हैं। इस शून्यरूपी आनंद की स्टेज तक पहुँचने के लिए आपने संभोग की यात्रा प्रारंभ की थी। विचार शून्यता जैसे-जैसे आभासित होती गई, वैसे-वैसे आप आनंदित होते गए। आपको यह भ्रम है कि संभोग के कारण आपको आनंद आ रहा है, बल्कि वास्तविकता तो यह है कि विचारशून्यता के अंतिम छोर पर पहुँचने के कारण आपने आनंद का आभास किया।

यदि संभोग को आनंद का कारण मान लिया है तो मेरा यह कहना है कि उन्हीं क्षणों में आनंद की अंतिम परिणति पर पहुँचने से पूर्व आपको यदि कोई यह खबर दे कि आपकी एक करोड़ रुपए की लॉटरी निकल आई है या अत्यंत ही दुःख भरी सूचना मिले तो आपका आनंद तत्काल गायब हो जाएगा। यहाँ मेरा कहना यह है कि संभोग के कारण यदि आनंद का अनुभव हो रहा था तो उस समय एक करोड़ रुपए की लॉटरी की सूचना अथवा किसी दुःख भरी सूचना का कोई भी कुप्रभाव संभोग के आनंद में व्यवधान नहीं बनना चाहिए था, अर्थात् भविष्यरूपी 'कल' की प्रत्येक सोच आपके आनंद में बाधक

है और वर्तमान आज के अस्तित्व की अनुभूति ही आनंद व सुख में परिवर्तित हो जाती है। इस प्रकार आपका आनंद सिर्फ वर्तमान में ही है, अभी ही हैं वर्तमान के अस्तित्व का अनुभव करने में ही है, इसी क्षण में है, इसी पल में है। न पहले कभी था और न ही आगे कभी आएगा।

व्यतीत हुए 'कल' की सोच में पछतावा है, यदि अच्छा समय व्यतीत हुआ तो पछतावा यह है कि वे भी क्या अच्छे दिन थे! यदि बुरा समय व्यतीत हुआ तो उसकी पीड़ा और कटु अनुभव के कारण दुःख है। आपके भविष्यरूपी 'कल' की सोच में चिंता और आशंका है। इस कारण आप आज और वर्तमान बनकर रहो। जितना भविष्यरूपी 'कल' का लघु स्वरूप होगा, उतनी ही कम चिंता और आशंका होगी।

स्वचिंतन : ***जहाँ सबका पोषण हो और शोषण किसी का न हो, सभी की अनिवार्यताओं की पूर्ति हो। सभी प्रसन्न रहें और कोई भी दुःखी न हो। 'सर्वे भवन्तु सुखिनः सर्वे सन्तु निरामया, सर्वे भद्राणि पश्यन्तु, मा कश्चिद् दुःख भागभवेत', लेकिन मिलावट, दिखावट, सजावट का नाटक करते हुए कोठी, कार, बँगले, बैंक-बैलेंस बनाने को विकास नहीं कह सकते। विकसित बुद्धि व विवेक की प्रवृत्ति क्षीण हो रही है और तथाकथित विकासवादी घूसखोरी के प्रेरक और पोषक हो चुके हैं।***

□

12

धन की परिभाषा क्या है?

धन की परिभाषा क्या है ? क्या कागज की कुछ करेंसी अथवा संपत्ति संचित करना ही 'धन' है ? क्या जीवन का उद्देश्य इसी धन को अर्जित करने का है ? नही, बिल्कुल नहीं। वस्तुतः बुद्धि, विकसित विवेक, भक्ति, ज्ञान, विद्या, प्रेम, दया, सहायता, सदाचरण, सत्कर्म, प्रसन्नता, संतोष, आनंद की अनुभूति, स्वास्थ्य एवं लोकप्रियता आदि गुण ही वास्तविक 'धन' हैं। जिस व्यक्ति में उक्त प्रकार के गुण हैं, वही वास्तविक धनाढ्य व्यक्ति है और ऐसे गुणों का संचारण एक जन्म से दूसरे जन्म तक होता है। ये गुण ही वास्तविक धन है। इन गुणों का साथ कभी भी नहीं छूटता है। विद्याविहीन व्यक्ति पशु समान है। (आध्यात्मिक ज्ञान को ही विद्या कहा गया है) विद्या से बढ़कर कोई दान नहीं है, अध्यात्म रामायण में कहा गया है कि—'देहोऽहमिति या बुद्धिरविद्या सा प्रकीर्तिता, नाहं देहाश्चिदात्मेति बुद्धिर्विद्येति मण्यते', अर्थात् मैं देह हूँ, इस बुद्धि का नाम अविद्या है, मैं आत्मा हूँ, इस बुद्धि का नाम विद्या है।

सामान्यतया लोगों द्वारा यह कहा जाता है कि भविष्य की सुरक्षा के लिए 'धन' की आवश्यकता रहती है। वस्तुतः उन्हें अपने भविष्य का भय है, अपनी असफलता का भय है, अपने नुकसान का भय है। इन्हें असुरक्षा का इतना भय आखिर क्यों है ? क्या ये सिर्फ 'धन' के माध्यम से ही सुरक्षित हो सकते हैं ? निश्चित ही नहीं, बिल्कुल नहीं। ये धन के माध्यम से बुद्धि, विकसित विवेक, भक्ति, प्रसन्नता, स्वास्थ्य, संतोष, आनंद की अनुभूति एवं लोकप्रियता जैसे गुण नहीं खरीद सकते हैं। जिन्होंने अवैध साधनों के माध्यम से अत्यधिक धन अर्जित कर लिया है, वे या तो एकत्रित किए गए धन को छिपाने में लगे हैं और उसका प्रदर्शन नहीं कर पा रहे हैं अथवा लुटेरों और डकैतों के द्वारा उन्हें लूटा जा रहा है। वे किसी भी प्रकार से सुरक्षित भी नहीं हैं और आंतरिक रूप से वे आनंद में भी नहीं हैं। सामान्यतया हम देख रहे हैं कि लोग अवैध, झूठ, फरेब के द्वारा अधिक-से-अधिक पैसा अर्जित करने के कारण अपने स्वास्थ्य को भी खराब कर लेते हैं और फिर पुनः स्वस्थ होने के लिए अर्जित किए गए धन का व्यय करते हैं। उन्हें आंतरिक संतुष्टि

भी नहीं है, अर्थात् अर्जित हुआ धन बीमारियों के इलाज में व्यय हो गया। हाथ क्या आया, कुछ भी नहीं और शारीरिक कष्ट अलग से भोगना पड़ा। हमारे सामने ऐसे अनेक दृष्टांत हैं कि जिन्होंने अवैध तरीकों से अपार धन-संपदा एकत्रित की और पश्चातवर्ती जीवन में या तो वे लुटे-पिटे या उनकी संतानों ने उस धन को गुलछर्रों में उड़ा दिया।

ध्यान करना होगा कि अमीरी का श्रेय गरीबी को भी है। कोई व्यक्ति अमीर है तो इसका स्पष्ट तात्पर्य यह है कि उसकी तुलना में कोई गरीब है एवं इसीलिए अमीर व्यक्ति को अमीर होने का विशेषण प्राप्त हुआ है। इतिहास गवाह है कि अमीर और गरीब के मध्य निरंतर संघर्ष होता रहा है और निश्चित ही गरीब को गरीब बनाया जाता रहा है व इसी कारण लोग अमीर होते चले गए, यद्यपि गरीबी और अमीरी व्यक्ति के कर्म व पुरुषार्थ पर निर्भर है। इस वास्तविकता को भी नकारा नहीं जा सकता कि कर्महीन व्यक्ति अपनी स्वयं की निष्क्रियता, अकर्मण्यता, अक्षमता, असफलता, अवसरहीनता आदि के कारण भी गरीब हो सकता है, लेकिन यह कहना भी गलत नहीं होगा कि समाज के कुछ अमीरों ने अपनी तिजोरियों में अपार धन-संपदा को एकत्रित करने की आदत बना रखी है तथा उस धन को अपने पास रोक लिया है और रोके हुए धन को बाहर नहीं निकालते हैं। परिणामतः समाज में धन का अभाव होने लगता है और लोग गरीब होते जाते हैं।

इस संदर्भ में एक उदाहरण के प्रसंग से अपनी बात स्पष्ट करता हूँ—चीन के महान् दार्शनिक लाओत्से के एक शिष्य को वहाँ के सम्राट् ने मजिस्ट्रेट नियुक्त कर दिया। वह मजिस्ट्रेट लकीर का फकीर नहीं था, बल्कि लाओत्से का शिष्य होने के कारण वह भी दार्शनिक चिंतन का व्यक्ति था और समाज व परिस्थिति का समग्र व सम्यक् रूप से चिंतन करते हुए निष्कर्ष निकालता था। मजिस्ट्रेट के पास एक चोरी का प्रकरण निराकरण हेतु आया। चोर गरीब आदमी था और उस पर आरोप यह था कि उसने गाँव के एक धनाढ्य व्यक्ति के घर में घुसकर चोरी की थी। मुकदमा मजिस्ट्रेट के न्यायालय में आगे चला, गवाह-सबूत प्रस्तुत किए गए। उस धनाढ्य व्यक्ति, जिसके यहाँ उस चोर ने चोरी की थी, का कथन भी न्यायालय में हुआ। मजिस्ट्रेट ने चोर से पूछा कि आखिर उसने चोरी क्यों की? चोरी करना तो अपराध है। चोर ने भी जवाब दिया कि वह बहुत गरीब है, घर में माँ, पत्नी, बच्चों के लिए भोजन सामग्री ही नहीं थी, पैसे की आवश्यकता थी, इस कारण उसने ईमानदारी से अपना स्पष्टीकरण मजिस्ट्रेट को दिया। अंततः मजिस्ट्रेट ने उस धनाढ्य व्यक्ति को बुलाया, जिसके यहाँ चोर ने चोरी की थी और दोनों के समक्ष अपना फैसला सुनाया। मजिस्ट्रेट ने चोरी के अपराध में उस चोर को छह माह के कारावास से दंडित किया और इसके साथ-साथ छह माह के कारावास से उस धनाढ्य को भी दंडित किया, जिसके यहाँ चोरी हुई थी। मजिस्ट्रेट के इस निर्णय से हड़कंप मच गया कि यह भी अजीब फैसला है। मजिस्ट्रेट ने आखिर उस व्यक्ति को

छह माह के कारावास से क्यों दंडित किया, जिसके यहाँ चोरी हुई थी? आखिरकार उस धनाढ्य व्यक्ति ने मजिस्ट्रेट के फैसला के खिलाफ सम्राट् के समक्ष अपील की। सम्राट् ने मजिस्ट्रेट को दरबार में उपस्थित होने का निर्देश दिया और उससे पूछा कि "भाई, लाओत्से का शिष्य होने के कारण आपको मजिस्ट्रेट बनाया था कि आप उचित फैसले करेंगे, लेकिन आपने तो उस व्यक्ति को ही दंडित कर दिया, जिसके यहाँ चोरी हुई थी, ऐसा क्यों?" मजिस्ट्रेट ने स्पष्टीकरण देते हुए जवाब दिया कि "सम्राट् महोदय, इस धनाढ्य व्यक्ति ने अपनी तिजोरी में समूचे गाँव का आवश्यकता से भी अधिक इतना धन इकट्ठा करके रोक लिया है कि गाँव में अधिकांश लोग गरीब हो गए, भूखों मरने को मजबूर हो गए, उस चोर ने अपने परिवार के भरण-पोषण के लिए मजबूरीवश चोरी की थी। चोर से भी ज्यादा बड़ा अपराधी तो यह धनाढ्य व्यक्ति है, जिसने चोरी करने की परिस्थिति को निर्मित किया है। वास्तविकता तो यह है कि इस धनाढ्य व्यक्ति ने अवैध साधनों से ग्रामवासियों का धन संचय करके उसे अपनी तिजोरियों में रोक लिया है, उसी कारण से लोग अब चोरी करने लगे हैं।" इस दृष्टांत से यह स्पष्ट होता है कि समाज में बढ़ रहे किन्हीं अपराधों की जड़ तो कहीं और है। सामान्यतया हम अपराधरूपी वृक्ष के पत्तों को काटते रहते हैं, लेकिन उसकी जड़ तक नहीं पहुँचते हैं, परंतु इस दृष्टांत को कोई धनबली, बाहुबली चोर अपना बचाव व सुरक्षा कवच बनाने की भूल भी न करे।

वस्तुतः भ्रष्ट आचरण, झूठ और फरेब के माध्यम से हुए धनार्जन के कारण रोग, अशांति, असंतोष तथा दुःखों का आगमन भी परिवार में होता है। भले ही इसे वर्तमान परिप्रेक्ष्य में असंगत मान लिया जाए, लेकिन यह शाश्वत सत्य है। जिस माध्यम से धन आता है, उसी तरह ब्याज सहित वापस जाता है। काश, हम पूर्णतः पारदर्शिता और ईमानदारी के साथ यह संकल्प लें कि चाहे कितनी भी परेशानियाँ जीवन में आएँ, हम किसी भी कार्य के लिए घूस नहीं देंगे और भ्रष्टाचाररूपी राक्षस को जड़-मूल से नष्ट करके ही रहेंगे। भ्रष्टाचार को मिटाने के लिए जितनी चर्चाएँ और कार्य अभी तक हुए हैं, उनके सार्थक परिणाम अब तक सामने नहीं आ पाए हैं और इसका कारण यह है कि जब किसी समूह में भ्रष्टाचार मिटाने की चर्चाएँ होती हैं तो वह उपदेश देने और सुनने तक सीमित होकर समाप्त हो जाती हैं एवं उसके बाद सभी पूर्ववत् अपने-अपने काम में लग जाते हैं। भ्रष्टाचार समाप्त करो, भ्रष्टाचार नहीं होना चाहिए, ये बातें और नारे लगने और लगाने तक ही सीमित रह गए हैं। भ्रष्टाचार समाप्त कौन करेगा? भ्रष्टाचार का रोकना और ईमानदारी से कार्य करना, यह व्यक्तिशः गुण है और इस गुण को व्यक्तिगत मानते हुए ही आत्म-संतोष के साथ निर्वाह करने का आनंद अनुभव योग्य है। लगातार नैतिक मूल्यों में हो रही गिरावट के साथ अर्थ-प्रधान दृष्टिकोण न केवल इस देश को, बल्कि जीवन के निष्कर्ष को गर्त में ले जानेवाला है।

भ्रष्टाचाररूपी यह दानव बड़ी हठधर्मिता के साथ मुसकरा रहा है और इसका मुख्य कारण यह है कि जनमानस के अंदर 'कम-से-कम समय में अधिक-से-अधिक पैसा' अर्जित करने का ध्येय बन चुका है। एक सुव्यवस्थित समाज के लिए जितना महत्त्वपूर्ण कानून है, उससे भी अधिक महत्त्वपूर्ण है व्यक्ति का नैतिक स्तर और चरित्र निर्माण। देश में अपराध और भ्रष्टाचार को सिर्फ कानून के माध्यम से रोका जाना संभव नहीं है। जो गिरफ्त में आ गया, वह चोर है और जो पकड़ में नहीं आ पाता, वह अपराध और भ्रष्टाचार करने में न तो डर रहा है और न ही उसे कोई संकोच है। एक चोर दस अन्य चोरों के नाम बताकर अपनी चोरी को वाजिब प्रमाणित करने का प्रयास कर रहा है और अपने तर्क व बुद्धि के बल पर यह कहते हुए संतुष्ट कर देता है—'ऐसा तो सभी कर रहे हैं।' बस यही सोच समाज में दीमक की तरह लगी है। इस तरह एक अनैतिक और गलत कार्य को सही होने की मान्यता देने का प्रयास किया जा रहा है। किसी ने कहा है—"तिजोरियाँ भरते हैं, लोग उम्र भर के लिए, मगर अफसोस, मौत का फरिश्ता रिश्वत नहीं लेता," क्यों न हम सब मिलकर एक संदेश दें कि प्रत्येक देशवासी के घर में ईमानदारी के कार्य से ही धनार्जन हो और किसी भी प्रकार के बाहरी या आंतरिक दबाव के कारण अनैतिक तरीके से अर्जित धन का प्रवेश न हो, जिससे कि प्रत्येक का परिवार बीमारी व दु:खों से बचा रहे।

मेरी दृष्टि में वर्तमान समय 'अर्थ युग' का है और इसकी चपेट में जो आ गया, बस उसका चौपट ही होनेवाला है। अर्थ-प्रधान दृष्टिकोण में आमतौर पर देखा जा सकता है कि कैसे भी हो, धन मिले। हम अमीर किसे कहेंगे? गरीब किसे कहेंगे? क्या इसकी कोई परिभाषा या कसौटी बना रखी है? सच तो यह है कि अमीर वह है, जो भरा हुआ है। गरीब वह है, जो खाली है। जिसका पेट भरा है, वह अमीर है और जो भूखा है, वह गरीब है। जिसमें लालसाएँ, लालच, लोभ की मानसिकता है, वह गरीब है। उसी को हम भूखा कहेंगे। जो संतुष्ट है, वह अमीर है, उसी को हम भरा हुआ कहेंगे।

स्वचिंतन : ***धनवानों की महिमा निर्धनों के कारण है, विद्वानों की महिमा अज्ञानियों के कारण है, वक्ता की महिमा श्रोताओं के कारण है, बड़ी वस्तु की महिमा छोटी के कारण है। इसलिए धनवान्, विद्वान्, वक्ता, अच्छा, बड़े होने का श्रेय एकपक्षीय नहीं हो सकता।***

□

13

आनंदित जीवन हेतु एक चिंतन यह भी

कुछ समय पूर्व मैंने एक यूनानी महात्मा एपिक्टेटस एवं दार्शनिक स्टोइक के संदर्भ में पढ़ा था। एपिक्टेटस के अनुसार दार्शनिक चिंतन सिर्फ सैद्धांतिक ज्ञान ही नहीं होता, बल्कि जीवन जीने का तरीका भी है। सबकुछ पूर्व निर्धारित और नियंत्रित है। हमें अपने कार्यों के लिए प्रयास यह करना है कि—

1. प्रसन्न रहने का एक ही मार्ग है कि हम उस विषय की चिंता न करें, जो हमारे संकल्प और शक्ति के अधीन नहीं है।
2. संपन्नता कभी भी अधिक-से-अधिक धन के अर्जन में नहीं है, बल्कि हमारी अल्प आवश्यकताओं में निहित है।
3. यदि हम अपने में सुधार लाना चाहते हैं तो अनावश्यक रूप से दूसरों पर अपना ज्ञान मत थोपो।
4. हमें अपने दर्शन की व्याख्या करने के साथ-साथ उसे जीने का प्रयास करना है।
5. हमें हमेशा संगत और सत्संग उनका करना है, जो हमारा उत्थान करने में क्षमतावान हैं।
6. यदि कोई यह कहे कि अमुख व्यक्ति आपके बारे में बुरा कह रहा है तो उसका प्रतिवाद करने के स्थान पर यह कहना उचित होगा कि "वह हमारे अन्य दोष भी नहीं जानता अन्यथा उनका उल्लेख भी वह जरूर करता।"
7. अपनी दुर्दशा के लिए दूसरों को उत्तरदायी ठहराने से यह पता चलता है कि अमुख व्यक्ति में अभी सुधार की बहुत जरूरत है और स्वयं को दोषी ठहराने से यह पता चलता है कि सुधार अब प्रारंभ हो गया है। इसके अलावा यदि किसी को भी दोष नहीं दिया जाए तो इसका अर्थ यह होगा कि सुधार पूर्ण हो चुका है।
8. हमें हमेशा यह ध्यान रखना है कि हमारे भीतर क्रोध उत्पन्न करनेवाला एक

बैठा है, जो हम पर विजय प्राप्त करना चाहता है तथा उसे पराजित करने में ही हमारा पुरुषार्थ है।

9. जो मनुष्य स्वयं का स्वामी नहीं है, वह स्वतंत्र भी नहीं है।

स्वचिंतन : ***एक स्वरूप बनाया बहरूपिया का, निकल पड़ा अपना 'मैं' लेकर, 'मैं', 'मैं' करता अंदर खाली, जीवन ढोया बहरूपिया का।***

□

14

प्रतिक्रिया में नहीं रहो

प्रश्न यह है कि क्या आप स्वयं अपने स्वयं के स्वामी हैं? 'स्वयं' से तात्पर्य आपकी संपत्ति नहीं, धन–दौलत नहीं, आपके स्वजन भी नहीं। 'स्वयं' से तात्पर्य है, आपका आनंद और आपके सुख–दुःख, आपको हो रही अनुभूति, आपका अंतर्मन, आपकी स्वयं की सोच। गंभीरतापूर्वक चिंतन करिए कि कहीं ऐसा तो नहीं कि अपनी खुशी और दुःख आपने दूसरों के जिम्मे छोड़ रखा हो? कहीं ऐसा तो नहीं कि आपकी खुशियाँ और दुःख आपको अपने से अलग बाहरी परिस्थितियों से एवं दूसरों के माध्यम से प्राप्त हो रहे हों? चिंतन का विषय अत्यंत गंभीर व विश्लेषणात्मक है। इस विश्लेषण में ध्यान रखना होगा कि आपके मन और शरीर को छोड़कर अन्य सभी वस्तुएँ, लोग एवं परिस्थितियाँ बाहरी ही हैं।

सामान्य रूप में हम देखते हैं कि अपनी खुशी व दुःख अपने स्वयं के नियंत्रण में नहीं हैं, बल्कि यह कहना गलत नहीं होगा कि इन्हें हमने दूसरों के विकल्प पर छोड़ रखा है। हमारी मानसिकता कुछ ऐसी बन गई है कि दूसरे यदि चाहें तो हम खुश रहेंगे और यदि वे हमें दुःखी करना चाहें तो बड़ी आसानी से हम दुःखी होते रहते हैं। दूसरों के द्वारा किए गए कार्य से ही हम प्रभावित होते हैं। किसी ने प्रशंसा कर दी तो हम खुश हो गए, किसी ने निंदा कर दी तो हम दुःखी हो गए, अर्थात् हमारा आनंद, सुख और दुःख हमने दूसरों की इच्छा पर स्थापित कर दिया है। क्या यह सच नहीं है कि हम कितने कृत्रिम और स्वयं के बुने हुए भ्रमजाल में जी रहे हैं? यह भी तो संभव है कि अन्य दूसरा व्यक्ति हमारी प्रशंसा अथवा निंदा पूर्वग्रह से प्रेरित होकर कर रहा हो और उसमें उसका स्वार्थ निहित हो? व्यावहारिक जीवन में हम दूसरों के द्वारा किए गए कार्य से प्रभावित एवं प्रतिक्रिया में होकर जीवनयापन करते हैं।

प्रसिद्ध दार्शनिक जे. कृष्णमूर्ति ने कहा है—"We generally react and rarely act", अर्थात् सामान्यतया हम प्रतिक्रिया ही व्यक्त करते हैं और स्वतः एवं स्वयं को बहुत कम व्यक्त करते हैं। अधिकांशतः हम दूसरों के क्रियाकलापों के कारण

अपनी प्रतिक्रिया प्रकट करते रहते हैं। किसी ने कोई कार्य मेरे अनुरूप नहीं किया तो हम नाराज हो जाते हैं। कहीं अव्यवस्था देखते हैं तो नाराज हो जाते हैं। किसी ने मेरा कहना नहीं माना तो नाराज हो जाते हैं, अर्थात् अधिकांश समय हमारी नाराजगी दूसरों के जिम्मे है, फिर प्रश्न यह भी उठता है कि करना क्या है? हमें अपने अंतर्मन में यह ध्यान रखना है कि 'मैं प्रतिक्रिया में नहीं हूँ और उत्पन्न हुई परिस्थितियों के कारण से प्रदर्शनात्मक स्वरूप में नाटक कर रहा हूँ।' बिना किसी प्रतिक्रिया में रहते हुए निरपेक्षतापूर्वक सिर्फ अपना मत प्रकट करना है। प्रतिक्षण स्वयं के अंतर्मन में स्वयं का ही दृष्टा बनना है। ठीक इस तरह, जैसेकि प्रतिक्षण स्वयं अपने को हम परख रहे हैं कि कहीं हमारा कार्य अपनी निजी प्रतिक्रिया में तो नहीं हो रहा है? ऐसी मानसिकता और भाव विकसित करना है कि जैसे हम स्वयं अपने आप को परख रहे हैं और इस कसौटी पर भी तौल रहे हैं कि कहीं हम प्रतिक्रिया में तो नहीं हैं!

इस संदर्भ में भगवान् बुद्ध के जीवन का एक संस्मरण याद करना होगा, एक बार वह अपने शिष्यों के बीच में बैठे थे, ज्ञान चर्चा कर रहे थे। उसी समय बुद्ध का एक विरोधी व्यक्ति आया और उनकी निंदा करने लगा, निंदा करते-करते गालियाँ बकने लगा और वह व्यक्ति इतना उग्र हो गया कि बुद्ध के समक्ष थूककर चला गया, लेकिन भगवान् बुद्ध ने उसकी इस हरकत पर कोई प्रतिक्रिया व्यक्त नहीं की। उनके शिष्य उस व्यक्ति को सबक सिखाने के लिए तत्समय उठे तो बुद्ध ने उन्हें इशारा करते हुए रोक दिया और शांत बैठने को कहा। बुद्ध के चेहरे पर ऐसे भाव थे, जैसे कुछ हुआ ही नहीं और ज्ञान चर्चा में लीन हो गए। इसके कुछ दिन पश्चात् वही व्यक्ति पुनः बुद्ध के पास आया और उनके चरणों में गिर गया, रोने-गिड़गिड़ाने लगा और क्षमा माँगने लगा, पश्चात्ताप के कारण उसकी इस दयनीय स्थिति से भी भगवान् बुद्ध पर कोई असर नहीं पड़ा और उस व्यक्ति को उन्होंने जवाब दिया कि मैंने तो तुमसे कुछ लिया ही नहीं था, तो मैं तुम्हें क्या दे सकता हूँ। भगवान् बुद्ध ने न तो उसके पूर्ववर्ती आचरण पर प्रतिक्रिया व्यक्त की, न ही पश्चातवर्ती आचरण पर। यद्यपि बुद्धत्व होना साधारण और आम बात नहीं है, अपितु ऐसे उदाहरण से हमें कुछ अंश तक अनुसरण की सीख अवश्य मिलती है।

क्या यह सही नहीं है कि हमारे बहुत से निर्णय प्रतिक्रियात्मक होते हैं? क्या यह सच नहीं है कि प्रत्येक दिन हम स्वयं की तुलना अनावश्यक रूप से दूसरों के साथ करते रहते हैं और इच्छाओं को अनावश्यक रूप से जन्म देते रहते हैं? क्या यह सच नहीं है कि सामान्यतया हम अपने 'स्वयं' के स्वतंत्र अस्तित्व का अनुभव नहीं करते हैं और हमेशा अन्य दूसरों के आईने में अपना चेहरा देखते हैं? क्या यह सच नहीं है कि जीवन के वास्तविक उद्देश्य का न तो हम उपभोग कर रहे हैं और न ही आनंद का अनुभव कर पा रहे हैं? क्या इसका कारण यह नहीं है कि हम हमेशा दूसरों के भौतिकवादी जीवन

के साथ तुलना करते रहते हैं और द्वेष की भावना के साथ उनसे आगे निकलने का प्रयास करते रहते हैं? सच तो यह है कि इन्हीं कारणों से हमारा जीवन कृत्रिम व अशांत हो गया है। इन सभी प्रश्नों पर गंभीरता से विचार करने की अपेक्षा है। हमारे अधिकांश निर्णय बाहरी प्रभाव के कारण होते हैं, इस कारण से हमारा जीवन अशांत हो रहा है। इस हेतु सिर्फ एक सूत्र यह है कि हम अपनी जीवन-शैली को आध्यात्मिक चिंतन से जोड़ें, जिससे कि हर कोई स्वयं नियंत्रित हो सके। हमें प्रगतिवादी और प्रतिस्पर्धा में तो रहना है, लेकिन हमारे निर्णय किसी नकारात्मक-प्रतिक्रियात्मक नहीं होने चाहिए। सामान्यतया प्रतिक्षण हम अपनी ऊर्जा को नकारात्मक चिंतन में गँवा देते हैं। हमको ध्यान रखना है कि हमारा चिंतन, चाहे वह सकारात्मक हो अथवा नकारात्मक, उनसे ऊर्जा प्रसारित होती रहती है और हमें नकारात्मक सोच के प्रति सावधान रहना है।

अपने व्यावहारिक जीवन में यदि हमें अपने स्वयं के आनंद का स्वामी बनना है तो अस्थायी रूप से निर्मित हुई किसी भी प्रकार की प्रतिकूल अथवा अनुकूल परिस्थिति से प्रभावित होने की आदत छोड़नी होगी। ऐसी कोई बाहरी परिस्थिति, जो स्वयं के लिए हितकर है और उससे हम यदि आनंदित व खुश होते हैं तो ऐसी खुशी और आनंद सिर्फ उधार का है, अस्थायी है और इसी तरह यदि किसी विपरीत परिस्थिति के कारण हम दु:खी होते हैं तो ऐसा दु:ख भी उधार का दु:ख है, जिसकी उत्पत्ति बाहर से हुई है। इन दोनों ही प्रकार की परिस्थितियों से परे होकर हमें एक ऐसी जीवन-शैली को विकसित करना है, जिससे हम स्वयं के अंदर अपने अंतर्निहित अस्तित्व के भाव में दृष्टा बनकर जीवनयापन की आदत बनाएँ। इस हेतु पूर्वग्रह से प्रेरित होने की आदत शनै:-शनै: समाप्त करनी होगी। हमें परिस्थितियों का दास नहीं बनना है।

□

15

जीवन एक नाटक

एक कलाकार जब मंच पर किसी पात्र का किरदार बनकर आता है तो वह उस किरदार में पूर्णतः उतरने का प्रयास करता है और स्वयं के निजी परिचय से हटकर नाटक के किरदार के रूप में ही स्वयं को मान लेता है। अपने किरदार को बखूबी सफल बनाने के लिए वह मंच पर उस पात्र के असली स्वरूप में आने की पूरी कोशिश करता है। कलाकार यदि नौकर के किरदार में है तो वह नौकरों जैसे कपड़े पहनकर ही मात्र अपनी कला का प्रदर्शन नहीं कर सकता, बल्कि उसके मन में यह पूर्णता के साथ अवतरित होना होगा कि वह एक नौकर ही है। यदि कोई कलाकार पुलिस अधिकारी के पात्र को प्रस्तुत कर रहा है तो उसे अपने मन के भाव में एक पुलिस अधिकारी के स्वरूप की धारणा बनानी होगी, अब इसके आगे की स्थिति देखें तो प्रत्येक कलाकार अपने किरदार की प्रस्तुति के समय प्रतिपल प्रतिक्षण यह आकलन करता रहता है कि वास्तविक रूप से वह नाटक की इस कहानी के किरदार की एक्टिंग पूर्णतः ठीक कर भी रहा है या नहीं? यहाँ वह अपने ही किरदार का स्वयं दृष्टा भी बन जाएगा और सफल प्रस्तुतीकरण हो पाया है या नहीं, इसका विश्लेषण भी करेगा, स्वयं ही त्रुटियों की तलाश करेगा और उसमें सुधार लाने का प्रयास भी करेगा।

नाटक के अभिनय के पश्चात् मंच से जैसे ही कलाकार नीचे उतरता है, तभी उसके अंदर से किरदार का भाव समाप्त हो जाता है, अब मंच पर उसने कहानी की माँग के अनुसार यदि किसी को गालियाँ भी दी थीं, तो न तो उसे यह ध्यान है कि उन गालियों का क्या असर हुआ और न ही नाटक के मंच के उस अन्य किरदार के कलाकार को यह ध्यान है कि मंच पर दी गई गालियों का उसे बदला लेना है। कहानीरूपी नाटक खत्म और तत्काल ही किरदार व नाटक के डायलॉग भी खत्म। कहानी की माँग के अनुसार यदि उस व्यक्ति ने मंच पर नाटक के किसी पात्र से मार भी खाई है तो उस मारपीट का भी उस पर कोई विपरीत प्रभाव नहीं पड़ता है। एक्टिंग करने के पश्चात् कलाकार अपने असली स्वरूप में वापस आ जाता है और फिर सभी के साथ सामान्य व्यवहार करने

लगता है। आध्यात्मिक स्तर पर यहाँ मैं इसी कार्य को साक्षी-भाव कहूँगा। यही साक्षी-भाव है। नाटक का कलाकार एक किरदार के रूप में है, जो स्वयं उसका साक्षी भी है। कलाकार अलग व नाटक का किरदार अलग। दोनों पृथक्-पृथक्। कलाकार द्वारा नाटक के किरदार को एक्टिंग करते समय प्रतिक्षण परखा जा रहा है, यही तो साक्षी-भाव है। जिस व्यक्ति ने जितना अच्छा अभिनय कर लिया, उतना ही साक्षी-भाव उसमें जीवंत है। साक्षी-भाव तो प्रत्येक में है, लेकिन उसे समझना और अनुभव करना ही महत्त्वपूर्ण है और तभी साक्षी-भाव का आभास किया जा सकता है। साक्षी, अर्थात् दर्शक। अपनी ही कला का दर्शक। स्वयं ही किरदार और स्वयं ही दर्शक।

यह जीवन भी एक नाटक है और हमें यह शरीर, चेहरा, जो दर्पण में दिख रहा है, वह हमारे इस शरीररूपी पात्र का स्वरूप है। हमको इस जीवन में जैसा भी परिवार, सामाजिक स्तर, ओहदा आदि मिला है, ये सब हमारे जीवनरूपी नाटक के अंग हैं। जीवन के इस मंच पर हमें अभिनय करने का कार्य दिया गया है और इस जीवन को सिर्फ अभिनय ही समझना। यही तो साक्षी-भाव है। बारीकी से आकलन करें तो अच्छी तरह यह समझ आ जाएगा कि हर कोई अभिनय ही कर रहा है। पति की भूमिका, पत्नी की भूमिका, माता-पिता, मित्र-संबंधी, रिश्तेदार, समाजसेवी, नेता, राजनेता, मंत्री, संतरी आदि सभी अपनी-अपनी भूमिका में किरदार बनकर अभिनय कर रहे हैं, लेकिन अपने अभिनय से अनजान हैं। हमें यह समझना होगा कि शरीर-जीवन के रूप में हो रही अभिनय की प्रस्तुति का प्रोड्यूसर ईश्वर है और हमारे कर्म-फल के कारण ही हमें यह जीवनरूपी अभिनय करने का अवसर प्राप्त हुआ है। इतना सफल अभिनय करना है कि शरीर जीवन के इस किरदार में जब हम जीवनरूपी इस मंच से नीचे उतरें तो मृत्यु के समय यह कहें, "एक स्वरूप बनाया बहरूपिया का, निकल पड़ा अपना 'मै' लेकर, 'मैं', 'मैं' करता, अंदर खाली, जीवन ढोया बहरूपिया का।" जब शरीररूपी इन वस्त्रों को उतारकर अलग होंगे तो समस्त कर्म-बंधन से मुक्ति मिल जाएगी, क्योंकि भाव तो यही होगा कि 'मैंने तो कुछ किया ही नहीं, पात्र के रूप में शरीर-जीवन का अभिनय ही किया था।' एक शरीर मिला था, जिस रूप में मिला, जिस स्थान पर मिला, जिस परिवार में मिला, जो भी परिस्थिति मिली, वैसा ही अपना अभिनय किया। यह समझिए कि सभी अपने-अपने किरदार का निर्वाह कर रहे हैं। यहाँ प्रश्न यह उठता है कि जब सभी अभिनय कर रहे हैं तो किरदार और कलाकार के अभिनय का दर्शक कौन है ? मैं मानता हूँ, इसके दर्शक प्रतिक्षण हम स्वयं ही हैं और चूँकि प्रतिक्षण हम अपने अभिनय के दर्शक हैं, तब हम साक्षी-भाव में हैं।

देखिए, जब आप किसी व्यक्ति-विशेष से बात करने जाते हैं तो उससे साक्षात्कार होने से पहले आप अपने मन में प्रश्न और उत्तर की रूपरेखा तैयार कर लेते हैं। आप उसके समक्ष कैसे प्रकट होंगे, कैसे कपड़े पहनकर जाएँगे, आप उसके प्रश्नों का उत्तर

कैसी शैली में देंगे, आप उससे कैसे–कैसे प्रश्न करेंगे ? यह भी तो एक अभिनय की तैयारी है। साक्षात्कार के पश्चात् जब वापस आए तो पुनः अपने मन में आप प्रश्न और उत्तर का वार्त्तालाप करते हैं कि 'देखो, मैंने किस तरह उसे प्रभावित किया अथवा प्रभावित नहीं कर पाया।' अतः महत्त्वपूर्ण है साक्षी-भाव का अनुभव करना और साक्षी-भाव में उतरना, जब हम साक्षी-भाव में हैं, तभी हम अहं-विहीन भाव में हो सकते हैं। इसी भाव को जागृति कहेंगे। हम प्रतिपल यह अभ्यास करें और अनुभव करें कि हम अभिनय कर रहे हैं, अभिनय ही देख रहे हैं। इस अभिनय में कभी क्रोधी का किरदार निभाया, कभी खुश रहने का, कभी राजनेता का तो कभी नौकर का, कभी अधिकारी का और सामाजिक बंधनों में बँधने के कारण पति का तो कभी पत्नी का और अनेकानेक रिश्तों का अभिनय किया।

हम स्वयं के क्रियाकलाप ठीक उसी तरह साक्षी बनकर देखें, जिस तरह हम किसी अन्य दूसरे व्यक्ति के क्रियाकलाप देखते हैं। हमें अपने स्वयं के मन और शरीर का साक्षी होना पड़ेगा। साक्षी का बड़ा भारी महत्त्व है। न्यायालयों में बिना साक्ष्य के कुछ नहीं होता है। वहाँ भी साक्षी का महत्त्व है। न्यायरूपी रथ के घोड़े साक्षी ही होते हैं। न्यायाधीश का निर्णय साक्षियों पर ही आधारित होता है। यदि किसी जगह कोई अपराध हो रहा है और उस अपराध को देखनेवाला कोई साक्षी है तो अपराध करनेवाला व्यक्ति भी अपराध करने से डर जाता है, अब प्रश्न यह है कि साक्षी कितना बलवान है ? यदि साक्षी कमजोर होगा तो अपराधी व्यक्ति उस साक्षी को भी या तो नष्ट कर देगा अथवा उसे नजरअंदाज करेगा, लेकिन यदि साक्षी बलशाली हुआ तो अपराधी भी अपराध नहीं कर पाएगा। बस यही हमारे मन की स्थिति है। हमें अपने स्वयं का साक्षी बनना है और अपने मन तथा शरीर के प्रत्येक क्रियाकलाप को साक्षी बनकर देखना है, फिर हम कभी भी 'कर्ता' नहीं हैं, हम 'अकर्ता' के स्वरूप में पहुँच जाएँगे। साक्षी बनकर जैसे ही हमने स्वयं को देखना प्रारंभ कर दिया तो उस स्थिति में 'मैं शरीर, मैं मन' विलुप्त हो जाएगा। साक्षी-भाव का होना ही ईश्वर अंश है। हमें प्रत्येक कर्म का साक्षी बनना है। साक्षी को न तो कभी दंड मिलता है और न ही इनाम मिलता है, साक्षी तो सिर्फ साक्षी है। बाहर दिख रहे प्रत्येक दृश्य का साक्षी बनना है और इसी तरह स्वयं के द्वारा हो रहे प्रत्येक कार्य का साक्षी बनना है। साक्षी-भाव में द्वंद्व नहीं है, वह तो सिर्फ पर्यवेक्षक है। पर्यवेक्षक बनकर ही रहना है।

स्वचिंतन : ***जिस तरह जल में, दर्पण में, नेत्रों में प्रतिबिंब दिखाई देता है, उसी प्रकार यह शरीर भी आत्मा का प्रतिबिंब है। यह भी कैसा भ्रम है कि प्रतिबिंब ही प्रतिबिंब को देखकर हँस रहा है, रो रहा है।***

□

16

दैवीय न्याय और मनुष्य न्याय में अंतर

ध्यानावस्था में मैंने ईश्वर से एक प्रश्न किया कि "प्रभु, मैं न्याय के क्षेत्र से जुड़ा हूँ, कृपया बताएँ कि आपके द्वारा किए जानेवाले न्याय एवं मनुष्य के द्वारा किए जानेवाली न्याय व्यवस्था में क्या अंतर है ?"

मेरे अंदर से जवाब आया कि "मनुष्य द्वारा किए जा रहे न्याय में न्यायाधीश घटना की सत्यता के विषय पर अँधेरे में होता है, उसके समक्ष प्रस्तुत अभिलेख और साक्ष्य के आधार पर वह सत्य की तलाश करता है। उसी आधार पर वह निष्कर्ष निर्धारित करते हुए अपना निर्णय सुनाता है, परंतु यह कतई नहीं कहा जा सकता कि उसे सत्य की जानकारी हो पाई हो। केवल प्रकरण के अभिलेख के आधार पर निष्कर्ष होता है।" अर्थात् न्यायाधीश का सत्य तलाशनेवाला कार्यक्षेत्र सिर्फ उसके समक्ष प्रकरण की पत्रावली का अभिलेख और वकीलों द्वारा प्रस्तुत हुए साक्ष्य व तर्कों पर आधारित होता है। यदा-कदा तो ऐसा भी होता है कि न्यायाधीश के समक्ष यह स्पष्ट भी हो जाता है कि वास्तविक अपराधी कौन है और सत्य क्या है, लेकिन घटना के गवाह न्यायालय में कथन देते समय पलट जाते हैं और सत्य छिप जाता है अथवा झूठ गवाही के आधार पर निर्दोष को भी दोषी मान लिया जाता है। निष्कर्ष यह है कि न्यायाधीश सत्य की तलाश में स्वतंत्र नहीं है।

विषय की प्रासंगिकता के साथ ध्यानावस्था में दैवीय न्याय के बारे में मुझे मेरे अंदर से आगे जवाब मिला—"दैवीय न्याय करने में मैं ही न्यायाधीश हूँ, मैं ही दृष्टा हूँ, मैं ही साक्षी हूँ। मुझे सत्य की जानकारी है। इसलिए कर्म-फल के अनुसार मैं सीधा निर्णय करता हूँ। मेरे समक्ष कोई तर्क, कुतर्क, गवाह, सबूत की आवश्यकता ही नहीं है, क्योंकि मैंने मनुष्य के द्वारा किए गए कर्मों को देखा है और उसके मन के अंदर क्या-क्या विचार निर्मित हुए, उनकी भी मुझे जानकारी है। मुझसे कुछ भी छिपा नहीं है। इसलिए मेरे द्वारा किए गए न्याय में स्वयमेव, स्वचलित, स्वनिर्मित कर्म-फल ही समझो। यह समझो कि मुझे सबकुछ दिख रहा है। मेरी आँखों की दृष्टि से कुछ भी ओझल नहीं है। मनुष्य यह समझता है कि वह जो कुछ भी उजागर अथवा छिपकर

कर रहा है, उसकी जानकारी मुझे नहीं हो रही है, लेकिन यह मनुष्य का सबसे बड़ा भ्रम है। वस्तुतः मनुष्य ने मुझे (ईश्वर) भी एक हाड़-मांस का शरीररूपी मनुष्य ही समझ लिया है। इस जन्म के कर्मों का यदि ध्यान नहीं है तो पूर्व जन्म के कर्म-बंधन पीछे-पीछे चलते रहते हैं। इसलिए यह कहना कि 'मैंने किसी का कुछ नहीं बिगाड़ा, फिर मुझे दुःख क्यों?' इसके पीछे पूर्व जन्म के कर्मों का भी कारण होता है और इसी को 'प्रारब्ध' कहते हैं। कुछ-न-कुछ पीछे का कर्म-बंधन और प्रारब्ध प्रत्येक मनुष्य के साथ चल रहा है। भोगकर्ता के रूप में इसे भोगना ही पड़ेगा और कोई भी इस भोग को टाल नहीं सकता। भोग सुखदायक भी हो सकता है और दुःखदायक भी। कारण भी पता चल जाए तो भी नहीं टाला जा सकता।"

मेरे मन में पुनः प्रश्न उठा—"श्री विवेकानंदजी के गुरु श्रीरामकृष्ण परमहंस तो पूर्णतः आध्यात्मिक थे, उन्होंने कभी किसी का कुछ नहीं बिगाड़ा, साक्षात् माँ भगवती का आशीर्वाद व साक्षात्कार उन्हें प्राप्त था। वे अन्य दूसरों की समस्याओं का निदान बताते थे, लेकिन उन्हें कैंसर हो गया था और उनके जीवन के अंतिम दिन बहुत कष्टदायी रहे। उनसे लोग कहते थे कि यदि वह चाहें तो स्वयं अपनी कष्टदायी बीमारी को टाल सकते हैं, परंतु मेरा प्रश्न यह है कि उन जैसे पूर्णतः सतोगुणी व्यक्ति के साथ ऐसा क्यों?"

मुझे जवाब मिला—"यह उनका प्रारब्ध था। प्रारब्ध भोगना ही पड़ता है। यह उनकी समझदारी भी थी कि वह इस भोग को और आगे अपने साथ नहीं ले जाना चाहते थे, लेकिन वह पूर्णतः आध्यात्मिक, आत्मस्थित और भक्त थे, इसलिए जितना तुम यह समझ रहे हो कि उन्हें कष्ट हो रहा था, उतना उस कष्ट का वह अनुभव नहीं कर रहे थे, क्योंकि वह शरीर-भाव से ऊपर उठ चुके थे।"

मैंने पुनः प्रश्न किया—"प्रभु, एक बात और बता दीजिए कि प्रारब्ध को भोगने का सूत्र क्या है? जिसमें कम-से-कम कष्ट हो।"

मुझे जवाब मिला—"अपने जीवन में आध्यात्मिक रहो। शरीर को एक वस्तु के समान समझो। आत्मस्थित होने का प्रयास करो। कष्ट किसको होता है? सिर्फ शरीर को। कष्ट के अनुभव का आभास कैसे होता है? मन के द्वारा। मन सीधा शरीर और संसार से जुड़ा हुआ है। इसे आत्मस्थित कर लो। अच्छी तरह समझ लो, तुम शरीर नहीं हो। तुम सिर्फ आत्मा हो और शरीर एक वस्त्र है। यदि तुम्हारे शरीर पर पहने हुए वस्त्र फट जाएँ तो क्या पीड़ा अथवा दर्द होने लगता है? नहीं, क्योंकि शरीर के पहने हुए वस्त्र अलग हैं और शरीर अलग है। इसी प्रकार तुम यह समझो कि शरीर अलग है और आत्मा अलग है। व्यावहारिक जीवन में अपने स्वयं के भी दृष्टा बनो। अपने कर्मों के भी दृष्टा बनो। यदि कोई दुःख अथवा पीड़ा जीवन में आए तो उसका यह सोचकर स्वागत करो कि इस दुःख से भी मुझे पार होना है और अच्छा हुआ कि इसे भी मैं भोग लूँ और इससे भी पीछा

छूटे। ईश्वर स्मरण व गुरु की कृपा यदि हो तो प्रत्येक पीड़ा और दुःख की सहनशक्ति प्राप्त हो जाती है।"

मेरे वकालती जीवन में, जब मैं सरकारी वकील रहा, तब अनेक बार ऐसा हुआ कि मेरे व न्यायाधीश के समक्ष हत्या करनेवाले अभियुक्त द्वारा किए गए अपराध की सत्यता ज्ञात हो जाती थी, लेकिन घटना के गवाह ही पलट जाते रहे तो साक्ष्य एवं अभिलेख आधारित मुकदमों का निर्णय हो जाता है। सामान्यतः कभी-कभी यह देखने में आता है कि मनुष्य द्वारा किए गए किसी अपराध का दंड उसे नहीं मिल पाता है अथवा उसने कथित अपराध किया भी नहीं है, फिर भी स्थापित न्याय व्यवस्था में उसे दोषी मान लिया जाता है। वस्तुतः मनुष्य का प्रारब्ध भी उसके साथ रहता है। इस संदर्भ में मनुष्य के प्रारब्ध का उल्लेख करना आवश्यक है। व्यतीत हुए समय की क्रिया और प्रतिक्रिया के परिणाम से वर्तमान बनता है। व्यक्ति के कर्मों का लेखा-जोखा उसके साथ चलता रहता है।

एक पुस्तक 'कर्म का सिद्धांत' (प्रकाशक—हरिभाई नंदलाल पटेल, रामेश्वर प्रिंटिंग प्रेस, नागनाथ मंदिर के पीछे, 'रामकृपा' अमरेली) गुजराती भाषा में प्रकाशित हुई थी, इसका हिंदी अनुवाद स्वामी सच्चिदानंदजी ने किया है। यह पुस्तक 'थ्योरी ऑफ कर्म' पर हीराभाई ठक्कर के प्रवचनों का संकलन है। हीराभाई ठक्कर 38 वर्ष की आयु में डिप्टी कलेक्टर के पद से सन् 1976 में सेवानिवृत्त हुए थे। उन्होंने अपनी नौकरी के दौरान अध्यात्म व हिंदू पुराणों पर प्रवचन किए थे। उनकी मान्यता है कि व्यक्ति के साथ उसका कर्म-फल पीछे-पीछे चलता है। न्यायालयीन व्यवस्था व कर्म के संदर्भ का एक प्रसंग उक्त पुस्तक के पृष्ठ 12 पर वर्णित है, जो एक सत्य घटना पर आधारित है और उसका मैं यहाँ उल्लेख करना उचित समझता हूँ। अहमदाबाद में जाति से नागर एक वेदांती विद्वान् सेशंस जज (जिला एवं सत्र न्यायाधीश) थे। एक सुबह वह ब्रह्म मुहूर्त में साबरमती नदी के किनारे घूमने के लिए निकले, तभी उन्होंने एक दृश्य देखा कि एक आदमी के पीछे अन्य आदमी दौड़ता हुआ आया और उसकी पीठ पर चाकू से प्रहार किया, जिसके परिणामस्वरूप वह घायल हो गया एवं उसकी मृत्यु हो गई। हत्यारे को न्यायाधीश ने पहचान लिया था। घटना देखकर न्यायाधीश महोदय अपने बँगले पर वापस आ गए और गहन चिंतन में बैठकर विचार करने लगे कि 'यदि मैं ही स्वयं पुलिस को खबर करता हूँ तो इस हत्या का गवाह बन जाऊँगा और जब मेरी अदालत में यह प्रकरण सुनवाई हेतु आएगा तो मैं मुकदमे को नहीं सुन पाऊँगा, क्योंकि मैं स्वयं ही गवाह हो जाऊँगा।' तब तक उन्हें पता लगा कि घटनास्थल पर पुलिस पहुँच गई है और कार्रवाई प्रारंभ हो चुकी है, अतः वह निश्चिंत हो गए। पुलिस अनुसंधान के पश्चात् जब हत्या का वह प्रकरण विचारण हेतु उनके न्यायालय में पहुँचा तो यह देखकर वह चौंक गए

कि हत्या करनेवाला व्यक्ति वह नहीं है, जिसे पुलिस ने गिरफ्तार कर अभियुक्त बनाया है। न्यायाधीश महोदय को यह समझ आ चुका था कि जिस व्यक्ति ने हत्या की है, वह तो अन्य दूसरा था और पुलिस ने गिरफ्तारी के पश्चात् न्यायालय में उपस्थित किए इस निर्दोष को झूठा फँसा दिया है।

न्यायालय में जब मुकदमे का विचारण हुआ तो मृतक की हत्या के जितने भी गवाह पुलिस ने बनाए थे, उनके नाम अभियोगपत्र की सूची में थे, वे न्यायालय में प्रस्तुत किए गए, उन सभी ने झूठ कथन दिया कि न्यायालय में उपस्थित इस अभियुक्त ने ही उनके सामने मृतक की हत्या की थी। परिणामतः झूठे फँसाए गए व्यक्ति के विरुद्ध हत्या का प्रकरण प्रमाणित हो चुका था और न्यायाधीश इस चिंता में अपना सिर पकड़े बैठे थे कि 'सत्य तो यह है कि इस आदमी ने हत्या नहीं की है, परंतु प्रस्तुत हुए साक्ष्य से हत्या करना इसी के विरुद्ध प्रमाणित है।' न्यायाधीश महोदय मजबूर थे और साक्षीगण एवं साक्ष्य के आधार पर उन्होंने उस व्यक्ति को हत्या के अपराध में दंड की सजा सुनाई, लेकिन वह द्वंद्व में थे, विचलित भी थे कि जो निर्दोष है, उसे दंड दे रहा हूँ, परंतु वह तो मुकदमे के अभिलेख और गवाह, सबूतों की सीमाओं से बँधे थे। फैसला सुनाने के बाद न्यायाधीश ने उस आदमी को अपने चैंबर में बुलाया और उससे पूछा कि "मुझे पता है कि यह हत्या तुमने नहीं की और तुम्हें झूठा फँसाया गया है, लेकिन मैं प्रस्तुत हुए साक्ष्य से मजबूर हूँ और बहुत दुःखी भी हूँ। तुम क्या सोच रहे हो ?" उस आदमी ने बताया कि "पुलिस को सही अपराधी नहीं मिला, इसलिए मेरे पिछले रिकॉर्ड को देखते हुए मुझे ही झूठा फँसा दिया। व्यतीत हुए समय में मैंने दो हत्याएँ की थीं। उसके मुकदमे भी मुझ पर चले थे। काबिल वकील की सहायता से मेरे द्वारा की गईं उन हत्याओं के मुकदमों में मैं छूट गया था, किंतु इस मुकदमे में निर्दोष होते हुए भी दंडित हुआ हूँ। मैं यह मानकर चल रहा हूँ कि इस झूठे मुकदमे में मुझे अपनी पिछली दो हत्याओं के अपराधों का, जिनमें मैं बरी हो गया था, का ही दंड मिला है।" अर्थात् निष्कर्ष यह है कि कर्म-फल किसी-न-किसी रूप में भोगना ही पड़ता है और इसी को 'प्रारब्ध' कहा गया है। गौर यह भी करना होगा कि प्रारब्ध और कर्म-फल के इस सिद्धांत को उस दंड प्राप्त किए अभियुक्त ने भी समझा। इसी को 'दैवीय न्याय' कहा जाता है। प्रत्येक के दुष्कर्मों के पाप का घड़ा भरता है।

सामान्यतया यह देखने में आता है कि दुष्ट व दुराचारी मौज में हैं, गुलछर्रे उड़ा रहे हैं और हम दैवीय न्याय व्यवस्था को प्रश्नचिह्नित करने लगते हैं, लेकिन यह भ्रमपूर्ण स्थिति है, क्योंकि उनके पाप का घड़ा भरने में अभी समय बकाया है। हमें याद करना होगा कि कंस को यह ज्ञात था कि उसकी बहन देवकी का आठवाँ पुत्र ही कंस का वध करेगा और इस कारण कंस ने देवकी व वासुदेव को जेल में बंद कर दिया था कि जब

उनके आठवें पुत्र का जन्म होगा तो कंस उसकी तत्काल हत्या कर देगा, लेकिन फिर भी कंस को दुर्बुद्धि हो गई और उसने देवकी-वासुदेव से जन्मी प्रत्येक संतान को मार डाला था। ध्यान करना होगा कि कंस की यह दुर्बुद्धि उसके पाप का घड़ा जल्दी-जल्दी भरने के लिए ही हुई थी और उसके राज्य की जनता तो तत्समय यही सोच रही होगी कि दुष्ट व दुराचारी राजा कंस मौज में है और राज कर रहा है, लेकिन फिर क्या हुआ, देवकी-वासुदेव से आठवें पुत्र के रूप में श्रीकृष्ण का जन्म हुआ और उन्होंने दुष्ट कंस की हत्या की। कर्म-फल के इस सिद्धांत को प्रत्येक काल में देखा जा सकता है।

स्वचिंतन : ***जीवन में सर्वाधिक आवश्यक है हवा, पानी व भोजन। क्या संपूर्ण जीवन के लिए हवा, पानी, भोजन का संग्रह किया जा सकता है? नहीं! भगवान् भरोसे है ये सब, फिर कुछ लोग सात पीढ़ियों के लिए धन इकट्ठा क्यों करते हैं? यह कैसी समझदारी है?***

□

17

शरीर की कोशिकाओं का अस्तित्व

दिल्ली से प्रकाशित मासिक पत्रिका 'लाइफ पॉजीटिव' के माह अक्तूबर 2013 के अंक में पृष्ठ क्र. 19 पर विख्यात प्रो. बी.एम. हेगड़े का एक लेख, 'कोशिका से कोशिका तक' प्रकाशित हुआ था। उनकी मान्यता है कि मनुष्य शरीर अभौतिक है। वस्तुत: यह मानसिक और आध्यात्मिक है। उन्होंने ऊर्जा को भी एक पदार्थ माना है तथा मानव शरीर असल में मानव मन का परिणाम है। उन्होंने व्यक्त किया है कि जर्मनी के भौतिकशास्त्री फ्रिट्ज अल्बर्ट पॉप्थ ने बायो फोटॉन कैमरे के माध्यम से यह परीक्षण किया कि शरीर के प्रत्येक अणु से फोटॉन रोशनी की किरण निकलती है। मानव शरीर असंख्य कोशिकाओं से बना है और बायो फोटॉन कैमरे से देखने पर शरीर की कोशिकाएँ जब साथ-साथ (एक-दूसरे से जुड़ी हुईं) होती हैं तो व्यक्ति स्वस्थ रहता है और अगर कोई रोग मनुष्य शरीर में होगा तो कोशिकाएँ साथ-साथ नहीं होंगी, अर्थात् एक-दूसरे से दूरी बना लेंगी। उनका मानना है कि कोशिकाएँ साँस ले सकती हैं और स्वतंत्र रूप से जीवित रहती हैं। कोशिकाएँ भोजन को पचा सकती हैं और वह सब कार्य कर सकती हैं, जो हम अपनी इंद्रियों के माध्यम से करते हैं। कोशिका की बुद्धि उसकी अपनी झिल्ली में होती है। (यहाँ मैं यह कहूँगा कि प्रत्येक कोशिका स्वाभाविक रूप से एक-दूसरे के प्रति आकर्षित होकर सक्रिय रहती है और इसी को प्रो. बी.एम. हेगड़े ने कोशिकाओं की अपनी बुद्धि मान लिया है) उन्होंने माना है कि मनुष्य शरीर की कोशिकाएँ एक-दूसरे से इस प्रकार प्रेम करती हैं कि जैसे एक व्यक्ति अपने प्रेमी के प्रेम में आकर्षित रहता है, लेकिन कोशिकाओं की यह प्रकृति मनुष्य के उस शरीर में होती है, जिसमें प्रेमी हृदय है और अपने स्वभाव में स्नेह से परिपूर्ण है।

परंतु जिस व्यक्ति के स्वभाव में घृणा और नकारात्मकता है अथवा जिस समय वह क्रोध एवं घृणा में है तो उसके शरीर की कोशिकाएँ भी एक-दूसरे से दूर होने लगती हैं और उनमें एक-दूसरे के प्रति अरुचि होने लगती है। इसी कारण मनुष्य के शरीर में बीमारी की शुरुआत होने लगती हैं। ईर्ष्या और द्वेष के कारण हृदयघात और कैंसर जैसी

बीमारियाँ भी हो सकती है। हम अनुभव कर सकते हैं कि शरीर की प्रत्येक कोशिका पर चेतना व प्राण का आभास है। शरीर के प्रत्येक रोम, बाल के खिंचने पर अथवा मच्छर के काटने पर मस्तिष्क को सूचना मिल जाती है। शरीर की प्रत्येक कोशिका उसी प्रकार जीवित है, जिस प्रकार मनुष्य को स्वयं जीवित होने का आभास है और शरीर का प्रत्येक भाग जीवंतता को आभासित करता है। ध्यान करना होगा कि शरीर के जिस भाग की कोशिकाएँ मृत हो जाती हैं, वह अंग भी बेजान हो जाता है। यदि गर्दन के नीचे शरीर के संपूर्ण भाग को इस प्रकार ढक दिया जाए कि वह वायु-शून्य (वेक्यूम) में हो जाए तो कुछ दिन बाद शरीर का यह भाग मृत जैसा हो जाएगा, मुरझाने लगेगा। इससे स्पष्ट होता है कि कोशिकाएँ साँस लेती हैं, उन्हें सबकुछ वैसा ही वातावरण चाहिए जैसा हम स्वयं चाहते हैं।

प्रो. हेगड़े के उक्त विचार से यह स्पष्ट होता है कि मनुष्य का शरीर उसके मन, चिंतन और विचार के द्वारा संचालित है। हमारे चिंतन एवं विचार के परिणामस्वरूप हमारे शरीर में निरंतर परिवर्तन होता रहता है। यदि हम स्वस्थ रहना चाहते हैं तो सर्वप्रथम हमें अपने मन को स्वस्थ रखना होगा, प्रसन्न रहना होगा, सकारात्मक सोच रखनी होगी, परंतु यदि इसके विपरीत स्वभाव रहा तो शरीर के अंदर बीमारी का प्रवेश होना प्रारंभ हो जाएगा। इसलिए प्रो. हेगड़े का यह विचार कि मनुष्य शरीर भौतिक होते हुए भी मानसिक और आध्यात्मिक है, सकारात्मक सोच के जीवनयापन की दिशा दरशाता है।

स्वचिंतन : हर व्यक्ति के अंदर एक अच्छा आदमी है और एक बुरा आदमी भी। देखना यह है कि व्यक्तित्व पर डॉमिनेटिंग पर्सनैलिटी किसकी है? अच्छे की है या बुरे की? फिर वैसा ही व्यक्तित्व प्रकट होने लगता है। यह विश्लेषण ईमानदारी से होना चाहिए, स्वपेक्षी नहीं।

□

18

सी.डब्ल्यू. लेडबीटर का चिंतन

सी.डब्ल्यू. लेडबीटर एक उच्च कोटि के आध्यात्मिक चिंतक रहे हैं और उनके द्वारा कुछ जिज्ञासाओं का जवाब दिया गया था। उनके उपदेश सन् 1909 में प्रकाशित पुस्तक 'इनर लाइफ' में हैं। इस पुस्तक का हिंदी अनुवाद संक्षिप्त रूप में राय बहादुर पांड्या बैजनाथ ने किया था, जिसका प्रकाशन 'अंतर जीवन' नाम की पुस्तक में सन् 1926 में कमच्छा, बनारस सिटी से हुआ।

सी.डब्ल्यू. लेडबीटर का कहना है कि सिद्ध, संत, महात्मा दो प्रकार के हैं और दोनों ही मनुष्य जाति के उत्थान के लिए कार्य करते हैं। एक स्थूल देहधारी हैं और दूसरे वे हैं, जिनका स्थूल शरीर नहीं है एवं उनकी जीवात्माएँ परलोक में हैं तथा फिर भी वो मनुष्य जाति के उत्थान के लिए मनुष्यों में से चयन करके उसे शिष्य बनाते हैं और उसके माध्यम से उत्थान का कार्य कराते हैं। सी.डब्ल्यू. लेडबीटर ने इन्हें 'महात्मा' के नाम से संबोधित किया है। देहविहीन जीवात्माएँ परलोक से मनुष्यों के कल्याणार्थ आत्मिक बल उत्पन्न करती हैं। ये उन मनुष्यों से संबंध रखती हैं, जिनके माध्यम से विकास के आवश्यक कार्य कराए जा सकें अथवा दूसरे शब्दों में कहें कि संबंधित कार्य हेतु योग्य व सक्षम मनुष्यों का चयन किया जाता है। उनका कहना है कि ऐसी देहविहीन जीवात्मा महात्माओं की संख्या बहुत कम है।

सी.डब्ल्यू. लेडबीटर का कहना है कि संसार में जहाँ जैसे धर्म की आवश्यकता होती है, परलोक से महर्षि महात्मा वहाँ वैसा ही धर्म प्रचार करते हैं, वे आवश्यकतानुसार अपने शिष्य को भी पृथ्वी पर भेजते हैं अथवा इच्छानुसार स्वयं ही जन्म लेते हैं। महात्माओं को सभी भाषाओं का ज्ञान नहीं होता है, परंतु उनमें यह शक्ति होती है कि वे जब भी चाहें उसी क्षण ज्ञान प्राप्त कर सकते हैं। महात्मा उदार, समान व्यवहारवाले, शांत, पवित्र दिखते हैं। उनका चेहरा शांत एवं आनंदमय होता है, स्वरूप सुंदर होता है और उसका कारण यह है कि वे दोषरहित होते हैं, उन्हें किसी परिस्थिति अथवा वस्तु की चिंता नहीं होती है। साधारण मनुष्य को प्रारब्ध के कारण कर्म भोगना पड़ता है और

पुनर्जन्म लेना होता है, परंतु महात्माओं के लिए ऐसा नहीं है। महात्मा के स्वरूप को जानने के लिए उनके 'कारण शरीर' का दर्शन होना चाहिए और यह साधारण मनुष्य को संभव नहीं हो पाता है। महात्माओं का 'कारण शरीर' अति विशाल होता है और इसी कारण उनका स्थूल शरीर अति सुंदर होता है। वे बिना प्रयोजन कभी नहीं बोलते। उनके उपदेश उत्साहवर्धक, सहायता देने हेतु या चेतावनी हेतु होते हैं और बहुत ही मृदुता व दया के स्वरूप में उनकी भाषा होती है।

शिष्य बनने की योग्यता : सी.डब्ल्यू. लेडबीटर का कहना है कि परलोक के महात्माओं ने समस्त पृथ्वी को खंडों में विभाजित किया है। प्रत्येक खंड पर महात्माओं का क्षेत्राधिकार है। ये खंड महाद्वीप के समान हैं, महात्मा समस्त मानव जाति के कल्याण के लिए कार्य करते हैं, वे मनुष्य को उचित मार्ग पर चलने की प्रेरणा देते हैं। उदाहरणार्थ राजाओं और मंत्रियों को शांत रहने की प्रेरणा देना, उपदेशकों व लेखकों के मन में विशेष विचार उत्पन्न करना, शिल्पकार या चित्रकार के मन में उत्तम रचना का सुझाव देना। इन महात्माओं का उद्देश्य रहता है कि संपूर्ण विश्व आनंदित व सुखी रहे। मनुष्य की जितनी भी उन्नति हुई है, वह महात्माओं की परलोक से आई सहायता के कारण ही हुई है। चूँकि पृथ्वी पर स्थूल शरीरधारी महात्मा अति अल्प हैं, जबकि परलोक में सिद्ध संत हैं, जो इनकी सहायता करते हैं। सी.डब्ल्यू. लेडबीटर ने आश्चर्यजनक रहस्य यह प्रकट किया है कि परलोक के महात्मा शिष्य ग्रहण करते हैं, अर्थात् सुयोग्य व्यक्ति को ही वे अपना शिष्य बनाते हैं और प्रत्येक कार्य का इस दृष्टि से विचार करते हैं कि संसार के विकास में सहायता मिले। परलोक के महात्मा तभी किसी व्यक्ति को शिष्य बनाते हैं, जब उन्हें यह विश्वास हो जाता है कि शिष्य के शिक्षण में जो समय व परिश्रम लगेगा, वह फलदायी होगा और निरर्थक नहीं जाएगा। उदाहरणार्थ किसी मनुष्य में ऐसे बहुत से गुण होते हुए भी यदि उसमें कोई ऐसा दोष है, जो महात्मा गुरुदेव के लक्ष्य में बाधक हो तो वह उसे शिष्य नहीं बनाते हैं। इसलिए परलोकवासी सिद्ध संत महात्मा के शिष्य बनने के लिए सर्वप्रथम यह आवश्यक है कि जीवन में विचारों के साथ-साथ ऐसे कर्म भी किए जाने चाहिए, जो जन-कल्याणकारी हों। निजी व स्वार्थपूर्ण विचार कदापि नहीं रखने चाहिए।

सी.डब्ल्यू. लेडबीटर का कहना है कि परलोक के सिद्ध महात्मा के समक्ष जब कोई मनुष्य स्वयं को शिष्य हेतु अर्पण करता है तो गुरुदेव महात्मा तत्काल ही यह निर्णय कर लेते हैं कि वह व्यक्ति शिष्य बनने योग्य है या नहीं! ईश्वर की कृपा प्राप्त करने के लिए गुरुदेव सहयोगी होते हैं, क्योंकि उन्हें यह आभास रहता है कि वे ईश्वर के अंश हैं। इसी प्रकार योग्य शिष्य में शिष्यत्व के गुण प्रकट होने लगते हैं, अंततः एक ऐसी स्थिति निर्मित हो जाती है कि जब शिष्य अपने गुरुदेव की चेतना में विलीन हो जाता है और वह जो कुछ सोचता है, सुनता है, देखता है, उसका ज्ञान गुरुदेव को हो जाता है। यदि कभी

शिष्य के मन में ऐसा कोई विचार आ जाता है, जो गुरुदेव के मन में रहने योग्य नहीं है तो उस स्थिति में गुरुदेव को सूचना मिलते ही वह विचार उन तक नहीं पहुँचता है और वह रोक लगा देते हैं, परंतु इस हेतु उन्हें अपना ध्यान भंग करना होता है। इसलिए शिष्य को प्रतिदिन ऐसा चिंतन करना चाहिए कि उसके मन में ऐसा कोई गलत विचार नहीं आए, जो शिष्य बने रहने हेतु उपयुक्त नहीं हो। शिष्य का अपने गुरु से इतना घनिष्ठ संबंध जुड़ जाता है कि वह यह समझ लेता है कि अमुख विषय पर गुरु का क्या मत है और गुरु भी अपने शिष्य के माध्यम से अपना संदेश या विचार अभिव्यक्त कर सकते हैं। लेडबीटर ने श्रीमती एनी बेसेंट का उदाहरण देते हुए कहा है कि परलोक के महात्मा एनी बेसेंट को माध्यम बनाकर भाषण किया करते थे और उस समय एनी बेसेंट की आवाज, हाव-भाव, मुख-मुद्रा भी बदली हुई प्रतीत होती थी।

अब यहाँ यह प्रश्न उठता है कि मैं ऐसा क्या करूँ कि मेरे गुरुदेव का ध्यान अथवा परलोक में विराजमान महात्मा गुरुदेव का ध्यान मेरी ओर आकर्षित हो जाए? इस प्रश्न पर सी.डब्ल्यू. लेडबीटर का कहना है कि इस हेतु कुछ भी प्रयत्न करने की आवश्यकता नहीं है। परलोक में स्थित महात्मा तो स्वयं ही उपयुक्त मनुष्य को शिष्य बनाने की खोज में रहते हैं। लेडबीटर ने स्वयं की 25 वर्ष पूर्व की घटना का उल्लेख करते हुए बताया है कि उन्हें एक मनुष्य मिला, वह उत्साहयुक्त और पवित्र आचरण का पुरुष था, परंतु वह किसी महात्मा गुरु का शिष्य नहीं बन पाया था और उसे महात्माओं पर विश्वास भी था। लेडबीटर उसे स्वयं से भी ज्यादा श्रेष्ठ मानते थे, अतः उन्होंने विनम्रता सहित अपने गुरुदेव से उसे शिष्य बनाने हेतु चर्चा की, तब गुरुदेव ने उन्हें मुसकराते हुए जवाब दिया कि "उसके लिए चिंता मत करो, उसे अभी कुछ कर्म भोगना बाकी है, इसलिए वह अभी शिष्य नहीं बन सकता। वह जल्दी ही मरनेवाला है। मरने के बाद शीघ्र ही उसका पुनर्जन्म होगा और तब उसके कर्म का प्रायश्चित्त हो चुकेगा, फिर वह शिष्य बनने के लिए उपयुक्त होगा।"

लेडबीटर कहते हैं कि उनकी चेतना में उनके गुरुदेव की चेतना मिल चुकी थी और गुरुदेव उन्हें ऊँचे लोक में ले गए थे और तब लेडबीटर को उन्होंने बताया था कि वह संसार को किस प्रकार अपनी दृष्टि में रखते हैं। लेडबीटर उस समय संपूर्ण पृथ्वी व लाखों जीवों को देख रहे थे। (नोट : इस प्रकार के प्रसंग भारत के अनेक योगियों के भी हैं, जो योग साधना के माध्यम से स्वयं के भौतिक शरीर से बाहर निकलकर भ्रमण करते थे और पुनः अपने स्थूल शरीर में वापस आ जाते थे) हम यह कल्पना कर सकते हैं कि लेडबीटर योग विद्या के माध्यम से अपने शरीर से बाहर निकलकर अपने गुरुदेव से मिलते होंगे। ऐसे अनेक दृष्टांत हैं कि योगी व्यक्ति अपनी योग साधना के माध्यम से भौतिक शरीर से बाहर निकलकर अन्यत्र भ्रमण करके पुनः अपने शरीर में वापस आ

जाते हैं। योग के माध्यम से लेडबीटर को उनके गुरु ने बताया कि उनकी दृष्टि में योग्य शिष्य वे होते हैं, जिनका आचरण शुद्ध हो, परोपकारी हो, निस्स्वार्थ प्रेम में रहते हों। लेडबीटर द्वारा दिए गए संदेश से यह स्पष्ट होता है कि मनुष्य का भौतिक शरीर किसी अन्य दूसरे भौतिक शरीरवाले व्यक्ति को गुरु बना लेने मात्र से उस मनुष्य का कल्याण नहीं होता है, बल्कि ब्रह्मांड में ऐसे अनेक उच्च स्तर के महात्माओं की ऊर्जा विद्यमान है, जो पृथ्वी के योग्य मनुष्यों को अपना शिष्य बनाना चाहते हैं।

भगवान् बुद्ध के संदर्भ में सी.डब्ल्यू. लेडबीटर ने अपना मत व्यक्त किया है कि भगवान् बुद्ध को सिर्फ एक धर्म का संस्थापक ही नहीं मानना चाहिए, बल्कि वह बहुत उच्च कोटि के महात्मा थे। लेडबीटर की मान्यता है कि बुद्ध ने अपने पिछले जन्मों में कई मत स्थापित किए थे और अपने पूर्व जन्मों में वह भगवान् व्यास थे, मिस्र देश के धार्मिक गुरु हर्मीज भी इन्हीं के पूर्व अवतार थे, जब उनका अपना अंतिम जन्म बुद्ध के रूप में हुआ, तब उनका विचार किसी मत को प्रसारित करने का नहीं था। तत्समय हिंदू धर्म बहुत प्राचीन था और उसे ही सुधारने के लिए बुद्ध ने कार्य किया है। बुद्ध का कथन था कि साधारण संसारी मनुष्य धन और शक्ति पाने के स्वप्न में पड़कर निरंतर अपने व्यवसाय में व्यस्त बना रहता है और जीवन का सार, जन्म का उद्देश्य जैसे विषय पर विचार ही नहीं करता है, इससे उसका जीवन निरर्थक व दूषित बना रहता है, परंतु इसके विपरीत भगवान् बुद्ध ने यह भी कहा कि संन्यास का मार्ग भी निरर्थक जैसा ही है। इस मार्ग में मनुष्य संसार से विरक्त होकर केवल अपने स्वार्थ साधन हेतु संसार से संबंध नहीं रखता है, अर्थात् जिम्मेदारियों से बचने का रास्ता बना लिया है।

स्वचिंतन : ***मनुष्य के रूप में जन्म मिलना, निरोगी शरीर होना, भव्यतापूर्ण धर्म मिलना, लेकिन यदि पुरुषार्थ नहीं किया तो सबकुछ निष्फल है। पुरुषार्थ, अर्थात् धर्म, अर्थ, काम, मोक्ष। धर्म का पालन करते हुए अर्थार्जन करना, कर्मशील होना और अंतिम लक्ष्य मोक्ष। धर्म, अर्थात् सदाचरण, सद्गुंण, सद्कर्म, सत्य आदि गुणों का अनुसरण।***

□

19

सुख और दुःख : नजरिए का अंतर

सुख क्या है? वह, जो मुझे पसंद है और वैसा ही मुझे प्राप्त हो जाए। दुःख क्या है? वह, जो मुझे पसंद नहीं है और फिर भी उसे ग्रहण करना पड़े अथवा जिसकी मुझे इच्छा थी, वह प्राप्त नहीं हो पाए, वही दुःख है। 'अमुक' कार्य होने की इच्छा है, हो गया तो सुख मिला। यदि नहीं हो पाया तो दुःख मिला, अर्थात् सुख का वास 'होने' में है और दुःख का वास 'नहीं होने' में है। प्रत्येक व्यक्ति के जीवन में समय और हालातों के साथ परिस्थिति निर्मित होती रहती है। समय और परिस्थितियाँ परिवर्तनशील हैं। इसी को परिस्थितिजन्य अस्तित्व कह सकते हैं। सुख और दुःख की कसौटी ही यही है कि परिस्थितिजन्य अस्तित्व को स्वीकार करना, सुख है और उसे स्वीकार नहीं करना, दुःख है।

अस्तित्व से तात्पर्य यह है कि जैसा भी जो दिख रहा है, जो अनुभव हो रहा है, इच्छा के अनुरूप हो या इच्छा के विपरीत, उस संपूर्ण परिस्थिति को अस्तित्व कहेंगे। प्रश्न तो यह है कि वर्तमान का अस्तित्व जैसा भी है, उसे स्वीकार करना है या उसको नकारना है? वर्तमान के अस्तित्व की परिस्थिति को यदि हम स्वीकार नहीं कर रहे हैं और उसमें परिवर्तन करना भी हमारे वश में नहीं है, तब तो फिर दुःख का ही आभास होगा। यह तो वैसी ही स्थिति बन जाती है, जैसे कि हम ट्रेन में यात्रा कर रहे हैं, भरसक प्रयास के पश्चात् भी वातानुकूलित कोच में आरक्षण नहीं मिल पाया और मजबूर होकर सामान्य दरजे के कोच में यात्रा कर रहे हैं। भीषण गरमी भी है। किसी भी प्रकार से यह संभव नहीं है कि वातानुकूलित कोच में आरक्षण मिल सके, यात्रा भी लंबी है। यह संपूर्ण परिस्थिति अपने अस्तित्व के साथ हमारे समक्ष है। अब एक विकल्प तो यह है कि इस परिस्थितिजन्य अस्तित्व को स्वीकार कर लें और यात्रा आनंदपूर्वक करें। दूसरा विकल्प यह है कि इस परिस्थिति को नकार दें और समूची यात्रा के समय दुःखी होते रहें व कभी आरक्षण करनेवाले को कोसते रहें या अपने परिवार, संगी-साथी या स्वयं पर खीज उतारते रहें। प्रथम विकल्प में हम अशांत नहीं हैं और यदि सुख का अनुभव नहीं कर रहे हैं तो कम-से-कम इतना अवश्य है कि दुःख का भी आभास नहीं कर रहे हैं। दूसरा

विकल्प चुनने पर जितनी डिग्री में सामान्यतया पीड़ा का अनुभव कर रहे थे, उससे कई गुना ज्यादा हम दु:खी हो रहे हैं।

एक उदाहरण से विषय स्पष्ट करते हैं—आज व्यवसाय में दो हजार रुपए का ही लाभ हो पाया, काश पाँच हजार रुपए का हो जाता, यह सोचते ही दु:ख का अनुभव होने लगा और मैं आगे कहूँगा कि यदि पाँच हजार रुपए का लाभ हो भी जाता तो भी दु:ख ही मिलनेवाला था। इसका कारण यह है कि तुरंत बाद उसके आगे की बढ़ी हुई संख्या की इच्छा जन्म लेनेवाली थी। इसी प्रसंग को दूसरी स्थिति में देखिए कि आज व्यवसाय में दो हजार रुपए का लाभ हुआ, अच्छा ही हुआ, लाभ तो हुआ, अर्थात् दो हजार रुपए का लाभ होने की सोच में सुख और पाँच हजार रुपए तक का लाभ नहीं हो पाने की सोच में दु:ख का वास है।

मानव जीवन इच्छाओं का पुलिंदा है। एक बार बैठकर अपनी समस्त इच्छाओं की सूची बनाकर देखें और जैसे ही सूचीबद्ध आखिरी इच्छा की पूर्ति होगी तो उसी समय तत्काल पुन: नवीन इच्छाएँ निर्मित होने लगेंगी। इच्छाओं का संबंध शरीर-जीवन से है और ध्यान रखना होगा कि शरीर-जीवन ईश्वर की एक अस्थायी व्यवस्था है। यह स्थायी व शाश्वत नहीं है। परमात्मा ने नैसर्गिक रूप में तो आवश्यकता के अनुसार पूर्तियाँ होने का साधन स्वत: ही तैयार कर रखा है। नैसर्गिक आवश्यकताएँ क्या हैं और हमारे द्वारा निर्मित आवश्यकताएँ कौन-कौन सी हैं? जैसे साँस के लिए हवा, प्यास के लिए पानी, भूख के लिए भोजन और काम-इच्छा के लिए मिलन। नैसर्गिक आवश्यकताओं की पूर्तियाँ प्रकृति करती है, इसलिए चिंता की तो कोई बात ही नहीं है, लेकिन हमारे स्वयं के द्वारा निर्मित की गई इच्छाओं की पूर्ति के लिए हम संपूर्ण जीवन चकरघिन्नी बने रहते हैं।

इच्छा, आवश्यकता और पूर्ति, यह एक क्रम है, एक यात्रा है, जिसका कोई अंत नहीं है। सर्वप्रथम इच्छा का जन्म हुआ, जो अपना रूप बदलकर जरूरत बन गई और हमेशा अपना आभास कराती रहती है व मन के अंदर जरूरत एक महत्त्वपूर्ण अस्तित्व बन जाती है, फिर शनै:-शनै: एक ऐसा स्वरूप बन जाता है कि यदि जरूरत की पूर्ति नहीं हुई तो यह जीवन ही व्यर्थ प्रतीत होने लगता है व मन:स्थिति निराशा में बदल जाती है। बड़ी विडंबना है कि इच्छा यदि पूर्ण होती है तो उसके बाद नवीन इच्छा जन्म ले रही है और यदि इच्छा की पूर्ति नहीं हो पाती है तो निराशा और दु:ख की मनोदशा बनती है। सच तो यह है कि हम इच्छाओं के वटवृक्ष के नीचे खड़े हैं और इच्छाओं का यह वटवृक्ष ही दु:खदायी है। ध्यान रखना होगा कि सार्वजनिक उद्देश्य व सर्वजन हितार्थ इच्छा का लक्ष्य विकास व उत्थान से संबंधित है और उस स्थिति में निजी स्वार्थ परे हो जाता है। उस स्थिति में स्वयं की कोई निजी इच्छा का विषय नहीं रहता है और इस कारण निजी दु:ख व सुख भी नहीं होता है।

अब एक प्रश्न उत्पन्न होता है कि यदि इच्छा ही नहीं होगी तो कर्म कैसे करेंगे? यहाँ कर्म-ज्ञान व कर्म-योग एक पृथक् विषय है व इसके संदर्भ में आगे 'कर्म, अकर्ता-भाव, निष्काम कर्म' विषय (कर्म, अकर्म व निष्कर्मता) में चर्चा की गई है।

चलिए, इसी विषय पर थोड़ी सी चर्चा करते हैं—हम किसकी इच्छाओं के परिणाम हैं? हमारा निर्माण आखिर किसकी इच्छा से हुआ? क्या हमारी स्वयं की इच्छा ऐसी ही परिस्थितिजन्य अस्तित्व की थी? यदि जवाब यह है कि हम स्वयं अपनी इच्छाओं के परिणाम हैं तो फिर दुःखी क्यों हो रहे हैं? जैसी इच्छा की थी, वैसे ही हम हैं, फिर रोना-धोना किस बात का है? दीन, हीन, अभाव का आभास, चाहत और लालच, यह तो नैसर्गिक नहीं हैं। तिजोरियों में धन पड़ा हुआ है, फिर भी कंगाल बने बैठे हैं और स्वयं को भूखा, नंगा मान रहे हैं तो ऐसी ही इच्छाएँ की होंगी, तभी तो परिणाम सामने है, परंतु यदि जवाब यह है कि मैं तो परमात्मा की ही इच्छा का परिणाम हूँ और मैंने तो यह नहीं चाहा था कि मेरा जन्म हो अथवा मैं जहाँ हूँ, इस जगह को भी मैंने नहीं चाहा था तो फिर यहाँ मेरा कहना यह है कि छोड़ दो सबकुछ सिर्फ परमात्मा के भरोसे। उसने मेरे लिए जो भी सोचा है, वैसा ही मुझे बना दिया है और भविष्य में भी उसकी जो इच्छा होगी, वैसा ही होगा। यही हमारा प्रारब्ध है। हमको चिंता करने की कोई आवश्यकता नहीं है और फिर आगे यही कहूँगा कि सबकुछ उसी की इच्छा से ही होता है, हम जैसे भी दिख रहे हैं, जैसी भी परिस्थिति में हैं, उसकी इच्छा से ही हैं।

मेरा पुनर्जन्म मेरे ही कर्म-बंधन के कारण हुआ है। यह एक स्थापित सिद्धांत है कि 'जैसा हम बोएँगे, वैसा ही काटेंगे।' कर्म-बंधन का नियम एक ऐसी श्रृंखला के समान है, जिसके माध्यम से व्यक्ति जन्म, मृत्यु और पुनर्जन्म के चक्र में बँधा रहता है। हमारे कर्मों का एक खाता (एकाउंट) रहता है, जिसे हम सुविधा के लिए 'कर्म क्रेडिट एकाउंट' कह सकते हैं। यहाँ 'कर्म' से तात्पर्य सत्कर्मों से है। यह एकाउंट यदि अच्छा, व्यवस्थित और संतुलित है तो हम सभी प्रकार के आनंद में रहेंगे और जैसे ही यह खाता डेबिट एकाउंट में परिवर्तित होगा तो हम दुःख और तकलीफ में होंगे। हम कानून की पकड़ और न्याय की प्रक्रिया से तो बच सकते हैं, लेकिन अपने कर्मों से नहीं बच सकते है। हमारे जीवन में जो भी सुख और दुःख हमें मिल रहे हैं, वे हमारे कर्मों के परिणामस्वरूप ही हैं। यह एक सार्वभौमिक सत्य है, जिसे हिंदू पुराण और शास्त्रों के द्वारा समर्थित किया गया है कि सत्कर्मी पुरस्कृत होता है और पापी को दंड मिलता है। हमें अध्यात्म से जुड़ते हुए इस सार्वभौमिक सिद्धांत के साथ सुनिश्चित होना है कि प्रत्येक अच्छे कार्य का प्रतिफल हमें जीवन में मिलता है। यदि हम अपने सत्कर्मों का प्रतिफल इस जन्म में प्राप्त नहीं कर पाते हैं तो अगले जन्म में प्राप्त करते हैं। ऐसा ही चिंतन हमारे अंतर्मन में पूर्णतः वेष्ठित होना चाहिए। चरक संहिता का एक सूत्र है—'दैवं पुरा यत् कृतमुच्यते तत्, तत्पौरूषं

यत्त्विह कर्मदृष्टम्! प्रवृत्तिहेतुर्विषमः स दृष्टो, निवृत्तिहेतुर्हि समः स एव!!' तात्पर्य यह है कि पूर्व जन्म में किए गए कर्मफल को 'भाग्य' कहा जाता है और इस जन्म में किए जा रहे कर्म को 'पुरुषार्थ' माना जाता है। इन दोनों समय में किए गए कर्मों में यदि विषमता है तो रोग, अर्थात् दुःखों की उत्पत्ति होती है तथा अनुकूलता होने पर दुःखों से निवृत्ति होती है। अनुकूलता से तात्पर्य सत्कर्मों की समानता से है। पूर्वजन्म में सत्कर्म किए हैं, पुरुषार्थी रहे हैं तो सुख मिलनेवाला है, परंतु पूर्वजन्म में तो सत्कर्म किए हैं और इस जन्म में कुकर्म किए जा रहे हैं तो निश्चित ही जब तक पिछले सत्कर्मों का घड़ा भरा है, तब तक सुख भोग लो, फिर तो दुःख भोगना ही है। इसके विपरीत यदि पूर्वजन्मों में कुकर्म किए गए हैं और इस जन्म में सत्कर्म व पुरुषार्थ है तो अभी दुःख भोग लो, फिर आगे सुख-ही-सुख हैं, अतः स्पष्ट है कि सदाचारी व्यक्ति शुभ कर्म करते हुए यदि रोगी और दुःखी है, इसी प्रकार दुराचारी यदि स्वस्थ व सुखी है तो निश्चित ही वह कर्मफल का भोग कर रहा है।

अपेक्षाओं में, उत्कृष्ट इच्छाओं में, लालसा में दुःख का वास है, क्योंकि उनकी स्थायी रूप से पूर्ति कभी नहीं हो सकती। एक इच्छा की पूर्ति हुई तो तत्काल दूसरी इच्छाएँ जन्म लेने के लिए तत्पर हैं। इस कारण स्थायी रूप से पूर्णता की स्थिति तो कभी बन ही नहीं पाएगी। जीवन में दिन-प्रतिदिन उत्पन्न हो रही अपेक्षाओं और इच्छाओं की तृप्ति नहीं हो सकती। किसी व्यक्ति ने आधा गिलास खाली दूध दिया तो उसे आधा गिलास भरा हुआ दूध भी कह सकते हैं अथवा आधा गिलास खाली भी कह सकते हैं। आधा गिलास खाली के नजरिए से यदि देखेंगे तो दुःख होगा और आधा गिलास भरे हुए के नजरिए से देखेंगे तो सुख प्राप्त होगा। परिस्थिति के अस्तित्व को खुशी के साथ स्वीकार करना सकारात्मक दृष्टिकोण है। सकारात्मक भाव में रहना सुख है और यह ईश्वरीय गुण भी है तथा नकारात्मक भाव में रहना असुरीय गुण है।

आध्यात्मिक स्तर पर सुख और दुःख की चर्चा की जाए तो दोनों को निरपेक्ष भाव से दृष्टा बनकर आते देखो और जाते देखो। दोनों ही स्थितियों में एक समान भाव रहेगा, जैसा कि भगवान् श्रीकृष्ण ने श्रीमद्‍भगवतगीता में अर्जुन को माध्यम बनाते हुए संदेश दिया है—

'यं हि न व्यथयन्त्येते पुरुषं पुरुषर्षभ।
समदुःखसुखं धीरं सोऽमृतत्वाय कल्पते॥' (2/15)

अर्थात् जो सुख-दुःख को समान समझकर इन दोनों से व्याकुल नहीं होता वह धीर पुरुष निश्चित रूप से मुक्ति के योग्य है। ऐसा पुरुष मोक्ष का अधिकारी हो जाता है, अर्थात् प्रत्येक स्थिति में एक समान भाव रखना है, लेकिन विषय के साथ प्रासंगिक रहते हुए जीवन के व्यावहारिक धरातल पर यदि कहूँ तो सुख और दुःख, सिर्फ नजरिए का

अंतर है। प्रश्न यह है कि आपका नजरिया किसी भी परिस्थितिजन्य अस्तित्व को दुःखी होकर देखने का है या सामान्य होकर या सुखी होकर ? आप अपने नजरिए के माध्यम से सुख को आमंत्रित करना चाहते हैं या दुःख को ? निश्चित ही यह सिर्फ आपको ही तय करना है। न तो कोई आप को सुख दे सकता है और न ही दुःख। होता यह है कि हम सुख के आगमन पर दरवाजा खोलकर स्वागत करने को आतुर हैं और दुःख के आगमन पर दरवाजा बंद कर लेते हैं, अब जो आया है, वह तो आकर ही रहेगा, भले ही आपका दरवाजा तोड़कर आपके यहाँ प्रवेश करे। यह सोच व धारणा तो स्वीकार्य नहीं होगी कि सर्दियों के मौसम में धूप बहुत ही सुखदायी अनुभव होती है और गरमियों के मौसम में उसी धूप से दुःखी होते हैं। सर्दियों के मौसम में धूप का आनंद तो तभी आभासित होगा, यदि गरमियों के मौसम की धूप का आभास चखा हो।

नजरिया आपका है, जैसा भी बना लो। जीवन में अनेक अवसरों को स्वीकार करना सुख है और जो अवसर प्राप्त नहीं हो पाया हो, उसकी सोच में वास करना दुःख है। यहाँ मैं इतना अवश्य कहूँगा कि इच्छा के विपरीत वर्तमान के अस्तित्व की परिस्थिति को बदलने का प्रत्येक व्यक्ति को प्रयास अवश्य करना चाहिए।

□

20

मैं और मेरे सुख-दुःख

मैं और मेरे साथ इर्द-गिर्द की परिस्थितियाँ, मेरे सुख और दुःख के आभास के साथ निरंतर मुझे प्रभावित करती हैं। मैं कभी सुख का अनुभव करता हूँ तो कभी दुःख का। सुख और दुःख, ये दो शब्द नहीं हैं। सच तो यह है कि एक के बिना दूसरे का आभास हो ही नहीं सकता। सुख तभी है, जबकि उसके पीछे दुःख है और दुःख का अनुभव भी तभी है, जबकि उसके पीछे सुख है। यह ठीक ऐसे ही है, जैसे दिन और रात। चूँकि दिन होता है, इसीलिए रात है और रात होती है तो इसी के कारण दिन है। कल्पना करें कि दिन के बाद कभी रात आनी ही नहीं है, हमेशा उजाला ही रहनेवाला है, तब ऐसी स्थिति में हम रात्रि के अँधेरे को देख ही नहीं पाएँगे और जब रात का अनुभव ही नहीं होगा तो दिन का अर्थ समाप्त हो जाएगा। ठीक इसी तरह हमें कभी कहीं दुःख के होने का अनुभव है अथवा दुःख की कल्पना है अथवा दुःख के आने का भय है, इसी कारण हम सुख के अनुभव से आनंदित हो पाते हैं, तभी हम सोचते हैं कि वाह! कितना सुख और आनंद है! वे भी क्या दुःख भरे दिन थे, अर्थात् सुख और आनंद की अनुभूति के लिए हमने दुःख से तुलना की है। भले ही दुःख के अनुभव की परिस्थिति स्वयं के साथ नहीं बीती हो तो हम दूसरों के दुःख देखकर या सुनकर ही अपने सुख से तुलना करने का स्वाभाविक मन बना लेते हैं और सुख को उसी अनुपात में अनुभव करते हैं। ठीक इसी तरह यदि हम किन्हीं परिस्थितियों के कारण दुःखी हैं तो व्यतीत हुए सुख की परिस्थिति का ध्यान स्वतः हो जाएगा अथवा अन्य दूसरे के सुखों को देखकर हम तुलनात्मक दृष्टिकोण से स्वयं का दुःखी होना अनुभव करेंगे। कहने का तात्पर्य यह है कि दुःख और सुख में दो पृथक्-पृथक् अस्तित्व की परिस्थितियाँ नहीं हैं, बल्कि एक के बिना दूसरे का अस्तित्व ही नहीं है और इस कारण यदि हम एक को ही अपने साथ बने रहने की कल्पना करें तो वह अस्वाभाविक होगा। तुलना ही सुख और दुःख का कारण है। हम गरीब तभी हैं, जब अन्य कोई हमारे समक्ष अमीर है और हम अमीर तभी हैं, जब कोई हमारे समक्ष गरीब है। गरीबी और अमीरी के दुःख एवं सुख का आभास तुलना करने में ही है।

हम गौर करें कि आदिवासी क्षेत्र में नंग-धड़ंग, जंगलों में तीर-कमान से शिकार करते हुए अपना जीवनयापन कर रहे हैं और उन्हें यह ज्ञात ही नहीं है कि अमीरी क्या होती है ! तब ऐसी स्थिति में उन्हें अमीर व्यक्तियों के विलासितापूर्ण जीवन तथा वैभव एवं ऐश्वर्य से तुलना करने का मौका ही नहीं है और इस कारण वे अपने क्षेत्र में स्वयमेव सुखपूर्वक जीवनयापन कर रहे हैं। जहाँ तुलना की, वहीं सुख और दुःख का कारण बना, लेकिन तुलना करना आम मानव का स्वभाव है और जो भी व्यक्ति अपने स्तर की तुलना करते हुए जीवनयापन नहीं करते हैं, अर्थात् जिनमें तुलना करने का स्वभाव ही नहीं है, वे बुद्धत्व को प्राप्त होने की राह पर चलने लगते हैं। यह तो हुई मूलतः वह बात जो सुख और दुःख की कारक है।

मेरे सुख, मेरे दुःख, मेरा यह सुख, मेरा यह दुःख, मेरे वह सुख, मेरे वह दुःख, मैं अमुक से बहुत सुखी हूँ, मैं अमुक से बहुत दुःखी हूँ, अर्थात् यहाँ दो का अस्तित्व है, एक मैं और दूसरा दुःख-सुख। मैं किसी परिस्थिति को आभासित कर रहा हूँ और वह परिस्थिति दुःख एवं सुख की है, अर्थात् यहाँ मैं अलग हूँ और मुझसे जुड़े हुए दुःख-सुख अलग हैं तथा उनका मुझे अनुभव करना है अथवा नहीं करना है, यह चिंतन का विषय है। इन समस्त परिस्थितियों का विश्लेषण करें तो दो पक्ष देखने को मिलेंगे—एक वह, जो इन सुखों और दुःखों का अनुभव करनेवाला है और दूसरी वे परिस्थितियाँ, जो सुख और दुःख की कारक बनी हैं, अर्थात् इस बात को ऐसे समझें कि ध्वनि को सुनने के लिए कान व श्रवण शक्ति का होना आवश्यक है। बिना कानों व श्रवण शक्ति के ध्वनि अर्थहीन एवं अनुभवहीन है और इसी तरह बिना ध्वनि के कानों की श्रवण शक्ति निरर्थक है, अर्थात् दो पक्ष हैं, एक कानों की श्रवण शक्ति एवं दूसरी ध्वनि।

इसी तरह सुख और दुःख के भी दो पक्ष हैं, एक 'मैं' और दूसरे 'मेरे सुख-दुःख।' मैं पृथक् हूँ और मेरे सुख-दुःख मेरे से पृथक् हैं। मैं प्लेटफॉर्म हूँ और सुख-दुःखरूपी आती-जाती रेलगाड़ियाँ हैं। मैं एक प्लेटफॉर्म हूँ और इस पर सुखरूपी एवं दुःखरूपी रेलगाड़ियाँ आ रही हैं और जा रही हैं। प्लेटफॉर्म पर हम खड़े हैं और अब सुख-दुःखरूपी परिस्थितियाँ हमसे मिलने आई हैं तो पहला प्रश्न तो यही है कि हम इनसे मिलना स्वीकार करें या नहीं ? यदि इनसे नहीं मिलने का निर्णय ले लिया है, अर्थात् इनके अनुभव के प्रति मन में निरपेक्षता अथवा उपेक्षा का भाव है तो इससे आगे कहने को कुछ भी नहीं रह जाता है। यह प्रसंग यहीं समाप्त हो जाता है। वस्तुतः विषय प्रारंभ ही यहीं से हुआ है कि मेरे सुख और मेरे दुःख मुझसे मिलने आए हैं और इनसे मिलना टाला ही नहीं जा सकता, तब ऐसी स्थिति में प्रश्न यह भी है कि हम क्या बनकर रहें ? हम क्या करें ?

कुछ व्यक्ति अपने जीवन में आई दुःखद परिस्थितियों से स्वयमेव दुःख बन जाते हैं, अर्थात् वे दुःख को इस तरह अंगीकार कर लेते हैं कि जैसे वह दुःख उनके जीवन

का अंग हो। परिणामतः वे जीवन से निराश होने लगते हैं अथवा परिस्थितियों से सामना करने में असमर्थता का अनुभव करते हैं, जबकि उन्हें यह चिंतन करना चाहिए कि वे एक स्वतंत्र अस्तित्व के मानव-देह धारण किए हुए एक व्यक्ति हैं और दुःखरूपी परिस्थितियों के मात्र दृष्टा हैं। हो यह रहा है कि एक व्यक्ति के रूप में वे जिस प्लेटफॉर्म पर खड़े हैं, उस प्लेटफॉर्म पर दुःखरूपी रेलगाड़ी आई है और वे उस रेलगाड़ी को पकड़कर खड़े हो जाते हैं एवं उसके साथ वे एक ऐसा रूप बना लेते हैं कि वह दुःखरूपी रेलगाड़ी उनके प्लेटफॉर्म का हिस्सा बन जाती है, अर्थात् उनका अंग बन जाती है, तब ऐसे लोग रेलगाड़ी और प्लेटफॉर्म में कोई अंतर और भेद करना भूल जाते हैं। वे उस दुःखरूपी रेलगाड़ी को रवाना करने की योजना व प्रयत्न करना भी भूल जाते हैं।

कहने का तात्पर्य यह है कि दो पक्ष हैं, एक हम और दूसरी वह परिस्थितियाँ, जो दुःख और सुख का कारक बनी, लेकिन गलती अधिकांशतः यह हो जाती है कि हम स्वयं 'हम' नहीं रहते, बल्कि स्वयं उन परिस्थितियों में समाहित हो जाते हैं और यही हमारे दुःख का कारण है, अतः यह ध्यान रखना होगा कि हम पृथक् हैं, सिर्फ दृष्टा मात्र अनुभवकर्ता हैं और दुःखरूपी, सुखरूपी परिस्थितियाँ हम से पृथक् हैं। हम एक स्वतंत्र अचल प्लेटफॉर्म पर खड़े हैं और इस प्लेटफॉर्म पर दुःख एवं सुखरूपी रेलगाड़ियों को आते देखना है और जाते देखना है। उन्हें पकड़ने की कोशिश नहीं करनी है, उनसे दोस्ती भी नहीं करनी है और न ही उनमें बैठने का मन बनाना है, अतः रेलगाड़ी को रेलगाड़ी ही समझो एवं उसे प्लेटफॉर्म मत बनाओ। ठीक इसी तरह प्लेटफॉर्म को सिर्फ प्लेटफॉर्म ही रहने दो, उसे रेलगाड़ी से नहीं मिलाओ। रेलगाड़ी, अर्थात् परिस्थितियाँ चलायमान है, जबकि जीवनयापन करनेवाला व्यक्तित्व दृष्टा भाव के रूप में प्लेटफॉर्म स्थिर है। हम स्थिर रहनेवाले प्लेटफॉर्म पर दृष्टा बनकर बैठे रहें। दुःख-सुखरूपी रेलगाड़ियों के आते-जाते दृश्य की भाँति दुःख और सुखरूपी दृश्य देखते रहना है। पुनः कहूँगा कि आप सिर्फ दृष्टा हैं और दृश्य बनने की कोशिश नहीं करनी है। आप यदि दृश्य हो तो आपका भी कोई दृष्टा है। आप दृश्य हैं तो परमात्मा आपका दृष्टा है और वह सिर्फ दृष्टा ही है और वह यह चाहता है कि आप भी उस जैसे बनकर रहो। निरपेक्ष रहो। चाहे सुख आए तो उसके भी दृष्टा बने रहो और चाहे दुःख आए, उसके भी दृष्टा बनकर रहो। परमात्मा ने आपके पास इन्हें इस कारण से भेजा है कि आप इनके अनुभव करने का स्वाद तो चख लो। इस चिंतन में आनंद का वास है।

अनुभव क्या है ? प्रश्न यह है कि अनुभव की सामर्थ्य परमात्मा ने क्यों दी है ? इसीलिए कि देख लो और जान लो, कैसा क्या-क्या है। स्वाद ले लो, चखकर देख लो। अनुभव के इस प्रसंग को दूसरी तरह से प्रस्तुत करता हूँ कि आप एक ऐसे व्यक्ति की कल्पना करिए, जो मस्तिष्क में लकवे से पीड़ित है और वह सिर्फ देख सकता है या

सुन सकता है, लेकिन शरीर के अनुभव की समस्त इंद्रियाँ पैरालाइज्ड हो चुकी हैं, उसे कोई अनुभव नहीं है। उसे सुख-दुःख का कोई आभास नहीं है, कुछ भी सोचने की शक्ति नहीं है, किसी के पहचानने की भी शक्ति नहीं है। मात्र एक शव के स्वरूप में पड़ा है। ऐसे व्यक्ति के लिए दुःख या सुख कोई मायने नहीं रखते हैं। उसमें से कब टट्टी-पेशाब निकल गई, उसे पता ही नहीं चला। कब सुई चुभ गई, उसे पता ही नहीं चला। कब किसी ने मुँह में पानी, दूध डाल दिया, उसे पता ही नहीं चला, अर्थात् उसे सुख और दुःख से कोई सरोकार नहीं है, अब यहाँ प्रश्न यह है कि अनुभव का सामर्थ्य नहीं होने की इस स्थिति को क्या हम स्वीकार करना चाहेंगे? प्रत्येक व्यक्ति का निर्विवाद रूप से यही जवाब होगा कि परमात्मा ऐसी स्थिति किसी की भी न बनाए।

एक दूसरे उदाहरण से इसी बात को समझने का प्रयास करते हैं—एक व्यक्ति, जिसको स्वाद का अनुभव समाप्त हो गया। वह चाहे खट्टा खाए या मीठा, नमकीन खाए या कड़वा, उसे किसी भी प्रकार के स्वाद का पता नहीं चलता है। वह तो सिर्फ खा सकता है और पेट भर लेता है। उसके लिए सबकुछ स्वादहीन हो चुका है। ऐसी स्थिति में परमात्मा से क्या कहा जाएगा, यही कि हे भगवान्! तूने स्वाद चखने हेतु मुँह तो दिया है, लेकिन स्वाद के अनुभव की सामर्थ नहीं दी। ऐसी परिस्थिति को कोई भी व्यक्ति स्वीकार नहीं कर पाएगा, लेकिन सच तो यह है कि परमात्मा ने हमें भोजन करने हेतु मुँह दिया है और स्वाद चखने की शक्ति भी दी है एवं तब फिर हम यह कहें कि हे परमात्मा! तू मेरी जिह्वा में मीठा स्वाद चखने और खाने की शक्ति तो देना, लेकिन जब कड़वा स्वाद मिले तो मेरी जुबान को स्वादहीन कर देना। यह तो संभव ही नहीं है और न ही ईश्वर की ऐसी इच्छा है कि वह आपको आधा-अधूरा उपहार दें, जब नमकीन और कड़वे स्वाद का ज्ञान ही नहीं होगा तो मीठे स्वाद का पता ही नहीं चल पाएगा। इस कारण ईश्वर से प्रार्थना करनी है कि "हे परमात्मा! तूने मुझे यह शरीर, मन और मस्तिष्क दिया है, मेरी समस्त ज्ञानेंद्रियों से मुझे अनुभव करने की शक्ति और सामर्थ्य भी दिए रहना, जिससे कि जीवन की अंतिम साँस तक मुझे समस्त ज्ञानेंद्रियों की शक्ति और संवेदनशीलता का अनुभव एवं मन की सोच तथा विवेक मुझमें बना रहै।"

मै यहाँ अपना एक निजी अनुभव सहेजना चाहता हूँ और मात्र प्रयोगात्मक ही है। एक बार चलते-चलते मेरा दाहिना पैर मुड़ गया, बहुत दर्द हुआ और जब एक्स-रे कराया तो पाँचवीं मेटाटार्सल बोन में हेयर-लॉयन जैसा अस्थिभंग होना पाया गया। मेरे घर पर ही चिकित्सक महोदय आ गए और उन्होंने प्लास्टर बाँध दिया। मैंने मन में सोचा कि मुझे आज तक हड्डी टूटने की पीड़ा का अनुभव ही नहीं था और ईश्वर को दो प्रकार से धन्यवाद दिया कि एक तो मुझे अति लघुस्वरूप में हड्डी टूटने की पीड़ा का अनुभव करा दिया, दूसरा यह कि अच्छा ही हुआ, जो इस पीड़ा का भोग करना था, कोई प्रारब्ध

रहा होगा और अन्य किसी बड़ी पीड़ा होने से बच गया।

निष्कर्ष यह है कि परमात्मा ने अनुभव करने की शक्ति देकर एक वरदान दिया है और इस हेतु हम अपने आप को अत्यंत भाग्यशाली समझें कि उस परमात्मा ने हमें अनुभव करने की शक्ति भी दी है। ऐसे अनुभव की शक्ति के लिए कभी सुख का अनुभव करना पड़े तो अनुभवकर्तारूपी प्लेटफॉर्म पर खड़े होकर सुखरूपी रेलगाड़ी को आते देखो। यह भी संभव है कि सुखरूपी रेलगाड़ी आपके उस प्लेटफॉर्म पर अधिक देर रुकी रहे अथवा उसके रुकने का समय कम भी हो सकता है, लेकिन आप तो सिर्फ उसे अनुभवकर्ता के रूप में देखनेवाले भर बने रहो। इसी को साक्षी-भाव कहेंगे। सुखरूपी रेलगाड़ी जब आए तो अंदर से यह आवाज आनी चाहिए—'वाह रे! क्या बात है! यह भी अनुभव हुआ' और दुःखरूपी रेलगाड़ी जब सामने आए तो उसका भी स्वागत पूर्ववत् करना है और कहना है कि 'वाह! क्या बात है! इसका भी अनुभव हो जाएगा'। मैं अपने बचपन का एक प्रसंग प्रस्तुत करना चाहूँगा—मेरी आयु 6-7 वर्ष की रही होगी और तब मैं अकसर यह सोचता था कि जब काँटा चुभता है तो किसी को कम पीड़ा होती है और किसी को अधिक, लेकिन ऐसा क्यों? काँटा भी वही है, चुभता भी एक जैसा है, लेकिन कोई व्यक्ति पीड़ा के कारण अधिक कराहता है और कोई कम, जब काँटा किसी को चुभ गया हो तो लोग उससे पूछते हैं—"क्यों, क्या दर्द हो रहा है?" यह प्रश्न कि 'क्या दर्द हो रहा है,' तो पहले हम स्वयं से भी यह तो पूछ लें कि कितनी तीव्रता में दर्द हो रहा है? ऐसी स्थिति में हम अपने दर्द का परिमापन करने लगेंगे। इस स्थिति में भी हम अपने अंदर दो बन गए, एक वह जो दर्द का अनुभव कर रहा है और दूसरा वह, जो उसी दर्द के अनुभव की तीव्रता को मुझसे पूछ रहा है। इस तरह हम एक साक्षी-भाव में बने रहने की कल्पना कर सकते हैं। ऐसा चिंतन करते हुए मैंने अपने बचपन में एक प्रयोग किया, वह यह कि मैं एक सुई को लेकर अपने पैर में चुभाने लगता था और मन में यह प्रश्न करता कि इस चुभन से मुझे कितना दर्द हो रहा है? मेरे अंदर से जवाब आता कि अभी ज्यादा तो नहीं है, फिर और अधिक चुभाने का प्रयास करता तो चुभन के दर्द की तीव्रता बढ़ती जाती, तभी मैंने स्वयं से एक प्रश्न किया था कि इस दर्द की तीव्रता का परिमापन कैसे किया जाए? अंततः मैंने स्वयं को सुई चुभाते समय बड़ी गहराई से अपने मन में एक विश्वास दृढ़ता के साथ स्थापित किया कि 'जिस पैर में सुई चुभा रहा हूँ, वह पैर मैं नहीं हूँ। मैं पृथक् हूँ और पैर मुझसे पृथक् है। मेरा इस पैर से कोई सरोकार नहीं है और सुई की इस चुभन के दर्द से भी मुझे कोई सरोकार नहीं है। इस पैर और उसमें चुभनेवाली सुई से उत्पन्न दर्द से भी मेरा कोई रिश्ता नहीं है, क्योंकि मैं पूर्णतः पृथक् हूँ, मैं पैर नहीं हूँ, पैर अलग है और मैं अलग हूँ। पैर में चुभन का दर्द हो रहा है तो यह पैर की समस्या होगी और उससे मेरा कोई सरोकार नहीं, जब ऐसी धारणा मेरे बचपन में पूर्णता के साथ

निर्मित होने लगी तो एक ऐसी स्थिति बन गई कि मैंने सुई के चुभने में पीड़ा की तीव्रता में कमी का अनुभव किया। एक बार बचपन में मैं अपने कपड़ों पर प्रेस कर रहा था। प्रेस बहुत गरम थी और धोखे से मेरा घुटना गरम प्रेस से छू गया। घुटने की त्वचा जल गई और त्वचा निकल भी गई। उसी क्षण मैंने अपने मन में घुटने से पूर्णतः पृथक् होकर भाव स्थापित किया। दोनों आँखें बंद कर लीं और अत्यंत विश्वास व दृढ़ता के साथ ऐसा भाव निर्मित किया कि मैं घुटना नहीं हूँ, घुटने से पृथक् हूँ और जो भी जलन घुटने को हो रही है, वह मुझसे पृथक् है। शनैः-शनैः मैंने अनुभव किया कि जलन की पीड़ा कम होगी।

कहने का तात्पर्य यह है कि आप अपने सुख और दुःख के दृष्टा हैं एवं सुख और दुःख के साथ आत्मसात् होने का प्रयास नहीं करना है। यदि दृष्टा भर बनकर रहेंगे तो सुख और दुःख के अनुभव का प्रभाव जीवन में नहीं पड़ेगा, अर्थात् एक दृष्टा और दूसरा दृश्य। आप दृश्य नहीं हैं, दृष्टा हैं और दृश्य आपसे पृथक् है। हमारा आनंद किसी परिस्थित-विशेष का मोहताज नहीं रहेगा और समस्त जीवन समत्व भाव आनंदित रहेगा।

अंततः कहना चाहूँगा कि सुख और दुःख एक-दूसरे से पृथक् नहीं हो सकते। यदि हमें सुख में आनंदित होने का अधिकार है तो दुःख में भी सम्यक् दृष्टि होनी चाहिए। दुःख का भी यह सोचकर स्वागत करना चाहिए कि "आ, तू भी निकल जा, तेरा भी आना यदि मेरे जीवन में वांछित था तो इसे भी मैं भोग लेना चाहता हूँ।" एक ही सिक्के के दो स्वरूप हैं। सिक्के में हेड व टेल होते हैं और ऐसा तो हो ही नहीं सकता कि उसमें केवल हेड हो और टेल न हो, फिर तो सिक्का खोटा हो जाएगा। ईश्वर ने मनुष्य को खोटा सिक्का नहीं बनाया है। मनुष्य जीवन में सबकुछ समाहित है।

स्वचिंतन : ***भक्ति और प्रेम ईश्वर के प्रति हो और यह तभी होगा, जब हम परमात्मा को सहृदय, सभी को प्रेम करनेवाला, अनुकरणीय व सर्वशक्तिमान मानते हों। प्रश्न यह है कि क्या हम परमात्मा की भक्ति और प्रेम करने योग्य हो गए हैं? योग्य तो हम तभी होंगे, जब हम स्वयं को प्रेम करें, स्वयं सहृदय व अनुकरणीय बनें। ध्यान करना होगा कि समान गुणी ही निकट होते हैं।***

□

21

जीवन का रस

जीवन ईश्वर का उपहार है और शरीरधारी होते हुए ईश्वर ने कुछ अंतर्निहित गुण सभी को दिए हैं। ऐसा नहीं है कि अच्छा और बुरा हमने स्वयं निर्धारित कर लिया हो। आइए, विचार करें—हमें कड़वा स्वाद बुरा क्यों लगता है? मीठा स्वाद अच्छा क्यों लगता है? रोना बुरा क्यों लगता है? हँसना अच्छा क्यों लगता है? कर्कश आवाज बुरी क्यों लगती है? स्वर, लय व ताल में संगीत और मीठा स्वर अच्छा क्यों लगता है? काँटे बुरे क्यों लगते हैं? मखमली आसन अच्छा क्यों लगता है? दुर्गंध बुरी क्यों लगती है? सुगंध अच्छी क्यों लगती है? डाँटना बुरा क्यों लगता है? पुचकारना अच्छा क्यों लगता है? ईर्ष्या-भाव बुरा क्यों लगता है? दया-भाव अच्छा क्यों लगता है? क्रूरता बुरी क्यों लगती है? प्रेम अच्छा क्यों लगता है? घृणा बुरी क्यों लगती है? मिलन अच्छा क्यों लगता है? बिछोह बुरा क्यों लगता है? पारदर्शी स्वभाव अच्छा क्यों लगता है? कपट बुरा क्यों लगता है? दुःख बुरा क्यों लगता है? सुख अच्छा क्यों लगता है? बुरा, बुरा क्यों लगता है? अच्छा, अच्छा क्यों लगता है? बुरा क्या है? अच्छा क्या है? अच्छे और बुरे का अंतर किसने निर्धारित किया है? निश्चित ही यह ऐसे प्रश्न हैं, जिन पर प्रत्येक को गहराई से चिंतन करना है और तब यह सुनिश्चित हो जाएगा कि परमात्मा ने कुछ गुणों को अच्छे और बुरे में वर्गीकृत कर दिया है एवं अच्छा व्यक्ति व बुरा व्यक्ति भी निर्धारित किया है। जीवन का रस अच्छे गुणों के धारण करने में है। जो अच्छे गुण हैं, उन्हें हम स्वीकार करना चाहते हैं, वे नैसर्गिक गुण हैं और ईश्वर प्रदत्त हैं। जो बुरे गुण हैं और हम उन्हें पसंद नहीं करते हैं, वे मानव स्वभाव के विपरीत हैं और अस्वाभाविक हैं, उन्हें कोई भी स्वस्थ चित्त का व्यक्ति स्वीकार करना नहीं चाहेगा।

जब हम अपने अंदर ईश्वर प्रदत्त नैसर्गिक गुणों का चिंतन करते हैं तो यह स्पष्ट होता है कि मनुष्य के स्वाभाविक गुण कौन से हैं और अस्वाभाविक गुण क्या-क्या हैं? अब तय यह करना है कि हमें स्वाभाविक गुणों के अधीन रहना है या अस्वाभाविक गुणों के अधीन? संपूर्ण विश्व के कुछ मनुष्यों में क्रोध, घृणा, कपट, द्वेष आदि अस्वाभाविक

गुणों का प्रसार शनैः-शनैः हो रहा है। एक व्यक्ति अन्य दूसरे को क्षति पहुँचाने में आतुर रहता है। नकारात्मकता बढ़ रही है। ऐसे लोग अस्वाभाविक जीवनयापन कर रहे हैं और निश्चयात्मक रूप से यह कहा जा सकता है कि जो अस्वाभाविक व नकारात्मक गुणों के अधीन रहते हैं, उन्हें आंतरिक सुख नहीं है, आनंद के आभास में तो वे हैं ही नहीं, संतुष्टि नहीं है, असुरक्षा की भावना से पीड़ित रहते हैं, अस्वस्थ हैं, जीवन के आनंद व प्रेम से वंचित हैं। वे जीवन के रस को अंगीकार नहीं कर पा रहे हैं। उन्हें हम विवेकशील नहीं मान सकते, वे जीवन का उद्देश्य नहीं जानते हैं और स्थायी व शाश्वत आनंद से वंचित हैं। शांत मन से निरपेक्षतापूर्वक यदि वे चिंतन करें तो उन्हें यह आभास हो सकेगा कि वे अशांत हैं और सुखी नहीं हैं। इसीलिए हमें ईश्वर प्रदत्त नैसर्गिक व स्वाभाविक गुणों के अधीन रहते हुए जीवनयापन करना चाहिए।

यह परंपरा है कि मंदिर में दर्शन करने के बाद भले ही अल्प समय के लिए ही सही, लेकिन वहाँ बैठना चाहिए। यह मात्र औपचारिक नहीं है, बल्कि इसके पीछे एक चिंतन है, एक प्रार्थना भी है, जो सामान्यतया लोग नहीं करते हैं। इस परंपरा का उद्देश्य यह है कि एक श्लोक मन में प्रार्थना के स्वरूप में बोलना है और वह है—

'अनायासेन मरणम, बिना देन्येन जीवनम्।
देहान्ते तव सान्निध्यम्, देहि में परमेश्वरम्॥'

अर्थात् 'अनायासेन मरणम', तात्पर्य यह है कि पता ही न चले और मृत्यु हो जाए, बिना पीड़ा के हमारी मृत्यु हो और कभी भी बीमार होकर बिस्तर पर न पड़े रहें, कष्टदायी मृत्यु न हो, अर्थात् सामान्य जीवन व्यतीत करते हुए ही मृत्यु हो। 'बिना देन्येन जीवनम', अर्थात् आश्रितता, निरीहता, दीनता का जीवन न हो, कभी किसी के सहारे की आवश्यकता न पड़े। 'देहान्ते तव सान्निध्यम्', अर्थात् जब भी मृत्यु हो तो हे भगवान्, हे मेरे प्रभु, आपका सान्निध्य हो, आप ही मेरे सम्मुख हों। 'देहि में परमेश्वरम्', अर्थात् हे भगवान्, हे मेरे प्रभु, ऐसा मुझे वरदान दो, ऐसा मुझे आशीर्वाद दो। इस प्रकार भगवान् से प्रार्थना करते हुए उक्त श्लोक का कुछ समय मंदिर में बैठकर पाठ करना चाहिए।

□

22

अहम् का कारण और निवारण

भक्ति मार्ग हो या ज्ञान मार्ग, दर्शनशास्त्र में अध्यात्म की चर्चा हो या आत्मज्ञान की, सभी ओर 'अहम्' के स्वरूप को विलुप्त करने पर जोर दिया गया है। परमात्मा के मिलन में 'अहम्' बाधक है। यहाँ मैं 'अहम्' की विभिन्न श्रेणियों और उसके स्वरूप पर विश्लेषणात्मक चर्चा करूँगा।

प्रश्न यह है कि 'अहम्' का तात्पर्य क्या है? इसका संक्षिप्त उत्तर यही होगा कि किन्हीं बाहरी परिस्थितियों से निर्मित शक्तिशाली स्वरूप में 'मैं' की प्रधानता के अस्तित्व का अनुभव करना ही 'अहम्' है। 'मैं' होने का अस्तित्व स्वाभाविक है और सामान्यतया सभी में होता है, लेकिन अध्यात्म साधना में 'अहम्' बाधक है और यह कहना भी गलत नहीं होगा कि एकमात्र अध्यात्म साधना के माध्यम से ही 'अहम्' के भाव को विलुप्त भी किया जा सकता है। यदि परमात्मा की भक्ति में लीन होकर भक्तिरूपी सागर में डूबना है तो भी 'अहम्' के भाव को विलुप्त होना ही उसकी प्रारंभिक सीढ़ी है। चर्चा का प्रसंग यह है कि 'अहम्' क्या है और उसके कितने स्वरूप हैं? इस पर चिंतन यदि कर लिया जाए तो 'अहंविहीन' भाव में पहुँचने के लिए ज्यादा आसानी होगी।

व्यावहारिक जीवन और अध्यात्म में 'अहम्'

व्यवहारिक जीवन में 'मैं' की प्रधानता के साथ 'अहम्' भाव में स्वाभिमान, आत्मसम्मान, घमंड आदि के स्वरूप देखे जा सकते हैं और इनके शब्दार्थ से ही 'अहम्' के विभिन्न भाव प्रकट होते हैं। वस्तुतः ऐसे गुण 'अहम्' के सामान्य अथवा उग्र स्वरूप के ही हैं। सामान्य दशा में 'मैं' के भाव से पृथक् नहीं हुआ जा सकता। यहाँ 'अहम्' के स्वरूप को दो भागों में विभक्त कर सकते हैं—एक है व्यवहारिक जीवन में 'अहम्' का स्वरूप और दूसरा है आध्यात्मिकता में 'अहम्' का स्वरूप। व्यवहारिक जीवन में 'अहम्' सुसंगत है, लेकिन इसके शक्तिशाली हिंसक स्वरूप में घमंड का प्रकटीकरण क्षतिकारक है। अपने कार्यक्षेत्र में रहते हुए व्यवहारिक जीवन में जब दिन-प्रतिदिन हमें

अपने स्तर के साथ अस्तित्व का ध्यान रखना होता है और इस हेतु स्वयं की प्रधानता के साथ संघर्ष करते हुए अपने अस्तित्व को स्थापित करना है तो इस परिस्थिति में भी 'अहम्' प्रत्यक्षतः प्रकट होगा। जो लोग अपने सामाजिक, व्यवहारिक अथवा कर्मक्षेत्र से अध्यात्म के क्षेत्र में अथवा परमात्मा के भक्त होना चाहते है तो उनके लिए 'अहम्' बाधक है, अर्थात् जिसका जितना बड़ा 'अहम्' का स्वरूप होगा, उसे उतनी ही कठिनाई अध्यात्म और भक्ति के क्षेत्र में होगी। हमारे 'अहम्' की दीवार हम ही ने बनाई है और हमको ही इसे मिटाना है, अतः इस दीवार को सबसे पहले अच्छी तरह समझ तो लिया जाए कि आखिर 'अहम्' का निर्माण किस प्रकार होता है और उसके कितने स्वरूप हैं? सामान्यतया ज्ञानी, महापुरुष, संत-महात्मा कहते हैं कि 'अहम्' को छोड़ो, 'अहम्' को नष्ट करो, 'अहम्' ही परमात्मा से मिलने में रुकावट है। प्रश्न यह है कि 'अहम्' किससे जुड़ा है? पहले शरीर मिला तब 'मैं' का निर्माण हुआ और फिर शनैः-शनैः इस 'मैं' पर 'अहम्' की परतें चढ़ने लगीं। दृश्यमान भौतिक शरीर के भीतर हमने 'मैं' का आभास किया और जैसे-जैसे समाज के सामने 'मैं' रूपी व्यक्तित्व की आवभगत बढ़ती गई, वैसे-वैसे मेरे 'अहम्' के होने का आभास भी होने लगा। लोगों ने इसी को सांसारिक सुख या माया कहा है। गहराई से चिंतन करने पर सच तो यह है कि माँ के गर्भ में 'मैं' का आभास सर्वप्रथम हुआ होगा और उसके बाद जैसे-जैसे मेरे शरीर का निर्माण गर्भ में होता गया, वैसे-वैसे मुझे अपने शरीर का आभास मिलता गया, अर्थात् 'मैं' अदृश्य है और भौतिक शरीर दृश्यमान है, लेकिन मैंने अपने 'मैं' को सीधा शरीर के साथ जोड़ दिया है, इस कारण जब भी मेरे शरीर और 'मैं' रूपी व्यक्तित्व की प्रशंसा होती है, तब-तब मेरा 'मैं' आनंदित होता है।

'मैं' का आभास कैसे होता है?

आइए, चिंतन करें कि 'अहम्', अर्थात् 'मैं' का निर्माण कैसे होता है? ईश्वर की ऐसी महिमा है कि पूनर्जन्म में हमारे पिछले जीवन की समस्त याददाश्त विलुप्त हो जाती है। स्वाभाविक रूप से जन्म और मृत्यु के अनुभव की जानकारी किसी को भी नहीं होती है, जब मैं माँ के गर्भ में बैठा था तो मेरे मन में क्या विचार आया होगा? 'मैं' कहाँ हूँ? एक अंधकार और हो सकता है कि पिछले जन्म के कुछ संस्मरण हों। पता नहीं कब तक इंतजार करना है कि संसार में पहुँचूँ, लेकिन वह 'मैं' कितना निर्मल होगा, उस 'मैं' में मेरे पिछले कर्मों का फल भी शामिल है, जिनका मुझे ज्ञान नहीं है कि मेरे कौन से कर्मों का यह सुपरिणाम या कुपरिणाम है? पिछला याद नहीं, आगे की योजना नहीं और गर्भ में आने का निमित्त भी नहीं पता।

इस समय 'मैं' के आभास में 'अहम्' का लोप होगा, क्योंकि गर्भ में यह नहीं

पता कि मेरा स्वरूप क्या है ? 'अहम्' का निर्माण शरीर एवं भौतिक स्वरूप के माध्यम से ही हो सकता है। जन्म हुआ और स्वयं के हाथ-पैर देखे तब धीरे-धीरे आभास हुआ कि मैं ऐसा हूँ और मेरा शरीर इस प्रकार का है, इतना सुंदर है, मैं कितना अच्छा हूँ, फिर मेरे माता-पिता, भाई-बहनों से मेरा परिचय हुआ और धीरे-धीरे मेरे 'मैं' का आकार बढ़ने लगा।

जन्म के समय की एक मानसिक स्थिति की कल्पना कीजिए। जन्म हुआ और बच्चे के समक्ष सिर्फ दृश्य है कि 'यह क्या है ? मैं कहाँ हूँ ? वह कौन है ? मैं कौन हूँ ?' बच्चे को इस सबका पता नहीं है और वह सिर्फ प्रश्नवाचक दृष्टि से देख रहा है। जन्म के साथ उसे कुछ भी नहीं पता। उसे यह भी नहीं पता कि जन्म के पश्चात् उसे किस नाम से पहचाना जानेवाला है ? क्योंकि उसे नाम अभी दिया ही नहीं गया है। उसे अभी यह बताया ही नहीं गया है कि उसके पिता का नाम क्या है ? अथवा यह कहना भी गलत नहीं होगा कि वह यह जानता ही नहीं है कि पिता क्या होता है ? उसे अभी यह भी ज्ञात नहीं है कि उसकी माँ, भाई आदि रिश्तों का नाम क्या है, घर का अथवा मोहल्ले का नाम क्या है, उसे यह भी नहीं पता कि वह जहाँ है, उस गाँव या शहर का नाम क्या है ? पारिवारिक स्थिति एवं रिश्तों से उसका अभी परिचय ही नहीं हुआ। उसे यह भी नहीं पता, वह राजा के घर में है अथवा किसी गरीब के घर में! उसे तो यह भी नहीं पता कि उसकी शक्ल-सूरत कैसी है, क्योंकि उसे अभी आईना दिखाया ही नहीं गया। उसे अपनी शक्ल की भी पहचान नहीं है। सिर्फ बच्चे के अंदर भाव है कि यहाँ 'हूँ'। सिर्फ 'होने' का भाव है। छोटे-बड़े भाव का अनुभव उसे नहीं है। अच्छे और बुरे का तुलनात्मक अध्ययन भी उसे नहीं है। उसे नहीं पता कि अच्छा क्या होता है और बुरा क्या होता है। उसे तुलना करना आता ही नहीं है। सच तो यह है कि तुलनात्मक विश्लेषण करना तो उसे बाद में सिखाया जाता है। तुलनात्मक अध्ययन से तात्पर्य है, भेदभाव, अपना-पराया, 'मैं' और 'तुम' का भेद। जन्म के समय बच्चे में ऐसे तुलनात्मक और विश्लेषणात्मक भाव का अस्तित्व नहीं होता है। उसके समक्ष तो सिर्फ दृश्य है और इसके अलावा कुछ भी नहीं।

'अहम्' का निर्माण कैसे होता है?

इसके बाद ही अब प्रारंभ होता है उसे पहचान कराने और पहचान बनाने का कार्य और यहीं से उसके 'अहम्' का निर्माण होता है। बार-बार उससे कहा जाता है कि दूसरों की पहचान कर लो, ये माँ हैं, ये पिता हैं, ये भाई-बहन हैं और जैसे-जैसे बच्चे की आयु बढ़ती जाती है, वैसे-वैसे पहचान का दायरा भी बढ़ता जाता है। पहले घर की पहचान, फिर परिवार की पहचान और बाद में पारिवारिक स्तर की पहचान, गली-मोहल्ले की पहचान के साथ उसके अपने स्वयं के 'मैं', रूपी 'अहम्' की श्रेष्ठता

की पहचान उसे कराई जाती है, परिवार, कुल की प्रतिष्ठा, उसके उत्थान व सुरक्षा की पहचान कराई जाती है और यहीं से उसका अपना 'मैं' जो आगे चलकर एक विशाल 'अहम्' का स्वरूप बन जाता है। आयु बढ़ने के साथ फिर 'अहम्' का स्वरूप बढ़ता ही रहा। समाज में, किसी सभागार में किसी उच्च स्थान पर बैठने का मौका मिला और धीरे-धीरे अच्छा लगने लगता है और 'अहम्' का महत्त्व बढ़ता ही जाता है, उसके परिणामस्वरूप 'अहम्' शक्तिशाली होता जाता है, फिर व्यवहारिक जीवन में यहीं से 'अहम्' की पुष्टि के अनेकों-अनेक प्रयास किए जाते हैं। इसकी प्रधानता बनाए रखने के लिए उसे संघर्ष करना सिखाया जाता है और इसी संघर्ष की प्रतिस्पर्धा में संपूर्ण जीवन व्यतीत हो जाता है।

आइए, अस्थायी रूप से निर्मित हुई एक परिस्थिति के उदाहरण से 'अहम्' निर्माण समझने का प्रयास करते हैं। एक ऐसी स्थिति की कल्पना करें कि हम एक सामान्य व्यक्ति हैं और हमारा परिचय अत्यंत घनिष्ठता के साथ राज्य के राजा से हो जाता है, जिसे आज के समय में राज्यसत्ता का उच्च पदाधिकारी कह सकते हैं। प्रश्न यह है कि ऐसी स्थिति में हमारा स्वरूप हमारे अपने मन-मस्तिष्क में कैसा बनेगा? यही कि 'मैं कुछ हूँ, क्योंकि राज्य का राजा मुझे महत्त्व दे रहा है।' हमारी अपेक्षा होगी कि लोग इस कारण से हमको महत्त्व दें, हमारी चाल, ढाल, बोलने-चलने का तरीका ही बदल जाएगा, लोगों को दिखने और देखने का नजरिया भी बदल जाएगा। कुछ 'होने' का भाव हममें निर्मित हो जाएगा। मन-ही-मन में हम यह अनुभव करेंगे कि आखिर 'मैं बहुत कुछ हूँ।' इस संपूर्ण स्थिति का विश्लेषण कीजिए कि भाव है—'मैं अत्यंत महत्त्वपूर्ण हूँ, क्योंकि राजसत्ता का सर्वोच्च व्यक्ति मुझे महत्त्व दे रहा है।' अर्थात् 'मैं कुछ हूँ' के भाव में 'अहम्' ने अपना एक स्वरूप बनाया, जो बाहरी परिस्थिति के कारण निर्मित हुआ, लेकिन जैसे ही राजसत्ता का सर्वोच्च व्यक्ति पद से हटा और छद्म 'अहम्' का गुब्बारा फूटा।

मैं यहाँ यह नहीं कहता कि जन्म के बाद इस 'मैं' का निर्माण होना चाहिए अथवा नहीं होना चाहिए और मैं यह भी नहीं कहता कि आप इस 'मैं' की पहचान अथवा 'अहम्' के निर्माण का प्रयास भी न करें अथवा आप प्रयास नहीं भी करेंगे तो भी स्वतः शनैः-शनैः जन्म के पश्चात् आयु के बढ़ते क्रम में स्वयमेव 'मैं' निर्मित हो जाएगा। मेरा कहना तो यहाँ सिर्फ यह है कि यह जान लिया जाए कि हम मूलतः जन्म के तत्काल बाद क्या थे और समय, काल व परिस्थितियों के बदलते क्रम में एवं दूसरों से प्राप्त जानकारी के आधार पर हम क्या बन गए?

खैर, 'मैं' रूपी 'अहम्' का स्वरूप तो अब बन ही चुका है और यह बाधक हो रहा है हमारे आध्यात्मिक चिंतन में। इससे बचने के लिए सबसे पहले इसके विभिन्न स्वरूपों को समझ तो लिया जाए। 'अहम्' के विभिन्न स्वरूपों का यदि हम बारीकी से अध्ययन

करें तो यह प्रत्येक व्यक्ति में भिन्न-भिन्न प्रकार का होता है। हमारे ज्ञानी, संत, महात्मा बड़ी सीदी-साधी बात बड़े ही सरल लहजे में कह तो देते हैं कि "अहम् को विलुप्त कर लो, 'मैं' के भाव को समाप्त कर लो, तब आप अपने आप को परमात्मा के समक्ष पाओगे।" बात भी सही है, लेकिन इतनी सरल और सहज भी नहीं है। सच तो यह है कि ऐसा कहनेवाले ही स्वयं इसकी कसौटी पर खरे उतरते नहीं देखे गए, बल्कि इन्होंने तो रट्टू तोते की तरह कहा, उपदेश दे दिया और फिर चलते बने और इसी तरह दूसरी जगह डेरा जमाया और फिर वही उपदेश और वहाँ से भी चलते बने। ये भी अपने उपदेशों से ही अपने स्वयं के 'अहम्' का निर्माण करते हुए उसी का प्रदर्शन कर रहे हैं तथाकथित उपदेशक स्वयं 'अहम्' के जंजाल में ही फँसे हैं, लेकिन अपने 'मैं' के 'अहम्' से वे भी मुक्त नहीं हो पाए हैं। इन्होंने घर-द्वार छोड़कर सिर्फ नाम बदल लिये, मकान बदल लिये, स्थान बदल लिये, लेकिन फिर भी 'अहम्' के स्वरूप से मुक्त नहीं हो पाए हैं। मकान की जगह आश्रम और नाम की जगह श्री अमुक उपदेशक के विशिष्ट स्वरूप की पहचान से निर्मित इनके 'अहम्' का स्वरूप हमारे सामने है। इनके इस 'अहम्' पर यदि किसी ने चोट पहुँचाने की कोशिश भी की तो इनके उपदेशों की पोल खुल जाती है।

'मैं' और 'अहम्' में भेद

'मैं' और 'अहम्' का भेद देखिए। 'मैं' के स्वरूप में 'अहम्' के विभिन्न रूपों की ओर ध्यान देना है—'मैं', अर्थात् 'स्व' का भाव, अर्थात् स्वयं के होने का भाव, जब इस पर विभिन्न उपाधियों की परतें चढ़ने लगती हैं, इसे अलंकृत किया जाने लगता है तो 'अहम्' का स्वरूप निर्मित होने लगता है। 'स्व' और 'अहम्' में अंतर है। 'स्व' के भाव में सिर्फ मेरे होने का आभास प्रकट हो रहा है और 'अहम्' के भाव में मेरे होने के भाव में अनेक बाहरी परिस्थितियाँ जुड़ी हुई हैं, जिसने मेरे 'स्व' के भाव को विभिन्न प्रकार के अलंकाररूपी वस्त्रों को पहना दिया है और मेरे 'मैं' को महिमामंडित कर दिया है और यहीं से 'अहम्' का मुझसे एक पृथक् स्वरूप निर्मित हो गया है, जिसे मैंने बड़ी तन्मयता से अंगीकार कर लिया है। 'अहम्' के भाव में अनेक बाहरी पहचानों और परिस्थितियों की मिलावट है। 'मैं' के भाव में एकवचन का रूप है और 'अहम्' के भाव में 'हम' शब्द जुड़ा है और इसी से स्पष्ट है कि 'अहम्' के साथ अनेक बाहरी परिस्थितियाँ जुड़ी हैं। मैं और मेरे साथ मेरी अनेकों-अनेक बाहरी पहचानों से मेरे 'अहम्' का स्वरूप निर्मित हुआ है। मेरा ज्ञान, मेरा स्तर, मेरा ओहदा, मेरा रूप, मेरी प्रतिष्ठा, मेरा धन, मेरी दौलत, मेरी लोकप्रियता, मेरा रुतबा अथवा मेरा आतंक, मेरी अमीरी, मेरी गरीबी, जैसी अनेक बाहरी परिस्थितियों से ही निर्मित हुआ है, मेरा 'अहम्' रूपी महिमामंडित मुकुट, जिसे हम अप्रत्यक्ष रूप से अपने मस्तिष्क पर बाँधे हैं।

'अहम्' के विभिन्न स्वरूप

अहम् का तनिक विकृत रूप है 'अहंकार' अथवा अभिमान का। अहंकार, जैसा कि शब्दार्थ से ही प्रकट हो रहा है कि इस भाव में उग्रता है। अहंकार की दीवार एक पतले काँच की परत के समान होती है और इस पर थोड़ी सी भी चोट लगने पर अहंकारी व्यक्ति को ऐसा लगता है कि जैसे उस पर किसी ने हमला कर दिया हो, फिर वह अपने अहंकार की रक्षा व सुरक्षा और मजबूती प्रदान करने के लिए प्रतिपल प्रयासरत बना रहता है। अहंकार का दिखावा एक गुब्बारे के समान है, जिसके अंदर अहंकाररूपी हवा है और अंदर से खोखला है, सिर्फ ऊपर से एक बड़ा आकार बनाए हुए है। अहंकाररूपी गुब्बारे पर एक बारीक सुई भर चुभ जाए तो बस, गुब्बारा खत्म, फिर वह उस गुब्बारे का पंक्चर जोड़ता है और पुनः अहंकाररूपी हवा भरने लगता है। यह कितना कमजोर, कितना मिथ्यापूर्ण है! अहंकार के स्वरूप में खोखली अकड़ है और उसी का प्रदर्शन व्यक्ति जीवन भर करता रहता है। सच तो यह है कि अहंकारी व्यक्ति बड़ा ही भयभीत रहता है कि कहीं उसके अहंकार को खंडित करनेवाली कोई परिस्थिति निर्मित न हो जाए। सभ्यता की भाषा में लोग इसे 'स्वाभिमान' का नाम देने लगते हैं, परंतु अहंकार और स्वाभिमान, दोनों ही मौसेरे भाई हैं। ऐसा व्यक्ति अहंकाररूपी इंद्रधनुष की प्रतिस्पर्धा और सुरक्षा में संपूर्ण जीवन व्यतीत कर देता है। अहंकार 'अहम्' का विकृत और दुर्गंधित स्वरूप है। दुर्गंध से तात्पर्य यह है कि अहंकारी व्यक्ति को तो ऐसा प्रतीत होता है कि वह अपने अहंकार के माध्यम से सुगंध बिखेर रहा है, लेकिन वस्तुतः वह सभी ओर दुर्गंध-ही-दुर्गंध प्रसारित करता है। अहंकारी व्यक्ति स्वयं तो यह समझता है कि वह अपने इस व्यक्तित्व से बड़ा ही लोकप्रिय है, परंतु जब उसे अपने 'अहम्' को विलुप्त करना होता है तो इस हेतु उसे एक लंबा रास्ता तय करना पड़ता है। इसलिए अहंकारी व्यक्ति के लिए आध्यात्मिक साधना अथवा चिंतन का रास्ता किंचित् कठिन है, क्योंकि प्रथमतः तो उसे अपने अहंकार से विलग होना पड़ेगा और फिर शनैः-शनैः अहम् को विलुप्त करना होगा।

'मैं' के बाद निर्मित हुआ था अहम् और इसके पश्चात् निर्मित हुआ अहंकार और अब अहंकार का भी एक और विकृत स्वरूप है 'घमंड।' घमंड और अहंकार, कहने को तो एक-दूसरे के पर्यायवाची शब्द हैं, लेकिन घमंड का भावार्थ ऐसे समझें कि यह अहंकार से भी अधिक घिनौना व विकृत स्वरूप है। घमंड के भाव में स्वयं की सर्वोच्चता है एवं अन्य दूसरे को हेय एवं नीची दृष्टि से देखने का भाव है। यह अहंकार का अत्यंत नकारात्मक स्वरूप है। इस भाव में निरंतर हिंसक प्रवृत्ति रहती है और प्रत्येक परिस्थिति में दूसरों को नीचा दिखाने का प्रयास रहता है। घमंडी व्यक्ति से आध्यात्मिक विषय कोसों दूर है, लेकिन ऐसा भी नहीं है कि प्रयास करने पर एवं विषय का क्रमानुसार विश्लेषण करते हुए घमंड व अहंकार से परे नहीं हुआ जा सके।

अहम् का विश्लेषण

आइए, इसका विश्लेषण करें ! 'मैं' और 'मेरा स्टेटस' अर्थात् एक 'मैं' और दूसरा 'मेरा स्टेटस'। 'मैं' अंदर का भाव है एवं 'मेरा स्टेटस' बाहर का भाव है। स्टेटस से बना 'अहम्'। जहाँ 'मैं' के साथ बाहरी अनेकों-अनेक मुझसे जुड़ गए, वे सब 'अहम्' के निर्माणकर्ता हैं। 'मैं' और मेरे 'अहम्' के अंतर को समझने की कसौटी भी यही है कि 'मैं' के भाव में सिर्फ एकल भाव है और इसमें अन्य कोई दूसरा मेरे से नहीं जुड़ा है, जैसे ही मेरे 'मैं' के साथ बाहरी परिस्थितियाँ और अलंकार जुड़ते गए तो यह 'अहम्' का स्वरूप धारण कर लेता है। कभी-कभी स्वयं के द्वारा अर्जित पद, ज्ञान व शक्ति के कारण भी 'अहम्' और अहंकार का स्वरूप बन सकता है। शनैः-शनैः यह मजबूत होता जाता है। 'मैं' के साथ 'स्व' का भाव है, अर्थात् स्वयं के होने का भाव। इस 'स्व' पर से 'अहम्' के भाव को उतारना है, हटाना है और फिर चढ़ने नहीं देना है, लेकिन ध्यान करना होगा कि 'स्व', अर्थात् 'मैं' पर 'अहम्' चढ़ेगा तो अवश्य ही और चढ़े बिना रुकेगा भी नहीं, लेकिन समझना सिर्फ यह है कि इन दोनों में बार-बार अंतर भी करते रहना है कि यह मेरा 'मैं' है जिसके अंदर 'स्व' है और वह मेरा 'अहम्' है। बाहर की वस्तु को बाहर का समझो और स्वयं की वस्तु को स्वयं का समझो। आप 'स्व' में रहो और 'अहम्' को बाहर बना रहने दो, दोनों का मिलन नहीं होने दो, न तो 'अहम्' से प्रभावित रहो और न दूसरों को परेशान करो एवं न ही 'अहम्' के कारण से परेशानी में पड़ो। परेशानी तो तब हो जाती है, जब किन्हीं परिस्थितियों के कारण दूसरों के द्वारा किए गए महिमामंडित से निर्मित हुए अहम् को ही अपनी स्वयं की पहचान मान लेते हो। इसी का बोझ लिये हम समस्त जिंदगी ढोते रहते हैं।

अन्य बाहरी परिस्थितियों से हुई 'अहम्' की पहचान उधार की है, जैसा दूसरों ने बताया, हम वही हो गए हैं। मेरे कहने का तात्पर्य यह है कि किन्हीं कारणों से निर्मित हुई हमारी पहचान व अहम् निर्माण की परिस्थितियाँ बाहर से प्राप्त हुई हैं, दूसरों से प्राप्त हुई हैं, वे सब छद्म एवं अस्थायी अहंकार के कारक हैं। दूसरे कौन ? मुझसे जो भी विलग हैं, वे सभी दूसरे हैं। मेरा 'अहम्' मुझसे निर्मित नहीं हुआ, बल्कि वह भी तो दूसरों के द्वारा निर्मित कराया गया है और इस कारण जो 'अहम्' निर्मित हुआ है, वह उधार का है। उस उधार के 'अहम्' को हमने वास्तविकता और सत्यता के साथ स्थायी मानते हुए स्वीकार कर लिया है और उसी को अपनी पहचान बताते जाते हैं एवं उसी रास्ते पर चलते चले जाते हैं। 'मैं' रूपी 'अहम्' की पहचान दूसरों के द्वारा बाहर से निर्मित हुई है तो इसे बाहर ही रहने दो, इसे अपने अंदर समाहित न होने दो, इसे अंगीकार मत करो, इससे अलग रहो, इसे अपने से अलग समझो, क्योंकि इसको बाहर से बनाया गया है, बाहरी परिस्थितियों से बना है एवं दूसरों ने अपने-अपने नजरिए से और अपने-अपने

आकलन के अनुसार बनवाया है। ऐसी पहचान उधार की पहचान है और इस उधार की पहचान को अपनी पहचान समझने की भूल मत करो। इसे कामचलाऊ एक खुनखुना समझो। अपनी ऐसी उधार की पहचान को इस तरह विलग होकर देखना है जैसेकि हम किसी अन्य दूसरे की पहचान को देखते हैं। यहाँ भाव यह है कि हम अलग हैं और हमारी ऐसी अहम् की पहचान हमसे अलग है और इस परिस्थिति और भाव में पृथक्-पृथक् दो अस्तित्व को समझने का प्रयास करना है।

हमेशा यह ध्यान देते रहना है कि यह स्वयं 'मैं' हूँ और वह मेरा 'अहम्' है। स्व के भाव के अलावा सबकुछ बाहर का है और जो बाहर से प्राप्त हो रहा है, उसे बार-बार चिह्नित करते रहना है कि तुम बाहर के हो और मुझसे पृथक् हो तुम्हारा सृजन दूसरों ने किया, बाहरी परिस्थितियों ने किया और मेरे 'स्व' का सृजन परमात्मा ने किया। मेरा 'स्व' का भाव नैसर्गिक है, जबकि मेरे 'अहम्' का भाव कृत्रिम निर्मित है। कृत्रिमता को नैसर्गिकता पर हावी नहीं होने देना है। इतना ही अभ्यास करना है कि यहाँ 'मैं' खड़ा हूँ और वहाँ मेरा 'अहम्'। इसलिए अपने 'स्व' के भाव में रहने का अभ्यास करना है, अर्थात् अपने 'स्वभाव' में रहना है। 'स्व' के ऊपर 'अहम्' चढ़ रहा है तो इसे चढ़ते भी देखो और उतरते भी देखो, लेकिन 'स्व' को 'अहम्' में परिवर्तित मत होने दो। जहाँ हमारा 'स्व' हमारे 'अहम्' में परिवर्तित हुआ, वहीं हमारा 'स्वभाव,' अर्थात् स्व के भाव में रहने का अनुभव समाप्त हो जाएगा, अर्थात् स्वभाव का अभाव। अभाव का अर्थ है न होना, अर्थात् हीनता। जो होना चाहिए था और वह नहीं है, इसी को तो अभाव कहेंगे। स्वाभाविक रहने का अभाव, अर्थात् अस्वाभाविक और इसका तात्पर्य है, बनावटी होना। जहाँ स्वभाव का अभाव हुआ, वहीं 'अहम्' भाव निर्मित हुआ, लेकिन ध्यान रखना होगा कि परमात्मा 'स्व' के मंदिर में ही रहता है, वह 'अहम्' के महल में नहीं आएगा। अध्यात्म साधना भी 'स्व' की धारणा में ही हो सकेगी।

हम सभी अपने बहरूपियारूपी स्वरूप के कारण भ्रमजाल में फँसे हैं। वस्तुतः स्वयं के 'मैं' रूपी 'स्व' के भाव में ठहरने का प्रयास करना है, इसका अभ्यास करना है, सिर्फ एकल भाव में एकमात्र 'स्व' के घेरे में बने रहने का भाव बनाना है।

प्रतिदिन ध्यान में अपनी समस्त बाहरी परिस्थितियों से अलग होकर, उन्हें अलग छिटककर पृथक् होना है।

'अहम्' को विलुप्त करने के उपाय

अहंविहीन भाव में कैसे पहुँचें, इस हेतु ईमानदारी से अपने स्वयं का आकलन करना है। यहाँ यदि थोड़ा सा भी अपने 'स्वयं' के साथ न्याय नहीं किया तो धोखा खा सकते हैं। इस आकलन में कोई छल नहीं होना चाहिए। स्वयं को परखना है कि कौन

सी कोटि में हैं आप? क्या घमंड की कोटि में हैं? कितने अंशत: घमंड की कोटि में हैं? सबसे पहले अपने घमंड को पहचानने का कार्य करना है, इसे चिह्नित करना है। सामाजिक जीवन है और व्यवहारिक भी रहना है, व्यवसाय, व्यापार, मान, प्रतिष्ठा हेतु कोई छद्म स्वरूप तो बनाया ही होगा। यह मरे हुए शेर की खाल की बदबू के समान है। समझ लो, यह एक ऐसा काँटेवाला वृक्ष है, जो हमेशा कष्ट देनेवाला है। घमंडी व्यक्ति अन्य दूसरों को तो तकलीफ देता ही है, इसके साथ-साथ वह स्वयं भी हमेशा परेशान रहता है। घमंड एक बीमारी है। इसे नष्ट करने के लिए बार-बार स्वयं से प्रश्न करते रहिए कि क्या मैं घमंडी हूँ? जिसे नष्ट करना है, उसे पहचान भी तो लो। जिस दुश्मन को रास्ते से हटाना है तो उसके स्वरूप को भी जानना आवश्यक है। अभ्यास करने पर शनै:-शनै: हम अपने घमंड को चिह्नित कर लेंगे, उसे पहचान लेंगे। इसे तोड़ना है, स्वयं ही हटा दो एक झटके से। यह प्रक्रिया प्रतिदिन शांत बैठकर ध्यान की अवस्था में करनी है, फिर सामान्य व्यवहारिक जीवन में यह ध्यान रखना होगा कि कब-कब हमारा घमंड हमारे आड़े आ रहा है। यदि घमंड का थोड़ा सा भी अंश अपने ऊपर ओढ़ा हुआ है तो उसे उतार फेंकना है। घमंड को नष्ट करने के लिए यही एक सूत्र है कि उसे बार-बार चिह्नित करते जाओ। यह चिंतन करते रहिए कि 'यह मैं हूँ' और 'वह मेरा घमंड' है। इस अभ्यास से यह समझना है कि जो मुझे सहज व सरल नहीं होने देता है, इसी को नष्ट करना है। हम देखेंगे कि इस प्रकार के अभ्यास से घमंडरूपी बीमारी विलुप्त हो जाएगी।

ओहदे पर रहें या न रहें, ओहदा मिल जाए या छिन जाए, प्रत्येक परिस्थिति में 'मैं' का अस्तित्व तो रहेगा ही, लेकिन अपने स्व के 'मैं' पर बाहरी कारणों से अहम् और घमंड का परदा चढ़ने लगता है। किसी विशेष पद पर होने के कारण लाल, पीली, नीली सायरन बजाती गड़ियों में बैठकर चलने पर भी हमने लोगों में 'अहम्' का स्वरूप बनते देखा है। यदि हम थोड़े से भी आध्यात्मिक चिंतन की मानसिकता में हैं तो यह समझ सकते हैं कि हमारे मौलिक आत्मस्वरूप से प्रकट 'स्व' से निर्मित 'मैं' पर छद्म अहम् का परदा पड़ जाता है और हमारा स्वतंत्र अपने पैरों पर खड़ा 'स्व' का स्वरूप छिप जाता है एवं किन्हीं परिस्थितियों के कारण निर्मित अपनी छद्म अहम् की पहचान को ही हम सत्य व वास्तविक मान लेते हैं, बस यही सबसे बड़ा भ्रमजाल है। इससे भी थोड़ा आगे चिंतन करें तो यह स्पष्ट है कि मन के अंदर चल रहे प्रत्येक उतार-चढ़ाव, सुख, धन-दौलत, मान-प्रतिष्ठा, नौकरी-पद आदि के कारण भी हम अपने स्वरूप की पहचान मान लेते हैं, वह भी कुछ समय से कुछ समय तक का छद्म अहम् ही है और इनके छिनने के बाद भी हम अपने मनोबल को बनाए रखने के लिए अतीत के अस्तित्व की शेखी का बखान करने लगते हैं।

चलिए, अपने मन में एक प्रश्न करिए कि "मेरे धन, दौलत, पद से मेरी पहचान

है या मेरे कारण से मेरे धन, दौलत, पद को पहचाना जाता है? अर्थात् पहचानरूपी प्रकाश किसका किस पर पड़ रहा है? प्रधानता मेरी है या धन, दौलत, पद की? पहले इस पृथ्वी पर मैं आया या मेरा धन, दौलत, पद, मान-प्रतिष्ठा? इन प्रश्नों के जवाब से ही स्पष्ट हो जाएगा कि जिन कारणों से अहम्, अहंकार, घमंड आदि बना है, वह सब बाहर का है। निष्कर्ष यह है कि जिसका जितना बड़ा अहम्, अहंकार, अभिमान, घमंड है, आध्यात्मिक दृष्टिकोण से वह उतने स्तर का कंगाल, क्षणभंगुर, नीचे स्तर का व्यक्ति है, अब प्रश्न तो यह है कि हमें करना क्या है? हमें सिर्फ एक दृष्टा बनना है। त्रुटि यह होती है कि हम स्वयं पद, मान, प्रतिष्ठा, धन, संपत्ति आदि स्वयं को ही समझने लगते हैं, जबकि वास्तविकता तो यह है कि हमारे स्व से प्रकट हुआ हमारा 'मैं' एक प्रथक् अस्तित्व है और पद, मान, प्रतिष्ठा, धन, संपत्ति आदि उससे प्रथक् हैं। मन में भाव यह स्थापित करना है कि हमारे 'मैं' ने पद, मान-प्रतिष्ठा, धन-दौलत आते देखी और जाते देखी, लेकिन मेरे 'मैं' पर कोई प्रभाव नहीं रहा। इस तरह बाहर की परिस्थितियों को अपने 'मैं' के साथ नहीं जोड़ना है। जो बाहर के हैं, वो आते-जाते रहें और 'मैं' अपने 'स्व' के साथ स्वयं के 'होने' का आभास कर रहा हूँ।

आइए, अब आगे बढ़ते हैं, क्या अहंकार है? किस बात का अहंकार है? इसका स्वरूप किसने बनाया है? कल्पना करिए, यदि अहंकार नहीं होगा तो क्या आप 'आप' नहीं रहोगे? आप तो फिर भी रहोगे, जैसे थे, वैसे ही रहेंगे। चूँकि विषय अध्यात्म से जुड़ा है, इसलिए याद रखना होगा कि अहंकार की दुर्गंध फैलने से हम कतई लोकप्रिय नहीं हो रहे हैं। इसे ओढ़े रहना एक मृग मरीचिका के समान है। हमारे व्यवहारिक जीवन में भी इससे हानि ही होती है और लाभ कुछ भी नहीं। अहंकार की धारणा आध्यात्मिक चिंतन और परमात्मा की भक्ति में सबसे बड़ी बाधक है। इसके निर्माण में आपसे जुड़े कुछ स्वार्थी लोगों ने अपने स्वयं के मतलब के लिए इसे खूब सींचा है। उन्होंने अपना उल्लू सीधा करने के लिए आपकी खूब सच्ची-झूठी प्रशंसाएँ की हैं। उन्होंने आपको 'आप' से ही दूर कर दिया है और आप वास्तविकता से परे हो गए हैं। आपको इससे बाहर आना है और जैसे ही अहंकार से बाहर निकलकर आओगे तो स्वयं को बड़ा हलका पाओगे। जितना अधिक अहंकार है, उतनी ही असहजता है। सहजता, सरलता, निष्कपट और पारदर्शी भाव बनाए रखने से आत्म चेतना जागृत होती है। परमात्मा के मिलन में ऐसा भाव अत्यंत सहायक होगा। इस कारण 'अहम्' के उग्र व प्रदर्शनात्मक 'अहंकार' को समाप्त करना है। बार-बार स्वयं का आकलन करना है कि क्या अभी भी कहीं अहंकार तो नहीं है? अतः अपनी स्थिति को जानना आवश्यक है कि क्या मन के अंदर अभी भी अहंकार है? मैं हूँ, यह 'स्व' का भाव है, जहाँ सिर्फ अकेला 'मैं' हूँ का भाव है।

अहंविहीन भाव

अहंविहीन भाव होना ही ईश्वर के द्वार का प्रथम प्रवेश-पत्र है। ज्ञान और अध्यात्म की दृष्टि से देखें तो अहम् विहीन भाव का अनुभव शून्यता की ओर अग्रसर करता है। आत्म ज्ञान के लिए प्रथम बाधा अहम् की है।

अहंविहीन भाव क्या है? इसे स्पष्ट करने के लिए अहंवादी भाव को प्रथमतः समझना होगा। अहंविहीन भाव में रहने के लिए कुछ भी प्रयास नहीं करना है, बल्कि स्वयं के संदर्भ में जो मानसिकता अथवा अपनी छवि का निर्माण कर लिया है, उसे तोड़ना है। जिस तरह अपने घर में कहाँ-कहाँ कौन सी जगह कूड़ा-कचरा फैला पड़ा है, उसे समेटकर घर से बाहर निकालना है, ठीक इसी तरह अपने स्वयं के अंदर अहंरूपी कचरा भरा है, उसे पहचानकर प्रथमतः तो चिह्नित करना है और फिर बाहर निकालना है। सामान्यतया व्यवहारिक एवं आध्यात्मिक स्तर पर यह देखने में आता है कि हम अपने अंदर छोटे-बड़े अहम् के स्वरूपों को चिह्नित नहीं कर पाते हैं। इसी कारण हमारे अस्तित्व के साथ हमारे पहचानरूपी अहम् का भाव हमसे जाने-अनजाने चिपका रहता है।

हम एक ऐसी स्थिति की कल्पना करें कि जब हम यह दृढ़ता के साथ जान लें कि कुछ भी मेरा नहीं है, तब हम यह अनुभव कर सकेंगे कि 'अहम्' विलुप्त हो चुका है। मेरा पद, मेरा पैसा, मेरी धन, मेरा संपत्ति, मेरा नाम, मेरी ख्याति, मेरी ताकत, मेरा प्रदर्शन, मेरी सुंदरता, मेरा ज्ञान, मेरी इज्जत, मेरा परिवार, मेरा प्रभाव, मेरे रिश्ते, मेरा ज्ञान, मेरी भक्ति, मेरा मंदिर, मेरी शक्ति आदि अनेकों-अनेक 'मेरे' से जुड़े हैं। 'मैं' रूपी मूल बीज पर 'मेरा' रूपी वृक्ष की इतनी टहनियाँ उग आई हैं कि उसके कारण 'मैं' अकेला अनुभव नहीं हो पा रहा है। प्रत्येक ओर से 'मैं' को 'मेरे' ने घेर लिया है।

आइए, 'मैं' से जुड़े हुए 'मेरे' के संबंधों का विश्लेषण करें—सबसे पहले आपको अपना नाम मिला। यह नाम आपको किसने दिया? आपने तो स्वयं अपना नाम स्वयं को नहीं दिया है। किसी अन्य व्यक्ति ने आपको आपका नाम दिया है। इसके बाद धीरे-धीरे आपकी ख्याति, ताकत, प्रदर्शन, सुंदरता, ज्ञान, इज्जत, परिवार, अध्ययन, रिश्ते, भक्ति, मंदिर, संपत्ति, शक्ति आदि आपसे जुड़ते चले गए। जन्म के समय ये सब आप अपने साथ लेकर नहीं आए थे, बल्कि आपके उन कथित लोगों ने इनसे आपका संबंध बनवाया है, जिन्हें आप अपना 'मेरा' कहते हैं। जन्म-जन्म से ऐसा ही होता आ रहा है। मृत्यु उपरांत इन समस्त 'मेरे' की स्मृतियाँ नहीं रहती हैं और सबकुछ विस्मरण हो जाता है। हम यह समझ सकते हैं कि मृत्यु पश्चात् परमात्मा ने जिन 'मेरे' उक्त संबंधों को स्मरण रखने योग्य तक नहीं समझा, उन्हें हम वर्तमान में कितने विश्वास और दृढ़ता के साथ पकड़े रहते हैं। सच तो यह है कि इन समस्त संबंधों को, जो आपने अपने 'मेरे' मान लिये हैं, उनसे विलग होकर आप अपने को अनुभव नहीं कर पाते हैं, क्योंकि उसका

अभ्यास ही नहीं है। आप को डर लगता है कि यदि यह सब 'मेरे' से छिन गए तो मैं जीवित कैसे रहूँगा ? जब कि शाश्वत सत्य यह है कि यह सबकुछ न तो पहले था और न अभी है, न ही आगे साथ जाएगा। ये अस्थायी है, छूटना ही है। यहाँ तक कि मुझसे मेरा कथित शरीर भी छूट जाएगा। यही एकमात्र कारण है कि प्रत्येक को अपनी मौत से भय लगता है। भय लगता है इन सबके छिन जाने का और इसी कारण मौत डरावनी है। प्रत्येक जन्म में यह छूटता रहा है, अतः पार होना है इन सबसे हटकर। इन सबके छिनने के भय के कारण ही मौत का भय है अन्यथा मृत्यु से डरने का कोई प्रश्न ही नहीं उठता है। (मृत्यु की वास्तविकता के संदर्भ में अध्ययन हेतु लेखक की पुस्तक—'मृत्यु कैसे होती है ? फिर क्या होता है ?' प्रभात प्रकाशन, नई दिल्ली से प्रकाशित)

हम अपने 'मेरे' से इतने अधिक जुड़े हुए हैं कि इनके छूटने की कल्पना से भी भयभीत हो जाते हैं। अहम् से पृथक् होने का तात्पर्य यह कतई नहीं है कि इन समस्त संबंधों को छोड़कर साधु-संन्यासी हो जाना है, फिर तो उलटी चाबी घूम जाएगी, फिर तो ऐसा होगा कि साधु-संन्यासी बनने के बाद एक दूसरी पहचान और संबंध बन गया, विभूषित होने लगे, पहले नाम से पहचाने जाते थे और अब श्री श्री 108 या 1008 से पहचाने जाओगे। पहले अपने परिवार के पालन-पोषण में लगे थे और अब चेले-चेलियों के पालन-पोषण में लग जाओगे। पहले घर-परिवार की इज्जत और प्रतिष्ठा बढ़ाने में लगे थे और अब अपने आश्रम की प्रतिष्ठा। पहले अपनी संपत्ति और पैसा अर्जित करने में और बढ़ाने में लगे थे और अब आश्रम की आय और संपत्ति को बढ़ाने में लग गए। पहले अपने नाम की संपत्ति के मालिक थे और अब अपने आश्रम या ट्रस्ट पर मालिकत्व। फर्क कुछ भी नहीं पड़ा। यह तो सिर्फ वैसे ही हुआ, जैसे एक व्यापारी ने अपने व्यापार का क्षेत्र परिवर्तित कर लिया हो। इसलिए यदि अपनी पहचान और मेरेपन के भाव से पार होना है तो यह कतई आवश्यक नहीं है कि आप साधु-संन्यासी बन जाएँ। आवश्यक तो यह है कि अपने 'मैं' से समस्त अपने 'मेरे' को निरर्थक मानकर लगाव नहीं रखना है। इसी का अभ्यास करना है। जो बाहर का है, उसे बाहर ही रहने दो और जो अंदर है, उसका अनुभव करना है।

अपने स्वयं के बोध के लिए इस तरह समझने का प्रयास करते हैं कि हम इस पृथ्वी पर परमात्मा के चौकीदार अथवा मैनेजर अथवा एजेंट हैं। एक मैनेजर से ज्यादा हैसियत नहीं है। हम सिर्फ एक पद, पैसा, नाम, शोहरत, ताकत, प्रदर्शन, सुंदरता, ज्ञान, इज्जत, प्रतिष्ठा, संपत्ति, मठ, मंदिर आदि के चौकीदार मात्र हैं। इन सबके साथ अपनी आसक्ति नहीं होनी चाहिए। इनसे लगाव नहीं होना चाहिए। इनको क्षति पहुँचने पर अथवा इनके छिन जाने पर विलाप का भाव भी मन में नहीं आना चाहिए, क्योंकि हम तो सिर्फ इनकी देखरेख और मैनेजमेंट करने के लिए नियुक्त हुए हैं।

मेरे सामने प्रश्न यह है कि मैं क्या छोड़ूँ और क्या पकड़ूँ? मैं जिस परिस्थिति में रहूँ, जैसा रहूँ, उससे मेरे 'मैं' पर जब कोई भी प्रभाव नहीं पड़े, तभी मैं समझता हूँ कि मेरा 'मैं' किसी अस्थायी और छद्म 'अहम्' का पराधीन नहीं है।

स्वचिंतन : ***तुलना करने की आदत जितना सुख देती है, उतना ही दुःख देती है, जैसे—हम अमीर तभी हैं, क्योंकि हमारी तुलना में कोई गरीब है। इसी तरह हम गरीब तभी हैं, क्योंकि हमारी तुलना में कोई अमीर है। इसलिए यदि हमेशा आनंदित रहना है तो तुलना करने की आदत छोड़नी होगी। हम जैसे भी हैं, सर्वोत्तम हैं। आप जैसे भी हैं, सर्वोत्तम हैं।***

□

23

जीवन में मन की भूमिका

क्या हमने कभी यह ध्यान दिया है कि हम अपने मन के नियंत्रण में हैं या मन हमारे नियंत्रण में? क्या कभी यह सोचा है कि हम मन के दास हैं या मन हमारा दास है? प्रश्न यह भी है कि हम मन से संचालित हैं या हमसे मन संचालित है? ये ऐसे गूढ़ प्रश्न हैं, जिन पर गंभीरता से चिंतन करना चाहिए, लेकिन यह सुनिश्चित है कि 'मैं' अलग हूँ और मेरा मन मुझसे अलग है। मैं मन नहीं हूँ, जैसा कि पूर्व में कह चुका हूँ कि हम प्रत्येक क्षण प्रत्येक विषय पर 'स्वयं' के साथ चर्चा करते रहते हैं। अमुक कार्य करें या न करें? अमुक व्यक्ति से मिलें या नहीं? अमुक व्यक्ति से अमुक चर्चा की जाए या नहीं? क्या कभी ध्यान दिया है कि किसके साथ होती है, यह हमारी चर्चा? एक ओर 'मैं' हूँ और दूसरी ओर मन है। (संदर्भ हेतु कृपया पढ़ें विषय 'मैं कौन हूँ') इसमें कोई संशय नहीं है, बल्कि यह शाश्वत सत्य है कि एक ओर 'मैं' आत्मस्वरूप हूँ और दूसरी ओर मेरा मन है। मैं विवेकशील हूँ, न्यायपूर्ण हूँ, लेकिन मेरा मन पूर्वग्रह से प्रेरित रहता है। मैं शांत हूँ और शांत रहना चाहता हूँ, लेकिन मन चंचल है। मैं दूरदर्शी होकर निर्णय लेता हूँ, लेकिन मेरा मन तात्कालिक लाभ देखता है। मुझमें व मेरे मन में अनेक बार संघर्ष होता है और कभी मैं जीतता हूँ या कभी मेरा मन जीतता है। यह जीत-हार का सिलसिला इस पर निर्भर करता है कि मेरा मन मुझ पर भारी है या मैं अपने मन पर भारी हूँ।

इसको ऐसे समझें कि सुबह-सुबह मैं व्यायाम करता हूँ, अब मन ने कहा, "आज व्यायाम नहीं करते हैं, आलस्य आ रहा है", मेरे समक्ष मेरा मन विभिन्न प्रकार की दलीलें प्रस्तुत करेगा, जैसे—रात नींद कम आई, कल ज्यादा काम किया था, अतः थका हूँ, प्रतिदिन तो व्यायाम करता हूँ, आज का दिन खाली रखते हैं। यहीं से मुझमें व मेरे मन में संघर्ष प्रारंभ हो गया। इस स्थिति में मेरे समक्ष चुनौती है और यह सुनिश्चित होना है कि मुझ पर मन हावी है या मैं मन पर हावी हूँ? मैंने सख्ती बरतते हुए मन को परास्त किया और सोचते हुए व्यायाम करने लगा कि नियमित अभ्यास नहीं तोड़ना चाहिए। प्रत्येक

व्यक्ति यदि इस प्रकार का अभ्यास करने लगे कि वह अपने मन की अनौचित्य बातों को स्वीकार नहीं करेगा, तब शनैः-शनैः मन अपने नियंत्रण में होने लगेगा। मन में कामनाएँ उत्पन्न होती हैं, लेकिन हमें उन कामनाओं के वशीभूत नहीं होना है, अतः प्रयास करना चाहिए, अभ्यास करना चाहिए कि छोटी-बड़ी बातों के माध्यम से हम अपने मन की अनौचित्य बातों को स्वीकार नहीं करेंगे और उसे पराजित करेंगे। इसका परिणाम यह होगा कि मन हमारे नियंत्रण में रहने की आदत बना लेगा। जिस प्रकार किसी आतिथेय के यहाँ परिवार सहित जाने पर छोटा बालक बार-बार मिठाई या चॉकलेट खाने की हठ करता है, तब प्रथमतः तो उसे समझाया-बुझाया जाता है और ज्यादा जिद करने पर उसे सख्ती से मना किया जाता है, तत्पश्चात् उसकी आदत में सुधार आ जाता है। यही स्थिति मन की है और मेरे 'मन' में सुधार आ सकता है।

अनेक बार बुद्धिपूर्वक विश्लेषण करते हुए एक ओर तो यह विचार आता है कि अमुक कार्य उचित नहीं है, इसे नहीं करना चाहिए, फिर भी अनुचित कार्य होते हुए भी मन का वेग उस कार्य को कर बैठता है। वस्तुतः मन की प्रवृत्ति एक आदत बनने की भी है। वह स्वतः ही आदत बन जाता है और आदत बनाना भी चाहता है। यहाँ ध्यान रखना होगा कि मैं अपने मन से पृथक् हूँ। मैं स्वयं अपने मन से बतियाता रहता हूँ। कभी-कभी ऐसा भी होता है कि मैं अपने मन का दास बन गया हूँ, जब कि होना यह चाहिए कि मन मेरा दास बनकर रहे। मैं स्वयं अपने मन के क्रिया-कलापों को भी देखता हूँ। मन पर मेरा नियंत्रण रहे, इस हेतु निरंतर अभ्यास करना होगा। यह अभ्यास करना होगा कि मैं अपने मन के नियंत्रण में न रहूँ, बल्कि मेरे नियंत्रण में ही मेरा मन रहे। कल्पना करिए कि मन बेलगाम घोड़ा है। साधारणतः घोड़े पर बैठकर लगाम थामकर घुड़सवार यात्रा करता है। कभी भी ऐसा नहीं होता है कि कोई व्यक्ति अपने ऊपर घोड़े को लादकर दौड़ लगाता हो, लेकिन हो यही रहा है। मनरूपी घोड़ा हमारे ऊपर लदा बैठा है और हमारे नथुनों में से होकर निकली लगाम को थामकर वह हमें हाँक रहा है, जब भी और जैसे भी हम अपने मनरूपी घोड़े पर बैठकर अपने हाथों में उसकी लगाम थाम लेंगे, बस उसी समय से हमारा मनरूपी घोड़ा हमारे नियंत्रण में होने लगेगा, यद्यपि यह कदाचित् कठिन है, लेकिन असंभव नहीं है, सिर्फ अभ्यास करने पर ही संभव हो सकेगा।

कभी-कभी हमने यह अनुभव किया होगा कि किसी विषय-विशेष पर हम सोचना और अपने मन को ले जाना पसंद नहीं करते हैं, लेकिन फिर भी बार-बार हमारा मन उस तरफ चला जाता है। उस विषय-विशेष के संदर्भ में बार-बार सोचने की आदत में परिवर्तन करने से ही मन पर प्रतिबंध लग सकता है अथवा यह कहें कि मन की आदत में सुधार आ सकता है। कल्पना करें कि हमें रसगुल्ला खाने के लिए मना किया गया है और रसगुल्ला खाना हमारी सेहत के लिए उचित नहीं है, फिर भी मन नहीं मानता है

और खा लेते हैं। मन की इसी आदत को कामेच्छा अथवा उससे संबंधित कुविचार से जोड़कर देखते हैं तो आध्यात्मिक ध्यान-साधना में भी मन की यह प्रवृत्ति विघ्न उत्पन्न करती प्रतीत होती होगी, फिर हमें शिकायत होती है कि ध्यान-साधना में मन नहीं लगता है अथवा हमारी आध्यात्मिक साधना के समय अश्लील विषय की ओर मन का जाना बाधक बन रहा है।

अब प्रश्न यह उठता है कि जो लोग भक्ति और अध्यात्म के क्षेत्र में हैं और अपने जीवन के नित्यक्रम में कामेच्छा और कामनाओं के कारण हो रहे व्यवधान से परेशान हैं, तब ऐसी स्थिति में उससे कैसे बचें? बड़े-बड़े साधु, संत, मठाधीशों के समक्ष कामेच्छा और उसकी पूर्ति एक समस्या है। परेशान वे भी रहते हैं और वे यह भी समझते हैं कि संपूर्ण मानव जीवन का अंतिम उद्द्देश्य मोक्ष प्राप्त करना है, परंतु भक्ति और अध्यात्म के साधकों को कामेच्छा सताती रहती है। स्वामी गोकुलानंद की पुस्तक 'मानसिक तनाव से मुक्ति के उपाय' में उन्होंने उल्लेख किया है कि स्वामी हरि महाराज तुरीयानंदजी ने पूर्णरूपेण मठवासी संन्यासी का जीवन व्यतीत किया था। वह दक्षिणेश्वर काली मंदिर में परमहंस श्री रामकृष्णजी का निकट सत्संग करने आते रहते थे। वह भारी मानसिक तनाव की स्थिति में थे और उनमें एक महान् गुण संन्यासी के रूप में यह भी था कि वह स्पष्टवादी एवं भेदभावरहित थे। उन्होंने परमहंस श्री रामकृष्णजी का शिष्यत्व ग्रहण तो कर लिया था, लेकिन वह मानसिक तनाव से मुक्त नहीं हुए थे। उन्हें देह-सुख की वृत्ति का वेग सताता रहता था। वह मोक्ष, अर्थात् परमात्मा प्राप्ति के लक्ष्य से प्रेरित थे, लेकिन अंतर्द्वंद्व उन्हें पथ से पृथक् कर रहा था। कामुकता के विचार उनके मस्तिष्क को प्रताड़ित कर रहे थे और देह-सुख उनकी आत्मा पर हावी हो रहा था। वह किंकर्तव्यविमूढ़ की भाँति यह नहीं समझ पा रहे थे कि करें तो क्या करें? उन्होंने एक बार स्वामी रामकृष्णजी से भावनाओं को बिना छुपाए अपनी व्यथा को उजागर कर डाला और खुलकर अपनी समस्या प्रस्तुत करते हुए उनसे विनम्रतापूर्वक पूछा कि "मैं कामुकता से किस प्रकार मुक्त हो सकूँगा?"

शिष्य की समस्या सुनकर परमहंस श्री रामकृष्णजी ने उत्तर दिया, "कामेच्छा स्वतः नहीं जाती है, बेहतर होगा इसकी दिशा बदल दो," अत्यंत अल्प शब्दों में श्री रामकृष्णजी ने बहुत सार्थक जवाब दे दिया। परमहंस श्री रामकृष्णजी ने अपने विवाह के पश्चात् अपनी पत्नी को प्रथम संबोधन 'माँ' के नाम से किया था, तब उनकी पत्नी ने भी जवाब दिया था कि अब वह 'माँ' बनकर ही रहेगी और परमहंस श्री रामकृष्णजी के संपूर्ण जीवन में उनकी पत्नी ने एक माँ के रूप में ही अपनी भूमिका का निर्वाह किया। उनके इस संदेश को समझना होगा कि अपनी इस इच्छा की दिशा में परिवर्तन करना होगा और यदि भक्ति-भाव में हो तो इसकी दिशा ईश्वर-भक्ति की ओर करनी होगी।

मीराबाई, सूरदास, रामचरितमानस के रचयिता गोस्वामी तुलसीदासजी और अनेकानेक हैं, जिन्होंने अपने मन की दिशा बदल दी। उनके संदर्भ में हम कह सकते हैं कि उन्हें मोक्ष प्राप्त हो चुका होगा।

सामान्यत: हम देखते हैं कि कुछ पुरुष और महिलाओं में सामान्य से अधिक कामेच्छा रहती है, जो एक बीमारी का स्वरूप ले लेती है। ऐसे लोग मानसिक रूप से उसी दिशा में सोचते रहते हैं और कामेच्छा की बीमारी से ग्रसित रहते हैं। अंग्रेजी में इस बीमारी को सेटिरियसिसि कहते हैं।

मूलत: प्रश्न भी यह था कि आध्यात्मिक साधना में कामेच्छा विघ्न उत्पन्न करती है, जैसे ही ध्यान, ईश्वर स्मरण में बैठते हैं तो नहीं चाहते हुए भी मन की दिशा अश्लीलता और नारी शरीर के विशेष अंगों की ओर चली जाती है। यह कहना कतई सही नहीं है कि ध्यान-साधना के समय नहीं चाहते हुए भी मन की दिशा अश्लीलता और नारी शरीर के विशेष अंगों की ओर चली जाती है। नहीं चाहते हुए से क्या मतलब है, किसी विषय-विशेष की ओर इच्छा है, चाहत है, तभी तो मन की दिशा का रुझान उस ओर है। वस्तुत: प्रत्येक व्यक्ति में उसका अवचेतन मन भी होता है। अवचेतन मन में इच्छाएँ दबी रहती हैं, नष्ट नहीं होती हैं। अवचेतन मन से दबी हुई इच्छाएँ उस समय उभरकर आ जाती हैं, जब व्यक्ति शांत अवस्था में होता है। इसे एक उदाहरण से समझते हैं कि हमने यह अनुभव किया होगा कि शरीर में कोई छोटी-मोटी साधारण खरोंच जैसी चोट होने पर दिन भर अपने काम में व्यस्त रहने के कारण हमारा ध्यान उस पर नहीं जाता है या हमें उसकी पीड़ा का पता ही नहीं लगता है, लेकिन जब हम शांत होकर नींद लेने हेतु बिस्तर पर लेटते हैं तो नींद के समय वह साधारण सी चोट हमें दस्तक देती है और नींद में बाधा उत्पन्न होती है। उसकी पीड़ा का आभास होता है। यही स्थिति ध्यान-साधना में जब हमारा मन शांत होता है तो अवचेतन मन में दबी हुई इच्छाएँ प्रस्फुटित होने लगती हैं, अत: मन की इसी दिशा को परिवर्तित करना है और यह सिर्फ अभ्यास पर ही निर्भर करता है।

क्या हमने कभी यह अनुभव किया है कि न चाहते हुए भी हमारा मन किसी नारी के स्वरूप को देखने हेतु आतुर हो जाता है। राह में सुंदर महिला को पीछे मुड़कर देखने की आदत बन जाती है। यह इसलिए होता है कि मन की ऐसी आदत बन गई है और यह आदत तब कतई बंद हो जाएगी, जब दृढ़तापूर्वक यह तय कर लें कि ऐसा नहीं करना है। वस्तुत: हम जिस प्रकार के अवांछित विषयों पर ध्यान देंगे, उन्हें सुनेंगे, उन्हें पढ़ेंगे, उन्हें देखेंगे, उन पर चर्चा करेंगे और उन पर सोचेंगे तो परिणाम यह होगा कि हमारा मन उस दिशा में जाएगा और हमारी आध्यात्मिक साधना के समय बाधक बनेगा। जिससे हमें खिन्नता होने लगती है और अपने स्वयं पर खीज आने लगती है, जैसा कि मैं कह

चुका हूँ कि मन अपनी आदत का वशीभूत है और उसके आदत बनने की छूट हमने ही तो दे रखी है।

क्या हमने कभी इस विषय पर ध्यान दिया है कि बलात्कार, अवैध संबंधों के बार-बार समाचार प्रसारित होने पर मन नारी के उस स्वरूप और उसके विशेष अंगों की ओर चला जाता है, जहाँ मन को नहीं जाना चाहिए। क्या कारण है कि ज्यों-ज्यों बलात्कार की घटनाओं के समाचार प्रसारित होते हैं, त्यों-त्यों वैसी ही घटनाएँ बढ़ने लगती हैं? इसका कारण यही है कि बलात्कार की जघन्य आपराधिक व अमानवीय घटना के विषय पर मनुष्य का ध्यान कम रहता है और उसके कृत्य व नारी के स्वरूप की ओर मन चला जाता है। प्रश्न यह है कि किसी फिल्म में बलात्कार का सीन आने पर क्या दर्शक अपनी आँखें बंद कर लेते हैं? प्रश्न यह भी है कि ऐसे सीन देखने के और ऐसे प्रसंग उत्सुकतापूर्वक जानने के पीछे कामेच्छा जागृत करना है? अत: यह कहना तो उचित नहीं होगा कि ऐसे प्रसंगों के प्रति रुचि नहीं होते हुए भी मन उस दिशा में चला जाता है। जिसका परिणाम यह होता है कि मन दूषित होता रहता है। बार-बार ऐसे समाचारों के प्रसारित होने पर समाज में दूषित वातावरण का निर्माण भी होता है। ऐसी घटनाओं के संदर्भ में मनमोहक कहानियों के पढ़ने व सुनने पर मन की प्रवृत्ति उसी दिशा में दिनोंदिन बढ़ने लगती है। ध्यान रखना होगा कि जब तक हम किसी बीमारी की जड़ तक नहीं पहुँचेंगे, तब तक बीमारी का इलाज नहीं हो पाएगा। इसी प्रकार जब तक हम अपने मन की उस विषय-विशेष की ओर जाने की प्रवृत्ति का कारण नहीं खोजेंगे, तब तक मन की दिशा में परिवर्तन नहीं हो पाएगा।

भौतिक वस्तुओं की प्राप्ति हेतु कामनाएँ होना और शरीर में कामेच्छा का उत्पन्न होना भी स्वाभाविक है, इसे बुरा नहीं मानना चाहिए और न ही अपराधबोध से ग्रसित होना चाहिए। अधिकांश ऋषि, मुनि की पत्नियाँ थीं, लेकिन इसका तात्पर्य यह कतई नहीं होगा कि कामेच्छा की पूर्ति हेतु व्यक्ति व्यभिचारी हो जाए। ध्यान यह भी रखना होगा कि चाहे अर्थार्जन की पूर्ति करनी हो अथवा कामनाओं व कामेच्छा की पूर्ति करनी हो, नियंत्रित होकर ही, धार्मिकता के गुणों के माध्यम से ही पूर्ति करनी चाहिए। जिस तरह पेट खाली होने पर भूख लगती है, उसी तरह कामेच्छा भी अपनी पूर्ति चाहती है। मानव जीवन का अंतिम लक्ष्य, मोक्ष की स्थिति में पहुँचना है।

इसलिए आध्यात्मिक साधना में हमें मन की दिशा को परिवर्तित करने के लिए अपने मन की आदत को समझना होगा और परिवर्तित भी करना होगा। पवित्रता और अपवित्रता का भेद जानना होगा। अपने मन को अपवित्रता की ओर जाने पर तत्काल उसे परिवर्तित करना होगा। मनन और चिंतन में दृढ़ता लानी होगी। जिस तरह कभी हम यह सोच लेते हैं कि अमुक व्यक्ति से हमें चर्चा नहीं करनी है अथवा उससे मिलना नहीं

है तो हम कार्यरूप में भी अपने उस निश्चय पर दृढ़ बने रहते हैं। बस, इसी प्रकार हमें अपने मन के साथ भी दृढ़ता व सख्ती बरतनी होगी। ध्यानावस्था में मन की दिशा को परिवर्तित करना होगा। दूषित व अवांछित विषय पर मन को जाने से रोकना होगा। शनैः-शनैः मन की आदत ऐसी बन जाएगी कि उस दूषित विषय पर वह स्वयं ही नहीं जाएगा। ऐसा अभ्यास न सिर्फ आध्यात्मिक क्षेत्र में ध्यानावस्था के समय लाभप्रद होगा, बल्कि जीवन के अनेक व्यवहारिक क्षेत्र में भी सफलता दायक व हमें अपने आचरण, सत्कर्म, सदाचरण में भी सहयोगी रहेगा।

समस्याओं के निदान में मन की भूमिका

एक उद्देश्यपूर्ण जीवन के लिए यह आवश्यक है कि मस्तिष्क को प्रशिक्षित किया जाना चाहिए। जिसने भी अपने मन को प्रशिक्षित करके उसे नियंत्रण करने का सूत्र जान लिया, वह व्यक्ति कभी भी समस्याग्रस्त नहीं रहेगा और यदि कोई समस्या आती भी है तो वह अपने मन को शांत रख सकेगा। मन की स्वस्थता व शांति ही संतुलित जीवन का आधार है। अनुपयोगी वार्त्तालाप, निरर्थक विवाद, उद्देश्यहीन कार्य, दोष मढ़ने की प्रवृत्ति, चुगलखोरी, आलस्यपूर्ण विचार, हमारी मानसिक शक्तियों को क्षीण कर देते हैं। किसी भी समस्या के कारण तनावमुक्त रहते हुए हम अपने परिवार के वातावरण को शांतिपूर्ण बना सकते हैं, परंतु इसके विपरीत स्वयं तनावग्रस्त रहते हुए अशांति का माहौल भी बन सकता है। प्रश्न तो यह है कि किसी समस्या के कारण हम तनाव से कैसे बचें?

इस विषय पर विचार करते समय मुझे स्वामी गोकुलानंद की पुस्तक, 'मानसिक तनाव से मुक्ति के उपाय' (प्रकाशित—रामकृष्ण मठ, रामकृष्ण आश्रम मार्ग, धंतोली, नागपुर) में दिए उद्धरण का उल्लेख करना होगा। स्नायविक तनाव गृहस्थों तक ही सीमित नहीं होता है, बल्कि यह संन्यासियों एवं ब्रह्मचारियों में भी हो सकता है। एक बार एक ब्रह्मचारी एक वरिष्ठ संन्यासी के पास गया और बोला, "महाराज! मैं घोर मानसिक अवसादग्रस्त हूँ," संन्यासी पूर्णतया शंकरवादी एवं दृढ़ अद्वैतवादी थे। उन्होंने ब्रह्मचारी से कहा, "ओह! तुम मानसिक अवसादग्रस्त हो? अच्छा बताओ, क्या तुम मन हो? क्या तुम देह हो? अथवा नित्य आत्मा हो?" आध्यात्मिक चिंतन के माध्यम से शरीर-भाव से परे होकर ब्रह्मचारी को अपनी समस्या का उत्तर व हल मिल गया। इस प्रकार जब हम यह अनुभव करते हैं कि मैं तो आत्मा हूँ, मैं देह नहीं हूँ, मैं मन नहीं हूँ, मैं इंद्रियाँ नहीं हूँ, तब फिर कोई समस्या नहीं है। क्यों सभी समस्याएँ मन और शरीर से ही जुड़ी हैं, जब तक हमारा बोध खंडित रहेगा तथा हम देह और मन को सत्य समझते रहेंगे, तब तक हम कष्ट में रहेंगे।

स्वामी गोकुलानंदजी की उक्त पुस्तक में उल्लेख है कि भगवान् पतंजलि के

अनुसार मन की निम्नांकित पाँच स्थितियाँ होती हैं व ऐसा ही मत स्वामी विवेकानंदजी का है—

1. जब मन किसी समस्या के कारण तनाव और भावनात्मक अंतर्द्वंद्व व चिंताओं से व्यग्र होता है, मन की इस स्थिति को 'क्षिप्त' (अतिअशांत) अवस्था कहते हैं। इस स्थिति में मन रजोगुण के आधीन होकर निरंतर कार्य में लगा रहता है। इस अवस्था में अधिकांश लोग अपनी मूल्यवान शक्ति को बिखेर देते हैं।
2. जब तनाव के कारण मन में निष्क्रियता व जड़त्व प्रकट हो जाए तो इस स्थिति को 'मूढ़' अवस्था कहते हैं। इस अवस्था में मन, तमोगुण के प्रभाव में रहता है और काम, क्रोध आदि वासनाओं की ओर रहता है। मूढ़ स्थिति में अच्छी अथवा बुरी कोई प्रतिक्रिया नहीं करते हैं एवं तनाव के आधीन मन पत्थर के समान जड़ हो जाता है, अतः हमें ऊर्जा एकत्रित करते हुए अपना ध्यान दिव्य स्वरूप पर एकत्रित व केंद्रित करना चाहिए।
3. जब मन आंशिक रूप से कभी-कभी ध्यानस्थ होता है, अर्थात् समस्याग्रस्त होकर अपनी ही समस्या के निदान के उपाय तलाशता है और शांत बना रहता है, तो इसे 'विक्षिप्त' अवस्था कहा जाता है। मन अपने स्वयं पर केंद्रित करके 'विक्षिप्त' अवस्था में लाना चाहिए।
4. जब मन अपने कार्य में गहन रुचि रखने लगे, अध्ययनशील रहने लगे, चित्रकार अपनी चित्रकारी में, संगीतज्ञ अपनी संगीत साधना में, मन की इस अवस्था को 'एकाग्रता' कहा गया है। मन को एकाग्र करने का निरंतर प्रयास होना चाहिए। यह ध्यान (मेडीटेशन) से संभव है, अतः प्रतिदिन ध्यान में बैठनेवाला व्यक्ति सफल होता है। उसका मन स्थिर हो जाता है और दिशाहीन भटकना बंद हो जाता है।
5. मन की पाँचवीं स्थिति है 'निरुद्ध'। यह समाधि जैसी स्थिति होती है और इसे बिरले ही प्राप्त कर पाते हैं, अंत में मन शनैः-शनैः 'निरुद्ध' की स्थिति में पहुँचता है।

मन की पाँच अवस्थाओं के लिए पहले तो हमें यह विश्लेषण करना चाहिए कि मेरी अवस्था 'क्षिप्त' है या 'मूढ़' की? यादि 'क्षिप्त' अवस्था है तो कभी सफल नहीं हो सकूँगा और तनाव उत्पन्न होता रहेगा। 'मूढ़' अवस्था में जड़त्व की स्थिति रहेगी, अर्थात् मन निष्क्रिय हो चुका है, परंतु यदि मैं 'विक्षिप्त' अवस्था में हूँ तो सफल होने की संभावना रहेगी। ध्यान यह रखना चाहिए कि मन को 'विक्षिप्त' अवस्था से आगे 'एकाग्र' अवस्था में बढ़ाना है। आगे की अवस्था है, 'एकाग्र चिंतन'। मन की 'एकाग्र चिंतन' अवस्था में ही तनाव से मुक्ति मिल सकती है। जो व्यक्ति अपने जीवन में सकारात्मक है,

भक्ति, ज्ञान और अध्यात्म में उसकी रुचि है एवं जो ध्यानस्थ होते रहते हैं, तब वे आनंद की अनुभूति करते हैं।

आमतौर पर हम देखते हैं कि कुछ व्यक्ति ऐसे भी होते हैं कि उनके समक्ष उत्पन्न हुई समस्या से वे अपना अंतरंग संबंध जोड़ लेते हैं, चिंतित रहते हैं, रात में नींद नहीं आती है और उसके परिणामस्वरूप उनका स्वास्थ्य बिगड़ने लगता है। किसी भी समस्या की तीव्रता को क्षीण करने के लिए, निदान करने के लिए, समस्याओं के तनाव से मुक्ति के लिए, शांतिपूर्ण जीवन के लिए, मन की उपरोक्त पाँच अवस्थाओं, क्षिप्त, मूढ़, विक्षिप्त, एकाग्र तथा निरुद्ध का दृष्टा-भाव से विश्लेषण करते हुए जीवन का आनंद लिया जाना चाहिए।

स्वचिंतन : ***कभी भी पति-पत्नी एक-दूसरे की आलोचना किसी अन्य से न करें। बेहतर है कि स्वयं को ही पढ़ें। स्वयं का स्वभाव, स्वयं की आदतों को समझना है, स्वयं का परीक्षण करना है। हो सकता है कि स्वयं में ही कमी निकले, जब दोनों ओर से ऐसा होगा, तो समस्या सुलझ सकती है। होता यह है कि प्रत्येक सामनेवाले की कमी देख रहा है, सामनेवाले को पढ़ रहा है। आवश्यकता है स्वयं को पढ़ने की। हमेशा खुशहाली रहेगी।***

□

24

परमात्मा को पाने के दो रास्ते

विषय प्रारंभ करने से पूर्व सबसे पहले परमात्मा के संदर्भ में यह जान लें कि वह कोई भौतिक वस्तु नहीं हैं, जिसे हम किसी इमारत में अथवा किसी घर के कमरे में अथवा किसी अलमारी में अथवा किसी मंदिर की चौखट तक सीमित कर सकें। परमात्मा कोई वस्तु नहीं हैं और न ही किसी के नियंत्रण में रहते हैं। परमात्मा किसी इनसान जैसे स्वरूप तक सीमित नहीं हैं और किसी के वश में भी नहीं रहते हैं। परमात्मा निर्विकार, निराकार, पवित्र, दयालु, नित्य, अभय, अनुपम, अनंत, अजन्मा, अजर, अनादि, अमर, न्यायकारी, सर्वव्यापक, सृष्टिकर्ता, सर्व-शक्तिमान, सच्चिदानंद हैं। वस्तुतः परमात्मा, अनुभव, आभास, आस्था एवं विश्वास का विषय हैं। वह सर्वव्यापी हैं, सब में हैं, सब जगह हैं। परमात्मा के अस्तित्व का सिर्फ आभास ही किया जा सकता है। ज्ञान एवं भक्ति के क्षेत्र में जो कुछ भी परोसा जा रहा है, वह परमात्मा के अस्तित्व का आभास करने के लिए ही है।

परमात्मा के अस्तित्व की चर्चा

जो परमात्मा के अस्तित्व को नकारते हैं, उनके लिए यही कहूँगा कि ऐसी कोई शक्ति अवश्य है, जो संपूर्ण ब्रह्मांड को संचालित कर रही है, उसके द्वारा जन्म और मृत्यु को नियंत्रित किया जा रहा है। प्राकृतिक सौंदर्य, बहते हुए झरने, गुरुत्वाकर्षण शक्ति, आसमान में प्रकट हुआ इंद्रधनुष, समुद्र किनारे सूर्योदय की प्राकृतिक छटा, सुंदर अभिव्यक्ति आदि दृश्य किसी मानव के नियंत्रण में नहीं हैं और मानव-निर्मित भी नहीं हैं। यह किसी मानवीय अथवा भौतिक यंत्रीय प्रयास से भी संभव नहीं है। परमात्मा के समक्ष किसी भी प्रकार का कोई भेदभाव नहीं है। वृक्ष का एक छोटा सा बीज जमीन में डालने पर वह विशाल वृक्ष का रूप धारण कर लेता है, मनुष्य शरीर में जन्म के समय यह शरीर, आयु के बढ़ने के साथ विकसित होकर अपना पूर्ण स्वरूप धारण कर लेता है। यही स्थिति समस्त प्राणियों में है। ये सब ईश्वर के अस्तित्व, उसकी शक्ति का

प्रमाण एवं चमत्कार नहीं हैं तो और क्या हैं? पृथ्वी पर निरोगी काया के लिए अनेक प्राकृतिक जड़ी-बूटियाँ परमात्मा ने उत्पन्न की हैं। शरीर के अंदर चल रही हृदय की धड़कन जन्म के साथ शरीर जीवन की अंतिम यात्रा तक निरंतर चल रही है और अपनी साँस का चलना ईश्वर के अस्तित्व और चमत्कार को ही प्रकट करता है। क्या कोई यह कह सकता है कि आजकल मैं साँस लेने का कार्य कर रहा हूँ या दिल धड़काने का कार्य कर रहा हूँ। साँस तो स्वत: चलती ही रहती है, दिल स्वत: धड़कता ही रहता है। इसके लिए पृथक् से कुछ करना नहीं पड़ता है। यही तो परमात्मा के अस्तित्व का आभास है। भूकंप आने से पूर्व पशु-पक्षियों को पूर्वाभास आदि अनेक चमत्कार परमात्मा के अस्तित्व को प्रकट करते हैं। कुत्तों में सूँघने की अपार क्षमता है और वे सिर्फ गंध के माध्यम से पहचान कर लेते हैं। ये सब मानवीय रचना से संभव नहीं है, बल्कि परमात्मा का उपहार है।

क्या इस ओर कभी ध्यान दिया है कि लाखों वर्षों से निरंतर हवा चल रही है, हवा को किसने बनाया? संपूर्ण विश्व में हवा की कितनी मात्रा है? जब से पृथ्वी का अस्तित्व है, तब से अब तक न तो हवा कम हुई है और न ही हवा की मात्रा में बढ़ोतरी हो रही है और यदि बढ़ोतरी हो रही है तो कौन कर रहा है? लाखों वर्षों से हवा का संतुलन यथावत् है। संपूर्ण प्राणी जगत् को साँस लेने के लिए हमेशा हवा उपलब्ध है। साँस के लिए हवा में ऑक्सीजन की मात्रा भी होनी आवश्यक है और इस हेतु प्रकृति में वृक्ष, पेड़, पौधे हैं, जो ऑक्सीजन का उत्सर्जन कर रहे हैं। कौन है इस सबके संतुलन का निर्माणकर्ता? क्या यह अदृश्य महाशक्ति के अस्तित्व का प्रमाण नहीं है? क्या इस चमत्कार की ओर हमने कभी ध्यान दिया है कि हमारे शरीर में प्रतिपल साँस के माध्यम से फेफड़े ऑक्सीजन ग्रहण करते हैं, फिर वह खून में प्रवाहित होती है, उससे हीमोग्लोबिन बढ़ता है, शरीर में ऑक्सीजन का स्तर संतुलित रहता है, तभी हम जीवित हैं। जन्म से लेकर मृत्यु तक निरंतर, अनवरत यह प्रक्रिया चलती रहती है। क्या कभी इस ओर ध्यान दिया है कि हमारे शरीर पर यदि कोई मच्छर या चींटी आ जाए या शरीर का एक रोम ही खिंचने लगे तो तत्काल ही हमें इसका आभास हो जाता है, परंतु भोजन करने के उपरांत निरंतर शरीर के द्वारा भोजन पचाया जा रहा है, उसे पीसा जा रहा है, एक तरह से पेट के अंदर चक्की चल रही है। चमत्कार यह देखिए कि एक ओर तो मच्छर, चींटी व रोम के खिंचने से हम प्रभावित हो रहे हैं और दूसरी ओर भोजन के पचने में कितना कुछ अंदर परिवर्तन हो रहा है, इसका हमें आभास ही नहीं होता। ईश्वर ने हमारे शरीर के निर्माण में कितना कुछ ध्यान रखा है। हमारा शरीर ही अपने आप में ईश्वर का प्रत्यक्ष प्रमाण है। प्रकृति के इन परिवर्तनों और चमत्कारों के द्वारा परमात्मा के अस्तित्व का आभास किया जा सकता है। परमात्मा प्रतिपल हमें निहार रहा है, वह एक क्षण के लिए भी हमसे विमुख नहीं है और

यदि उसका ध्यान हम पर से हट जाए तो शरीर से बाहर निकली हुई साँस को अंदर नहीं खींच पाएँगे, उसी क्षण हृदय की धड़कन बंद हो जाएगी।

फिर जो ये कहते हैं कि परमात्मा नहीं है अथवा परमात्मा नाम की ऐसी कोई शक्ति नहीं है और जो भौतिकवादी, जड़वादी हैं और परमात्मा के अस्तित्व व उसकी शक्ति को नकारते हैं तो उनसे मैं कहता हूँ कि मौत के बाद साँस लेकर दिखा दो, वृक्ष से टूटे पत्ते को फिर से जोड़कर दिखा दो अथवा स्वयं के नियंत्रण में पत्ते व पुष्प उत्पन्न कर दो, लेकिन नहीं, यह किसी के भी वश में नहीं है। जन्म और मृत्यु परमात्मा का चमत्कार है और इस विषय पर तथाकथित भौतिकवादी नास्तिक मौन हैं। भौतिकवादी, जड़वादी एवं वैज्ञानिक आत्मा के अस्तित्व में विश्वास नहीं करते हैं। वे तो शरीर को जीव-विज्ञान का विषय मानकर विषय को वहीं पर रोक देते हैं। वे चेतना और आत्मा को नहीं मानते हैं। इस कारण उन्हें आधुनिक कहलाने का विशेषण प्राप्त हो जाता है और आत्म-तत्त्व पर चर्चा करने को वे रूढ़िवादिता मानते हैं। उनके लिए प्रश्न यह है कि क्या वे किसी वस्तु में मन की विवेकशीलता को उत्पन्न कर सकते हैं? कंप्यूटर के युग में कंप्यूटर मशीन को हम उसकी स्वैच्छिक विवेकशीलता नहीं मान सकते। कंप्यूटर तो वह बोलेगा, जिसकी उसमें प्रोग्रामिंग कर दी गई है। कंप्यूटर को किसने बनाया है? मनुष्य ने अपनी बुद्धि की विशालता और विवेकशीलता से ही तो बनाया है। मन की विशालता वृहद् व असीमित है।

परमात्मा की सहृदयता एवं समानता का सबसे बड़ा गुण यही है कि यदि कोई नास्तिक भी है तो इस कारण से परमात्मा की कृपा पर कोई प्रभाव नहीं पड़ता है। परमात्मा की पूजा करो या नहीं करो, इससे भी परमात्मा पर कोई असर नहीं पड़ता है। ईश्वर है या नहीं, यह तर्क का विषय नहीं है, अनुभूति का विषय है। ईश्वर का आभास उसके स्मरण में है।

परमात्मा तक पहुँचने के दो साधन

1. भक्ति मार्ग
2. ज्ञान मार्ग।

इन दो के अलावा अन्य कोई रास्ता परमात्मा के अस्तित्व का आभास करने का नहीं है।

मेरी दृष्टि में भक्ति मार्ग के रास्ते को किसी भी प्रकार के प्रयास से प्राप्त नहीं किया जा सकता। मन, वचन व कर्म के साथ यदि अपने इष्टदेव के प्रति समर्पण व पूर्ण विश्वास है तो भक्ति भाव जागृत हो सकता है। भक्त बनना नहीं होता है, बल्कि भक्ति भाव तो ईश्वर प्रदत्त होता है। भक्ति भाव नैसर्गिक गुण है और यह हमारी भावना, भगवान्

के प्रति प्रेम, समर्पण व हमारे अंतर्निहित स्वभाव पर निर्भर है। भक्ति मार्ग में भगवान् के होने अथवा नहीं होने का संशय भी नहीं है। ज्ञान मार्ग का रास्ता हमारे वश व नियंत्रण में है और ज्ञान प्राप्त करने हेतु हम को अध्यात्म, ज्ञान, आत्म-तत्त्व का आभास, पुराण, शास्त्रों का अध्ययन करना होता है। ज्ञान मार्ग में समझना है कि 'मै कौन हूँ ?'

बुद्धि, तर्क, अहंकार, सांसारिक मोह-माया आदि भक्ति मार्ग में बाधक हैं और ज्ञान मार्ग में बुद्धिपूर्वक, तर्कपूर्वक मनन करना होता है, परंतु अहंकार, सांसारिक मोह-माया ज्ञान मार्ग में भी बाधक हैं।

भक्ति को अर्जित नहीं किया जा सकता, लेकिन ज्ञान को अर्जित किया जा सकता है।

भक्त को सिर्फ अपने आराध्य देव का ध्यान रहता है और उसी ओर पूर्ण समर्पण व प्रेम की भावना में लीन रहता है और तब ऐसा प्रेम उमड़ता है कि अश्रुधारा बहने लगे, लेकिन ज्ञानी को अहं दिखता है और वह उसी को आध्यात्मिक ज्ञान के माध्यम से विलुप्त करने का प्रयास करता रहता है और एवं आत्म-तत्त्व का आभास करता है।

भक्ति मार्ग में 'कर्ता-भाव नहीं है, भक्त ऐसा मानता है कि सबकुछ हमारे आराध्य देव की इच्छा से ही घटित हो रहा है, लेकिन ज्ञान मार्ग में कर्ता-भाव है, अहम् है और उसी को ज्ञानी सर्वप्रथम चिह्नित करता है एवं फिर उसे ज्ञान के माध्यम से मिटाने का प्रयास करता रहता है।

भक्त मौन रहता है और अपने आराध्य देव के प्रेम में उनके साकार स्वरूप को मानता है, भजन-कीर्तन करते हुए भगवान् की कथाएँ कहता है, लेकिन ज्ञानी वक्ता भी होता है, तर्क के माध्यम से द्वैत एवं अद्वैत का भेद बताता है, ईश्वर को निराकार मानता है और स्वयं संतुष्ट होता है व दूसरों को भी संतुष्ट करता है।

भक्त सिर्फ अपने आराध्य देव को पहचानता है, लेकिन ज्ञानी सबसे पहले स्वयं के आत्म-तत्त्व की पहचान करता है।

भक्त के लिए उसके आराध्य देव का एक साकार स्वरूप होना आवश्यक है, लेकिन ज्ञानी के लिए ईश्वर निराकार है, सर्वव्यापी है, सबमें है, स्वयं ज्ञानी के अंदर भी ईश्वर विराजमान है।

प्रत्येक व्यक्ति भक्त नहीं बन सकता, क्योंकि इसके लिए हृदय-स्थल पवित्र हो, मन में प्रेम भाव हो, समर्पण हो, निर्मल मन हो, निश्छल हो, निष्कपट हो और ये सभी गुण भक्त के प्रारब्ध से जुड़े रहते हैं, ईश्वर प्रदत्त होते हैं, लेकिन ज्ञानी व्यक्ति को अपने आध्यात्मिक ज्ञान के माध्यम से स्वयं के 'अहम्' को मिटाना होता है और जब 'अहम्' ही नहीं रहेगा तो प्रेम, ईर्ष्या, समर्पण, निर्मलता, निश्छलता, निष्कपटता, मोह-माया आदि का भाव ही समाप्त हो जाएगा।

भक्ति मार्ग में भक्त को परमात्मा का आमंत्रण है, भक्त की योग्यता के आधीन परमात्मा स्वयं आकर भक्त का दरवाजा खटखटाता है, लेकिन ज्ञान मार्ग में ज्ञानी ज्ञान के माध्यम से अपना रास्ता खोजते-खोजते परमतत्त्व परमात्मा का दरवाजा खटखटाता है।

भक्ति मार्ग, ज्ञान मार्ग

प्रत्येक व्यक्ति में यदि भक्त होने की सामर्थ्य होती तो आज सैकड़ों-हजारों मीराबाई होती, सैकड़ों-हजारों सूरदास और तुलसीदास होते, सैकड़ों-हजारों कबीर और रैदास होते, लेकिन नहीं, परमात्मा सबके दरवाजे पर स्वयं नहीं आते, वे विशेष आत्माएँ पृथ्वी पर आईं और भक्ति को चमत्कारित करके चली गईं। पूर्ण तन्मयता, समर्पण, शरणागत भक्तिमय होकर ही परमात्मा का अनुभव हो सकता है। केवल पढ़-लिखकर, शास्त्रों का ज्ञान अर्जित कर शास्त्री बनने मात्र से भक्ति नहीं हो जाती है। प्रश्न यह है कि भक्ति मार्ग अत्यंत कठिन है, अपने वश में नहीं है, किसे भक्त बनना है, इसका चयन परमात्मा ही करता है तो फिर हम क्या करें? हम देख रहे हैं कि परमात्मा के अनेक भक्त उसकी भक्ति में लीन हैं तो प्रश्न यह भी है कि क्या उन्हें हम भक्त नहीं मानेंगे? द्वितीय प्रश्न का जवाब प्रथमत: प्रस्तुत करना चाहूँगा।

यह भ्रम है कि जितने व्यक्ति भक्ति में लीन होना प्रदर्शित हो रहे हैं, वे सभी भक्त ही हैं। यह भ्रम उन तथाकथित लोगों को भी है, जो स्वयं को भक्त होना स्थापित करते हुए प्रदर्शनात्मक रूप व्यक्त करते हैं। भक्ति का दिखावा तो करना ही नहीं होता है और वास्तविक भक्त तो भक्त होने का प्रदर्शन भी नहीं करता है, परंतु भक्त की भक्ति छिपती भी नहीं है। भक्त की अनेक कोटियाँ होती हैं, पूर्ण समर्पित, अर्ध-समर्पित, अंशकालीन भक्त, पूर्णकालीन भक्त, अपने-अपने विभिन्न अंशों में भक्ति भाव में लीन हैं, लेकिन भक्ति को शरीर-जीवन में व्यापार का साधन नहीं बनाया जा सकता। उनके लिए धर्नाजन, सहानुभूति अर्जित करना साध्य है और भक्ति का प्रदर्शन करना साधन है। तथाकथित प्रदर्शनात्मक भक्त अपनी अनेक स्वार्थपूर्ति के लिए परमात्मा से प्रार्थना करते हैं और जब उनके कार्य पूर्ण हो जाते हैं तो यह प्रचारित करते हैं कि अमुक मंदिर या देवी-देवता से प्रार्थना करने पर उनकी मनोकामना पूर्ण हुई है, लेकिन यदि मनोकामना पूर्ण नहीं हुई तो ऐसे लोग फट से मंदिर बदल लेते हैं। ऐसे तथाकथित प्रदर्शनात्मक भक्तों ने परमात्मा को एक राजनेता, सत्ताधीश अथवा सरकार के स्वरूप में देखा है।

मंदिरों के कुछ तथाकथित पुजारी, मठ-मंदिरों के संचालक ऐसा प्रदर्शन करने लगते हैं कि जैसे वे परमात्मा के कोई विशेष प्रतिनिधि हों और सिर्फ उन्हीं के आग्रह पर परमात्मा के द्वारा इच्छाओं की पूर्ति हो सकती है। मैं एक अति प्रसिद्ध तीर्थ-स्थल पर भगवान् कृष्ण के मंदिर में आत्म-विभोर होकर दर्शन कर बाहर निकल रहा था कि उसी

समय मंदिर के दरवाजे पर एक वरिष्ठ पुजारीजी चाँदी की कटोरी में चंदन लिये अपने आसन पर बैठे थे। मैंने देखा कि उन्होंने एक सेठ के मस्तिष्क पर पुष्प से चंदन लगाया। मैंने भी उन्हें प्रणाम करते हुए अपना मस्तिष्क चंदन लगाने हेतु आगे किया तो उन्होंने मुझे इशारे से दुत्कारते हुए आगे बढ़ने को कहा। मुझे बहुत बुरा लगा और मैं समझ नहीं पाया कि ऐसा उन्होंने क्यों किया? कुछ देर वहाँ मैं रुका तो देखा कि जो दर्शनार्थी उस पुजारी के समक्ष सौ, पचास रुपए रख रहा था, उसी के मस्तिष्क पर वह पुष्प से चंदन लगा रहा था। यह देख मुझे बहुत ठेस लगी। तत्काल मैंने एक माला ली और भगवान् से शिकायत करने मंदिर के अंदर गया। उसी समय मैंने देखा कि एक अन्य पुजारी, जो भगवान् की मूर्ति की सेवा में था, वह उन दर्शनार्थियों की पुष्पमालाएँ हाथ में लेकर मूर्ति के चरणों में अर्पित कर रहा था, जो सौ, पचास रुपए माला के साथ पुजारीजी को चढ़ाने हेतु दे रहे थे और वापसी में दूसरी चढ़ी हुई माला उस दर्शनार्थी के गले में पहना रहा था। भगवान् की मूर्ति के समक्ष दृष्टि स्थिर करते हुए मैंने भाव प्रकट किए कि "प्रभु, आपके मंदिर में इन पुजारियों के द्वारा भेदभाव आर्थिक आधार पर क्यों?" तब मैंने अपने हाथों की पुष्पमाला को सीधे भगवान् की मूर्ति के चरणों की ओर वेग के साथ पहुँचाया तो वह माला मूर्ति के चरणों में लिपट गई। यह दृश्य पुजारी ने देखा, तब वह मूर्ति के चरणों में चढ़ी हुई एक माला उठाकर लाया व मेरे गले में पहना दी, अर्थात् भगवान् के समक्ष किसी भी प्रकार का भेदभाव नहीं है, वह तो प्रेम व समर्पण चाहते हैं। इन कुछ पुजारियों ने अपने निजी स्वार्थ के कारण भेदभाव बना रखा है।

एक बार मैं उसी तीर्थस्थल पर एक अन्य दूसरे मंदिर में भगवान् राधावल्लभजी के दर्शन करने में इतनी गहनता से लीन हो गया कि मेरी स्थिर दृष्टि को देखकर मंदिर के पुजारी ने मुझे मंदिर के गर्भगृह की चौखट पर आकर बैठने का इशारा किया, यद्यपि वहाँ आम दर्शनार्थी को पहुँचने की अनुमति नहीं है। गरमियों के दिन थे तो पुजारीजी ने मेरे हाथ में एक डोरी दी, जिससे भगवान् की मूर्ति के ऊपर हाथ से झुलानेवाला पंखा जुड़ा था। मैं उस डोरी के माध्यम से भगवान् को पंखा झुला रहा था। मैं लगभग एक घंटे बैठा, लेकिन इस मध्य भावनावश प्रेम के आँसू मेरी आँखों में रहे। पुजारीजी ने मंदिर के गर्भगृह से प्रसाद लाकर मुझे दिया। मैं तत्समय भक्ति व दर्शन के भाव में था, वहाँ से उठा तो उसी मंदिर में एक वरिष्ठ पुजारी ने मुझसे पूछा, "कहाँ से आए हो?" मैं चूँकि उस समय सांसारिक भाव में नहीं था, अतः मैंने उन्हें जवाब दिया, "यही तो नहीं पता कि मैं कहाँ से आया हूँ और यह भी ज्ञात नहीं है कि मुझे कहाँ जाना है?" यद्यपि मेरा यह जवाब आध्यात्मिक था।

चिंतन यह करना है कि दोष मंदिर अथवा भगवान् का नहीं है, बल्कि मैंने उपर्युक्त दोनों दृष्टांतों में पुजारियों की मानसिकता को स्पष्ट किया है। दोनों दृष्टांत एक-दूसरे के

विपरीत हैं। परमात्मा कोई सरकार या राजनेता नहीं है, जिस तक पहुँचने के लिए हमें किसी मध्यस्थ की आवश्यकता पड़े। कुछ भटके हुए लोगों की ऐसी मान्यता होती है कि यदि प्रतिदिन अपने जीवनयापन के कार्यों के साथ किसी पूर्व निर्धारित मंदिर के दर्शन करने नहीं गए तो उन्हें आर्थिक अथवा राजनीतिक अथवा सामाजिक नुकसान हो जाएगा। वस्तुतः ऐसे लोग परमात्मा को भय के कारण पूजते हैं। इन्हे भय है अपनी आर्थिक संपन्नता के छिन जाने का। इन्हें भय है अपनी सामाजिक प्रतिष्ठा को क्षति पहुँचने का। इन्हें भय है अपने राजनीतिक वजूद के क्षीण हो जाने का और इसी कारण ये किसी मंदिर अथवा विशिष्ट धार्मिक स्थान पर जाकर परमात्मा को पूजने का कार्य करते हैं। परमात्मा के दर्शन व पूजन में इनका व्यावसायिक और लेन-देन का दृष्टिकोण होता है, जबकि इसके विपरीत भक्ति में भय व संशय का कोई स्थान नहीं है। ऐसे तथाकथित लोग अपनी इच्छाओं की पूर्ति के लिए सिर्फ याचक हैं। अधिकांश मंदिरों में ऐसे तथाकथित लोग कुछ-न-कुछ माँगने के लिए भगवान् की मूर्ति के समक्ष खड़े हैं। इनमें इनकी इच्छाओं का पुलिंदा है। अधिकांशतः भिखारी-ही-भिखारी दिख रहे हैं। सड़क पर भीख का कटोरा लिये भिखारी और भगवान् की मूर्ति के समक्ष मंदिर में खड़े तथाकथित भक्तस्वरूप याचक में सिर्फ यही अंतर है कि सड़क का भिखारी अपने पेट की भूख मिटाने के लिए खड़े होकर आपसे भीख माँगता है, जबकि भगवान् के मंदिर में खड़ा व्यक्ति बड़ी-बड़ी कारों से पहुँचकर अपनी अनेक निजी इच्छाओं की पूर्तियों की भीख माँगता है। दोनों ही ओर भिखारी हैं, अंतर सिर्फ स्तर का है, उनके स्टेटस का है, लेकिन माँग और पूर्ति का क्रम दोनों में एक जैसा है।

भक्ति में कोई सौदा, कोई लेना-देना नहीं होता है, कोई शर्त नहीं होती, भक्ति कोई लाभ और हानि का संव्यवहार नहीं है। भक्ति तो प्रेम का अथाह स्वरूप है। भक्त के द्वारा किए गए स्वयं के समर्पण में 'कर्ताभाव' नहीं होता है। ऐसा भाव भी नहीं होता है कि 'मैं समर्पण कर रहा हूँ' अथवा 'समर्पण कर तो रहा हूँ, अब ही कृपा कर दो।' भक्ति में भगवान् के समक्ष यह भाव होना चाहिए कि 'मैं तेरी इच्छा का परिणाम हूँ, मेरी अपनी स्वयं की कोई भी निजी इच्छा नहीं है, तेरा ही कार्य कर रहा हूँ और मुझमें यह भाव बना रहे कि मैं आपका हूँ और आप मेरे हृदय स्थल में विराजमान हैं।' कुछ लोग अंशकालीन समय के लिए परमात्मा की भक्ति करते हैं और इस कारण भक्ति भाव भी अंशतः होता है। यदा-कदा आवश्यकतानुसार परमात्मा से कुछ माँग भी कर लेते हैं और परमात्मा भी इनकी छोटी-मोटी मनोकामनाओं की पूर्ति कर देता है, इस कारण इनकी भक्ति और प्रगाढ़ हो जाती है। इस प्रकार की भक्ति से भी कोई असहमत नहीं हो सकता है। जितना भी हो, जितने भी अंश में हो, भक्ति-भाव को जागृत बनाए रखना चाहिए।

यहाँ प्रश्न यह भी उठेगा कि हम भगवान् के भक्त हैं, उनमें आस्था व विश्वास भी

है, उन्हीं पर हम निर्भर हैं, वह हमारे अच्छे और बुरे समय के खिवैया हैं तो क्या हम उनसे कुछ भी माँग नहीं करें? इस विषय पर मैं कहूँगा कि निश्चित ही अपनी समस्या उनके सामने परोस दो, लेकिन सोचते हुए यह भाव रखो कि हमसे भी ज्यादा हमारी व हमारे भविष्य चिंता हमारे भगवान् को है। उन्हें वह सब दिख रहा है, जो हमें हमारे संदर्भ में नहीं दिख रहा है। हमारे भगवान् को हमारी इच्छा को पूर्ण करना है तो अच्छा है और नहीं भी करना है, तब भी अच्छा है। दोनों ही परिस्थिति में समत्व भाव में रहना है। इच्छापूर्ति नहीं होने पर हमारी आस्था व विश्वास में किंचित् मात्र भी कमी नहीं होगी।

उक्त प्रश्न का प्रथम भाग इस संदर्भ में है कि भक्ति-मार्ग अपने स्वयं वश में नहीं है, जब भक्त होने का चयन परमात्मा को ही करना है तो फिर हम क्या करें? वस्तुतः भक्ति की नहीं जाती। भक्ति-भाव तो स्वयं प्रकट होता है। हृदय में यदि इच्छारहित होकर समर्पण का भाव भगवान् के समक्ष है तो भक्ति-भाव का बीज स्वतः प्रस्फुटित होने लगेगा। अपने इष्टदेव के प्रति यदि स्वयं के मिटने की भावना के साथ प्रेम है तो भक्ति-भाव प्रकट होने लगेगा। भक्ति व प्रेम एक-दूसरे के पूरक हैं। इस प्रकार के भाव का प्रतिदिन अभ्यास करना चाहिए। पता नहीं कब, परमात्मा वरीयता के आधार पर चुनाव कर ले। भक्त होने की योग्यता व कसौटी भी यही है कि परमात्मा के समक्ष इच्छाविहीन होकर पूर्ण समर्पण का भाव इस चिंतन के साथ हो कि 'मै आपका हूँ और आपकी इच्छा का परिणाम हूँ।' भक्ति-भाव में परमात्मा के समक्ष कोई लेन-देन, हार-जीत, स्वार्थपूर्ति अथवा माँग नहीं होती है। भक्ति-भाव में 'मैं' का भाव होता ही नहीं है, सभी जगह तू-ही-तू है, तेरा ही सबकुछ है, 'मैं भी तेरा हूँ' का भाव स्थापित हो जाता है। ऐसा भाव प्रकट होने लगता है कि मेरे शरीर और मन में परमात्मा ही बैठा है, जो हो रहा है, वह उसी के द्वारा किया जा रहा है, अभी तक जो भी हुआ है, उसी के द्वारा हुआ है, आगे जो भी होनेवाला है, उसी के द्वारा होगा। उसकी जो इच्छा होगी, वह इस शरीर के माध्यम से करा लेगा। पूर्ण समर्पण भाव जब हृदय में होगा, तभी भक्ति के स्वरूप का अनुभव किया जा सकता है।

भक्ति का एक स्वरूप ऐसा भी

यदि आप अपने इष्टदेव भगवान् के अटूट भक्त हैं और वह आपसे यह कहें कि क्या आप अमुक कार्य करेंगे, जिसका वह आपको आदेश दें? इस पर आपका जवाब क्या होगा? आप अपने इष्टदेव भगवान् के लिए समर्पित हैं, उन्हीं को अपना सर्वस्व मानते हो, उन्हीं की इच्छा मात्र से आप अपना अस्तित्व मानते हो, उनके सिवा आपका कोई भी निःस्वार्थ हितैषी नहीं है, तब यह भी निश्चित है कि आप अपने इष्टदेव भगवान् की इच्छा मात्र से उनके निर्देश का पालन करना अपना परम कर्तव्य और धर्म समझेंगे

और अपने जीवन को सफल होना मान लेंगे, अब मान लीजिए कि आपके इष्टदेव भगवान् आपसे कहते हैं, "मुझे उस समय बहुत सुख और आनंद मिलता है, जब तुम अपने मन में स्वयं खुश रहते हो, सुखी और आनंदित होने का अनुभव करते हो। मुझे उस समय बहुत ही कष्ट होता है, जब तुम स्वयं के मन में स्वयं को दुःखी और कष्ट में होने का आभास करते हो, जबकि मेरा स्वभाव हमेशा आनंदित होते रहने का एवं सकारात्मक सोच का है। मैं हमेशा यही चाहता हूँ कि मैं स्वयं आनंद-ही-आनंद का अनुभव करूँ। मेरा भक्त जब आनंदित होता है, सुखी रहता है, किन्हीं भी बाहरी विपरीत परिस्थिति के कारण दुःखी नहीं होता है, तब मैं भी स्वयं के अंदर आनंद और सुख का अनुभव करता हूँ। मेरा आनंद और सुख सिर्फ तुम (मेरे भक्त) में ही निहित है।" भगवान् के इस प्रश्न पर आपका क्या जवाब होगा? जहाँ तक मैं समझता हूँ कि यही जवाब होगा कि जिस कार्य में मेरे इष्टदेव भगवान् की प्रसन्नता है, मैं उसी कार्य को करूँगा। भक्त यदि अपने मन में पूर्ण सुख और आनंद का अनुभव कर रहा है, तभी हमारे भगवान् आनंदित होते हैं। इसलिए भक्त यदि अपने इष्टदेव भगवान् को आनंद में रखना चाहते हैं तो भक्त को स्वयं के अंतर्मन में हमेशा खुश और आनंदित रहना होगा। निश्चित ही वास्तविक भक्त कभी भी निराश व नकारात्मक नहीं होता है। वह तो हमेशा आनंद में रहता है।

क्या भगवान् किसी को दुःख देते हैं?

अब एक प्रश्न उत्पन्न होगा कि "मुझे जो भी सुख-दुःख मिल रहे हैं, यदि मेरे इष्टदेव भगवान् मुझे सुखी देखना चाहते हैं तो वह मुझे दुःख देते ही क्यों हैं?" बस, यही प्रश्न भ्रमपूर्ण है। ईश्वर कभी भी किसी को दुःख नहीं देते। सुख-दुःख सबकुछ अपने कर्मों का परिणाम है। चर्चा का विषय यह नहीं है कि हमारे पूर्व कर्म कैसे थे? और उनका क्या परिणाम है? क्योंकि कर्मफल से तो कभी भी कोई बच नहीं सकता है। कितनी भी भगवान् की भक्ति कर लो, कर्मफल तो भोगना ही होगा। हाँ, यह अवश्य है कि कर्म-भोग यदि पीड़ादायक है तो इष्टदेव भगवान् अपने भक्त को सहनशक्ति देते हैं। श्री रामकृष्ण परमहंस, महर्षि रमण इसके उदाहरण हैं, जो कैंसर की बीमारी से ग्रसित थे। विषय यह है कि यदि हम अपने इष्टदेव भगवान् को खुश व आनंद का अनुभव कराना चाहते हैं और उनके भक्त हैं, तो प्रत्येक अनुकूल एवं प्रतिकूल परिस्थिति में प्रसन्नचित्त, आनन्दित होते रहने का अनुभव करना है। विपरीत व दुःखमय परिस्थिति का सामना इस सोच के साथ करना है कि मुझ पर हमारे इष्टदेव भगवान् को खुश व आनंद में बनाए रखने का दायित्व है और यही हमारा कर्तव्य है एवं यही हमारा धर्म है। यदि मैं दुःख का अनुभव करूँगा तो इसका सीधा प्रभाव मेरे इष्टदेव भगवान् पर पड़ता है। जिस प्रकार एक पितृभक्त पुत्र अपने पिता को अपनी ऐसी कोई पीड़ा अथवा दुःख व्यक्त नहीं करता है,

जिससे कि पिता को कष्ट नहीं हो, यही भाव अपने इष्टदेव भगवान् के प्रति होना चाहिए। इसलिए मुझे प्रत्येक हाल में आंतरिक रूप में पूर्ण अंतर्मन से सुखी व आनंदित रहना है, क्योंकि मैं स्वयं दुःखी होने के कारण अपने प्रियतम् इष्टदेव भगवान् को दुःखी होते नहीं देख सकता। यही हमारी भक्ति का सार है।

अंशतः भक्ति का स्वरूप

यदि हम परमात्मा की भक्ति में पूर्ण समय नहीं दे सकते हैं, पूर्णकालिक भक्त नहीं हैं और हृदय-स्थल में भक्ति-भाव आभासित होता है तो फिर पूर्ण मनोयोग से, भले ही एक मिनट के लिए ही सही, हो जाओ समर्पित और मिटा दो अपने अहम् रूपी वजूद को, अपने को, अपनी पहचान को, अपने नाम को, अपने पद, प्रतिष्ठा को। यह भाव प्रकट होना चाहिए कि वह करुणा और दया का सागर हमें निहार रहा है, उसे हमारी फ्रिक है, उसे हमारा ध्यान है। भक्ति के इस भाव को लगातार अपनी भावना के साथ सींचते रहना है, भले ही अपने दैनिक जीवन में, अपने कर्म क्षेत्र में व्यस्त रहें, लेकिन हृदय में ऐसा भाव हमेशा अनुभव करते रहना है कि 'मैं परमात्मा का हूँ' भक्ति के इस स्वरूप में भक्त में ऊर्जा एकत्रित होगी। थोड़े ही समय को सही, भक्ति-भाव में ध्यानस्थ तो हुए और ऊर्जा इकट्ठी हो गई। मैं पुनः दोहराता हूँ कि भक्त होना व्यक्ति के वश में नहीं है, पूर्ण मनोयोग से समर्पण होने का भाव भी तब उत्पन्न होगा, जब परमात्मा की इच्छा होगी और इस हेतु हमें सुयोग्य बनना पड़ेगा। प्रत्येक व्यक्ति के अंदर भक्ति का बीज परमात्मा ने बोया है और अब यह अपने हाथ में है कि उसे वृक्ष बनाना है या उसे नष्ट होने देना है। भक्त होने की योग्यता तो अपने को ही निर्मित करनी होगी और चयन परमात्मा कर लेगा।

श्रीमद्भगवतगीता में भक्ति-योग का स्वरूप

श्रीमद्भगवतगीता में कहा गया है—

'मय्यावेश्य मनो ये माँ नित्ययुक्ता उपासते।
श्रद्धया परयोपेतास्ते में युक्ततमा मताः॥' (12/2)

श्रीकृष्ण कहते हैं कि जो भक्तजन निरंतर अपने मन को एकाग्रचित व श्रद्धायुक्त होकर मेरे भजन और ध्यान में लगाए रहते हैं और मुझ परमेश्वर को भजते हैं, ऐसे भक्तजन को मैं योगियों में भी अति उत्तम सिद्ध योगी मानता हूँ, अर्थात् स्वाभाविक है कि मन वहाँ लगेगा, जहाँ प्रेम है और जिससे प्रेम है, उसका चिंतन स्वतः ही होता है। भक्त का मन स्वतः ही भगवान् में लग जाए और यह भावनिहित हो कि 'ईश्वर ही मेरे हैं और मैं ईश्वर का हूँ'। शरीर और मन एक-दूसरे से पृथक् हैं। शरीर भौतिक वस्तु है और प्रकृति का भाग है, जबकि मन जीवात्मा से जुड़ा हुआ है तथा जीवात्मा ईश्वर का अंश

है। कहना चाहूँगा कि शरीर की मृत्यु के पश्चात् जीवात्मा में मन, बुद्धि, चित्त, अहंकार निहित बना रहता है। इसलिए श्रीकृष्ण ने मन पर जोर दिया है। उन्होंने संदेश दिया है कि मन में एकाग्रता होनी चाहिए और ईश्वर में समर्पण व श्रद्धा भी होनी चाहिए तथा ईश्वर के ध्यान में निरंतर बने रहना चाहिए। ऐसे भक्त शनैः-शनैः सिद्ध योगी हो जाते हैं एवं ईश्वर के सुरक्षा कवच में बने रहते हैं। समर्पण और श्रद्धा में थोड़ा अंतर है। समर्पण में अपने आप को, अपने अहम् को पूर्णतः विलुप्त करते हुए अपने इष्टदेव को अर्पित कर देना है। समर्पण के भाव में अपने संपूर्ण अस्तित्व को इष्टदेव के आधीन करना है। 'मेरा कुछ भी नहीं, सबकुछ ईश्वर का है।' श्रद्धा के भाव में अपने इष्टदेव के प्रति अटूट विश्वास करना है। श्रद्धा होने पर ही तो समर्पण होगा। मेरे मत से आम दैनिक जीवन में अपने कर्म-क्षेत्र में कार्य करते हुए भी उक्त धारणा स्थापित की जा सकती है। ऐसा भाव कि 'मेरा कर्म और कर्म-फल, सबकुछ ईश्वर' का है और उन्हीं को समर्पित है।

आगे और अधिक स्पष्ट करते हुए श्रीकृष्ण कहते हैं—

'येतु सर्वाणि कर्माणि मयि संन्यस्य मत्पराः।
अनन्येनैव योगेन माँ ध्यायन्त उपासते॥
तेषामहं समुद्धर्ता मृत्युसंसारसागरात्।
भवामि नचिरात्पार्थ मय्यावेशितचेतसाम्॥' (12/6, 12/7)

'जो भक्तजन अपने संपूर्ण कर्मों को मुझमें ही अर्पण कर देते हैं और मुझ परमेश्वर को सगुण रूप भजते हैं, ऐसे सभी भक्त, जो मुझमें ही अपना चित्त लगाए हुए हैं, उन्हें मैं जन्म-मृत्यु के इस संसार से उबार लेता हूँ।' अर्थात् भक्ति-भाव के लिए ऐसी धारणा आवश्यक है कि व्यक्ति जो भी कर्म अपने जीवन में कर रहा है, वह सभी कर्मों को ईश्वर को अर्पित कर दे और निरंतर उनका भजन व चिंतन करता रहे। सभी बाहरी परिस्थितियों से विरत होकर एकांत भाव से भक्त बना रहे। ऐसे भक्तजन को भगवान् जन्म और मृत्यु के संसार-सागर से उबार लेते हैं। मन के अंदर ऐसा भाव कि 'मैं जो भी कार्य कर रहा हूँ, वह सबकुछ ईश्वर का कार्य है, ईश्वर के आदेश से ही अपने कर्म-क्षेत्र में हूँ, ईश्वर के निर्देशन में ही कर्म कर रहा हूँ। सफलता मिले या विफलता, सबकुछ ईश्वर को ही मिल रही है और उन्हीं को अर्पित है। ईश्वर ने कर्म करने का निर्देश दिया है, अतः कर्म किया जा रहा है और कर्मफल का परिणाम ईश्वर के आधीन है। मेरी स्वयं की कोई भूमिका कर्म की सफलता या असफलता में नहीं है। मैं तो सिर्फ ईश्वर का कार्य कर रहा हूँ।'

इस संदर्भ में सर्वोत्तम उदाहरण कबीर का है। कबीर के राम प्रत्येक व्यक्ति में हैं, सभी को वह राम के स्वरूप में देखते थे। कबीर सबकुछ भगवान् श्रीराम को ही समर्पित कर देते थे। वह कपड़ा बुनकर लाते और बाजार में एक किनारे बैठकर बेचने लगते।

कोई ग्राहक उनसे कपड़े का मूल्य पूछता तो कबीर का जवाब होता—"रामजी ही ने बनाया है, रामजी ही बेच रहे हैं, रामजी ही खरीद रहे हैं, मुझे नहीं पता इसकी क्या कीमत है, जितना रामजी समझें उतना दे दीजिए।" ऐसा भाव जब भक्त में प्रकट होने लगे, तब भक्ति-भाव के आनंद का अनुभव किया जा सकता है। इस भाव में किसी भी प्रकार का न तो दुःख है, न ही खेद है, न ही पछतावा है, न ही हानि और लाभ का विषय है। सिर्फ आनंद-ही-आनंद का आभास है, सिर्फ ईश्वर के अस्तित्व का आभास है।

कृष्ण कहते हैं—

'मय्येव मन आधत्स्व मयि बुद्धिं निवेशय।
निवसिष्यसि मय्येव अत ऊर्ध्वं न संशयः॥
अथ चित्तं सामधातुं न शक्नोषि मयि स्थिरम्।
अभ्यासयोगेन ततो मामिच्छाप्तुं धनंजय॥' (12/8, 12/9)

'अपने मन को पूर्णतः एकाग्र करते हुए संपूर्ण बुद्धि से मेरा ही चिंतन करो और ऐसा होने पर मुझमें ही निवास होने लगेगा।' आगे श्रीकृष्ण ने विकल्प में यह भी कहा है कि 'यदि मन में चंचलता है, अर्थात् मन स्थिर नहीं है और एकाग्र भी नहीं हो पा रहा है तो भक्ति-योग के माध्यम से अभ्यास करना चाहिए।' अर्थात् अपने इष्टदेव का ध्यान करते हुए मन में चंचलता और भटकाव नहीं होना चाहिए। मन की एकाग्रता के साथ-साथ संपूर्ण बुद्धि का भी उपयोग करना है। यहाँ बुद्धि से तात्पर्य है कि अपने इष्टदेव के चिंतन करने में भक्त को यह विश्वास होना चाहिए कि वह किसी भी प्रकार के संशय एवं भटकाव की स्थिति में नहीं है। बुद्धिहीन व्यक्ति में ही भटकाव होता है। बुद्धिहीन व्यक्ति ही संशय की स्थिति में रहता है। संशय में रहनेवाला मनुष्य अपने लक्ष्य की ओर नहीं पहुँच पाता है। जीवन भर वह भ्रम में पड़ा रहता है। इस कारण भक्त को अपने इष्टदेव के गुण स्वरूप उपदेशों का स्मरण व चिंतन पूर्ण श्रद्धा और विश्वास के साथ करना है। श्रीकृष्ण ने एक अन्य विकल्प आगे के श्लोक में कहा है कि मन में चंचलता के कारण जब मन स्थिर नहीं होता है, एकाग्र भी नहीं हो पाता है तो भक्ति-योग के माध्यम से अभ्यास करना चाहिए। 'अभ्यास' से तात्पर्य है कि किसी विषय पर अपने मन को बार-बार लगाना। अभ्यास करते-करते भक्ति के माध्यम से अपने इष्टदेव के दर्शन होने की इच्छा जागृत होने लगेगी। किसी व्यक्ति को किसी विशेष कार्य हेतु निरंतर नियमित रूप से आदत पड़ी हुई है तो ऐसी आदत को अभ्यास कहेंगे। यही स्थिति ईश्वर स्मरण के संदर्भ में है। भक्त का मन जब पूर्णतः भगवान् के प्रति आसक्त हो जाता है, भगवान् का चिंतन करने में आनंद का आभास होने लगता है, तब उस स्थिति में शनैः-शनैः सांसारिक दुःख, सुख, लाभ, हानि से परे हो जाता है।

अब प्रश्न यह उठता है कि भक्ति कैसे करें? देखिए, इसके लिए प्रथमतः तो

सुपात्र बनना पड़ेगा। मन-वचन-कर्म में एकरूपता हो। निष्कपटता होनी चाहिए। कपट और झूठ का आचरण करनेवाला व्यक्ति कभी भक्त नहीं हो सकता। ढोंगी भक्त नहीं हो सकता। भक्त में समर्पण व श्रद्धा का तत्त्व आवश्यक है। इस प्रकार आस्था और विश्वास का बीजारोपण होगा। इसलिए भक्ति का अभ्यास करते रहना चाहिए। श्रीकृष्ण कहते हैं कि भक्ति के माध्यम से भी मेरा भक्त मुझे प्राप्त कर सकता है।

आगे कृष्ण कहते हैं—

'अभ्यासेऽप्यमर्थोऽसि मत्कर्मपरमो भव।
मदर्थमपि कर्माणि कुर्वन्सिद्धिमवाप्स्यसि॥' (12/10)

यहाँ उन्होंने एक अन्य विकल्प भी प्रस्तुत किया है कि यदि मन की एकाग्रता भी मेरे प्रति नहीं हो पा रही है और अभ्यास-योग में भी असमर्थ हो व विधिपूर्वक भक्ति भी नहीं हो पा रही है तथा भक्ति-योग का अभ्यास भी नहीं हो पा रहा है तो अपने कर्म-क्षेत्र में रहते हुए इस प्रकार कर्म करो कि मेरे लिए कर्म करने का ही परायण हो, तब मुझे प्राप्त कर सकोगे। परायण होने का अर्थ है कि अपने भगवान् को सर्वाधिक पूज्य मानते हुए उनके प्रति समर्पण भाव के साथ जीवनयापन करना। निरंतर ईश्वर के परायण होने से भक्त शनैः-शनैः स्वयं को अपने इष्टदेव की इच्छा का परिणाम समझने लगता है। एक स्थिति ऐसी निर्मित होती है कि प्रत्येक कार्य को वह ईश्वर के द्वारा करवाया हुआ मानता है और भोग करने की कामना नहीं रहती है। कर्म करने में प्रथमतः तो स्वार्थमय परिणाम की लालसा नहीं होनी चाहिए, अर्थात् यह भाव नहीं होना चाहिए कि मैं स्वयं अपने लिए कर्म कर रहा हूँ और इसकी सफलता से मुझे लाभ होगा अथवा असफलता पर मुझे हानि होगी। स्वार्थ का त्याग करते हुए कर्म करना है। कार्य ईश्वर का है और मुझे पूर्ण करना है। इस भाव में निष्काम कर्म का उद्देश्य होना चाहिए। मेरा मन, मेरी वाणी, मेरा शरीर, मेरा कर्म सबकुछ मेरे ईश्वर के लिए ही है और ईश्वर का ही है। श्रीकृष्ण ने यह साधन भी भक्त होने के लिए प्रस्तुत किया है।

इसके आगे श्रीकृष्ण कहते हैं कि यदि इतना भी नहीं हो पा रहा है कि कर्म का परायण मेरे लिए हो सके तो वह आगे एक और विकल्प बताते हैं कि—

'अथैतदप्यशक्तोऽसि कर्तुं मद्योगमाश्रितः।
सर्वकर्मफलत्यागं ततः कुरु यतात्मवान्॥' (12/11)

तात्पर्य यह है कि यदि कोई व्यक्ति भगवान् का भक्त तो होना चाहता है, लेकिन भक्ति-भाव के लिए रास्ता समझ नहीं आ रहा है तो कृष्ण ने अंततः यह संदेश भी दिया है कि सभी कर्मों को करते हुए आत्मस्वरूप में स्थित बने रहो तथा कर्म-फल का त्याग करो। श्रीकृष्ण ने ये सभी विकल्प भक्ति के संदर्भ में दे दिए हैं कि यदि तुम मेरे हेतु कर्म नहीं कर पा रहे हो, अर्थात् यह भाव प्रकट नहीं हो पा रहा है कि तुम मेरा कार्य कर रहे हो

तो मन में यह भाव रखो कि तुम्हारे द्वारा किए गए कर्मों का परिणाम जो कुछ भी मिले, वे समस्त मुझे अर्पित कर दो। कर्म-फल पर स्वयं को दोष मत दो। कृष्ण कहते हैं कि कर्म-फल में असफलता मिलने का दोष मुझ पर डाल दो, लेकिन सफलता मिलने का श्रेय भी मुझे ही दो। व्यक्ति अपने जीवन में जो भी कर्म करता है (कर्म से तात्पर्य सत्कर्म से है), उसके परिणाम के प्रति सामान्यतः उसकी असक्ति बनी रहती है। इस असक्ति को अपने से दूर करना है, अर्थात् कर्म-फल का जैसा भी परिणाम मिले, सम-भाव में रहना है। विपरीत कर्म-फल मिलने पर उससे दुःखी नहीं होना है और अनुकूल कर्म-फल मिलने पर खुश भी नहीं होना है, अर्थात् समस्त कर्म-फल को ईश्वर के आधीन मानते हुए कर्म करते रहना है। इसी प्रसंग को उन्होंने आगे कहा है—

'श्रेयो हि ज्ञानमभ्यासाज्ज्ञाद्ध्यानं विशिष्यते।
ध्यानात्कर्मफलत्यागस्त्यागाच्छान्तिरनन्तरम्॥' (12/12)

श्रीकृष्ण कहते हैं कि अभ्यास से शास्त्रों का ज्ञान श्रेष्ठ है, शास्त्र-ज्ञान से ध्यान श्रेष्ठ है और ध्यान से भी श्रेष्ठ है सभी कर्मों के फल का त्याग करना एवं कर्म-फल त्याग से ही परम शांति प्राप्त हो जाती है। परम शांति को प्राप्त करने के लिए किए गए कर्म के परिणाम के प्रति अथवा स्वयं के पक्ष में सफलता की आकांक्षा को त्यागना होगा। कर्म-फल को ईश्वर के हाथों में सौंपना होगा।

'संतुष्टः सततं योगी यतात्मा दृढनिश्चयः।
मय्यार्पितमनोबुद्धिर्यो मद्भक्तः स में प्रियः॥' (12/14)

श्रीकृष्ण कहते हैं कि 'जो व्यक्ति ध्यान-योग से युक्त है और निरंतर अपनी लाभ व हानि में संतुष्ट है तथा मन और इंद्रियों सहित शरीर को वश में किए हुए है और मुझमें दृढ़ता के साथ विश्वास रखता है, ऐसा व्यक्ति मेरे प्रति अर्पित होते हुए मेरा भक्त है और मुझे प्रिय है।' निष्कर्ष यह है कि जो मनुष्य द्वेष-भाव से रहित है, स्वार्थ-भाव से रहित है, अहंकार से रहित है, मोह से रहित है, दयालु है, क्षमावान है, सुख-दुःखों में समत्व भाव में रहता है, निरंतर संतुष्ट है, मन व शारीरिक इंद्रियों को वश में किए हुए है और भगवान् की आस्था में दृढ़ निश्चयवाला है, ऐसे आचरण का भक्त भगवान् को प्रिय होता है।

'यो न हृष्यति न द्वेष्टि न शोचति न कांक्षति।
शुभाशुभपरित्यागी भक्तिमान्यः स में प्रियः॥' (12/17)

श्रीकृष्ण ने यहाँ भक्ति-योग के संदर्भ में निष्कर्ष यह दे दिया है कि जो मनुष्य हमेशा सम-भाव में रहते हैं, वे न तो कभी हानि होने पर दुःखी होते हैं और न ही लाभ होने पर हर्षित होते हैं, किसी से द्वेष नहीं रखते तथा किसी भी प्रकार की कामना नहीं करते और शुभ व अशुभ कर्मों का फल त्यागते हुए कर्म करते रहते हैं, ऐसे भक्ति-युक्त पुरुष मुझे प्रिय हैं।

'समः शत्रौ च मित्रे च तथा मानापमानयोः।
शीतोष्णसुखदुःखेषु समः संगविवर्जितः॥' (12/18)

वह कहते हैं कि जो मनुष्य शत्रु और मित्र के संबंधों में, अपने मान और अपमान में एक समान भाव रखता है, सर्दी, गरमी और सुख-दुःख आदि, अर्थात् अनुकूल परिस्थिति में या प्रतिकूल परिस्थिति में भी समस्त द्वंद्वों से परे होकर सम-भाव में रहता है तथा संसार से असक्तिरहित है, ऐसे लोग मुझे प्रिय हैं। परिस्थिति अनुकूल हो या प्रतिकूल, प्रत्येक स्थिति में समत्व-भाव में रहना है। अनुकूल परिस्थिति में अपनी शेखी बताते हुए खुश नहीं होना है और प्रतिकूल परिस्थिति में दुःखी भी नहीं होना है। पाठकगण के मन में यह प्रश्न उठ रहा होगा कि ये तो सिद्धांत है, व्यवहारिक जीवन में ऐसा होना संभव नहीं है, लेकिन नहीं, ऐसा सोचना ही भ्रमपूर्ण है। आध्यात्मिक चिंतन का व्यक्ति जो, आत्म-तत्त्व और शरीर-जीवन में भेद समझता है, आत्म-भाव में रहने का प्रयास करता है तो प्रयास करते-करते अपनी मानसिक स्थिति समत्व-भाव की निर्मित कर सकता है।

मेरी दृष्टि में भक्ति के लिए एक अवधारणा और है कि ईश्वर का भजन, पूजन जो लोग नियमित रूप से प्रतिदिन कर रहे हैं अथवा मूर्तिपूजक हैं, यह भी निरर्थक नहीं है। इस कार्य में भी ईश्वर के अस्तित्व की मान्यता के साथ समर्पण और विश्वास की अवधारणा पूजन करनेवाले व्यक्ति में होती है। सगुण उपासना में मूर्तिपूजा का महत्त्वपूर्ण स्थान है, अब इस स्थिति में चिंतन यह भी करना है कि ईश्वर ने अपना भजन-पूजन करने हेतु मेरा ही चयन किया है। देखिए, बिना ईश्वर की इच्छा के किसी में भी दम नहीं है, हिम्मत नहीं है कि वह उसका स्मरण कर सके। ईश्वर का स्मरण तभी कोई कर सकता है, जब स्वयं ईश्वर की अनुमति हो कि 'तू मेरा स्मरण कर।' ईश्वर की इच्छा के बिना कोई भी उसकी मूर्ति की पूजा नहीं कर सकता। इस प्रकार यह आभास होना चाहिए और पूर्णतः बिना किसी शंका के यह अवधारणा होनी चाहिए कि 'मैं कितना भाग्यशाली हूँ कि ईश्वर ने अपने भजन-पूजन और स्मरण के लिए मेरा चयन किया है।' इस प्रसंग को एक उदाहरण से स्पष्ट करना चाहूँगा। 'कोई भी व्यक्ति मेरी इच्छा के बिना मेरे घर में प्रवेश नहीं कर सकता है। यदि मैं किसी व्यक्ति को दुत्कार और ललकार के साथ अपने घर से बाहर भगा दूँ अथवा उसकी ओर ध्यान नहीं दूँ अथवा अपने व्यवहार से उसे विकर्षित करूँ तो वह व्यक्ति कतई न तो मुझसे मिलेगा और न ही मेरे घर पर आने का मन बनाएगा, लेकिन यदि मैं अपने व्यवहार से किसी आगंतुक अथवा किसी व्यक्ति को अपनी ओर आकर्षित करता हूँ और उसका स्वागत करता हूँ तो वह व्यक्ति मेरे पास बार-बार आने का और मेरे निकट बने रहने का प्रयास करेगा,'

यही स्थिति ईश्वर के साथ है, अब यदि मेरे मन में ईश्वर की श्रद्धा और विश्वास के साथ भजन-पूजन की इच्छा हो रही है, शास्त्र, पुराण, पाठ, जप, अनुष्ठान आदि करने की इच्छा हो रही है तो यह सिर्फ मेरी इच्छा पर ही मात्र निर्भर नहीं करता, बल्कि ईश्वर की इच्छा भी हो रही है कि मैं उसके लिए भक्त बनकर पूजा-पाठ, भजन आदि करूँ। भक्ति का स्वरूप पूर्ण सुनिश्चितता और विश्वास के साथ भक्त में धारित होना चाहिए कि वह अपने इष्टदेव की इच्छा के अनुसार ही भजन-पूजन कर पा रहा है।

निष्कर्ष यह है और श्रीकृष्ण कहते हैं कि—

- यदि मन एकाग्रचित्त व श्रद्धायुक्त होकर मेरे भजन और ध्यान में नहीं लग पा रहा है, यदि स्वयं के द्वारा किए जा रहे सभी कर्मों को मुझमें अर्पित नहीं कर पा रहे हो,
- यदि अपने मन को पूर्णतः एकाग्र करते हुए संपूर्ण बुद्धि से मेरा ही चिंतन नहीं कर पा रहे हो,
- यदि मन की एकाग्रता भी मेरे प्रति नहीं हो पा रही है और अभ्यास-योग में भी असमर्थ हो व विधिपूर्वक भक्ति भी नहीं हो पा रही है तथा भक्ति-योग का अभ्यास भी नहीं हो पा रहा है,
- यदि कर्म-क्षेत्र में रहते हुए इस प्रकार कर्म नहीं कर पा रहे हो कि मेरे लिए कर्म करने के ही परायण हो,
- यदि भक्त होने की लालसा तो है, लेकिन भक्ति-भाव के लिए रास्ता समझ नहीं आ रहा है,
- यदि सभी कर्मों को करते हुए आत्म-स्वरूप में स्थित बने रहने व कर्म-फल का त्याग भी नहीं कर पा रहे हो,
- यदि ध्यान-योग से युक्त होते हुए निरंतर अपनी लाभ व हानि में संतुष्ट होकर मन और इंद्रियों सहित शरीर को वश में करते हुए मुझमें दृढ़ता के साथ विश्वास भी नहीं रख पा रहे हो।

वह कहते हैं कि "तो फिर ऐसा मनुष्य भी मेरा भक्त होगा और उसे भक्त होने की मैं मान्यता देता हूँ कि जो मनुष्य हमेशा सम-भाव में रहते हैं, वे न तो कभी हानि होने पर दुःखी होते हैं और न ही लाभ होने पर हर्षित होते हैं, किसी से द्वेष नहीं रखते तथा किसी भी प्रकार की कामना नहीं करते और शुभ व अशुभ कर्मों का फल त्यागते हुए कर्म करते रहते हैं, ऐसे भक्तियुक्त पुरुष मुझे प्रिय हैं। जो मनुष्य शत्रु और मित्र के संबंधों में, अपने मान और अपमान में एक समान भाव रखता है तथा सर्दी, गरमी और सुख-दुःख, अनुकूल अथवा प्रतिकूल परिस्थिति में समस्त द्वंद्वों में सम-भाव में रहते हैं

तथा संसार से असक्तिरहित हैं, ऐसे मनुष्य मुझे प्रिय हैं।" समत्व भाव में शाश्वत आनंद है। श्रीमद्भगवतगीता में भगवान् श्रीकृष्णभक्त बनने के लिए अनेक विकल्प प्रस्तुत किए हैं और यह भी स्पष्ट होता है कि श्रीकृष्ण को अपने भक्त सर्वाधिक प्रिय हैं। वह चाहते हैं कि मनुष्य भक्त बने।

स्वचिंतन : ***भेदभावरहित सभी से प्रेम करना, सभी की सहायता करना, यह ईश्वरीय गुण हैं। इन गुणों की अधिकता जिसमें जितनी है, वह उतने ही अंश में ईश्वर के निकट है।***

25

अस्तित्व का आभास व ध्यान की प्रक्रिया

प्रथमत: तो सम्माननीय पाठकों से निवेदन है कि विषय अध्यात्म से संबंधित है, अत: पहले अस्तित्व के संदर्भ में समझना होगा। अध्यात्म की सुसंगतता इसी में है कि हम अपने दैनिक जीवन में जो भी कार्य कर रहे हैं, उनमें आध्यात्मिक ज्ञान के माध्यम से निखार आए, हमारा मन शांत रहे और जो सत्य अज्ञात है, उसे समझकर उसका अनुभव करें। समय की गतिशीलता को आभासित करना ही अस्तित्व का आभास करना है। अस्तित्व ही सत्य है। विषय पर चर्चा करने से पूर्व प्रथमत: हम को यह समझना होगा कि सत्य क्या है ?

सत्य क्या है?

कहा जाता है कि 'हमें सत्य तक पहुँचना है, सत्य के रास्ते पर चलना है, सत्य का रास्ता पहचानो, सत्य को खोजो, आपके अंदर सत्य विलुप्त हो रहा है, उसे प्राप्त करो।' इन समस्त कथित बातों से यह प्रकट होता है कि जैसे सत्य कोई वस्तु हो और कहीं छुपी हुई अवस्था में स्थित हो तथा उसे प्राप्त करने के लिए बड़ी भारी साधना करने की आवश्यकता है। ऐसे कथनों से सत्य को साध्य बना दिया गया है और उसकी प्राप्ति के मार्ग को साधना बना दिया गया है। वस्तुत: सत्य तो एक आभास है।

सत्य को प्राप्त करने के लिए कहीं भी जाने की आवश्यकता नहीं है। सत्य कोई वस्तु नहीं है कि जिसे छूकर या देखकर अनुभव किया जा सके अथवा उसको किसी स्थान-विशेष पर रखा जा सके। व्यवहारिक स्तर पर हमारे तथाकथित विद्वानों ने सत्य का परिमापन वचन-वादे तक सीमित बनाए रखा है। सच तो यह है कि सत्य अपने मन के अंदर है, सत्य एक तरंग है, जिसे अनुभव किया जा सकता है। इस तरंग का जिसने अनुभव किया हो, वह सत्य का आभास कर सकता है। सत्य की अनुभूति ही की जा सकती है। हम हैं, यही सत्य है, लेकिन विडंबना तो यह है कि हम अपने होने का आभास ही नहीं करते हैं। हम हमेशा दूसरों में रहते हैं, अपने से पृथक् अन्य दूसरी वस्तु अथवा

दूसरे व्यक्ति के आइने में अपना चेहरा देखते हैं। दूसरे हमारे बारे में क्या राय रखते हैं, अधिकांशतः दूसरों के बारे में सोचते रहते हैं, जबकि वास्तविकता यह है कि सत्य अपने अस्तित्व के साथ प्रतिक्षण, प्रत्येक समय जीवंत है और उसका आभास भर करना है। सत्य को खोजने के लिए कहीं जाना नहीं है।

चीन के महान् दार्शनिक लाओत्से ने कहा है, "सत्य कभी बोला नहीं जा सकता और जो कुछ भी बोलकर कहा जाए, वह सत्य नहीं है," अर्थात् प्रतिक्षण, प्रत्येक समय का, सत्य का अपना पूर्ण अस्तित्व है और वह जीवंत है, गतिशील है। उनके इस कथन को यदि अच्छी तरह समझ लिया जाए तो भ्रम की स्थिति नहीं रहेगी। समय रुका हुआ नहीं है, गतिशील है और इसी कारण समय के खिसकने के साथ तत्समय का सत्य निरंतर अपने अस्तित्व के साथ चलायमान है। निरंतर समय व्यतीत हो रहा है और इसका स्पष्ट तात्पर्य यह है कि जो व्यतीत हो चुका है, तब उसका अस्तित्व समाप्त हो चुका है, जो व्यतीत हो चुका है, वह जड़ है। इस प्रकार लाओत्से का कहना सही है कि जब भी मुँह से जो शब्द निकलेगा, तब तक तो उस स्थिति का समय आगे बढ़ जाएगा। इसलिए सत्य सिर्फ आभासित हो सकता है, उसे मुँह से बोला नहीं जा सकता। सत्य का अनुभव करना है तो हम गतिशील रूप में अपनी पूर्णता का अनुभव करें। प्रश्न यह है कि क्या हम अपनी पूर्णता का अनुभव करते हैं? हमने स्वयं को खंडों में विभाजित कर लिया है। इस कारण हमें हमारी मौलिकता का आभास नहीं है और हमसे हमारी अपनी मौलिक पहचान छुपी हुई है। विभिन्न समयों पर हम भिन्न-भिन्न स्वरूप में बँटे हैं और इसी कारण हम मिथ्या हो जाते हैं। हम स्वयं के होने और सिर्फ 'होने' (sense of being) का अनुभव तो कभी करते ही नहीं हैं।

विषय अध्यात्म व ध्यान की प्रक्रिया से संबंधित है, अतः सत्य व अस्तित्व को समझना होगा। समय ही सत्य है। समय के साथ बहना है। आँख बंद करके वर्तमान समय का आभास करें। व्यतीत हुआ क्षण, ली गई साँस का समय ठहरा हुआ नहीं है। इसी प्रकार आनेवाला अगला एक क्षण और ली जानेवाली साँस का समय अभी सामने नहीं है। प्रत्येक साँस आ रही है और निकल रही है। निकली हुई साँस वर्तमान नहीं है, वह मर चुकी है, इसी प्रकार आनेवाली साँस भी वर्तमान नहीं है, वह भविष्य है। आध्यात्मिक चिंतन में इस स्तर पर समय की गतिशीलता का आभास करना है। ऐसा आभास ही सत्य है। एक क्षण व्यतीत हुआ समय भूतकाल है और एक क्षण आगे आनेवाला समय भविष्यकाल है। व्यतीत हुआ समय और आनेवाला समय, दोनों ही असत्य हैं, क्योंकि इन दोनों का अस्तित्व नहीं है, लेकिन होता यह है कि हम व्यतीत हुए और आनेवाले समय में ही रहते हैं। इसी कारण हम सत्य के आभास से काफी दूर हैं। सत्य के अनुभव के लिए असत्य से परे होना है। हमारे अंदर सत्य का प्रवाह प्रत्येक

साँस में होने लगेगा। रात ठहरी हुई नहीं है, दिन भी ठहरा हुआ नहीं है। सत्य की पहचान उसकी गतिशीलता में है।

अब प्रश्न यह उठता है कि गति का अर्थ क्या है ? जो ठहरा नहीं है, परिवर्तनशील है, वह गतिशील है। समय की गतिशीलता को यदि हम स्थिरता में देखना चाहते हैं तो यह ठीक नहीं है। स्थिर समय को हम देख नहीं सकते, क्योंकि समय स्थिर है ही नहीं। इस कारण समय के अस्तित्व को स्वीकार करना है और समय के साथ बहने का प्रयास करना है। हम जब तक जीवित हैं तो सत्य है और जैसे ही शरीर छूटा तो शरीर मर गया और तत्क्षण ही शरीर असत्य हो गया। हम जब तक शरीर में हैं, तब तत्क्षण ही शरीर सत्य है और इसके बाद शरीर जड़ है, अचल है, गतिहीन है, अत: असत्य है, जब जिस क्षण, जो समय है, वही सत्य है और व्यतीत हुआ समय असत्य हो जाता है। वह याददाश्त बन जाता है। आध्यात्मिक चिंतन में यदि हम याददाश्त बनकर जी रहे हैं तो हम भी असत्य हैं। चूँकि चर्चा का विषय अध्यात्म, मन की एकाग्रता व सत्य के आभास से संबंधित है, अत: व्यवहारिक जीवन के दैनिक नित्य कार्यों से जोड़कर नहीं देखना है। याददाश्त में जीवंतता नहीं है, क्योंकि वह व्यतीत हुए समय की सिर्फ याद है। उसमें दु:ख भी है और सुख भी है। याददाश्त में सुख के पीछे दु:ख छुपा है और दु:ख के पीछे सुख भी छुपा है, परंतु मरा हुआ दु:ख और मरा हुआ सुख जो सिर्फ याद पर निर्भर है और वह अब सत्य भी नहीं है। इसलिए समय की गतिशीलता का आभास अपनी साँस के साथ बहते हुए करना है। इसे ध्यान की एक पद्धति भी कह सकते हैं।

प्रकृति प्रतिक्षण गतिशील है, इसी कारण जीवंत है और सत्य है। सच तो यह है कि हम अपनी गतिशीलता का अनुभव तो करते ही नहीं हैं, बल्कि हमने अपने मन के स्वभाव को या तो व्यतीत हुए समय से निर्मित हुई याददाश्त पर ठहरा लिया है अथवा आनेवाले समय के चिंतन में। आध्यात्मिक क्षेत्र में मन की यह आदत जड़ता को स्थापित करती है। यहीं से असत्य का रोपण होता है। फर्ज करें कि किसी कारणवश किसी क्षण हमको क्रोध आया और चला भी गया, लेकिन हमारे मन में उसकी छाप अभी भी है और हम क्रोध के पक्ष में अभी भी अपनी दृढ़ता से छाप बनाए हुए हैं तो यही असत्य है। सच तो यह है कि जिस कारण और जिस परिस्थिति के परिणामस्वरूप क्रोध आया था, न तो वह परिस्थिति रुकी हुई है, न ही वह कारण अब तक ठहरा है और न ही वह समय रुका हुआ है, लेकिन हम वहीं-के-वहीं अभी भी रुके हुए हैं, तब फिर हम असत्य हो गए। यहीं हम जड़ बन गए, जैसे उदाहरण के लिए एक आदमी गरम चाय का प्याला आपके लिए लाता है और अचानक त्रुटिवश गरमागरम चाय आपके पैर पर गिर जाती है, इस कारण आप उस चायवाले पर क्रोधित हो जाते हैं। कुछ देर बाद गरम चाय की जलन बंद हो जाने के पश्चात् आप सामान्य हो जाते हैं, अब इसी घटना को दोनों पक्षों ने याद करते

हुए पाल-पोसकर नकारात्मक रूप में बड़ा किया, बस यही असत्य है।

व्यतीत हुआ समय असत्य है। इसलिए सत्य एक दर्पण की तरह है, दर्पण में जब आप अपना हँसता हुआ चेहरा देख रहे हैं तो तत्क्षण वह दर्पण सत्य है और जैसे ही आप अपना क्रोधित हुआ चेहरा देख रहे हैं, तब उस क्षण भी वह दर्पण सत्य है, अर्थात् दर्पण तो प्रतिक्षण समय की वह जानकारी दे रहा है, जिस क्षण उसके सामने जो कुछ घटित हो रहा है, वैसा ही वह सूचित कर रहा है। इसलिए कहा जाता है कि दर्पण झूठ नहीं बोलता, वह तो प्रत्येक समय सत्य का आभास कराता है। उसके सामने एक साथ अनेक लोग खड़े हो जाएँ और अपने विभिन्न रूपों में अलग-अलग चेहरे की आकृतियाँ बनाएँ, कोई खुशी का, कोई दुःख का, कोई उदासीनता का तो उस समय उस दर्पण में सभी के चेहरे एक साथ उन लोगों को उनके रूपों के अनुसार दिखाएगा। तत्पश्चात् सबकुछ विलुप्त हो जाएगा। यही तो समय की पहचान है। प्रत्येक समय प्रत्येक व्यक्ति का एक जैसा समय का आभास नहीं हो सकता। इस कारण प्रत्येक समय प्रत्येक व्यक्ति का एक जैसा सत्य नहीं हो सकता, अत: अपनी गतिशीलता के अस्तित्व के साथ आभास करना है, तभी सत्य का आभास होगा। जड़ अपरिवर्तनीय है और चेतन गतिशील है। जड़ असत्य है। चेतन सत्य है। बड़े मजे की बात तो यह है कि जो जड़ है, ठहरा हुआ है, अपरिवर्तनीय है, गतिशील नहीं है, अचेतन है, उसे हम सत्य मान लेते हैं। इसके विपरीत जो गतिशील है, परिवर्तनशील है, चेतन है, वह सत्य है, उसका हम आभास तक नहीं करते हैं।

फर्ज करें कि आप एक नदी के किनारे पर बैठे हैं। नदी की धारा निरंतर बह रही है। अब उस बहती हुई धारा से यदि यह पूँछो कि क्या तुम्हें उस किनारे का आभास है, जहाँ अमुक व्यक्ति बैठा था? उस नदी की धारा का जवाब यही होगा—

"मुझे किसी किनारे का आभास नहीं है।" इसी प्रकार यदि उस किनारे से पूछो कि "नदी की बहती हुई एक अमुक धारा का क्या तुम्हें आभास हो रहा है?" वह किनारा भी यही जवाब देगा कि "मुझे किसी धारा का आभास नहीं है।" नदी की बहती धारा के साथ-साथ यदि किनारे भी बहने लगें तो किनारे सत्य हो जाएँगे। अन्यथा बहती हुई नदी की धारा के लिए नदी के किनारे असत्य हैं और इसी प्रकार किनारे के लिए व्यतीत हुई नदी की वह धारा भी असत्य हो गई। आप जिस क्षण जड़ बन गए तो असत्य हो गए। इसलिए जो समय व्यतीत हो गया, वह जड़ हो गया। जो घटना और बात पूर्व में कभी घटित हुई है तो उसे पकड़कर नहीं बैठना है, क्योंकि वह अब अस्तित्व में नहीं है।

अस्तित्व क्या है?

अस्तित्व के शाब्दिक अर्थ को हम दो रूपों में ग्रहण कर सकते हैं। एक तो यह कि किसी परिस्थिति-विशेष का समक्ष होना अथवा किसी घटना या तथ्य का समक्ष होना

वह परिस्थितिजन्य स्थिति चाहे अतीत की हो या घटित हुए वर्तमान की, उसके संदर्भ में हम अस्तित्व के भाव को लेकर चर्चा सामान्यतया अपने व्यावहारिक जीवन में करते हैं। आम बोलचाल की भाषा में किसी व्यक्ति-विशेष अथवा वस्तु-विशेष या फिर किसी परिस्थिति-विशेष की स्थिति को अस्तित्व मान लिया जाता है, लेकिन मैं आध्यात्मिकता के संदर्भ में अस्तित्व पर चर्चा कर रहा हूँ और ऊपर कह चुका हूँ, अस्तित्व का तात्पर्य वर्तमान समय से है, जो निरंतर चलायमान है। अस्तित्व का तात्पर्य, संपूर्ण ब्रह्म से है, अर्थात् अंतर्मन में प्रवेश करके बाहरी जगत् से स्वयं को पूर्णतः विच्छेदित करते हुए, जैसा आभास हो रहा है, वह केवल 'स्वयं के होने' का आभास है। यही अस्तित्व है। यही पूर्णसत्य है। इसमें चेतनता है, चेतना से परिपूर्ण है। आधुनिक लोग इसे 'एनर्जी' कहते हैं। चेतना के कारण ही ब्रह्म है। चेतना के कारण ही गतिशीलता है। इसी को चित्त कहेंगे और अस्तित्व के इसी आभास में संपूर्ण आनंद है। जिसने अस्तित्व के इस आभास को अपने स्वयं के अंदर समाहित कर लिया, वह स्वयं आनंदमय हो जाएगा, अतः प्रथम सूत्र है, अस्तित्व का आभास और उसी में सत-चित्त-आनंद निहित हैं।

अस्तित्व में निरंतर गतिशीलता है। अस्तित्व से तात्पर्य है संपूर्ण ब्रह्मांड, पृथ्वी, आकाश, सूरज, चाँद, सितारे, अपने स्वयं के जीवित होने का आभास, जन्म, मृत्यु, समय, जो कुछ भी समक्ष है, चिंतन में है, यह सब अस्तित्व है। यह सब जो दिख रहा है, आभासित हो रहा है, अस्तित्व ही है और अस्तित्व में समाहित है। अस्तित्व से तात्पर्य, वर्तमान के आभास से है। निरंतर चल रही साँस, हृदय की धड़कन, शरीर में रक्त की गतिशीलता, शरीर में हो रही गतिशीलता, सबकुछ समय की गतिशीलता के साथ अपने अस्तित्व का आभास करा रही है। शरीर की कुछ गतिशीलता का हमको आभास हो पाता है और कुछ का आभास नहीं हो पाता है, जैसे पेट के अंदर निरंतर भोजन पच रहा है, लेकिन उसकी प्रक्रिया का आभास नहीं होता, सिर्फ जब भूख लगती है तभी यह आभास होता है कि जो भोजन लिया था, वह पच चुका है। निरंतर परिवर्तन है। एक क्षण पहले हमारे अंदर जो विचार था, वह अब यथावत् नहीं है। एक क्षण पहले हमारी जो आयु थी, वह अब नहीं है। निरंतर चल रही परिवर्तन की इस यात्रा में कहीं भी ठहराव हो जाता तो हम बचपन से जवानी और बुढ़ापे तक नहीं पहुँच पाते, लेकिन निरंतर परिवर्तन और गतिशीलता को हम आभासित नहीं कर रहे हैं। परिवर्तन ही वर्तमान है और वर्तमान के आभास के साथ बहना ही अस्तित्व का आभास करना है।

हमारी स्मृतियाँ, व्यतीत हुई पहचान हमारे मन-मस्तिष्क में स्थापित हो गई है। हम उसी को थामे बैठे हैं, जबकि वर्तमान समय के अस्तित्व का आभास करने से हम वंचित हो रहे हैं। अतीत रुका हुआ नहीं है एवं भविष्य का अभी जन्म ही नहीं हुआ, अर्थात् हम वहाँ हैं, जहाँ का अस्तित्व नहीं है और जो अस्तित्व समक्ष है, वहाँ हम आभासित

नहीं होते हैं। क्या यह सच नहीं है कि प्रतिपल हमारा 'मैं' परिवर्तनशील है। निरंतर समय खिसकने के साथ हमारा 'मैं' जो पहले था, वह परिवर्तित हो चुका है। सामान्य भाषा में हम अपनी व्यतीत हुई अवस्थाओं का परिचय वर्तमान के संदर्भ में नहीं देते हैं, बल्कि भूतकाल में ही कहेंगे। उदाहरणार्थ 'मैं बचपन' नहीं कहेंगे, क्योंकि बचपन तो बीत गया, इसलिए हम कहेंगे—'मेरा बचपन, मेरी जवानी, मेरा बुढ़ापा'। The feeling of total existence is the real sense of 'being' and feeling of self identity is the sense of 'ego'. Self identity is changeable and not permanent, 'ego' is dying on every moment while 'being' exists every time. Hence the sense of egolessness awareness is the sense of 'being'. The presence of total existence is the presence of 'God' संपूर्ण अस्तित्व का आभास करना ही स्वयं के 'होने' का आभास है, परंतु स्वयं की पहचान निर्धारित करते हुए अनुभव करना 'अहम्' है। यहाँ 'अहम्' से तात्पर्य घमंड होना नहीं है। (अहम्, अहंकार, अभिमान, घमंड, ये अहम् के स्वरूप इसी पुस्तक में पृथक् से 'अहम् का कारण और निवारण' में वर्णित किए गए हैं) अतः अहंविहीन जागृति में ही संपूर्ण अस्तित्व का आभास होगा।

अस्तित्व के आभास की सार्थकता

अब एक प्रश्न उत्पन्न होगा कि अस्तित्व का आभास हम अपने कर्मक्षेत्र में रहते हुए भला प्रतिक्षण कैसे कर सकते हैं? क्योंकि अस्तित्व के उक्त आभास की स्थिति में यह देह भौतिक रूप से अचल हो जाएगी, आँखें बंद हो जाएँगी और जब हम परमानंद की स्थिति में होंगे एवं अस्तित्व के आभास में फ्लोट करेंगे, तब व्यावहारिक जीवन के कार्यकलाप करने संभव नहीं हो पाएँगे, क्योंकि हमें अपने दिन-प्रतिदिन के व्यावहारिक जीवन में प्रतिक्षण अतीत और भविष्य के साथ भी रहना होता है। अतीत में ही रहते हुए हम भविष्य की योजनाएँ बनाते हैं, जबकि ऊपर कहा यह गया है कि अस्तित्व के आभास के लिए वर्तमान का आभास करना है। अस्तित्व ही सत्य है, अस्तित्व में मेरी चेतना समाहित है और इसका परिणाम ही आनंद है, तभी सत-चित्त-आनंद को आभासित कर पाएँगे।

उत्पन्न हुआ प्रश्न अत्यंत प्रासंगिक एवं सारगर्भित है। प्रश्न यह है कि अस्तित्व का आभास अपने व्यवहारिक जीवन के कर्म-क्षेत्र में रहते हुए कैसे अनुभव करें? इस प्रश्न के लिए मेरा कहना यही है कि आप केवल ध्यान में बैठकर अस्तित्व का आभास कर सकते हैं। इस आभास के लिए ध्यानस्थ ही होना पड़ेगा। यह सिर्फ ध्यान में ही बैठकर संभव हो पाएगा, अतः अपने व्यवहारिक जीवन के कार्यकलापों से प्रतिदिन समय

निकालकर, भले ही कुछ मिनट के लिए ही हो, ध्यान में बैठकर अस्तित्व के आभास का अनुभव करना है। बड़ा ही आनंद आभासित होगा। प्रतिदिन के लिए अभ्यास हेतु एक सुनिश्चित समय व स्थान निर्धारित करना होगा। इस हेतु यह आवश्यक नहीं है कि किसी विशेष-स्थान या पूजा-स्थल पर ही ध्यान में बैठकर अस्तित्व का आभास किया जाए। सुनिश्चित समय व स्थान का महत्त्व इस कारण से सुसंगत है कि आपका मन स्वयमेव आदत में समाहित हो जाएगा, जब यह अभ्यास परिपक्व हो जाएगा, तब इसके लिए निर्धारित समय व स्थान महत्त्वहीन होगा। अस्तित्व के आभास का अनुभव करने के लिए यदि आप किसी बस या ट्रेन की यात्रा में भी हो तो भी ध्यानस्थ होकर अस्तित्व का आभास कर सकते हो। आप अनुभव करो कि यही समय है, जो पूर्णतः 'पूर्ण' है। थोड़ी सी देर ही बैठ जाओ आँखें बंद करके और यह अनुभव करो कि यही समय 'पूर्ण' है। कुछ भी अधूरापन नहीं है, इसके आगे-पीछे कुछ भी न तो कुछ छूटा है और न बचा है और न अब कुछ आगे आनेवाला है। यही क्षण है, जहाँ पूर्व का न कुछ याद है और न ही भविष्य की कोई अपेक्षा। स्मृतिविहीन आभास, तब आप स्वयं को एकल रूप में पूर्णतः आभासित करेंगे। किसी से भी कोई रिश्ता नहीं, रिश्तों के जुड़ाव के कारण ही हम अस्तित्व की समग्रता के अनुभव से वंचित हैं। जो भी हम हैं, जो आभासित हो रहा है, सिर्फ वही सत्य है और रोमांच हो रहा है, रोम-रोम प्रफुल्लित हो रहा है। यही सत-चित्त-आनंद है।

ध्यान की प्रक्रिया

आध्यात्मिक चिंतन का एक महत्त्वपूर्ण मील का पत्थर ध्यान पर ठहरता है। ध्यानस्थ हुए बिना आध्यात्मिक चिंतन निर्जीव के समान है। ध्यान के बिना केवल किताबी ज्ञान ही है। ध्यान के बिना आध्यात्मिक विषय ऐसा ही है, जैसे कि पुस्तकों में लिखी हुई सूचनात्मक जानकारियाँ। ध्यानस्थ होते समय सामने कोई दृश्य नहीं होता है, सिर्फ अस्तित्व का आभास होता है। ध्यान में न तो कोई दृष्टा है और न ही दृश्य है। वस्तुतः सच तो यह है कि ध्यान की स्थिति को वर्णित नहीं किया जा सकता है, जब हम निर्विचार अवस्था में पहुँच जाएँ और ठहरने लगें, तब इसे ध्यान की अवस्था कहेंगे। ध्यान में सिर्फ आनंद है, बाहरी दुनिया से आप विच्छेदित हो जाते हैं। हमें पदमासन या सिद्धासन में बैठकर कुछ समय प्राणायाम अनुलोम-विलोम करना है। प्राणायाम से मन शुद्ध व खाली हो जाता है। मन की स्थिति को पूर्णतः शांत होने का आभास करना है। मन यदि चंचलता में है, इधर-उधर भाग रहा है, तो उसके प्रहरी बन जाओ। जहाँ भी जाता है, उसे जाने दो, उसका पीछा करते हुए उसके प्रहरी बन जाओ। मन बहुत संवेदनशील होता है, उसे जब यह पता लगता है कि कोई उसका पीछा कर रहा है तो

वह सहम जाता है। बार-बार ऐसा अभ्यास करने पर मन का भटकना रुक जाएगा। ध्यान की यह प्रक्रिया सर्वाधिक सहज और सरल है। मन को शांत रखते हुए अपने अंदर जा रही और निकलनेवाली साँस पर मन केंद्रित करना है। इससे ठहराव की स्थिति बनेगी। विचारशून्यता की स्थिति होनी चाहिए। अपनी साँस पर मन को केंद्रित करना है। गुरुमंत्र 'सोऽहम' को दो भागों में विभाजित कर अंदर खींची हुई साँस में 'सो' मन-ही-मन कहें और बाहर निकलनेवाली साँस में मन-ही-मन 'हम' कहें, अर्थात् अपनी साँस के साथ गुरुमंत्र 'सोऽहम' होने लगेगा। महत्त्वपूर्ण यह नहीं है कि गुरुमंत्र का जाप कितनी बार किया, बल्कि देखना यह है कि ठहरे हुए मन में विचारशून्यता की स्थिति में कितने समय गुरुमंत्र का जप हुआ। अभ्यास करते-करते गुरुमंत्र साँस में समाहित हो जाएगा और अजपा-जप में परिवर्तित हो जाएगा। ध्यानस्थ होने की स्थिति ध्यानकर्ता के अभ्यास पर निर्भर करेगी। इस आभास में न तो कोई वस्तु है और न ही कोई नाम तथा न ही कोई परिस्थिति, सिर्फ 'स्वयं के होने' का आभास। इस आभास में स्वयं के व्यक्तित्व और नाम से भी विच्छेदित होना है, तब फिर एक ऐसा आभास होगा, जिसमें सिर्फ 'स्वयं के होने' का आभास भर होगा। ऐसा आभास समय से परे होगा, अर्थात् इस आभास में समय समाप्त हो जाता है। इस स्थिति में संपूर्ण ब्रह्म में आप स्वयं को ही सभी ओर फैला हुआ पाएँगे। एक ऐसा आभास होगा, जिसमें सब ओर सिर्फ शून्यता है। अस्तित्व का आभास वृहद् रूप में इस संपूर्ण ब्रह्मांड के अस्तित्व में स्वयं को समाहित करने पर हो सकेगा। ध्यान करने का सबसे बड़ा लाभ यह है कि मन शांत हो जाता है और असीम आनंद की अनुभूति होती है। कोई भी विपरीत परिस्थिति मन को अशांत नहीं कर पाती है तथा संपूर्ण संसार को व्यक्ति दृष्टा भाव से देखता है। अभ्यास करते-करते एक ऐसी स्थिति निर्मित होती है कि सुषुम्ना नाड़ी चलने लगती है, अर्थात् साँस के दोनों स्वरों से साँस का आवागमन होने लगता है। शनैः-शनैः अभ्यास करते-करते एक ऐसी स्थिति होती है कि आज्ञा-चक्र से होकर मेरुदंड होते हुए मूलाधार चक्र तक सिहरन बार-बार होने लगती है। यह सिहरन एक चलती हुई नागिन के स्वरूप में होती है।

ध्यान व आध्यात्मिक साधना के लिए सद्गुरु की कृपा व आशीर्वाद सहायक हो सकता है और वह ही उपाय बताते हैं। कुछ लोग कहते हैं कि आध्यात्मिक गुरुदेव नहीं मिल पा रहे हैं, इस हेतु मेरा अपना मत है कि गुरुदेव का मिलना, उनका आशीर्वाद प्राप्त होने के लिए प्रथमतः स्वयं को भी योग्य बनाना होगा। किसी अच्छे विद्यालय में विद्यार्थी का दाखिला कराने के लिए उसे विद्यालय की प्रवेश-परीक्षा देनी होती है और विद्यालय प्रशासन जब विद्यार्थी को योग्य समझता है, तभी विद्यार्थी को प्रवेश मिल पाता है। इसी तरह अध्यात्म साधना हेतु उपयुक्त गुरुदेव की प्रप्ति हेतु स्वयं को योग्य बनाना होगा। ऐसा नहीं हो सकता कि मन और आचरण शुद्ध नहीं है और फँसे हैं अनाप-शनाप

तरीकों से पैसा कमाने की मशीन में एवं तत्काल बटन दबाते ही गुरु की प्राप्ति हो जाए। ध्यान रखना होगा कि आजकल शहर-शहर, गली-गली अनेक गुरु घूम रहे हैं और मंच सजाकर स्वयं के योग्य होने का दावा करते हैं। मैं यह नहीं कहता कि इनमें सभी धर्म व प्रवचनों के व्यवसायी हों। तात्पर्य सिर्फ यह है कि साधक को सतर्क रहना है और मन के अंदर उत्पन्न हो रहे आध्यात्मिक प्रश्नों के जवाब से संतुष्ट होने पर जब हृदय में आस्था व समर्पण की तरंग उठे, तब गुरु का चयन कर लो और सच तो यह है कि यदि हम योग्य हैं तो स्वयं गुरु हमारा चयन कर लेंगे।

प्रख्यात दार्शनिक जे. कृष्णमूर्ति ने कहा है (पुस्तक : ध्यान, प्रकाशन : जे. कृष्णमूर्ति प्रज्ञा परिषद कृष्णमूर्ति फाउंडेशन, राजघाट फोर्ट, वाराणसी) "ध्यान प्रेम का स्पंदन है, ध्यान में एक विचित्र घटना घटती है, जिसे किसी मादक द्रव्य या आत्म-सम्मोहन द्वारा पैदा नहीं किया जा सकता। एक ध्यानी-मन को अपने ध्यान की शुरुआत कर देनी चाहिए और इस हेतु अगर आप ध्यान की व्यवस्था में लगे रहे तो यह अवस्था ही अपने चारों ओर एक चारदीवारी खड़ी कर लेगी, जिसमें आपका मन कैद होकर रह जाएगा। ध्यान का अर्थ यह नहीं है कि आप एक कोने में जाकर बैठ जाएँ, दस मिनट ध्यान करें और बाहर आकर अपने लक्षणों से एक कसाई बन जाएँ। ध्यान गंभीरतम चीजों में से एक है। आप इसे पूरे दिन कर सकते हैं—कार्यालय, घर-परिवार में, आप जब भी, जहाँ भी, जिस स्थिति में हों, ध्यानस्थ हो जाओ और इस स्थिति में समग्रता, पूर्णता, अभेदता का प्रकटीकरण होने लगता है।" जे. कृष्णमूर्ति कहते हैं, "अगर आप सोच-समझकर ध्यान करना आरंभ करते हैं तो यह ध्यान नहीं है। ध्यान तो एक हवा है, जो आपकी खिड़की खुली रहने पर अनायास भीतर प्रवेश कर जाती है, लेकिन अगर आप जान-बूझकर खिड़की खुली रखते हैं और आग्रहपूर्वक इसे आमंत्रित करते हैं तो इसका कभी आगमन नहीं होगा। ध्यान में परिपक्वता का अर्थ है, मन को ज्ञान से मुक्त करना। आप सुख और खुशियाँ बाजार में मूल्य चुकाकर खरीद सकते हैं, किंतु आनंद कदापि नहीं। आनंद का अस्तित्व केवल समग्र मुक्ति में है।" जे. कृष्णमूर्ति ने कहा है कि "हमें समाज की संरचना को बदलना होगा। इसमें व्याप्त अन्याय, विकृत नैतिकता, युद्ध, मनुष्य और मनुष्य के बीच पैदा किए गए विभाजन, स्नेह और प्रेम का सर्वथा अभाव, यह सब विश्व के विनाश का कारण है।"

ध्यान का अर्थ है, हृदय और मन का अमूल परिवर्तन। जे. कृष्णमूर्ति ने कहा है कि "ध्यान कभी भी लोगों के सामने या किसी के साथ या एक समूह में नहीं करना चाहिए। ध्यान आपको केवल एकांत में करना चाहिए, रात्रि की निस्तब्धता में या उषाकाल की नीरवता में, जब आप एकांत में ध्यान करते हैं तो सचमुच एकांत होना चाहिए। आपको पूर्णतः एकाकी होना चाहिए, बिना किसी विधि और पद्धति का अनुसरण करते हुए, बिना

चिंतन-मनन या मंत्र-जप करते हुए अथवा बिना किसी विचार को अपनी इच्छानुसार आकार देते हुए। इस एकांत का आगमन तभी होता है, जब मन को विचार से मुक्त कर लिया जाता है। ध्यान में विचारशून्यता होनी आवश्यक है, जब इच्छाएँ अथवा कोई चीज आप पर हावी होती है, जिसके पीछे भागते हुए आपका मन अतीत और भविष्य में भटकने लगता है तो वहाँ एकांत नहीं होता। केवल वर्तमान की विराटता में ही इस एकाकीपन का आविर्भाव होता है, और तब, उस शांत एकाकीपन और गोपनीयता में, जब समस्त आवागमन का अंत हो गया है, अर्थात् वह अवस्था जब 'दृष्टा' अपनी चिंताओं एवं अपनी मूर्खतापूर्ण इच्छाओं और समस्याओं के साथ विदा हो गया है, तभी उस शांत एकाकीपन में ध्यान का वह रूप प्रकट होता है, जिसे शब्दों में नहीं रखा जा सकता। ध्यान तब एक शाश्वत प्रवाह और गति है। वह अवस्था जिसमें आप केवल अपने संग होते हैं, हर वस्तु से, हर व्यक्ति से, हर विचार और वासना से पृथक्, जब आप पूर्ण रूप से एकाकी होते हैं। एकाकी होकर ध्यान करें, खो जाएँ, डूब जाएँ और इतना भी याद रखने की कोशिश न करें कि आप कहाँ थे, अगर आप इसे याद रखने की कोशिश करते हैं तो यह याद उस चीज की होगी, अर्थात् उस समय की होगी, जो मर चुका है, अगर आप इसकी स्मृति को पकड़े रहते हैं तो आप कभी एकाकी नहीं हो पाएँगे, अतः आप अनंत एकांत में, प्रेम के सौंदर्य में, निर्दोषता एवं नूतनता में डूबकर ध्यान करें।" जे. कृष्णमूर्ति ने कहा है कि "ध्यान वस्तुतः अत्यंत सरल है। जटिल इसे हम बना देते हैं। हम इसके आसपास विचारों और धारणाओं का जाल बुन लेते हैं। ध्यान एकाग्रता नहीं है। एकाग्रता का अर्थ है—बहिष्कार, अलगाव, प्रतिरोध और इसलिए एक संघर्ष। एक ध्यानपूर्ण मन एकाग्र हो सकता है, तब यह बहिष्कार और प्रतिरोध नहीं है, लेकिन एकाग्र मन ध्यानपूर्ण नहीं हो सकता। एकांत में परम आनंद का आगमन तभी होता है, जब आप अकेले होने से भयभीत नहीं होते हैं, जब आप संसार में रहते हुए भी संसार के नहीं होते हैं।"

इस निचोड़ से मैं इस निष्कर्ष पर पहुँचा हूँ कि ज्ञान का आभास और ज्ञानी होना, ध्यान में बाधक है। ध्यान, अर्थात् विचार-शून्यता, समय-शून्यता, स्मृति-शून्यता (क्योंकि स्मृति, भूतकाल का आभास है) हो। इसलिए मेरे दृष्टिकोण से ध्यानावस्था तो हमेशा ही रहती है, परंतु उस पर हमने विचारों का आवरण ढक दिया है, आवरण हटाओ तो ध्यानस्थ हो जाओगे।

जे. कृष्णमूर्ति : यदि कोई व्यक्ति जरा भी गंभीर है तो वह जीवन की एक ऐसी शैली का पता लगाए, जिसमें उसके अस्तित्व के किसी भी तल पर किसी भी तरह का द्वंद्व न हो।

□

26

लोग आलोचना क्यों करते हैं?

क्या कभी सोचा है कि आलोचनाओं के पीछे क्या कारण होते हैं? क्या कभी ध्यान दिया है कि अमुक व्यक्ति ने हमारी आलोचना क्यों की? कुछ लोगों को आलोचनाएँ करने में बड़ा ही मजा आता है, यद्यपि आलोचना तो प्रत्येक व्यक्ति की होती है और इस पृथ्वी पर ऐसा कोई भी मानव नहीं होगा, जिसकी आलोचना नहीं हुई हो, लेकिन आलोचना से हमें किस सीमा तक प्रभावित होना है अथवा प्रभावित नहीं होना है, यह विश्लेषण का विषय है। कहने का तात्पर्य यह है कि आलोचना सुनने में यह ध्यान रखा जाना चाहिए कि मेरी आलोचना का कारण क्या है?

सामान्यतया आलोचना होने के पीछे तीन कारण होते हैं और इनको अच्छी तरह यदि समझ लिया जाए एवं मनोवैज्ञानिक ढंग से विश्लेषण कर लिया जाए तो कभी भी हम अपनी आलोचना सुनने से पीड़ित नहीं होंगे। आलोचना के तीन कारण हैं—

1. ईर्ष्या के कारण आलोचना
2. वास्तविक आलोचना
3. वैचारिक आलोचना

ईर्ष्या के कारण आलोचना

कुछ लोग स्वभावतः ईर्ष्यालु होते हैं। उनका मौलिक स्वभाव ही ईर्ष्या करना होता है। ऐसे व्यक्ति नकारात्मक सोच के होते हैं एवं जीवन भर कुंठित बने रहते हैं। ऐसे लोग जीवन में पराक्रमी नहीं होते हैं, बल्कि उनकी सोच होती है कि भले ही थोड़ा-बहुत स्वयं उनका ही नुकसान क्यों न हो जाए, लेकिन अपने से संबंधित व्यक्ति का भारी नुकसान कराने में वे बड़े प्रसन्न होते हैं। ऐसे लोग अपनी ईर्ष्या की प्रवृत्ति के कारण अन्य दूसरों के प्रत्येक कार्य की आलोचना करते हैं, उनमें बुराइयाँ ढूँढ़ते हैं और उनकी कमियाँ निकालने को अपनी उपलब्धियाँ मानते हैं। ईर्ष्यालु व्यक्ति स्वयं के फटे कपड़ों से उतना दुःखी नहीं है, जितना कि अन्य को अच्छे कपड़ों में देखकर दुःखी होता है। ऐसे लोग स्वयं

भूखे रहने से इतने दु:खी नहीं होते हैं, जितने आपके भरपेट भोजन करने से दु:खी होते हैं। नुकसान पहुँचाने में ईर्ष्यालु स्वयं को पराक्रमी, गौरवशाली, राजनीतिज्ञ, कूटनीतिज्ञ वगैरह-वगैरह मानने लगते हैं। ईर्ष्यालु प्रवृत्ति के व्यक्ति भले ही किसी समाज-विशेष में अपनी नकारात्मक सोच के कारण अपना स्थान-विशेष बना लें, लेकिन सार्वभौमिक रूप में इनकी प्रशंसा नहीं होती है। ऐसे लोग किसी को जोड़ने में सक्षम नहीं होते, बल्कि विघटन कराना श्रेयस्कर मानते हैं। किसी ईर्ष्यालु व्यक्ति द्वारा यदि आलोचना की जा रही है तो ऐसी आलोचना को कचरा समझना चाहिए।

अब यह हमको अपने विवेक से सुनिश्चित करना है कि जो व्यक्ति हमारी आलोचना कर रहा है, वह वास्तविक आलोचना है या वैचारिक मतभिन्नता के कारण है अथवा ईर्ष्या के कारण है ? हमको यह समझना है कि ईर्ष्या की प्रवृत्ति से मजबूर हो रही आलोचनारूपी गंदगी के कारक हम नहीं हैं, बल्कि मानसिक रूप से विकृत ईर्ष्यालु व्यक्ति ने वातावरण को दूषित कर रखा है। ऐसी आलोचना पर ध्यान ही नहीं देना है। उसे दरकिनार करना है। ऐसी आलोचना करनेवाले को देखो ही नहीं, उसे सुनो ही नहीं, उस पर ध्यान ही न दो। सिर्फ उपेक्षा करो, अनसुना करो। ध्यान यह रखना है कि यदि प्रतिक्रियास्वरूप इसके विपरीत हम प्रभावित हो गए, तब फिर मान लीजिए कि ईर्ष्यालु व्यक्ति अपने उद्देश्य में सफल हो गया, फिर तो वह जीत गया और उसे हमने ही जिता दिया। खेल उसका था और जीत का मुकुट हमने उसके सिर पर बाँध दिया। यदि हम प्रभावित हो गए, फिर तो वह खुशी से उछलने लगेगा कि उसकी हरकत कामयाब हो गई। उसकी इस कामयाबी में हमारा ही सबसे बड़ा श्रेय रहेगा, अत: ईर्ष्यालु के द्वारा की गई आलोचना से कतई प्रभावित नहीं होना है।

सच तो यह है कि ईर्ष्यालु व्यक्ति मानसिक रूप से बीमार होता है। ईर्ष्या भी एक मानसिक विकृति है। ईर्ष्यालु व्यक्ति को दया का पात्र समझो। अपनी आलोचना की प्रतिक्रिया में यदि हम भी उसकी आलोचना करने में लग गए तो यह कहना भी गलत नहीं होगा कि उसकी बीमारी से हम भी प्रभावित हो रहे हैं, अत: उसे मात्र मानसिक बीमार ही समझो, जब ईर्ष्यारूपी बीमारी अपना विराट् स्वरूप लेते हुए ईर्ष्यालु व्यक्ति में फैल जाए, तब ऐसा व्यक्ति पागलपन की स्थिति में पहुँच जाएगा। वह भौतिक रूप से नुकसान करने लगेगा और नुकसान करने की योजनाएँ बनाने लगेगा। आप पर दोषारोपण की कीचड़ उछालेगा अथवा आपकी कार के दरवाजे का शीशा पत्थर से तोड़ देगा, आपके रास्ते में रोड़े अटकाएगा और जैसे ही आप परेशान होने लगेंगे, तब वह खुश होगा, लेकिन यदि आप अप्रभावित रहे और उसकी हरकतों के प्रति बेपरवाह रहे एवं उसे बीमार मानते हुए यह सोचकर कि यह तो मानसिक बीमार है, उस पर दया करने लगे तो उसकी आलोचना का प्रतिशत समय कम हो जाएगा।

ईर्ष्या की प्रवृत्ति का कारण क्या है, यह खोजने का कार्य मनोवैज्ञानिक चिकित्सकों का है। उसके अनेक कारण हो सकते हैं। इन्फीरियरिटी कॉम्प्लेक्स, अर्थात् हीनभावना, अभावग्रस्त होना, जीवन में अपने से बड़े के साथ तुलना करना और उद्देश्यों की ऊँचाइयों को हासिल नहीं कर पाना, कर्महीन होना आदि अनेक कारण ईर्ष्या करने के हो सकते हैं। यह भी संभव है कि ऐसा व्यक्ति अभावों में जीवन जी रहा हो अथवा व्यतीत हुआ बचपन पीड़ित रहा हो अथवा संपन्नता के पश्चात् दरिद्रता आ गई हो, लेकिन उसे इस प्रकार देखना है कि जैसे किसी पीड़ित या बीमार व्यक्ति की ओर देखते हैं।

ईर्ष्या की महिमा ऐसी है कि यह निकटतम व्यक्ति से अधिक होती है और दूर का व्यक्ति ईर्ष्या के कोप से क्षीण रहता है। ईर्ष्या का बीजारोपण होने में ईर्ष्यालु की सोच होती है कि 'जो काम हम नहीं कर पाए, वह 'वो' क्यों कर रहा है।' बस हो गई ईर्ष्या प्रारंभ। प्रत्येक जगह, प्रत्येक संबंधों में, प्रत्येक स्तर पर मुख्यत: ईर्ष्या का कारण ही यही है। ईर्ष्यालु व्यक्ति सोचता है कि 'मैं पराक्रमी नहीं बन सका तो वह क्यों बन रहा है, मैं धनार्जन नहीं कर सका तो वह क्यों कर रहा है?' इसी कारण ईर्ष्यालु व्यक्ति हमेशा कमियाँ ढूँढ़ने का कार्य करता है, अर्थात् जहाँ 'मैं' और 'मेरा' वर्चस्व नहीं है, वह सबकुछ व्यर्थ, खराब है, बुरा है और इसी कारण उसे ईर्ष्या है। ईर्ष्या का जन्म अहम् पर चोट पड़ने के कारण होता है। यही मूल, मंत्र, ईर्ष्या के उद्भव का है। अहम् का स्वरूप जितना बड़ा और मजबूत होगा तो चोट पड़ने पर उतनी ही विराट् स्वरूप से ईर्ष्या की प्रवृत्ति निर्मित होगी।

सामाजिक एवं व्यवहारिक जीवन में यदि हम पूर्णत: अहंविहीन व्यक्ति की तलाश करें तो संभवत: कोई भी नहीं मिलेगा। व्यवहारिक जीवन में यह देखने को मिलता है कि एक व्यक्ति का दूसरे व्यक्ति से तुलना करने पर थोड़ी-बहुत ईर्ष्या होने लगती है। इससे मुक्त होने का उपाय खोजना है तो हमें अपने चिंतन में आध्यात्मिक होना पड़ेगा। प्रश्न यह है कि हम कितने अहंवादी और कितने अहंविहीन हैं?

ईर्ष्या की प्रवृत्ति प्रभावित होने का परिमापन भी इसी से होगा। यदि हम अहंविहीन भाव में अधिकांशत: रहते हैं तथा चिंतन में परिस्थिति व समयकाल के विश्लेषण की क्षमता है, तब फिर न तो ईर्ष्या से प्रभावित होंगे, न द्वेष होगा, न मोह होगा, न छोटा होगा और न बड़ा होगा, फिर न तो ईर्ष्या की व्याख्या करने की आवश्यकता होगी और न ही ईर्ष्या का कोई अर्थ होगा। भले ही यह मान लिया जाए कि आम व्यक्ति में अहंविहीन भाव निर्मित होना संभव नहीं है और इसी कारण थोड़ा बहुत ईर्ष्यालु स्वभाव प्रत्येक में होगा, लेकिन अहंविहीन भाव को मन में समाहित करने का प्रयास निरंतर करते रहना चाहिए। स्वयं के अंदर भी यह आकलन होते रहना चाहिए कि कहीं ईर्ष्या की प्रवृत्ति तो नहीं पनप रही है।

वास्तविक आलोचना

कभी-कभी हमारे संदर्भ में वास्तविक आलोचना भी होती है और हम उसे समझ नहीं पाते हैं, क्योंकि स्वभावतः हमें अपनी आलोचना सुनना पसंद नहीं है, अतः यह भी आवश्यक है कि हम स्वयं का भी अध्ययन करें, स्वयं को भी पढ़ें, स्वयं की गतिविधियों व आचरण और व्यवहार का भी आकलन करें और उसके परिणामस्वरूप हुई आलोचना का विश्लेषण भी करें। बड़ी सीधी सी बात है कि यदि किसी व्यक्ति में कोई बुराई है और इसका उसे कतई ध्यान नहीं है, तब उस कारण से हो रही आचोचना को स्वीकार कर लेने में कोई बुराई नहीं है, क्योंकि ऐसी आलोचना वास्तविक व सच है। यदि हमारे किसी कार्य या व्यवहार के कारण स्पष्टतः कोई त्रुटि दिख रही है और उस पर हमारा ध्यान नहीं है तथा अन्य किसी ने उसे इंगित किया है तो ऐसी आलोचना को स्वीकार करने में बुद्धिमानी होगी। ऐसी आलोचना पर हठधर्मी भी नहीं होना है, क्योंकि आलोचना वास्तविक है। यदि हमारे व्यवहार में विकर्षण है और हमारे सामान्य व्यवहार से दूसरों को तकलीफ होती है तथा उस तकलीफ के कारण लोग हमारी आलोचना कर रहे हैं, तब ऐसी आलोचना तो सही है और होनी भी चाहिए, अब उक्त कारण से हुई आलोचना से यदि हमें बचना है तो हम अपनी उन त्रुटियों को, जिनके कारण से आलोचना होती है, उन्हें दूर करें। ऐसी आलोचना स्वागत योग्य मानने पर प्रशंसा ही होगी। वास्तविक आलोचना को नकारना नहीं चाहिए, बल्कि सुधारना चाहिए। यदि हम छोटी-छोटी बातों पर अनावश्यक रूप से बार-बार क्रोधित होते रहते हैं और इसी कारण हमारी आलोचना होती है, ऐसी आलोचना को स्वीकार करना चाहिए और अपनी कमी को दूर करना है। इसलिए निंदा करनेवाले को अपना शुभचिंतक ही समझना चाहिए। इसीलिए कहा गया है कि 'निंदक नियरे राखिए, आँगन कुटी छवाय, बिन पानी, साबुन बिना, निर्मल करे सुभाय'।

वैचारिक आलोचना

कभी-कभी दो व्यक्तियों के मध्य वैचारिक मतभेद भी होते हैं और इसी कारण मतभेद आलोचनाओं में परिवर्तित हो जाता है। अब आपको रसगुल्ला पसंद है और मुझे जलेबी पसंद है तो इस विषय पर एक-दूसरे का सिर-फुटौवल तो नहीं कर सकते हैं कि नहीं, आपको जलेबी ही पसंद करनी होगी और रसगुल्ले को बुरा मानना होगा। यहाँ दोनों व्यक्तियों के मतों में संघर्ष नहीं होना चाहिए, क्योंकि प्रत्येक व्यक्ति का अपना-अपना विचार और मत हो सकता है। इस प्रकार ऐसी आलोचनाओं पर संघर्ष करना व्यर्थ का व्यायाम है। राजनीतिक क्षेत्र में वैचारिक आलोचनाओं के कारण एक-दूसरे पर दोषारोपण इस सीमा तक होने लगा है कि वह गाली-गलौच और व्यक्तिगत अपमानजनक हो जाता है। ईश्वर ने इस पृथ्वी पर जितने मानव-शरीरों का प्रकटीकरण किया है तो यह

कतई संभव नहीं है कि उन सभी का चिंतन, विचार व पसंदगी एक समान हो। यदि एक समान चिंतन और विचार होने लगे, तब तो संपूर्ण जीवन बड़ा नीरस हो जाएगा, फिर न तो स्वस्थ चर्चाएँ होंगी और न ही सटीक शास्त्रार्थ और तर्क होंगे। एक-दूसरे के विचारों का विश्लेषण करते हुए तर्क करना तो अच्छा है, लेकिन ऐसा तर्क जब हार-जीत अथवा कुतर्क में परिवर्तित होने लगे तो विवाद व आलोचनाओं का स्वरूप बनने लगता है। मत-भिन्नता को स्वाभाविक ही मानना चाहिए। यहाँ मैं एक उदाहरण के माध्यम से स्पष्ट करना चाहूँगा—एक पति-पत्नी भारत के अति उच्च कोटि के मनोवैज्ञानिक चिकित्सक के पास अपनी समस्या को लेकर पहुँचे और उन्होंने चिकित्सक से कहा कि उनमें अब जीवन जीने की इच्छा समाप्त हो रही है, जीवन में नीरसता है और किसी भी प्रकार की कोई उपलब्धि अथवा इच्छाएँ उनमें नहीं हैं, डिप्रेशन की बीमारी से शनैः-शनैः ग्रसित हो रहे हैं। मनोचिकित्सक ने उनकी समस्या को शांतिपूर्वक सुनने के पश्चात् उनसे उनकी पसंद और नापसंद के संदर्भ में अनेकों-अनेक प्रश्न किए। चिकित्सक ने पति से पूछा कि उसे मीठा पसंद है या नमकीन? तो जो जवाब पति ने दिया वैसा ही जवाब पत्नी ने दिया। दोनों ने एक जैसे रंग की पसंद होना बताया, दोनों ने एक ही समय पर भोजन करना, एक ही समय पर सोना, एक ही समय पर सुबह उठना, एक ही समय पर घूमने जाना, एक ही प्रकार की सब्जी पसंद करना, एक ही प्रकार का भोजन पसंद होना, दोनों के एक समान मित्र और रिश्तेदार होना, एक ही प्रकार की फिल्में पसंद होना, अर्थात् दोनों पति-पत्नी के मध्य किसी भी विषय पर किसी भी प्रकार की मत-भिन्नता नहीं थी। किसी भी प्रकार का उनके आपसी संबंधों में द्वंद्व नहीं था। वे दोनों आपस में कभी भी लड़ते, झगड़ते नहीं थे और कभी भी एक-दूसरे को रूठने और मनाने का भी मौका उन्हें नहीं मिला, जब झगड़ा ही नहीं है तो रूठना, मनाना कैसा? मनोचिकित्सक ने उक्त पति-पत्नी की मानसिक बीमारी, डिप्रेशन और जीवन जीने की इच्छा समाप्त होने का कारण समझ लिया। मनोचिकित्सक ने उन्हें जवाब दिया कि "आप दोनों पति-पत्नी के मध्य आपस में किसी भी प्रकार का विरोधाभास एवं द्वंद्व नहीं है और इसी कारण आप दोनों का जीवन नीरसता में परिवर्तित हो गया है। संबंधों के मध्य रूठना, मनाना भी आवश्यक है, जब पति कितनी ही देर से घर वापस आए, लेकिन पत्नी उससे यह भी नहीं पूछे कि इतनी देर उनके आने में क्यों हुई है और वह कब से इंतजार कर रही है तथा पत्नी अपने व्यवहार में पूर्णतः सामान्य बनी रहे, तो फिर नीरसता तो हो ही जाएगी। यदि पत्नी कुछ समय के लिए मायके नहीं जाए अथवा उसके अभाव का आभास पति को नहीं होगा, तब उसके मिलन की उत्कंठा समाप्त होनी स्वाभाविक हो जाएगी। दोनों के मध्य प्रेम होना आवश्यक है, एक-दूसरे का ध्यान रखना भी आवश्यक है, लेकिन व्यवहारिक जीवन में थोड़ा-बहुत उतार-चढ़ाव भी आवश्यक है।"

अत: निष्कर्ष यह है कि विवेकशील व्यक्ति किसी भी स्थिति को जय-पराजय के तराजू में नहीं तौलते हैं। निंदा सुनकर उत्तेजित होने से हम निंदक के महत्त्व को स्वीकार कर रहे हैं। वस्तुत: निंदा सुनकर या मिथ्या दोषारोपण पर व्यंग्यपूर्वक हँसकर टाल देना चाहिए। भड़क उठना तो हमारे व्यक्तित्व के छोटेपन को प्रमाणित करेगा। आवश्यकता होने पर संतुलित रहते हुए दृढ़तापूर्वक उत्तर भी दें। वैचारिक मत-भिन्नता भी होना स्वाभाविक है और ऐसी मत-भिन्नता के कारण व्यक्ति-विशेष की आलोचना नहीं होनी चाहिए। आलोचना यदि होती भी है तो उसे मत-भिन्नता मानना चाहिए। वैचारिक मत-भिन्नता स्वयं के चिंतन और पसंदगी अथवा नापसंदगी पर निर्भर करती है। किसी एक व्यक्ति की पसंद को अन्य किसी दूसरे व्यक्ति पर थोपा नहीं जा सकता और थोपना भी नहीं चाहिए तथा यदि थोपने का प्रयास किया गया तो निश्चित ही आलोचना होने लगेगी। वैचारिक मत-भिन्नता में विश्लेषण करते हुए स्वस्थ चिंतन एवं स्वस्थ चर्चाएँ तथा सारगर्भित तर्क होना चाहिए।

स्वचिंतन : ***धनार्जन क्यों? पेट को रोटी, तन को कपड़े व सम्मान के लिए। अब यदि धन की आवक ऐसी है कि उससे सम्मान क्षीण होता हो या स्वयं अपनी ही नजर में गिरते हों, तब ऐसा धन निरर्थक है। कोई भी पुरुषार्थी भूख से नहीं मरता और नंगा भी नहीं फिरता। शेष सबकुछ प्रारब्ध पर निर्भर है।***

□

27

सिग्मंड फ्रायड का मनोवैज्ञानिक चिंतन

सिग्मंड फ्रायड (Sigmund Freud) एक प्रसिद्ध मनोवैज्ञानिक चिकित्सक, चिंतक व लेखक हुए हैं, उन्होंने मस्तिष्क में उठनेवाले विचारों व तरंगों को इड, ईगो व सुपर ईगो में विभाजित करते हुए मनुष्य के सोचने की प्रक्रिया को वर्णित किया है। उन्हें 'फादर ऑफ साइकियाट्री' कहा जाता है। मस्तिष्क के ये तीनों अंग व्यक्ति के स्वभाव, व्यवहार व व्यक्तित्व पर प्रभाव डालते हैं। फ्रायड के अनुसार, व्यक्तित्व का निर्माण बचपन से ही होने लगता है और उन्होंने साइकोसेक्सुअल की पाँच स्तरीय सीरीज का महत्त्व बताया है, जिसे उन्होंने 'साइकोसेक्सुअल थ्योरी ऑफ डेवलपमेंट' कहा है। फ्रायड के सिद्धांत की आलोचनाएँ भी हुई हैं। साइकोसेक्सुअल से तात्पर्य है, सेक्स का मन पर प्रभाव, अर्थात् सेक्स का मनोवैज्ञानिक स्वरूप। व्यक्ति के व्यक्तित्व में रचनात्मक सिद्धांत के संदर्भ में उन्होंने मस्तिष्क के तीन अंगों की भूमिका को रेखांकित किया है।

1. Id (इड) : यह मस्तिष्क के तीनों अंगों में प्राथमिक महत्त्वपूर्ण भाग है और बायोलॉजिकल गुण से संबंधित है। शरीर की आवश्यकता के अनुसार तत्काल आनंद प्राप्त करने के लिए किसी कार्य को करने में इस अंग की भूमिका रहती है। यह अवचेतन मन में सक्रिय रहता है, जैसे यदि किसी के मन में आइसक्रीम खाने का भाव उठा है तो आइसक्रीम कैसे आएगी, उसके गुण-अवगुण आदि पर विश्लेषण किए बिना हर हालत में, भले ही उसे छीनकर लानी पड़े, वह आइसक्रीम प्राप्त करना चाहेगा, अर्थात् मस्तिष्क में अनेक बार ऐसे विचार आते हैं, जो अच्छे और बुरा का भेद नहीं कर पाते हैं, बल्कि यह सोचते हैं कि फलाँ कार्य कर ही लिया जाए और कार्य के पूर्ण होने में औचित्यता की परख नहीं हो पाती है, बल्कि इच्छा पूर्ण होने की उत्सुकता व उत्तेजना होती है। किन्हीं व्यक्तियों में 'इड' गुण अधिक होता है। ऐसे व्यक्ति सेक्स के प्रति कामुक हो सकते हैं, ये सेक्सुअल अपराधी भी हो सकते हैं। ऐसे व्यक्ति किसी भी प्रकार के अपराध को करने से पूर्व विवेकहीन होते हैं तथा कभी-कभी अलौकिक और मुश्किल कार्य भी कर जाते हैं। फ्रायड कहते हैं कि मस्तिष्क का 'इड' भाग बच्चे के जन्म के बाद से ही सक्रिय रहता है।

उदाहरणार्थ यदि बच्चा किसी तकलीफ में है अथवा वह कोई माँग का अनुभव

करता है तो 'इड' के कारण वह तब तक रोएगा, चीत्कार करेगा व चिल्लाएगा, जब तक कि उसकी माँग पूरी नहीं हो जाती। बच्चा जब बड़ा हो जाता है तो 'इड' की सक्रियता के कारण वह अपनी माँग की पूर्ति हेतु धृष्टता करने लगेगा।

2. Ego (ईगो) : यह मस्तिष्क का मनोवैज्ञानिक गुण है। यहाँ विषय पर केंद्रित रहते हुए ईगो को आध्यात्मिकता के विषय में 'अहम्' अथवा घमंड से जोड़कर नहीं देखना है। वस्तुतः यह 'इड' गुण का विकसित एवं सुसंस्कृत स्वरूप है। मस्तिष्क का 'ईगो' भाग विवेकपूर्ण निर्णय लेने में स्वतः अपने आप सक्रिय हो जाता है। यह 'इड' व 'सुपर ईगो' के मध्य अपनी भूमिका का निर्वाह करता है। यह 'इड' व 'सुपर ईगो' की माँग पर व्यवहारिक, वास्तविक एवं कार्य के परिणाम के आधार पर 'इड' व 'सुपर ईगो' को संतुलित करता है। मस्तिष्क की इस दशा में व्यक्ति कार्य के अच्छे या बुरे का विश्लेषण करता है, जैसे कि 'इड' के कारण से हर हालत में गुण-अवगुण आदि पर विश्लेषण किए बिना आइसक्रीम खाने का भाव उठा और 'सुपर ईगो' के कारण से आइसक्रीम नहीं खाने का विचार आ रहा है, तब ऐसी स्थिति में 'ईगो' मध्यस्थता की भूमिका का निर्वाह करेगा और औचित्यपूर्ण निर्णय लेगा, अर्थात् 'ईगो' आइसक्रीम भी खाने देगा और आइसक्रीम छीनकर नहीं लेनी पड़े व लेने और खाने में बात बिगड़ न जाए, इसका उपाय भी बताएगा। यदि मस्तिष्क में बुरे कार्य का विचार आता है तो मस्तिष्क की इस दशा में व्यक्ति यह सोचता है कि बुरा कार्य कर तो लिया जाए, परंतु उसका पता न चल पाए, छुपकर कर लिया जाए, इसमें 'ईगो' की भूमिका रहेगी।

3. Super Ego (सुपर ईगो) : यह मस्तिष्क के सामाजिक गुण को प्रदर्शित करता है, अर्थात् इस दशा में व्यक्ति अपने को एक अच्छा सामाजिक प्राणी मानता है और इसी विचार के साथ सोचता है कि उसके किसी विशिष्ट कार्य का समाज पर एवं उसके व्यक्तित्व पर कैसा असर पड़ेगा। लोग उसे कब अच्छा कहेंगे और कब बुरा कहेंगे और ऐसा कार्य किया जाए, जिससे लोग अच्छा-ही-अच्छा कहें। इस अंग के सक्रिय होने पर यदि मन में आइसक्रीम खाने का भाव उठा है तो आइसक्रीम के खराब होने अथवा अच्छा होने का विश्लेषण होगा, उसके खाने पर लोग क्या कहेंगे आदि का विश्लेषण होने लगेगा। मस्तिष्क का यह भाग व्यक्ति को अच्छा होने की ओर प्रेरित करता है, अब यदि 'इड' और 'सुपर ईगो' दोनों सक्रिय हो गए हैं और 'सुपर ईगो' पर 'इड' भारी हो रहा है तो वह 'सुपर ईगो' के गुण को परास्त करते हुए व्यक्ति अपनी इच्छापूर्ति कर ही लेगा, भले ही उसे आइसक्रीम छीननी पड़े और तत्पश्चात् भले ही वह अपने किए पर पछताने लगे। इसी प्रकार यदि 'इड' पर 'सुपर ईगो' भारी हो रहा है तो आइसक्रीम नहीं खाने का निर्णय ले लिया जाएगा। यहाँ भी विषय पर केंद्रित रहते हुए सुपर ईगो को 'अहम्' अथवा घमंड से जोड़कर विचार नहीं करना है।

फ्रेउड ने बच्चे के जन्म से उसके जवान होने तक उसकी आयु को चार भागों में बाँटा है। फ्रायड के अनुसार बच्चे के जन्म के पश्चात् से ही मनोवैज्ञानिक प्रभाव उसके संपूर्ण जीवन के व्यक्तित्व का निर्माण करता है। जन्म के पश्चात् से जवान होने से पहले तक बच्चे में निम्नांकित स्टेज होती हैं—

1. **Oval Stage (ओवल स्टेज) :** जन्म के पश्चात् डेढ़ वर्ष की आयु तक का बच्चा ओवल स्टेज में रहता है। उसका संपूर्ण आनंद उसके मुँह में होंठों के इर्द-गिर्द ही केंद्रित रहता है। इस स्टेज में बच्चे को सर्वाधिक आनंद होंठों से चूसने में ही आता है। माँ के स्तन का निपिल चूसने में बच्चे को असीम आनंद मिलता है। शहद भरी रबड़ हो या हाथ का अँगूठा हो या पैर का अँगूठा, बच्चा यह प्रयास करता है कि होंठों से चूसने को मिले। इसका आनंद उसके मुख में ही केंद्रित रहता है।

2. **Anal Stage (एनल स्टेज) :** डेढ़ वर्ष के पश्चात् तीन वर्ष की आयु तक बच्चे का आनंद उसके गुदा द्वार (Anus) पर केंद्रित रहता है। वह बार-बार अपना हाथ गुदा द्वार और अपने लिंग पर ले जाता है। बच्चे को इन दोनों स्थानों में असीम आनंद होता है और इन दोनों स्थानों पर हाथ हटाए जाने पर वह प्रतिरोध करता है। फ्रेउड कहता है कि कभी-कभी बच्चे के इस स्वभाव के प्रति यदि प्रतिरोध किया जाए तो बच्चे का स्वभाव आगे चलकर चिड़चिड़ा हो जाएगा।

3. **Phallic Stage (फैलिक स्टेज) :** यह तीन वर्ष की आयु के पश्चात् से पाँच वर्ष की स्टेज है। इस आयु का बच्चा अपना लिंग बार-बार टटोलता है और उसमें उसे आनंद आता है। वह विपरीत लिंग-भेद को बड़ी गौर से देखता है और समझने का प्रयास करता है। इस स्टेज में बच्चा प्रत्येक समय अपना आनंद लिंग टटोलने में अनुभव करता है और इस आयु में वह सबकुछ ऐसा चाहता है, जैसा कि वह पिता का व्यवहार माँ के साथ देखता है। बच्चा अपने अपोजिट लिंग-भेद के साथ रहना पसंद करता है। उदाहरणार्थ—पुत्र माँ के साथ ही सोना चाहता है, माँ के पेट व सीने पर हाथ रखकर व पैर रखकर सोएगा, माँ को बच्चे से अलग करने पर वह रोएगा। सामान्यतया पिता अपने बच्चे को माँ से अलग करके सुलाता है तो बच्चा इसे स्वीकार नहीं करता है और रोने लगता है। बच्चा यह चाहता है कि पिता अलग हटकर सोए और माँ के साथ वह स्वयं सोए। बच्चे को अलग कर रोता हुआ माँ से भले ही कर दिया जाए, परंतु उसे इस कारण से अपने पिता से घृणा होने लगती है और उसके स्वभाव में चिड़चिड़ापन आने लगता है। यह बच्चे का सामान्य स्वभाव है। यदि बच्चा स्त्रीलिंग है तो ठीक इसके विपरीत वह पिता के प्रति वही व्यवहार पसंद करती है, जैसा माँ उसके पिता के साथ करती है। इसी संदर्भ में एक पौराणिक कथा ग्रीक माइथोलॉजी की है और इस कथा में बच्चे के मनोविज्ञान व उसकी प्रतिक्रिया के परिणाम को बताया गया है। ग्रीक देश में एक राजा था, उसका

नाम ऑयडीपस था, उसके पिता का नाम लयुस था, जब वह बच्चा था तो अपनी माँ में वह उस स्वरूप को देखता था, जैसा उसका पिता लयुस अपनी पत्नी के रूप में, अर्थात् उसकी माँ को देखता था। उसके बचपन काल में उसके पिता ने उसे बलपूर्वक माँ से अलग करके रखा। उसके साथ क्रूरतापूर्ण व्यवहार किया था और ऑयडीपस को माँ से अलग कर लयुस अपनी पत्नी के साथ सोता था। पिता की कामशक्ति के सामने बच्चे के मन पर प्रतिक्रियात्मक कुप्रभाव पड़ा। जिसे उसने अपने साथ दुर्व्यवहार माना, जब वह जवान हुआ तो पिता के प्रति प्रतिक्रिया में दुर्भावना बढ़ती ही गई और उसने उग्र स्वरूप धारण कर लिया। ऑयडीपस जब जवान हुआ तो उसने अपने पिता की हत्या की और फिर अपनी माँ जोकास्टा से विवाह किया तथा बच्चे पैदा किए, यद्यपि ग्रीक पुराण की इस कथा को काल्पनिक बताया गया है। इस कथा में बच्चे के इस स्टेज की प्रतिक्रिया के उग्र स्वरूप को प्रदर्शित किया गया है। फ्रेउड का कहना है कि बच्चा विपरीत लिंग के प्रति अपने माता-पिता में आकर्षित रहता है। फ्रेउड के 'साइकोसेक्सुअल थ्योरी ऑफ डेवलपमेंट' के सिद्धांत में इसे 'ऑयडीपस कॉम्प्लेक्स' कहा गया है।

4. Latency Stage (लेटेन्सी स्टेज) : पाँच वर्ष से बारह वर्ष की आयु में यह स्टेज रहती है। इस स्टेज में बच्चा विपरीत लिंग के प्रति आकर्षण व सेक्सुअल विकास का अनुभव भी करता है।

5. Genital Stage (जेनाइटल स्टेज) : बारह वर्ष से संपूर्ण युवा होने पर उपरोक्त चारों स्टेज व्यक्ति के मस्तिष्क में मिल जाती हैं और वह अपने व्यवहार में तथा अनुभव में काम भावना, सेक्सुअल फीलिंग का अनुभव करता है।

फ्रेउड के उक्त सिद्धांत से निष्कर्ष यह निकलता है कि व्यक्ति के स्वभाव का निर्माण उसके बचपन में ही होने लगता है। बच्चे के जन्म के पश्चात् यह ध्यान रखना होगा कि उसके अंदर जो नैसर्गिक गुण और उसकी आदतें विकसित हो रही हैं तो जब तक उसकी समझ-बुद्धि विकसित न हो जाए, तब तक उसका प्रतिरोध नहीं करना चाहिए। अन्यथा बच्चे के स्वभाव में चिड़चिड़ापन विकसित होने लगेगा और अपने माता-पिता के प्रति विकर्षण का भी एक कारण बन सकता है।

स्वचिंतन : जो बच्चे अपने माता-पिता को प्रेम नहीं करते, वे कभी किसी से प्रेम नहीं कर सकते। प्रेम धन सबसे बड़ा धन है। माता-पिता का ध्यान रखना प्रेम का सूचक है। प्रेम का प्रदर्शन नहीं करना होता है, प्रेम स्वयमेव आभासित होता है।

□

28

संवादहीनता और विवाद : कारण व निवारण

प्रश्न यह है कि संवाद कब पूर्ण होता है? कोई संवाद तभी पूर्ण होता है, जब बात कही गई, बात सुनी गई और बात समझी गई। संवाद की पूर्णता तभी कह सकते हैं, जब एक व्यक्ति से दूसरे के साथ संवाद की प्रक्रिया में कितना तालमेल है। भले ही हम एक-दूसरे से भलीभाँति परिचित हैं, फिर भी विचारों का परस्पर आदान-प्रदान यथावत् नहीं हो पाता है। हमें गौर करना होगा कि जब हम किसी व्यक्ति से कोई बात कहते हैं तो अपना संदेश पहुँचाने के लिए उसके तीन अंग हैं—

- प्रथमत: किसी भाषा के माध्यम से बात कहना और उस भाषा की यथावत् जानकारी दोनों ओर हो।
- द्वितीयत: जिस भाषा के शब्दों का उपयोग किया गया है, सुननेवाला उससे यथावत् चिर-परिचित हो, अर्थात् अपना संदेश दूसरे तक पहुँचाने के लिए आप जिन शब्दों का उपयोग कर रहे हैं तो हो सकता है कि उन शब्दों का तात्पर्य जो आपके लिए है, वह दूसरे के अर्थ से भिन्न हो।
- तृतीयत: जिस मानसिकता में मन के अंदर उत्पन्न हुए भाव को शब्दों के माध्यम से बोलनेवाले ने कहा है तो सुननेवाले ने यथावत् उसके भाव को समझ लिया हो। इन तीन अंगों में से यदि किसी एक का भी किंचित् मात्र लोप है तो उस स्थिति में संवाद का अभाव ही कहा जाएगा। किसी बात को कहने और समझने के मध्य बोले गए शब्द और सुननेवाले के मानसिक पटल का एक समान मानसिकता का भाव होना आवश्यक है और तभी कही गई बात को समझा जा सकता है।

कहने को यह विषय अत्यंत सामान्य है लेकिन इसका विश्लेषणात्मक अध्ययन गहनतापूर्वक यदि किया जाए तो हमारे व्यवहारिक जीवन के बहुत से झगड़े एवं भ्रम स्वत: ही विलुप्त हो सकते हैं। सच तो यह है कि अधिकाशं व्यक्तियों के मध्य विवादों की जड़ में सिर्फ संसूचनाओं के यथावत् आदान-प्रदान का अभाव होना ही है। वस्तुत:

हो यह रहा है कि सामनेवाला व्यक्ति जो कुछ हमसे कहना चाहता है, उसे हम या तो समझ नहीं पा रहे हैं अथवा समझने की कोशिश नहीं कर रहे हैं। किसी बात को कहनेवाले की मन:स्थिति में यदि हम यथास्वरूप उतर जाएँ तो बोली गई बात की समझ आसानी से हो सकती है।

एक व्यक्ति जब दूसरे से कुछ कहता है तो प्रश्न यह है कि एक से दूसरे की ओर क्या पहुँचा रहा है? वस्तुत: मन के अंदर उठ रहे 'भाव' को ही एक से दूसरे तक पहुँचाए जाते हैं। भाषा और शब्द तो संवाद के सिर्फ माध्यम हैं। मन में उठ रहे भाव जिस मानसिक धरातल पर प्रकट हो रहे हैं और अन्य किसी व्यक्ति को हम अपने भाव प्रेषित करना चाहते हैं, तब यदि उस व्यक्ति के मानसिक पटल में भाव का धरातल, प्रेषित किए गए भाव के धरातल से भिन्न है तो यहाँ हम कह सकते हैं कि जिन शब्दों के माध्यम से बात कही गई, वह सुन तो ली गई है, लेकिन यथावत् समझी नहीं गई है अथवा उसे ग्राह्य नहीं किया गया। यहाँ हम उन दोनों के मध्य संसूचनाओं का अर्थात् संवाद का अभाव ही कहेंगे। किसी बात के कहने व सुनने की पूर्णता के लिए सिर्फ इतना भर पर्याप्त नहीं है कि सुननेवाले ने बात को सुन लिया है। संवाद की पूर्णता के लिए वास्तविकता तो यह है कि सुननेवाले व्यक्ति को कहनेवाले व्यक्ति की मानसिकता के अनुरूप मानसिक पटल व हृदय का भाव बनना होगा और तभी उस बात की सार्थकता को आसानी से समझा जा सकता है।

एक से दूसरे की ओर मन के भावों को यथास्वरूप पहुँचने की प्रक्रिया को हम एक उदाहरण से समझ सकते हैं, जैसे कि जब हम कोई संगीत सुनते हैं तो हारमोनियम, तबला और सारंगी को बजाने के पहले उन्हें एक समान एक स्वर में संगीतकार मिलाते है। तत्पश्चात् ही संगीत प्रारंभ होता है और तब हम कह सकते हैं कि स्वर, लय और ताल में मधुरतम संगीत सुना है, उससे हम आनंदित हुए और समझ में भी आया, लेकिन यदि हारमोनियम, तबला व सारंगी के स्वर आपस में मिलान नहीं किए गए हैं और वे सभी वाद्य अलग-अलग स्वरों में हैं तो संगीत की भाषा में उसे समझा नहीं जा सकेगा और सुनने में भी बेसुरा व बुरा लगेगा।

यही स्थिति हमारे अंदर उठ रहे भाव को एक से दूसरे तक पहुँचने की है। हृदय में उठ रहे भावों को भाषा और प्रस्तुतीकरण की क्षमता के अनुसार शब्दों में पिरोकर भाषा एवं व्याकरण के माध्यम से जब प्रकट करते हैं तो जिन व्यक्तियों के लिए हम अपने भावों को संप्रेषित कर रहे हैं और जब उन व्यक्तियों के मन और हृदय में भी हमारे भाव की ग्राहिता का स्तर एक समान होगा, तभी बात समझी जा सकेगी। इसी कारण कोई मूल विषय प्रारंभ करने से पूर्व भूमिका भी बनाई जाती है, जिससे कि सुननेवाले की मानसिकता यथास्वरूप निर्मित हो सके, अर्थात् सुननेवाले के अंदर उसकी मन:स्थिति

को उसी प्रकार भूमिका के माध्यम से निर्मित किया जाना है, जिस प्रकार की मन:स्थिति के साथ वह अपनी बात कहना चाहता है, जिससे कि कहनेवाले के भावों का रोपण हो सके। यहाँ हम भावनाओं के प्रसारणकर्ता के मानसिक धरातल की स्थिति एवं भावनाओं के ग्रहणकर्ता के मानसिक धरातल की स्थिति की समानता होने पर ही संवाद को पूर्ण होना मान सकते हैं, जब दोनों ओर मानसिक धरातल की एक समान स्थिति होगी, तभी कहा जा सकेगा कि बात कही गई, सुनी गई और समझी भी गई।

एक दूसरे उदाहरण से समझने का प्रयास करते हैं कि यदि हम एक रबड़ की बॉल को पत्थर पर फेंककर मारें तो वह एकदम पलटकर उतनी ही ताकत से उछलकर वापस आ जाएगी, लेकिन यदि इसी रबड़ की बॉल को मिट्टी और पानी से सने हुए गारे में फेंकें तो वह बॉल वहीं पर खपकर रह जाएगी, अर्थात् रबड़ की बॉलरूपी बात हमारे अंदर उठ रहे भाव के माध्यम से कही गई है, जो दूसरे तक भेजी गई है और उस बॉलरूपी बात के शब्दों को सुनने के लिए दूसरी ओर मिट्टी और पानी के गारे जैसे भाव का हृदय स्थल सुननेवाले में यदि निर्मित नहीं हुआ है, तो संसूचनाओं का अभाव ही रहेगा और कहा जाएगा कि बात सुनी तो गई, लेकिन समझी नहीं गई।

मेरी अपनी यह सोच है कि लोगों के मध्य अधिकांशत: झगड़े समझ के अभाव के कारण ही हैं। अधिकांश लोगों में संवाद की पूर्णता नहीं है, संवाद का लोप है और इसे हम संवादहीनता ही कहेंगे। संवाद का तात्पर्य शब्दों को सुनने भर से पूरा नहीं होता है, बल्कि कहनेवाले व सुननेवाले के भाव की एकरूपता होने पर ही कहना, सुनना व समझना हो पाता है। व्यक्ति के सामान्य रिश्ते संवादहीनता के कारण ही बिगड़ते हैं। हम अनुभव कर सकते हैं कि समाज में पति-पत्नी के मध्य, भाई-भाई के मध्य, पिता-पुत्र, मित्र, अड़ोसी-पड़ोसी आदि के मध्य अधिकांश: विवाद भ्रम और संवादहीनता के कारण ही हैं। अन्य दूसरा जो कहना चाहता है, उसे हम या तो समझ नहीं पा रहे हैं या उसे बोलने की शैली ज्ञात नहीं है अथवा हमारे अंदर ठीक वैसी ही मानसिकता का धरातल निर्मित नहीं हो पाया है, जिससे कि हम सुनी गई बात को समझ सकें। गौर यह करना है कि कहनेवाले की मन:स्थिति क्या है और उसकी मन:स्थिति में क्या हम यथास्वरूप उतर पाए हैं या नहीं? यदि यथास्वरूप मन की स्थिति एक समान नहीं है तो संवादहीनता ही रहेगी। मैं स्पष्ट करना चाहूँगा कि मैं कही गई किसी बात की औचित्यता अथवा अनौचित्यता पर चिंतन करने के संदर्भ में नहीं कह रहा हूँ, बल्कि दो व्यक्तियों के बीच कही गई बात और उसकी समझ का विश्लेषण कर रहा हूँ।

उदाहरणार्थ एक व्यक्ति व्यंग्य और हँसी-मजाक के मूड में घर में बैठा है और दूसरा व्यक्ति किसी बात को लेकर क्रोध में आकर अपनी कोई बात कहता है तो निश्चित ही यहाँ दोनों की मन:स्थिति पृथक्-पृथक् है और कही गई बात समझ से परे होगी। सार

यह है कि शब्दों व भाषा के माध्यम से संवाद होने पर भी यह नहीं माना जा सकता कि उन व्यक्तियों के मध्य तात्त्विक संवाद हो चुका है। भले ही दो या दो से अधिक व्यक्ति एक-दूसरे को भली-भाँति जानते हों, लेकिन उनमें विचारों का आदान-प्रदान तभी हो पाएगा, जब मानसिक धरातल पर वे एक-दूसरे की बात समझ पाएँ। कभी-कभी यह भी संभव होता है कि किसी शब्द का प्रयोग करने पर उसका अर्थ अन्य दूसरे की दृष्टि में भिन्न होता है। इसी प्रकार जब संवाद का आदान-प्रदान एक समान स्तर पर व्यक्तियों के एक समान मानसिक धरातल के मध्य हो, तभी एक की बात दूसरे की समझ में आ सकती है। मन की ग्रहणशीलता भी उसी स्थिति में निर्मित हो पाती है कि जब सुननेवाला व्यक्ति पूर्वग्रह व स्थापित मान्यताओं में नहीं जकड़ा हो। सामान्यतः होता यह है कि किसी अन्य की बात सुनने से पूर्व ही हम प्रतिरोध के साथ अपनी तार्किक शक्ति को जागृत कर लेते हैं और विचार व्यक्त करनेवाले व्यक्ति को पराजित करने की ठान लेते हैं। ऐसी स्थिति में निश्चित ही संवादहीनता ही बनी रहेगी, क्योंकि मन की ग्रहणशीलता पूर्व से नकारात्मक हो गई है।

स्वचिंतन : ***शक्तिशाली व सामर्थ्यवान का रूपांतरण हिंसा में न होकर विनम्रता व समर्पण में हो, तो व्यक्तित्व में प्रशंसनीय निखार आता है।***

□

29

बुद्धियोग से ज्ञानयोग

मनुष्य योनि की सबसे बड़ी विशेषता यह है कि ईश्वर ने मनुष्य को बुद्धि और विवेक दिया है। जानवरों, पशु-पक्षी को बुद्धि नहीं दी है। बुद्धि और 'मन' में अंतर है। मन तो सभी प्राणियों में होता है। किसी भी जानवर को यदि प्यास लगेगी तो वह पानी की तरफ भागेगा, भूख लगेगी तो भोजन की ओर भागेगा। शारीरिक पीड़ा होने पर उसका आभास भी करेगा। कुछ लोग मन को ही बुद्धि समझ लेते हैं, लेकिन ऐसा नहीं है। कुछ लोगों का ऐसा मानना है कि जानवर और मानव में अंतर यह है कि जानवर में 'मन' नहीं होता है और मानव में 'मन' है और इसीलिए वह मानव है। वे मानते हैं कि 'मन' के कारण ही वह मनुष्य है, लेकिन यह भ्रमपूर्ण धारणा है। 'मन' तो संपूर्ण प्राणियों में होता है। छोटे-से-छोटे और बड़े-से-बड़े प्राणी, चींटी, मच्छर, शेर, हाथी आदि सभी में 'मन' है। बुद्धि व विवेक सभी में हो, यह आवश्यक नहीं है। मनुष्य में बुद्धि व विवेक की पात्रता है और ईश्वर ने प्रत्येक मनुष्य को उसकी अपनी योग्यता के अनुसार 'बुद्धि-धन' दिया है, लेकिन हमें कुछ लोग ऐसे भी मिलेंगे, जो बुद्धिहीन होते हैं। मूढ़, मूर्ख, इडियट होते हैं और वे सिर्फ मानव शरीरधारी भर होते हैं, लेकिन बुद्धि न के बराबर होती है।

अब प्रश्न यह उठता है कि बुद्धि की परिभाषा क्या है? इसे कम शब्दों में इस प्रकार समझ सकते हैं कि जिसका विवेक जागृत है, जो विवेकशील है, उसमें बुद्धि की मात्रा उसी अनुपात में है। जिस व्यक्ति में विवेकशीलता जितनी अधिक है, उसमें उसी अनुपात में बुद्धि है। पुनः प्रश्न यह उठता है कि विवेक किसे कहते हैं? लघु शब्दों में विवेक से तात्पर्य है, अच्छे और बुरे का भेद जानना। बिना किसी पूर्वग्रह के निरपेक्ष भाव से सही और गलत का अंतर समझना, अर्थात् किसी कार्य-विशेष को करने हेतु प्रेरित होना अथवा नहीं करने हेतु विवेकपूर्ण निर्णय लेना। विवेकपूर्ण निर्णय में निखार तब आता है, जब निर्णय लेने में निरपेक्षता हो, अर्थात् किसी विषय-विशेष के लिए प्रतिबद्धता न हो। जो लोग जीवन में निरपेक्ष भाव से, बिना किसी राग-द्वेष से कार्य करने का अभ्यास करते रहते हैं, उनकी बुद्धि और विवेक उसी अनुपात में जागृत होता है। उनके द्वारा लिया

गया निर्णय सामान्यत: द्वंद्व से परे होता है और एक ऐसी स्थिति निर्मित होती है कि हृदय से उठनेवाली एक तरंग, जो किसी कार्य-विशेष को करने या नहीं करने का निर्णय करती है। उच्च कोटि के ज्ञानी, संत, महात्मा, विद्वान्, चिंतक, लेखक अपने-अपने कर्म-क्षेत्र में रहते हुए 'बुद्धि-धन' से परिपूर्ण होते हैं।

बात अब यहीं से प्रारंभ होती है कि ईश्वर ने जिस व्यक्ति को जितनी बुद्धि दी है, उस पर उसी अनुपात में ईश्वर की कृपा है और इसके विपरीत, जो जिस अंश में बुद्धिहीन हैं, वे ईश्वर की कृपा-दृष्टि से उतने ही दूर हैं। ईश्वर से यह अपेक्षा करना कि वह वस्तु के रूप हमें धन, दौलत, मकान, कपड़ा, रोटी, सोना, चाँदी, हीरे, जवाहरात दे और प्रार्थना करने पर वह हमें दे भी रहा है, यह एक भ्रमपूर्ण धारणा है। ईश्वर से यदि कुछ माँगना ही है तो सिर्फ 'बुद्धि' देने की प्रार्थना करनी चाहिए। यदि वस्तुओं का अभाव है तो कथित वस्तुओं को अर्जित करने हेतु भी बुद्धि-क्षमता की आवश्यकता होती है और इस कारण वांछित वस्तुओं को अर्जित करने हेतु ईश्वर हमें बुद्धि ही देता है। ईश्वर कभी किसी कर्महीन व्यक्ति को कुछ भी नहीं देते हैं। ईश्वर कभी भी हमारा नौकर बनकर हमारे लिए मकान, रुपया, पैसा उपलब्ध कराने नहीं आएँगे। ईश्वर से प्रार्थना करने पर, अनुष्ठान करने पर किसी-न-किसी माध्यम से समस्या का हल तो प्राप्त हो सकता है। इसी संदर्भ में स्वामी अखंडानंद सरस्वती का संदर्भ देना सुसंगत होगा। वह कहते हैं कि बचपन में उन्होंने एक अनुष्ठान किया था, लेकिन अनुष्ठान के कारण कार्य-विशेष की, उन्हें सफलता नहीं मिल पाई थी। बाद में उन्हें अपनी बुद्धि से एक उपाय सूझा और वही कार्य, जिस निमित्त उन्होंने अनुष्ठान किया था, बुद्धिपूर्वक उपाय करने के पश्चात् सफल हो गया, तब उन्होंने अपने पितामह से पूछा कि अनुष्ठान करने से तो कार्य नहीं हुआ, फिर अनुष्ठान करने से क्या लाभ है? उनके पितामह ने एक श्लोक कहते हुए जवाब दिया—

न हस्ते यष्टिमादाय देवा: रक्षान्ति साधकम्।
यं तु रक्षितुमिच्छन्ति सुबध्या योजयन्ति तम्॥

अर्थात् देवता लाठी लेकर किसी की रक्षा करने नहीं आते। देवता जिसकी रक्षा करना चाहते हैं, उसे सद्बुद्धि दे देते हैं। स्वामी अखंडानंदजी कहते हैं कि "एक व्यक्ति ने अपना रोग मिटाने के लिए देवता की पूजा की। तत्पश्चात् दूसरा व्यक्ति उसके पास आया और उसने उसे दवा दे दी और कहा कि यह दवा खाने से उसका रोग ठीक हो जाएगा। उसने वह दवा खा ली और रोग ठीक हो गया।" इस प्रसंग से यह संदेश मिलता है कि जो व्यक्ति दवा देने आया था, उसके आने में देवता की प्रेरणा थी, अर्थात् कोई भी इच्छा अथवा कर्म कभी भी निष्फल नहीं होता है, परंतु संदेश यह भी है कि भजन, पूजन, अनुष्ठान मात्र संपन्न करने तक ही शांत होकर नहीं बैठना चाहिए, बल्कि साथ-साथ

कार्य-विशेष हेतु बुद्धिपूर्वक कर्म भी करना चाहिए।

बुद्धि से आगे एक उच्च स्थिति 'ज्ञान' की है। बुद्धियुक्त व्यक्ति की उच्च स्थिति 'ज्ञानी' होने की है। 'ज्ञानी' व्यक्ति के चिंतन के परिणामस्वरूप उसके अंदर से स्वयमेव सद्विचार व्युत्पन्न होने लगते हैं। उसका स्वयं का चिंतन प्रकट होने लगता है। उसके मुँह से निकले हुए संदेश प्रेरणादायक बन जाते हैं। आध्यात्मिक स्तर पर यदि विचार करें तो यह कहा जाता है कि 'ज्ञान' वह है, जो आत्म-तत्त्व से परिचय कराए। व्यक्ति 'ज्ञान' के माध्यम से आत्म-स्थित होने लगता है। 'ज्ञान' के माध्यम से जीवन का उद्देश्य, उसकी सार्थकता समझ में आती है और जन्म-मरण का कारण व उससे मुक्ति का उपाय समझ आने लगता है। यह बुद्धि की उच्च कोटि की स्थिति होती है। देखिए, विद्वान् एवं ज्ञानी में अंतर है। विद्वान् व्यक्ति में अनेक सूचनाओं का संग्रह रहता है। वह विषय से संबंधित अनेक सूचनाओं का एनसाइक्लोपीडिया होता है। उसे ज्ञात होता है कि किस विद्वान् ने कब, कहाँ, क्या कहा है। किस पुस्तक में विषय को किस प्रकार वर्णित किया गया है। वह पुस्तकों में भरे ज्ञान की एक जिल्द तक सीमित रहता है, परंतु ज्ञानी व्यक्ति विषय से संबंधित विभिन्न पुस्तकों को पढ़कर अपने स्वयं के चिंतन से विषय का प्रस्तुतीकरण करता है। ज्ञानी व्यक्ति से उसके अपने निजी चिंतन के आधार पर ज्ञान का प्रस्फुटन होने लगता है। वह पूर्व की लिखी हुई पुस्तकों के उद्धरण तक सीमित नहीं रहता है। वह अपने ज्ञान के माध्यम से स्वयमेव उद्धरण बनने लगता है और फिर अन्य लोग उसे उद्धृत करने लगते हैं।

श्रीमद्भगवतगीता में भगवान् श्रीकृष्ण ने बुद्धियोग को बड़ी स्पष्टता के साथ वर्णित किया है। ज्ञानी व्यक्ति कौन है, विवेकशीलता व स्मरण शक्ति का आपसी संबंध, तत्त्वज्ञानी और आत्मस्थित होने में विवेक, ज्ञान व स्थिर बुद्धि की भूमिका, समत्व-भाव निर्मित होने में बुद्धि की भूमिका, कर्म करने में अकर्ता भाव, वासनारहित जीवनयापन में बुद्धि की उपयोगिता, बुद्धि के माध्यम से कर्म-फल के बोझ से परे हो जाना, क्रोध में बुद्धि का हरण और ईश्वर की कृपा का लोप होना आदि श्रीमद्भगवतगीता में भगवान् श्रीकृष्ण ने बुद्धियोग के महत्त्व को प्रकट किया है।

इसलिए विषय से जुड़ते हुए बुद्धि के महत्त्व व उसके प्रयोग को हम श्रीमद्भगवतगीता के आईने में भगवान् श्रीकृष्ण के संदेश को समझने का प्रयास करते हैं।

युद्धभूमि में भगवान् श्रीकृष्ण के समक्ष अर्जुन है और परिस्थिति यह है कि पांडवों के साथ कौरवों ने बहुत अत्याचार व अन्याय किया है, अर्जुन युद्धभूमि में जब अपने ही सगे-संबंधियों, गुरुजनों को कौरवों की सेना के पक्ष में खड़े देखते हैं तो अर्जुन के मन में राग, लगाव, अपनापन उत्पन्न होने लगता है। अर्जुन युद्ध करने से इनकार करने लगते हैं, तब ऐसी विकट परिस्थिति में श्रीकृष्ण द्वारा अर्जुन को उपदेश दिया जाता है।

उसी समय जो वार्त्तालाप हुआ है, वह श्रीमद्भगवतगीता में वर्णित भगवान् श्रीकृष्ण का संदेश प्रासंगिक है।

कृष्ण कहते हैं कि—

प्रजहाति, यदा, कामान्, सर्वान्, पार्थ, मनोगतान्।
आत्मन्येवात्मना, तुष्टः, स्थितप्रज्ञस्तदोच्यते॥ 2/55।

जब मनुष्य अपनी समस्त कामनाओं, वासनाओं को त्यागकर स्वयमेव आत्मा में संतुष्ट रहता है, ऐसी स्थिति में वह स्थितप्रज्ञ हो जाता है। इस श्लोक में उन्होंने स्थिर बुद्धि की स्थिति को स्पष्ट किया है, जब व्यक्ति मन की कामनाओं से परे होकर अपनी आत्मा में ही स्वयं को संतुष्ट कर लेता है, तब उसे स्थिर बुद्धिवाला कहेंगे। स्थिर बुद्धि से तात्पर्य, मन में चंचलता नहीं होना, जब कामनाएँ होंगी तो भ्रम की स्थिति बनेगी और निर्णय लेने में संशय होगा। यहाँ गौर करना होगा कि बुद्धि-भ्रम की स्थिति कब निर्मित होती है ? जब व्यक्ति में किसी कार्य-विशेष की मनोकामना होगी और यह उत्कंठा होगी कि उसके द्वारा किए जानेवाले कार्य का फल उसी के पक्ष में ही आना चाहिए और उसके पक्ष में यदि नहीं आया तो वह असहज हो जाएगा, मन की इस मानसिकता में अनिश्चय की स्थिति बनेगी और उसकी बुद्धि स्थिर नहीं होगी। कर्म करने में एकाग्रता नहीं रहेगी। इसीलिए कर्म करते समय सिर्फ क्रिया पर ही ध्यान केंद्रित रखना है। जो मनुष्य कर्म-फल के प्रति अपने मन में संपूर्ण कामनाओं को त्याग देता है, वह स्वयं अपने आत्म-भाव का आभास करते हुए संतुष्ट बना रहता है—

दुःखेष्वनुद्विग्नमनः सुखेषु, विगतस्पृहः।
वीतरागभयक्रोधः, स्थितधीः, मुनिः, उच्यते॥ 2/56।

इस श्लोक में भी स्थिर बुद्धि के संदर्भ में कहा गया है कि जो मनुष्य दुःख के समय विचलित नहीं होता है, व्याकुल नहीं होता है और उद्वेगरहित रहता है एवं सुख की कामना नहीं रही हो, जो राग, भय व क्रोध से मुक्त है, ऐसा मनुष्य स्थिर बुद्धि का है। जीवन में प्रत्येक परिस्थिति, चाहे अनुकूल हो या प्रतिकूल, उससे सुखी व दुःखी नहीं होना है। ऐसे ही निरपेक्ष निष्कर्ष की मानसिकता के व्यक्ति को स्थिर बुद्धि का कहेंगे, अर्थात् दुःख में व्याकुल नहीं होना है, सुख की कामना नहीं होना, राग, भय व क्रोध से परे होना है, प्रियवस्तु या प्रियजन का नाश होने पर पीड़ित नहीं होना है, जब ऐसी मानकिता की स्थिति निर्मित हो जाए, तब ऐसे मनुष्य को स्थिर बुद्धि का कहेंगे। स्थिर बुद्धि में हमेशा आनंदित भाव का समावेश रहेगा।

स्थिर बुद्धि से तत्पर्य है समत्व-भाव में रहना। द्वंद्वरहित रहना। अनुकूल या प्रतिकूल परिस्थिति में एकसमान मानसिक स्थिति का संतुलन बने रहना। जो सुख व दुःख में एक समान भाव रखते हैं और इन दोनों परिस्थितियों में वे व्याकुल भी नहीं होते हैं, विचलित

नहीं होते हैं, ऐसे धीर पुरुष निश्चित रूप से मुक्ति के योग्य हैं, अर्थात् जन्म और मरण के बंधन से यदि मुक्त होना है तो मनुष्य को प्रत्येक प्रकार की पक्ष और विपक्ष की परिस्थितियों के परिणामस्वरूप प्रभावित नहीं होना चाहिए। ऐसा अभ्यास मोक्षदायक है। कामनारहित और वासनारहित मन की स्थिति को प्रकट किया गया है, क्योंकि यदि कामनाएँ व वासनाएँ होंगी तो अपने अनुकूल निर्मित हो रही प्रत्येक परिस्थिति से हमें सुख मिलेगा और विपरीत परिस्थितियों से दुःख मिलेगा, लेकिन हमें सुख और दुःख की समान परिस्थितियों में एक समान भाव में रहना है तो निश्चित ही हमें अपने कर्म के परिणाम के प्रति लगाव और इच्छा से रहित होना पड़ेगा।

कृष्ण कहते हैं कि—

क्रोधाद्भवति, संमोह:, संमोहात्, स्मृतिविभ्रम:।
स्मृतिभ्रंशाद्, बुद्धिनाशो, बुद्धिनाशात्, प्रणश्यति॥ 2/63

क्रोध करने से विवेक समाप्त हो जाता है। मूढ़ता उत्पन्न हो जाती है। अविवेक से स्मरण शक्ति भ्रमित हो जाती है और स्मरण शक्ति समाप्त होने से बुद्धि का नाश हो जाता है, अर्थात् ज्ञान समाप्त हो जाता है। बुद्धि के नाश होने से मनुष्य अपने उद्देश्यपूर्ण साधन से भटक जाता है। श्रीकृष्ण का स्पष्ट संदेश है कि जिसकी बुद्धि का नाश हो जाएगा, उसका तो सर्वनाश ही होगा। इस श्लोक में आशय यह है कि क्रोध के समय व्यक्ति को अच्छे और बुरे का परिणाम याद नहीं रहता है। उसके परिणाम को वह भूल जाता है, क्योंकि स्मरण शक्ति भ्रमित होने लगती है और इस श्लोक में स्मरण शक्ति के भ्रमित होने का आशय भी यह है कि क्रोध के कारण सही और गलत के परिणाम, अच्छे और बुरे का फल स्मरण नहीं रहता है और इसी कारण बुद्धि भ्रष्ट हो जाती है।

कहा गया है कि—

तपते यजते चैव यच, दानम् प्रयेच्छति, क्रोधेन,
सर्वम् हरति, तस्मात् क्रोधेन विसर्जियेत

अर्थात् दान करो, पूजा करो, तप करो, लेकिन यदि क्रोध किया तो समस्त प्रकार के पुण्य कार्यों को क्रोध हरण कर लेता है, अब प्रश्न यह उठता है कि क्रोध आता क्यों है? जब हमारी इच्छा के अनुरूप कार्य या किए गए कार्य का परिणाम प्राप्त नहीं हो, तभी क्रोध की स्थिति निर्मित होती है, अब देखिए कि मन और स्वभाव की भी एक आदत निर्मित होती है। क्रोध आने की प्रवृत्ति यदि बनने लगे तो क्रोध बार-बार आने का अपना रास्ता निर्मित कर लेता है। बार-बार क्रोध आने पर उसका रास्ता और अधिक पक्का हो जाता है, फिर शनैः-शनैः स्थिति ऐसी हो जाती है कि छोटी-से-छोटी बात पर क्रोध आने लगेगा। क्रोध और विवेक एक-दूसरे के दुश्मन हैं। विवेक, बुद्धि का भाई है, अतः बार-बार क्रोध आने पर बुद्धि नष्ट होने लगती है, फिर क्रोध धीरे-धीरे बुद्धि व विवेक

पर भारी हो जाता है। इसीलिए यदि हमारे पास 'बुद्धि-धन' है, तब विवेक भी होगा और क्रोध आने के रास्ते बंद हो जाएँगे।

भगवान् श्रीकृष्ण कहते हैं कि—

विषया विनिवर्तन्ते, निराहारस्य, देहिन:।
रसवर्जम्, रसोऽप्यस्य परम्, दृष्टवा निवर्तते॥ 2/59॥

इंद्रियों के द्वारा ग्रहण करनेवाले विषयों से तो मनुष्य भले ही निवृत्त हो जाए, परंतु उनमें भोग-विषयों के प्रति राग, यानी लगाव बना रहता है। ऐसा मनुष्य परमात्मा को साक्षात् करके राग-लगाव से भी मुक्त हो जाता है। मनुष्य चाहे अपनी इच्छा से या किसी बीमारी के कारण भोजन का त्याग करे, परंतु यदि मन में यह विचार रहता है कि क्या करूँ, भोजन नहीं कर पा रहा हूँ, लेकिन जब सामान्य हो जाऊँगा, तब अच्छे पदार्थों का सेवन करूँगा। इस प्रकार मन में भोजन ग्रहण करने का रस तो बना ही रहता है। इसी प्रकार किसी कारणवश इंद्रिय-विषयों व भोग-विंषयों का त्याग कर देना, लेकिन मन में यह भाव बने रहना कि कारण से निवृत्त होकर भोग करूँगा, अर्थात् भोग-विषयों के प्रति भी आसक्ति बनी रहती है, अव्यक्त अवस्था में राग बना रहता है। भोग विषयों की वस्तुएँ उसी के पास तो पहुँचती हैं, जिसका उनके प्रति राग होता है। जिसका भोग विषयों की वस्तुओं के प्रति लगाव ही नहीं होगा, वहाँ उनका पहुँचना संभव नहीं है। जिन मनुष्यों का स्वाभाविक रूप ही भोग-विषयों के प्रति राग नहीं होता है और उनमें वैराग्य है, तब ऐसा मनुष्य स्थिर बुद्धि का होता है और उन्हें निवृत्त हुआ ही समझो, अत: निष्काम कर्म के भाव से वासना नहीं रहती है और परम तत्त्व का अनुभव होने पर पूर्णत: निवृत्ति हो जाती है। जो मनुष्य समस्त प्रकार की परिस्थिति में स्नेहरहित है, शुभ अथवा अशुभ के परिणाम से परे है, अर्थात् शुभ फल प्राप्त होने पर न तो प्रसन्न रहे और अशुभ फल प्राप्त होने पर द्वेष अथवा क्रोध से परे है, ऐसे मनुष्य को स्थिर बुद्धिवाला कहेंगे।

कृष्ण कहते हैं कि—

तानि, सर्वाणि, संयम्य, युक्ता:, आसीत, मत्पर:।
वशे, हि, यस्य, इंद्रियाणि, तस्य, प्रज्ञा, प्रतिष्ठिता॥ 2/61॥

साधक को चाहिए कि वह अपनी समस्त इंद्रियों को वश में करते हुए समाहित चित्त हुआ मेरे परायण हो जाए, क्योंकि जिसकी इंद्रियाँ वश में होती हैं, उसकी बुद्धि स्थिर हो जाती है, बुद्धि व मन चलायमान नहीं रहता है, अर्थात् जिस मनुष्य की संपूर्ण इंद्रियाँ उसके वश में हैं, ऐसे मनुष्य को स्वयं श्रीकृष्ण की शरण में समझना चाहिए और ऐसे मनुष्य की बुद्धि स्थिर हो जाती है। दूसरे शब्दों में यह कहा जा सकता है, जिस मनुष्य की इंद्रियाँ उसके वश में होंगी, उसकी बुद्धि स्थिर हो जाएगी। अब प्रश्न यह है कि इंद्रियाँ क्या हैं? आँख, नाक, कान, त्वचा, मुँह, मन, बुद्धि, चित्त व अहंकार, ये नौ इंद्रियाँ हैं,

परंतु मन, बुद्धि और अहंकार को ही हम शरीर से शेष जुड़ी हुई इंद्रियों में शामिल मानेंगे, क्योंकि चित्त तो सर्वशक्तिमान चेतना है और इसी चेतना का आभास करना है, चित्त अथवा चेतना तो स्वयं भगवान् श्रीकृष्ण हैं। इस प्रकार निष्कर्ष यह निकलता है कि आँख, नाक, कान, त्वचा, मुँह एवं मन, बुद्धि व अहंकार से परे रहना है और इनको अपने वश में रखना है, तभी स्थिर बुद्धि की स्थिति पर पहुँचेंगे।

श्रीकृष्ण ने अपने भक्तों पर की जा रही बुद्धि प्रदाय की कृपा का संदेश श्रीमद्भगवतगीता में इस प्रकार भी दिया है—

तेषाम्, सततयुक्तानाम्, भजताम्, प्रीतिपूर्वकम्।
ददामि, बुद्धियोगम्, तम्, येन, माम्, उपयान्ति, ते॥ 10/10॥

अर्थात् जो निरंतर उनके ध्यान में लगे हुए हैं और प्रेमपूर्वक उनको भजते हैं, ऐसे व्यक्ति पर श्रीकृष्ण की कृपा होती है, ऐसे भक्तों पर वह तत्त्वज्ञानरूपी ज्ञानयोग प्रदाय करते हैं और फिर वे श्रीकृष्ण को ही प्राप्त हो जाते हैं, अर्थात् जो व्यक्ति ईश्वर भक्ति में लीन है, तब उसमें बुद्धि व विवेक का प्रकटीकरण होने लगता है, वह तत्त्वज्ञानी होने लगेगा। यह भी कह सकते हैं कि जो तत्त्वज्ञानी हैं और आत्मस्थित हैं, इसका स्पष्ट तात्पर्य है कि उन पर ईश्वर की कृपा है और तभी वे तत्त्वज्ञानी हो पाए हैं। ध्यान रखना होगा कि बुद्धि का तात्पर्य ज्ञान से है और ज्ञान का तात्पर्य तत्त्वज्ञान से है। यह विशेषाधिकार सिर्फ मनुष्य योनि में ही संभव है।

श्रीमद्भगवतगीता में भगवान् श्रीकृष्ण ने अर्जुन को बुद्धियोग का ज्ञान भी कराया है। वह कहते हैं—

एषा तेऽभिहितासांख्ये बुद्धिर्योगे त्विमांश्रृणु।
बुद्धया युक्तो यया पार्थ कर्मबन्धं प्रहास्यासि॥ 2/39॥

अर्थात् अभी तक जो भी कहा गया है, वह ज्ञानयोग के विषय में है और आगे वह कहते हैं कि अब तुम इसी ज्ञानयोग को कर्मयोग की दृष्टि से समझो। स्पष्ट है कि यहाँ श्रीकृष्ण यह कहना चाहते हैं कि ज्ञानयोग के माध्यम से जब मनुष्य राग-द्वेष, इंद्रिय-आसक्ति, विषय-भोग से मुक्त हो जाता है और बुद्धि स्थिर हो जाती है, तब ऐसी अवस्था में कर्मयोग के माध्यम से निष्काम कर्म करना चाहिए, अर्थात् उन्होंने अभी तक सांख्य दर्शन का वर्णन किया है, लेकिन अब वह बुद्धियोग का ज्ञान कराते हैं। बुद्धियोग से परिपूर्ण व्यक्ति कर्म करते हुए भी कर्म-बंधन से सदा के लिए मुक्त हो जाता है। आगे वह कहते हैं कि मनुष्य के जीवन के अनेक आयामों में परिवर्तन आते रहते हैं, लेकिन उसकी बुद्धि स्थिर रहनी चाहिए एवं उन्होंने समत्व भाव पर जोर दिया है। श्रीमद्भगवतगीता ही ऐसा ग्रंथ है, जिसका अध्ययन करने पर एवं उसे आत्मसात् करने पर मनुष्य कर्म करते हुए भी कर्म-बंधन से मुक्त हो सकता है। इस हेतु सर्वप्रथम बुद्धियोग को समझ

लेना चाहिए, क्योंकि बुद्धि के माध्यम से ही प्रत्येक परिस्थिति स्पष्ट हो सकती है, जब विकसित बुद्धि ही नहीं होगी तो कर्म, कर्म-बंधन, मुक्ति, आत्म-स्थित, आत्म-तत्त्व, आत्म-ज्ञान, निष्काम कर्म, निष्कर्मता को समझना मुश्किल होगा।

श्रीकृष्ण कहते हैं—

दूरेण, ह्यवरम्, कर्म, बुद्धियोगाद्धनंजय।
बुद्धौ, शरणम्, अन्विच्छ, कृपणाः, फलहेतवः ॥ 2/49 ॥
बुद्धियुक्तो जहातीह उभे, सुकृतदुष्कृते।
तस्माद्योगाय, युज्यस्व, योगः, कर्मसु, कौशलम् ॥ 2/50 ॥

बुद्धियोग से प्राप्त ज्ञान के उपरांत भी यदि मनुष्य सकाम कर्म करता है तो ऐसा कर्म अत्यंत निम्न श्रेणी का है, कृष्ण ने सकाम कर्म को कतई स्वीकार नहीं किया है। आगे वह कहते हैं कि समत्व बुद्धियोग को ग्रहण करो। आगे के श्लोक में श्रीकृष्ण ने स्पष्ट किया है कि बुद्धियोग के माध्यम से प्रकट हुए समत्व भाव से परिपूर्ण मनुष्य के द्वारा किए गए कर्म से उत्पन्न समस्त पुण्य व पाप से वह मुक्त हो जाता है, अर्थात् कर्म-बंधन से छूट जाता है। उन्होंने बुद्धि के माध्यम से मन को समत्व भाव में रहने की प्रेरणा दी है। वह कहते हैं कि सकाम कर्म अत्यंत तुच्छ है। कर्म करते हुए उसके फल, परिणाम की स्वयं के पक्ष में इच्छा बनाए रखना ही सकाम कर्म है और इसे कृष्ण ने उचित नहीं माना है। इसलिए वह आगे कहते हैं कि समत्व बुद्धियोग की शरण में रहो, अर्थात् कर्म का परिणाम कुछ भी प्राप्त हो, पक्ष में हो या विपक्ष में, दोनों ही स्थिति में समत्व भाव होना चाहिए। फल की वासना वाले व्यक्ति अत्यंत दीन हैं। यहाँ उनका आशय है कि निष्काम कर्म करना। निष्काम कर्म से तात्पर्य है कि कर्म के परिणामस्वरूप सापेक्ष फल प्राप्त होने की लालसा नहीं होनी चाहिए, लेकिन सापेक्ष फल प्राप्त नहीं होने के प्रति निराशा का भाव भी नहीं होना चाहिए, अर्थात् आशा और निराशा से परे, सुपरिणाम व कुपरिणाम से परे। कर्म करने में अकर्ता भाव होना चाहिए। जो व्यक्ति फल की इच्छा के वशीभूत होकर कर्म करते हैं, उनको श्रीकृष्ण ने हेय दृष्टि से देखा है। आगे उन्होंने कहा है कि समत्व बुद्धियुक्त पुरुष अपने पुण्य एवं पाप कर्मों को इसी लोक में छोड़ देता है, अर्थात् अपने कर्मों में वह लिप्त नहीं रहता है और मनुष्य को समत्व बुद्धियोग के लिए ही प्रयास करना चाहिए एवं इसी माध्यम से कर्म-बंधन से मुक्ति मिल जाती है। स्पष्ट तात्पर्य यह है कि बुद्धिमान वही व्यक्ति है, जो कर्म तो करे, लेकिन कर्म-फल का बोझ उस पर नहीं रहे तथा ऐसा कर्म करने से यदि पुण्य मिलता है तो उसे अभिमानी नहीं होना चाहिए और इसी प्रकार पाप-कर्म में भी यदि फल की लालसा नहीं है तो ऐसा व्यक्ति नरक का भागीदार नहीं होता है, जब फल की लालसा नहीं होगी तो किए गए कार्य को भले ही पाप-कर्म कह सकते हैं, लेकिन ऐसे कथित पाप-कर्म में उसका कोई हित, लगाव, अर्थात् रुचि

नहीं है और इसी कारण उसके परिणाम के प्रति आसक्ति नहीं है। कर्म की सफलता के कारण से अभिमानी न हो जाए और कर्म के अनुसार सफलता प्राप्त न होने पर पछतावा भी न हो, ऐसा व्यक्ति समत्व भाव में रहेगा। बुद्धिमान वही है, जो दोनों ही प्रकार के कर्म-फल में समत्व भाव बनाए रखे। ऐसा व्यक्ति अपने कर्म-बंधन से लिप्त नहीं रहता है और उसकी स्थिति ठीक ऐसे ही होती है, जैसेकि कमल के पत्ते पर पानी की बूँद, अब यहाँ प्रश्न यह उठेगा कि किए गए कर्म का दुष्परिणाम मिला और कर्म करने के पूर्व यह सोचना ही नहीं है कि उसका क्या परिणाम होनेवाला है, तब तो लोग यह दोषारोपण करेंगे कि "कार्य प्रारंभ करने से पूर्व क्या आपने यह भी ध्यान नहीं दिया कि इसका क्या परिणाम होगा?" इस प्रश्न का जवाब भी यही है कि किसी भी कार्य को प्रारंभ करने से पूर्व उसका उद्‌देश्य व निष्कर्ष बुद्धिपूर्वक सुनिश्चित कर लेना चाहिए। उद्‌देश्यहीन कर्म निरर्थक है। कर्म सोद्‌देश्य होना चाहिए। प्रत्येक कर्म के साथ एक लक्ष्य निर्धारित होना चाहिए, परंतु कर्म करने के पश्चात् यदि सुपरिणाम नहीं मिलता है तो दुःखी नहीं होना है, अर्थात् कर्म-फल के प्रति आसक्ति नहीं होनी चाहिए। यह भाव नहीं होना चाहिए कि किए गए कर्म का परिणाम पक्ष में ही हो। कर्म के परिणाम से विमुखता होनी चाहिए।

विषय से प्रासंगिक होते हुए श्रीमद्‌भगवत गीता में श्रीकृष्ण ने कहा है—

कर्मजम् , बुद्धियुक्ताः, हि, फलम्, त्यक्त्वा, मनीषिणः।
जन्मबन्धविनिर्मुक्ताः, पदम्, गच्छन्त्यनामयम्॥ 2/51॥

यहाँ कृष्ण जन्म-मृत्यु के बंधन से मुक्ति का संदेश उन विद्वान् और ज्ञानी मनुष्यों को दे रहे हैं, जो बुद्धियोग के माध्यम से कर्म-फल के प्रति आसक्ति नहीं रखते हैं, ऐसे ज्ञानी मनुष्य परमात्मा को प्राप्त हो जाते हैं। निष्कर्ष यह बताया गया है कि समत्व बुद्धि के मनुष्य ही श्रेष्ठ हैं। कर्म-फल से राग न हो। इस अभ्यास से मनुष्य परमात्मा में लीन हो जाता है, अर्थात् उसे परमात्मा मिल जाते हैं अथवा परमात्मा उसे स्वयं प्राप्त कर लेते हैं। अपने कर्म से उत्पन्न होनेवाले फल की लालसा को त्यागना ही ज्ञान कहा गया है और ऐसी स्थिति बुद्धियोग के माध्यम से प्राप्त होती है। श्रीकृष्ण कहते हैं कि बुद्धियोगयुक्त ज्ञानी व्यक्ति अपने कर्मों से उत्पन्न होनेवाले परिणाम को त्यागकर जन्म-बंधन से छूट जाते हैं और निर्दोष रूप परम गति को प्राप्त होते हैं। यहाँ कृष्ण ने दो प्रकार के संदेश दिए हैं, एक तो यह कि अपना कर्म निष्काम भाव से करते रहो। उन्होंने बार-बार निष्कर्मता का संदेश दिया है, अर्थात् किए गए कर्म के परिणाम के प्रति असक्ति नहीं होनी चाहिए, भले ही सकारात्मक परिणाम मिले या नकारात्मक परिणाम। दोनों ही स्थितियों में मन की स्थिति एक समान होनी चाहिए। आगे कृष्ण यह संदेश देते हैं कि जब ऐसी स्थिति मनुष्य की हो जाती है तो उसे परमपद की प्राप्ति होती है, अर्थात् वह भगवान् की शरण में रहता है और जन्म-मृत्यु के चक्र से छूट जाता है। सही भी है और औचित्यपूर्ण भी है,

जब किए गए कर्म के फल से मनुष्य प्रभावहीन रहेगा तो कर्म-बंधन रह ही नहीं जाएगा। कर्म-बंधन ही तो पुनर्जन्म का कारण है।

श्रीकृष्ण कहते हैं—

प्रसादे, सर्वदुःखानां हानिरस्योपजायते।
प्रसन्नचेतसो, ह्याशु बुद्धिः पर्यवतिष्ठते॥ 2/65॥

जिस मनुष्य का अंतःकरण, मन प्रसन्नचित्त रहता है, निर्मल होता है, उसे किसी भी दुःख का आभास नहीं होता है, अर्थात् उसे दुःख प्राप्त ही नहीं होते हैं। प्रसन्नचित्त रहनेवाले मनुष्य की बुद्धि अच्छी तरह शीघ्र स्थिर हो जाती है। संदेश यह दिया गया है कि कपटपूर्ण व्यवहार करनेवाले को दुःख मिलते हैं और निर्मल मन का व्यक्ति दुःखरहित होता है। जिसका मन निर्मल होता है, वह प्रसन्नचित्त रहेगा। स्वाभाविक भी है कि निर्मल मनवाला व्यक्ति स्वच्छ जल के समान होता है, जैसा जो कुछ मन में है, वही बाहर भी है। वह निष्कपट भाव में रहता है, क्योंकि वह साजिशन, षड्यंत्रपूर्वक यह नहीं सोचता है कि कौन से तथ्य को क्यों छुपाया जाना चाहिए। कपटपूर्ण व्यक्ति के मन में तो जो कुछ रहता है, परंतु उसके विपरीत वह व्यवहार करता है, अंततः निष्कर्ष यह है कि निर्मल मनवालों को दुःखरहित जीवनयापन मिलता है एवं वह प्रसन्नचित रहते हैं और उसकी बुद्धि स्थिर हो जाती है। इसी संदर्भ में गोस्वामी तुलसीदासजी ने श्रीरामचरितमानस में भगवान् श्रीराम का संदेश बताया है कि—

निर्मल मन जन सो मोहि पावा, मोहि कपट छल छिद्र न भावा

अर्थात् व्यक्ति का मन शुद्ध होना चाहिए। मन में कपट नहीं होना चाहिए। यदि कोई साधु, संन्यासी, मठाधीश अपनी कार्यशैली व सोच में, अपने व्यवहार में कपट भाव रखता है तो ऐसा कदापि नहीं है कि वह ईश्वर का भक्त हो अथवा वह आध्यात्मिक हो गया हो। कपटता के चाल-चरित्र के व्यक्ति को ईश्वर कभी भी स्वीकार नहीं करते हैं। इसलिए मन में अपने व्यवहार में पारदर्शिता, निर्मलता होनी चाहिए।

श्रीमद्भगवतगीता में श्रीकृष्ण ने कहा है कि—

इंद्रियाणां हि चरतां यन्मनोऽनु विधीयते।
तदस्य हरति प्रज्ञां वायुर्नावमिवाम्भसि॥ 2/67॥
तस्माद्यस्य महाबाहो निगृहीतानि सर्वशः।
इंद्रियाणीन्द्रियार्थेभ्यस्तस्य प्रज्ञा प्रतिष्ठिता॥ 2/68॥
आपूर्यमाणमचलप्रतिष्ठं समुद्रमापः प्रविशन्ति यद्वत्।
तद्वत्कामा यं प्रविशन्ति सर्वे सशांतिमाप्नोति न कामकामी॥ 2/70॥

जब व्यक्ति का मन इंद्रियों की इच्छाओं के साथ जुड़ जाता है तो इसका परिणाम उसकी बुद्धि भ्रष्ट होना उन्होंने माना है। जिस तरह एक नाव सागर में चल रही है,

लेकिन विपरीत दिशा की वायु का वेग उस नाव को अपनी दिशा में चलने को मजबूर कर देता है, उसी प्रकार मनुष्य का मन जिस इंद्रिय के साथ आसक्त होकर बना रहता है तो वह इंद्रिय मनुष्य की बुद्धि का हरण कर लेती है। किसी विषय वासना में जब मन लग जाता है, तब उस स्थिति में बुद्धि स्थिर नहीं हो सकती है। बुद्धि भी अपने तर्क को इस प्रकार प्रकट करने लगती है कि विषय-वासनावाली इंद्रिय के तर्क युक्तियुक्तपूर्ण प्रकट होने लगते हैं। उदाहरणार्थ यदि कोई व्यक्ति काम वासना में लगा है तो उससे तर्क करने पर उसकी बुद्धि वकील बनकर ऐसे-ऐसे तर्क प्रस्तुत करने लगेगी और प्रमाणित करने लगेगी कि कामवासना में लगे रहना उचित है। ईश्वर ने शरीर दिया है, मन दिया है, मन के अंदर कामवासना दी है तो क्यों न इसका उपभोग किया जाए? इसे शरीर की आवश्यकता मानते हुए बुद्धि अपने तर्क के माध्यम से प्रमाणित कर देगी। ऐसी स्थिति में श्रीकृष्ण का यह संदेश है कि मनुष्य का मन उसकी जिस इंद्रिय के साथ आसक्त हो जाएगा, तब उस स्थिति में बुद्धि स्थिर नहीं रह सकती और वह मनुष्य विवेकशील नहीं रहता है, बुद्धि भ्रष्ट हो जाती है, तब आगे कृष्ण कहते हैं, जिस पुरुष की इंद्रियाँ उसके वश में रहती हैं, अर्थात् इंद्रियों की इच्छा से जब मनुष्य परे हो जाता है, तब उस स्थिति को स्थिर बुद्धिवाला मनुष्य कह सकते हैं। निष्कर्ष के साथ संदेश यह दिया गया है कि समस्त प्रकार से परिपूर्ण अचल समुद्र (समुद्र अचल है, बहता नहीं है, वह नदी नहीं है) में विभिन्न प्रकार की नदियों का पानी समा जाता है, लेकिन फिर भी समुद्र बहता नहीं है, अर्थात् चलायमान नहीं होता है, सभी प्रकार का जल-विभिन्न प्रकार की नदियाँ उसमें समा जाती हैं। इसी प्रकार जिस मनुष्य की बुद्धि स्थिर हो जाती है, उस मनुष्य में किसी भी प्रकार के भोग-विषय के विकार उत्पन्न नहीं होते हैं, मन किसी नदी की तरह वेगपूर्वक बहता नहीं है और ऐसे मनुष्य को परम शांति प्राप्त होती है, उसमें भोग-वासना नहीं रहती है।

अर्जुन से श्रीकृष्ण कहते हैं कि—

अपि चेदसि पापेभ्यः सर्वेभ्यः पापकृत्तमः।
सर्वं ज्ञानपल्वेनैव वृजिनं संतरिष्यासि॥ 4/36॥

'यदि तुम सभी पापियों से भी अधिक पाप करनेवाले हो तो भी ज्ञानरूपी नौका में बैठकर तुम संपूर्ण पापों से तर जाओगे।' तात्पर्य यह है कि पाप कर्म करनेवाला व्यक्ति यदि ज्ञानी है तो पाप कर्मों का दोष उसे नहीं होगा, क्योंकि ज्ञानी व्यक्ति में कर्ताभाव नहीं होता है, बल्कि कर्तव्यपालन का भाव होता है। ज्ञानी व्यक्ति कौन है, यह उपरोक्त श्लोकों में स्पष्ट किया जा चुका है, जब कर्ता-भाव नहीं है तो स्वयं के पक्ष में कर्म-फल के प्रति रुचि नहीं होगी और उस स्थिति में निष्कर्ष यह निकलता है कि निष्काम कर्म हुआ। दूसरे शब्दों में ऐसा कह सकते हैं कि ईश्वर ने जिसे ज्ञानी होने का वरदान दिया है, जिसे

ज्ञान की नौका में बैठा दिया गया है, वह पाप-कर्मों से मुक्त है। संदेश यह है कि प्रत्येक मनुष्य को जीवन में अपने-अपने कर्म क्षेत्र के कार्य में लगे रहना है। ज्ञानी व्यक्ति के साथ ईश्वर का आशीर्वाद है।

स्वचिंतन : ***जब अच्छा और सच्चा होने के बावजूद भी लोग आपके बारे में बुरा बोलने लगें, तो समझ लीजिएगा कि आप उनकी पहुँच से बहुत ऊपर निकल चुके हैं और उनसे बेहतर इनसान के रूप में आप सफलता की ओर अग्रसर हैं।***

□

30

मनुष्य जीवन की सबसे बड़ी चाहत क्या है?

व्यक्ति के जीवन में सबसे बड़ी चाहत क्या होती है? मनुष्य किस हेतु सबसे ज्यादा आतुर रहता है? आम आदमी, राजनेता, सत्ताधीश, मठाधीश, समाजसेवी एवं अनेकों-अनेक विभिन्न कर्म-क्षेत्रों के व्यक्तियों में अंततः उनकी उत्कट इच्छा क्या होती है? कर्म-क्षेत्र का उद्देश्य और उपलब्धि की पूर्णता के बाद एक अंतर्निहित चाहत मनुष्य में होती है और विषय यह है कि वह क्या है?

क्या धन-दौलत, मनुष्य जीवन की सबसे बड़ी चाहत है? क्या धन-दौलत की वांछित पूर्ति होने पर तृप्ति हो सकती है? क्या इसके बाद कोई चाहत शेष नहीं रह जाती है? लेकिन ऐसा कदापि नहीं है। क्या उच्च विलासितापूर्ण जीवन और सुख-सुविधाओं का उपभोग करने पर तृप्ति हो सकती है? नहीं। ऐसा भी कदापि नहीं है। यदि कुछ लोग ऐसा मानते हैं कि धन-दौलत की मनमाफिक पूर्ति और विलासितापूर्ण जीवन के बाद उन्हें कुछ भी नहीं चाहिए तो एक परिस्थिति की तरफ ध्यान देते हुए मनन करना आवश्यक होगा कि कल्पना करें कि आपको पृथ्वी के नीचे तल में, सर्व-सुविधायुक्त एक कक्ष में निवास करा देते हैं। पृथ्वी तल के नीचे इस कारण से कि आप किसी को भी और अन्य कोई आपको भी देख न सके। वहाँ सोने-चाँदी के बरतन होंगे, छप्पन प्रकार के भोजन हमेशा उपलब्ध रहेंगे, सभी मनवांछित वस्तुएँ, टी.वी. आदि उपलब्ध रहेंगे। आपको कुछ भी कार्य नहीं करना होगा। इस स्थल पर आपके रहने की किसी अन्य को सूचना नहीं होगी एवं आपकी किसी भी प्रकार की सोच, चिंतन की सूचना भी अन्य किसी को नहीं भेजी जाएगी और अन्य किसी को ज्ञात भी नहीं होगी तथा भविष्य में बताया भी नहीं जाएगा। इच्छा करते ही वस्तुएँ उपलब्ध हो जाएँगी। अखबार, मैगजीन, पुस्तकें, लाइब्रेरी, सुगंधित इत्र, पुष्प, सर्व-सुविधायुक्त पलंग, अर्थात् सबकुछ आपके समक्ष उपलब्ध रहेगा, लेकिन ध्यान रहे कि ये सबकुछ आपको यांत्रिक माध्यम से ही पहुँचाया जाएगा, अर्थात् आपके समक्ष कोई भी व्यक्ति नहीं होगा। आप किसी से संवाद भी नहीं कर पाएँगे, आपका कोई भी संवाद या विचार किसी अन्य को भी नहीं

पहुँचेगा। कोई भी व्यक्ति आपसे चर्चा करने के लिए आपके समक्ष उपलब्ध नहीं होगा। टेलीफोन, मोबाइल आदि संसूचनाओं के कोई भी साधन उपलब्ध नहीं होंगे। सिर्फ अकेले, आप होंगे और सभी प्रकार की सुविधाएँ आपके समक्ष रहेंगी। ऐसे स्थान पर रहने की समय सीमा भी सुनिश्चित नहीं होगी, मानकर चलना होगा कि जीवन भर ऐसे स्थान पर रहना है। क्या ऐसे स्थान पर आप रह पाएँगे ? मैं समझता हूँ कि उक्त प्रकार की परिस्थिति में आप ऊब जाएँगे, घबरा जाएँगे, खीज होने लगेगी और बाहर निकलने हेतु चिल्लाने लगेंगे।

तब प्रश्न उठता है कि मनुष्य जीवन की सबसे बड़ी चाहत क्या है ? वस्तुतः मनुष्य एक सामाजिक प्राणी है और समाजशास्त्र के अनुसार दो या दो से अधिक व्यक्तियों के समूह को समाज कहते हैं। मनुष्य का नैसर्गिक स्वभाव मनुष्यों के बीच रहने का है, अब सिर्फ रहने भर से तो संतुष्टि नहीं होती है, अतः व्यक्ति चर्चित बने रहना चाहता है। वह स्वयं को उजागर करना चाहता है, हाइलाइटेड होना चाहता है। व्यक्ति अपने जीवन के कर्म-क्षेत्र में रहते हुए स्वभावतः उसकी यह चाहत होती है कि उसके बारे में अन्य लोग जानें, उसके संदर्भ में उसे पहचानें, उसके बारे में चर्चा करें और उसे प्रसिद्धि प्राप्त हो। इसी कारण वह अपने कार्यों का बखान भी स्वयं करता है और यह चाहता भी है कि अन्य लोग भी उसके संदर्भ में चर्चा करें। स्वयं को प्रदर्शित करने के लिए वह स्वयं अच्छा, खूबसूरत, सजा-सँवरा दिखना चाहता है, अपने घर व व्यापारिक प्रतिष्ठान की साज-सज्जा करता है। उद्देश्य यही है कि वह चर्चित बने रहना चाहता है और स्वयं के संदर्भ में हुई चर्चा को सुनकर आनंदित भी होना चाहता है। सामाजिक जीवन में चर्चित रहने हेतु व्यक्ति समाजसेवा का कार्य करता है, यद्यपि समाजसेवा करना किन्हीं व्यक्ति-विशेष का निजी स्वभाव भी हो सकता है, परंतु उसके इस कार्य का बाइ-प्रोडक्ट यह भी है कि वह अपनी समाजसेवा के कार्यों को प्रचारित करना चाहता है और चर्चित भी बना रहना चाहता है। वह अपनी उपलब्धियों को इस कारण से प्रचारित करता है, वह चर्चित और हाइलाइटेड हो। इसी कारण कुछ लोग दान करते हैं, मंदिर बनवाते हैं, मसजिद बनवाते हैं, धर्मशालाएँ बनवाते हैं, अपने नाम की पट्टिकाएँ लगवाते हैं। मनुष्य का स्वभाव स्वयं के प्रति चर्चित बने रहने का इतना अधिक है कि वह स्वयं की मृत्यु के बाद भी चर्चित बने रहना चाहता है।

अब प्रश्न यह है कि मनुष्य किन लोगों के बीच चर्चित रहना चाहता है ? सर्वप्रथम तो वह अपने परिवार, फिर रिश्तेदार, पड़ोस, शहर और देश में चर्चित होना चाहता है, अर्थात् वह चिर-परिचितों में हाइलाइटेड होना चाहता है। इसके विपरीत कल्पना करिए कि किसी व्यक्ति को परदेश में, जहाँ उसे कोई जानता-पहचानता नहीं है और वहाँ उस व्यक्ति का अनायास स्वागत या प्रशंसा होने लगे तो तत्समय उसके मन में यही विचार

आएगा कि 'काश! यह मेरे शहर के लोग देख पाते', अर्थात् वह परिचितों में प्रशंसित होना चाहता है। निष्कर्ष यह है कि मनुष्य जीवन की सबसे बड़ी चाहत प्रसिद्धि प्राप्त करने की होती है, चर्चित होने की होती है।

व्यक्ति अपने जीवन में चाहे सकारात्मक कार्य कर रहा हो या नकारात्मक, उसका मौलिक उद्देश्य प्राथमिक रूप से चर्चित बने रहने का होता है। समाज में कुछ दुष्ट व नकारात्मक स्वभाव के लोग भी होते हैं और वे अपनी दुष्टता, आतंक व आक्रामकता के आधार पर स्वयं को हाइलाइटेड करना चाहते हैं।

सार यह है कि मनुष्य की सर्वाधिक आकांक्षा चर्चित बने रहने की, हाइलाइटेड होने की रहती है। चर्चित बने रहने में कुछ भी अस्वाभाविकता नहीं है, यह व्यक्ति का नैसर्गिक स्वभाव भी है, इसमें कुछ भी बुरा नहीं है। स्वयं की प्रसिद्धि होना, लोकप्रिय होना, सभी का प्रेम प्राप्त करना, सभी से आदर प्राप्त करना आदिकाल से मनुष्य करता चला आ रहा है और भविष्य में भी ऐसा होता रहेगा। मनुष्य का मौलिक स्वभाव प्रसिद्ध व चर्चित होने का ही है तो क्यों न ऐसे कर्म किए जाएँ, जो सकारात्मक हों, जिन्हें हमेशा याद रखा जा सके। जिस कर्मक्षेत्र में हम कार्य कर रहे हैं, उसमें पुरुषार्थी होने का ध्येय होना चाहिए। ध्येय यह भी होना चाहिए कि हमारे कर्मों से सर्वत्र प्रशंसनीय नैतिक मूल्यों की स्थापना हो। आध्यात्मिकता से परे होकर भी सोचें तो व्यवहारिक व सामाजिक जीवन में समस्त कार्यों का, धनार्जन का निचोड़ ही यही है कि व्यक्ति अपने संपूर्ण जीवन में व मृत्यु के पश्चात् भी अपने नाम, पहचान के साथ चर्चा में बना रहना चाहता है, यादों में बना रहना चाहता है, तब फिर प्रश्न उठता है कि क्यों नहीं हमारे कर्म ऐसे जनहितकारी हों, सर्वजनहिताय हों, जिससे कि हम हमेशा चर्चित व यादों में न रहें।

जीवन का उद्देश्य पुरुषार्थी होना है। मनुष्य जन्म पुरुषार्थ प्राप्ति हेतु ही है, अर्थात् धर्म, अर्थ, काम व मोक्ष। धर्म पर आधारित होकर अर्थार्जन करना, निष्कर्मता के साथ कर्म करना और ऐसा करेंगे तो जीवन का अंतिम लक्ष्य मोक्ष प्राप्त करने का है। धर्म से तात्पर्य है, धारित करने योग्य गुण। मनु संहिता में धर्म के दस लक्षण बताए गए हैं—

धृति, क्षमा दमोऽस्तेयं शौचमिन्द्रियनिग्रह:।
धीर्विद्या सत्यमक्रोधो दशकं धर्म लक्षणम्।

अर्थात् धैर्य, क्षमा, विकारहीन रहना (दम), अन्याय के द्वारा पराए धन को प्राप्त नहीं करना (अस्तेय), शुद्धता, इंद्रियों को नियंत्रण में रखना, कर्मज्ञान होना, विद्या अध्ययन व सत्य और क्रोधरहित जैसे गुणों को धारण करनेवाला व्यक्ति ही धार्मिक है। धर्मनिरपेक्षतावादियों ने धर्म को पाश्चात्य व मजहबी दृष्टि से देखने का प्रयास किया है, जबकि भारतीय परिप्रेक्ष्य में तो यह है कि धर्म के बिना राज्य-शासन चल ही नहीं सकता। प्रथम चरण है 'धर्म' और हिंदुओं में धर्म को सद्गुणों से जोड़कर व अधर्म को दुर्गुणों से

जोड़कर देखा जाता है। धर्म, अर्थात् सदाचरण, सत्कर्म, सत्संग, सत्यता, सहनशीलता, सहजता, स्वच्छता, क्षमाशीलता, धैर्यता के गुण जिस व्यक्ति में धारित होंगे, उसे धार्मिक कहा जाएगा। धर्म से तात्पर्य आस्तिकता से नहीं है। नास्तिक व्यक्ति भी धार्मिक हो सकता है और इसी प्रकार आस्तिक व्यक्ति भी अधर्मी हो सकता है। दूसरा चरण है 'अर्थ', अर्थात् धार्मिक रहते हुए अर्थार्जन करना। धर्मविहीन होने पर व्यक्ति अन्यायी हो सकता है। धर्म और संप्रदाय में काफी अंतर है। मानव जीवन मिला है तो स्वाभाविक है कि कामनाएँ भी उत्पन्न होंगी और कामनाओं की पूर्ति करना कुछ भी बुरा नहीं है। ध्यान यह रखना है कि धार्मिक रहते हुए अर्थार्जन के माध्यम से कामनाओं की पूर्ति हो और अंततः मोक्ष प्राप्त हो।

स्वचिंतन : ***जीवन में सर्वाधिक महत्त्वपूर्ण है—'विश्वास', यह व्यक्ति की सबसे बड़ी पूँजी होती है। यह समस्त रिश्तों की सबसे बड़ी साख है। यदि एक बार खंडित हो जाए तो व्यक्ति की सामाजिक रूप में आत्महत्या हो जाती है, फिर पुनः स्थापित करने के लिए संघर्ष करना होता है। विश्वास ही तो है, तभी हम हैं, आप हैं और ईश्वर हैं।***

□

31

कर्म, अकर्म व निष्कर्मता

यह विषय श्रीमद्‍भगवतगीता में भगवान् श्रीकृष्ण के संदेश 'कर्मयोग' से संबंधित है। कर्म क्या है? अकर्म क्या है? निष्काम कर्म क्या है? अकर्ता कौन है? हमारे कर्म का परिवर्तन अकर्म में कैसे हो? ये सभी विषय श्रीमद्‍भगवतगीता में निहित हैं। जीवन की सफलता, जीवन का मुख्य उद्‌देश्य, मोक्ष प्राप्ति का रास्ता श्रीमद्‍भगवतगीता में उल्लिखित है। सच तो यह है कि आध्यात्मिक चिंतन का निचोड़ श्रीमद्‍भगवतगीता में है। भारतीय दर्शन के अनुसार व्यक्ति को धर्म, अर्थ, काम, मोक्ष के उद्‌देश्य की पूर्ति हेतु मनुष्य जन्म प्राप्त हुआ है। धर्म के माध्यम से ही व्यक्ति अनुशासित, व्यवस्थित और नियमाधीन रहता है। हममें से प्रत्येक को अपने कर्म, धर्म और आध्यात्मिक चिंतन की तरफ प्रथमत: ध्यान देना है।

आइए, जीवन की सत्यता पर पहले कुछ चिंतन करें। वस्तुत: हमारा शरीर आत्मा का वाहन है। 'मैं अपने पूर्वजन्म में कहीं था और अनेक व्यक्ति मुझसे अत्यंत निकट के रिश्ते में मेरी पहचान के साथ जुड़े रहे होंगे। इस जन्म में, अपनी वर्तमान पहचान से संबंध रखते हुए मेरे अपने अनेक रिश्ते हैं। मेरी मृत्यु के बाद, जब मेरा पूनर्जन्म होगा, तब फिर नए रिश्ते बनेंगे। मैंने अपने पिछले जन्म के शरीर और उससे जुड़े रिश्तों को छोड़ा है। मैं अपने इस वर्तमान शरीर और रिश्तों को अपनी मृत्यु के पश्चात् छोड़ दूँगा, अब यहाँ प्रश्न तो यह है कि मेरा कौन से शरीर, आकृति, रिश्ते की पहचान वास्तविक और सही है? हमारी पहचान और रिश्ते शाश्वत नहीं हैं और भौतिक शरीर की मृत्यु होने के बाद हमसे छूट जाते हैं। मेरी मृत्यु के बाद मेरे साथ कुछ भी नहीं जाता है और हम अपनी ऊर्जा को अस्थायी संबंधों तथा मिथ्यापूर्ण पहचान की उलझनों में बरबाद कर रहे हैं। मृत्यु के बाद की स्थिति के बारे में हम अँधेरे में हैं। पता नहीं उसके बाद दु:ख है या आनंद? (मृत्यु के समय व मृत्यु के पश्चात् तथा पुनर्जन्म के विषय में होनेवाले अनुभवों के विवरण, लेखक की एक पुस्तक 'मृत्यु कैसे होती है? फिर क्या होता है?' में हैं। प्रकाशक—प्रभात प्रकाशन, नई दिल्ली)

आत्मचिंतकों के द्वारा यह स्थापित किया जा चुका है कि मृत्यु के समय और मुत्यु के पश्चात् की स्थिति इस पर निर्भर है कि जीवन भर हमारे कर्म कैसे रहे हैं और वैसा ही कर्मफल हमें प्राप्त होना है। कुछ समय पूर्व तक वैज्ञानिक पुनर्जन्म के सिद्धांत पर विश्वास नहीं करते थे। इस विषय पर अनेक शोध हो रहे हैं और यदाकदा पुनर्जन्म की खबरें इस प्रमाण के साथ पढ़ने को मिल जाती हैं कि व्यक्ति अपने पूर्व जन्म का स्थान और रिश्तेदारों का नाम बताकर उन्हें पहचानने लगता है। कल्पना ही नहीं, यह अटल सत्य है व कतई झुठलाया नहीं जा सकता कि हमारा यह पुनर्जन्म है। हमारा अनेकानेक बार जन्म हो चुका है और यह भी संभव है कि मृत्यु के पश्चात् यह देह छूटने पर पुनः हमारा पुनर्जन्म किसी अन्य परिवार में होने का निर्धारित हो। इस चिंतन के साथ अब प्रश्न यह उठता है कि परमात्मा ने मुझे इस पृथ्वी पर जब प्रथम बार भेजा होगा, तब मेरा स्वरूप कैसा रहा होगा ? उस प्रथम जन्म में धारण किए हुए शरीर में मेरा मन कैसा रहा होगा ? मेरा स्वभाव कैसा रहा होगा ? संभवतः पूर्णतः मैं सात्त्विक रहा होऊँगा, मुझमें निष्कपट भाव रहा होगा। मेरे प्रथम जन्म के साथ ही संबंधों का निर्माण होना प्रारंभ हुआ और फिर मैं कर्म-बंधन से जुड़ता चला गया। जन्म-जन्म से संबंधों का निर्माण होकर कर्म-बंधन के परिणामस्वरूप इस समय मैं हूँ।

कितनी ही बार हम मरते चले गए और जन्म लेते चले गए। कितने ही जन्म लिये और कितनी ही बार मृत्यु के द्वार से निकले होंगे। जन्म-जन्मों की क्रिया और प्रतिक्रिया के संस्कार हमारे संबंधों से लगातार जुड़ते चले गए। पिछले जन्मों के रिश्ते-नाते, संतानें, मित्र, शत्रुओं के संबंधों को अपने से जोड़े रखा और उन्हीं की प्रतिक्रिया में हम अपने कर्म करते रहे। इन संबंधों के परिणामों के प्रति जुड़ाव बनता रहा। परिणामतः हमने उस अपने प्रथम जन्म के समय का मूल स्वरूप खो दिया और हम इतने दूषित हो गए कि आत्म-तत्त्व का भाव आभासित नहीं हो पाता। यह जीवन भी व्यतीत हो रहा है और अगले जन्म की तैयारियाँ हो रही हैं। परमात्मा हमारे कर्म-फल से उत्पन्न हिसाब-किताब रख रहा है और हमारे लिए भविष्य सुनिश्चित हो रहा है। प्रश्न उठता है कि क्या अब भी कोई रास्ता है, जिससे कि हम अपने मूल प्रथम स्वरूप में वापस हो जाएँ ? दूसरे शब्दों में, जन्म और मरण के चक्कर से मुक्त होने का क्या कोई रास्ता है ? प्रश्न यह भी है कि बंधनों के जंजाल से बचने का क्या कोई रास्ता है ? प्रश्न यह भी है कि क्या अब कोई रास्ता है कि मोक्ष मिले या अगला जन्म उत्थान का हो ?

इन प्रश्नों को हल करने के लिए ही साधु, संत, महात्मा, योगी और अनेक साधक आध्यात्मिक क्षेत्रों में अपनी-अपनी साधना पद्धति के अनुसार प्रयास करने में लगे हैं, लेकिन रास्ता अवश्य है। इसके लिए न तो किसी से कोई सहायता ली जा सकती है और न ही कोई सहायक बन सकता है। अपने गुरु के वचन और उपदेश सिर्फ दिशा दे सकते

हैं, लेकिन जो भी करना है, स्वयं ही करना है। इस कार्य में भूलकर भी किसी दूसरे का सहारा नहीं लेना है। इसके लिए प्रत्येक कर्म और कर्म–फल से स्वयं को विलग करना है। कर्म में जहाँ हम कर्ता बन गए, वहाँ उसके परिणाम से स्वत: ही जुड़ जाएँगे। परिणाम की आकांक्षा ही बंधन है। 'मै अमुक कर्म कर रहा हूँ अथवा अमुक कर्म मेरे द्वारा किया गया है और मेरे कर्म का परिणाम मेरे ही पक्ष में होना चाहिए', बस यही चिंतन सर्वाधिक त्रुटिपूर्ण है और बंधनकारक है, अत: सर्वप्रथम तो यह करना है कि कर्तापन के भाव को पूर्णत: समाप्त करना है और किए गए कार्य के परिणाम के प्रति आसक्ति कदापि निर्मित नहीं करनी है। यह कार्य जितना कहना सरल है, उतना ही अधिक कठिन है, लेकिन असंभव नहीं है तथा सतत एवं निरंतर प्रयास व अभ्यास और मन की धारणा तथा ध्यान करने से अवश्य ही संभव है।

क्या ऐसा नहीं है कि हमारे अंदर कर्म करते हुए यह भाव निर्मित हो जाता है कि 'इस कार्य को मैं कर रहा हूँ और इस कार्य के करने से मेरा नाम चर्चित होगा?' क्या ऐसा नहीं है कि हम जब अमुक कार्य करते हैं तो उसके परिणामस्वरूप मिलनेवाले फल के प्रति हमारी आसक्ति होती है? जैसाकि कह चुका हूँ कि अकर्ता के भाव में होना कठिन अवश्य है, लेकिन असंभव नहीं है। इस हेतु अभ्यास की प्रथम सीढ़ी तो यह है कि कर्म करने में पूर्ण मनोयोग के साथ कार्य करना है, लेकिन कर्म के परिणाम की ओर बिल्कुल भी ध्यान नहीं देना है, अर्थात् हमारे कर्म का परिणाम अनुकूल हो या प्रतिकूल, उस ओर से हमें विमुख रहना है। कार्य प्रारंभ करने से पूर्व लक्ष्य सुनिश्चित करना है। इसके पश्चात् सुपरिणाम मिले या कुपरिणाम, उससे प्रभावित नहीं होना है। कर्मफल के प्रति आसक्ति न हो, लेकिन इसका तात्पर्य यह कतई नहीं है कि हम यह सोचने लगें कि जब हमें अपने किए गए कार्य के फल की ओर देखना ही नहीं है अथवा उसका आनंद ही नहीं उठाना है तो हम लापरवाही से कार्य करने लगें। सच तो यह है कि फल के जानने अथवा उसके प्राप्त होने की आकांक्षा ही सुख अथवा दु:ख का कारण है। श्रीमद्भगवतगीता में भगवान् श्रीकृष्ण ने कर्मयोग के सिद्धांत के अनुसार कर्म करो और फल की इच्छा में आसक्ति मत रखो, इस संबंध में विभिन्न विद्वानों के प्रवचन हमने सुने हैं।

कर्म में अकर्म व अकर्ता का भाव, क्यों व कैसे?

कर्म का तात्पर्य सिर्फ शारीरिक श्रम तक ही सीमित नहीं है। हमारी इच्छाएँ, भावनाएँ, चिंतन, आचरण, मन, वाणी भी हमारे कर्म को प्रभावित करते हैं व प्रत्यक्ष या अप्रत्यक्ष रूप से कर्म के ही भाग हैं। कर्म के कारण ही हमारा वर्तमान है और भविष्य का कारण भी आज का कर्म है। नकारात्मक कर्म को किसी भी सकारात्मक कर्म से मिटाया नहीं जा सकता, बल्कि दोनों के परिणाम भोगने ही पड़ते हैं। श्रीमद्भगवतगीता में भगवान्

श्रीकृष्ण ने निर्देश दिया है कि कर्मयोग का ज्ञान प्राप्त करने के बाद जब मनुष्य के कर्म, निष्कर्मता में परिवर्तित हो जाएँ, कर्म में अकर्म व अकर्म में कर्म का स्वरूप निर्मित हो जाए, तब मनुष्य कर्म-बंधन से मुक्त हो जाता है। कर्मयोग के ज्ञान का तात्पर्य केवल यह नहीं है कि इसे पढ़ लिया, बल्कि कर्मयोग के ज्ञान को अपने व्यवहारिक जीवन में उतारना है। निष्काम कर्म का विलोम शब्द है सकाम कर्म, जब कर्म करते हुए व्यक्ति में यह इच्छा हो कि किए जा रहे कर्म का परिणाम उसी के पक्ष में ही होना चाहिए, तब यह सकाम कर्म है, अर्थात् कर्म-फल के प्रति सापेक्ष आसक्ति। किए गए कर्म का परिणाम स्वयं के पक्ष में ही होने की उत्कट इच्छा को सकाम कर्म कहेंगे, अब निष्काम कर्म क्या है, इस विषय की चर्चा आगे करते हैं।

इस चर्चा की विषय-वस्तु के संदर्भ में यह प्रश्न भी उठ सकता है कि आखिर हम कर्म में अकर्म और अकर्ता का भाव स्वयं में क्यों स्थापित करें? जीवन में इसकी क्या सार्थकता है और अध्यात्म के क्षेत्र में इसकी क्या प्रासंगिकता है? शरीर जीवन समाप्त होने के पश्चात् इस विषय की क्या उपयोगिता है?

आइए, चर्चा करते हैं, मानव जीवन का मुख्य उद्देश्य व्यवहारिक स्तर पर तो यह है कि मनुष्य हमेशा आनंद में रहना चाहता है। भौतिक शरीर के स्तर पर मनुष्य सुविधायुक्त सुखी रहना चाहता है, लेकिन मानसिक स्तर पर वह पूर्ण आनंद में रहना चाहता है। इसी कारण से भगवान् के मंदिर में दर्शन करना, पूजा करना, भक्ति भावना में लीन होकर भगवान् का ध्यान करना, मंत्र जाप करना एवं योग के स्तर पर ध्यानस्थ होना तथा तत्पश्चात् समाधि की स्थिति में पहुँचना। इन सबका हेतु सिर्फ आनंद की प्राप्ति होना है, लेकिन इन सबसे हटकर मनुष्य जीवन का एकमात्र उद्देश्य मोक्ष की प्राप्ति करना है। मोक्ष, अर्थात् जन्म और मृत्यु के चक्र से मुक्त होकर, शरीर धारण की प्रक्रिया से परे होकर शाश्वत रूप में आनंद में विलय हो जाना। इन दोनों ही प्रकार के उद्देश्यों के लिए प्रथमतः यह आवश्यक है कि हम कर्म-फल की आसक्ति से मुक्त हो सकें। यदि हम अपने कर्म में उसके परिणाम के प्रति आसक्ति रखेंगे, अर्थात् अपनी इच्छा के अनुरूप कर्म-फल प्राप्त होने की लालसा रहेगी तो निश्चित ही हम जीवन भर अपने प्रत्येक कर्म-फल पर सुखी एवं दुःखी होते रहेंगे। सुख और दुःख एक ही सिक्के के दो पहलू है। सुख के पीछे दुःख छिपा है और दुःख के पीछे सुख भी छिपा है। एक के बिना दूसरे का अस्तित्व है ही नहीं। इस कारण निष्काम कर्म करने में दुःख का आभास नहीं है। कारण यह है कि कर्म-फल के प्रति कोई आसक्ति नहीं रही है, सिर्फ अपना कर्म किया और उसके बाद अपना कर्तव्य समाप्त हो गया। हमेशा आनंदमय बने रहना ही जीवन का उद्देश्य है। ईश्वर का एक स्वरूप आनंद का है। इसलिए ही कहा गया है, 'सच्चिदानंद' व्यवहारिक जीवन में सुख और दुःख से परे होने के लिए निष्काम कर्म

का सूत्र ही एकमात्र सारगर्भित है, अब इस चर्चा का दूसरा पहलू है कि कर्म करने में ही अकर्म का भाव होना, अर्थात् कर्म करने में कर्ताभाव नहीं होना। यह भाव नहीं होना कि अमुक कार्य मैं कर रहा हूँ। कार्य हो रहा है, बस यही अकर्ता भाव है।

जिस तरह किसी कारखाने में कर्मचारी और अधिकारी उस कारखाने के स्वामी नहीं होते हुए भी अपने कर्तव्य निर्वहन में पूर्ण तन्मयता के साथ नौकरी करते हुए अपना कार्य करते हैं, उन्हें इससे सरोकार नहीं है कि कारखाने के स्वामी को कितना लाभ हो रहा है और कितनी हानि। वे तो सभी सिर्फ अपना कर्तव्यपालन उस कारखाने के कर्मचारी होने के नाते कर रहे हैं। आप कह सकते हैं कि उनके कर्म करने के पीछे उन्हें वेतन प्राप्त करने की लालसा है, इसी कारण वे तन्मयता के साथ कर्म कर रहे हैं। भले ही वेतन की लालसा है, लेकिन कारखाने की लाभ-हानि से उन्हें कोई सरोकार नहीं है, लेकिन अब अपनी चर्चा को दूसरी तरह से प्रस्तुत कर रहा हूँ कि आप एक कारखाने की ऐसी व्यवस्था की कल्पना करिए, जिसके सभी कर्मचारियों और अधिकारियों को कारखाने में अपना-अपना कार्य करना आवश्यक है और उनमें से किसी को भी वेतन नहीं मिलता है, लेकिन व्यवस्था ऐसी है कि प्रत्येक कर्मचारी और अधिकारी की एवं उसके परिवार की समस्त आवश्यकताओं की पूर्ति कारखाने की तरफ से की जाएगी। किसी को भी किसी भी वस्तु के अभाव का आभास नहीं होगा, जिस किसी की भी जो इच्छा होगी, वह वस्तु तत्काल बिना किसी पूछताछ किए उपलब्ध करा दी जाएगी, अर्थात् व्यवस्था ऐसी है कि सबकुछ उपभोग करने की सभी कर्मचारियों को स्वतंत्रता होगी, लेकिन कारखाने में पूर्ण मनोयोग से काम करना आवश्यक है, तब भी ऐसी स्थिति में उस कारखाने के किसी भी अधिकारी अथवा कर्मचारी को कारखाने के लाभ अथवा हानि से किसी भी प्रकार का कोई सरोकार नहीं होगा। लाभ होने पर न तो खुशी होगी और हानि होने पर न ही दुःख होगा। इस उदाहरण से समझ सकते हैं कि यह संपूर्ण अस्तित्व परब्रह्म परमात्मा का कारखाना है और हम सभी उसके इस कारखाना के अधिकारी व कर्मचारी है। हमारे कर्मों के माध्यम से यदि कोई लाभ हो रहा है तो वह भी परब्रह्म परमात्मा को समर्पित है और यदि कोई हानि हो रही है तो वह भी परमात्मा को समर्पित है। कर्म मैंने किया ही नहीं, कर्म तो परमात्मा ने कराया है और माध्यम मुझे बना लिया है, इस कारण से कर्म-फल के प्रति कोई आसक्ति नहीं है। यही कर्म में अकर्ता का भाव है। इसी विषय को ईशावास्योपनिषद् के द्वितीय सूत्र के संदर्भ में देखते हैं, जिसमें कहा गया है कि—

ईशावास्यमिदं सर्वं यत्किञ्च जगत्यां जगत्।
तेन त्यक्तेन भुञ्जीथा मा गृधः कस्यस्विद्धनम्॥

अर्थात् समस्त चल, अचल संपत्ति का स्वामी ईश्वर है, अतः त्याग की भावना से

यह सोचकर इसका उपभोग करो कि यह अपनी नहीं है और किसी अन्य के धन को प्राप्त करने की इच्छा नहीं करो।

कर्म-फल का सिरदर्द परमात्मा के पाले का है और हमारा कार्य तो सिर्फ उसकी इच्छा के निमित्त कर्म करने में ही है। यह धारणा होनी चाहिए कि प्रत्येक कार्य का संचालनकर्ता सिर्फ परमात्मा है, मुझे तो जैसा उसने करने का निर्देश दिया, वही किया, जैसा बोलने को कहा, बोल दिया, जैसा सोचने को कहा, सोच लिया। ऐसे ही भाव की स्थापना अकर्ता होने का आभास करा सकती है, जब हम अकर्ता के भाव में होंगे, तब न तो अपने कर्म के कारण इनाम प्राप्त होने की आकांक्षा होगी और कार्य की विफलता के कारण पश्चात्ताप भी नहीं होगा, क्योंकि यदि इनाम भी मिल रहा है तो वह भी परमात्मा ने नाम पर मिल रहा है और पश्चात्ताप भी हो रहा है तो परमात्मा को हो रहा है। इसलिए भगवान् श्रीकृष्ण ने यही कहा है कि अपने समस्त कर्मों को मुझे दे दो। सीधा-सा सूत्र है कि जिसने कर्ता भाव के साथ कर्म किया है तो उसका परिणाम भी उसे स्वयं ही भोगना होगा। जिसने कर्म किया है और उसका परिणाम सकारात्मक नहीं आया तो उसे ही पाश्चात्ताप होने का भाव प्रकट होगा, अर्थात् जब कर्म करने में भी कर्ता भाव बना रहा तो असफल होने पर पश्चात्ताप से दुःखी होना पड़ेगा। दुःखी होना भी तो कर्म का स्वरूप है। प्रश्न यह है कि कौन दुःखी हो रहा है? जवाब होगा, "मैं दुःखी हो रहा हूँ।" अर्थात् दुःखी होने में भी कर्तापन है। दोनों ही स्थितियों में हम स्वयं कर्ता हो गए। तत्समय कर्म करने में कर्ताभाव था और असफल होने पर अब अपराधबोध के रूप में भोगने का भाव है। 'कर्ता' का स्वरूप दोनों जगह है। उदाहरणस्वरूप कल्पना करें कि हमने कोई गलत कार्य किया और उसके कारण दंड भी भोग लिया, अब ध्यान दीजिए कि गलत कार्य किसने किया? जवाब होगा, "मैंने।" दंड किसने भोगा? जवाब होगा, "मैंने।" अर्थात् कर्म करने में व कर्म-फल भोगने में, दोनों ओर कर्तापन रहा है और उस स्थिति में जब कर्तापन रहेगा तो दुःख होगा। इसलिए संदेश यह है कि कर्म में अकर्म का भाव व कर्म करने में अकर्ता भाव स्थापित होना चाहिए। इस प्रकार क्रिया और कर्ता से जब तक मुक्ति नहीं होगी, तब तक 'फल' की इच्छा बनी ही रहेगी और हम प्रतिक्रिया में ही रहेंगे, सुखी और दुःखी होते रहेंगे। यह स्थिति हमारे आनंद में बाधक है।

कर्म करने में अकर्ता भाव का निर्माण होने पर साक्षी-भाव में होना है और तब प्रत्यक्ष रूप से अकर्ता का भाव प्रकट होने लगेगा अथवा यह कह सकते हैं कि साक्षी-भाव में होने पर अकर्ता हो जाएँगे। यहाँ प्रश्न यह है कि आखिर अकर्ता भाव क्यों निर्मित करें? देखिए, यदि कर्तापन रहेगा तो अहम् प्रकट होगा, जब अहम् प्रकट होगा, तब कर्म का परिणाम विपरीत होने पर दुःख होगा और अनुकूल होने पर खुशी होगी। उद्देश्य है,

सुख-दुःख से परे होना और इसके लिए आवश्यक है कि अहम् पर चोट न पहुँचे। यह तभी होगा जब हमारे कर्म करने में कर्तापन न हो। इसके अलावा कर्म-क्षेत्र में रहते हुए कर्म-बंधन से मुक्त भी होना है। कर्म-बंधन से मुक्ति ही मोक्ष प्राप्ति का साधन है, जब तक अकर्ता होने का भाव नहीं होगा, तब तक कर्म-बंधन से मुक्त नहीं हो सकते हैं और मोक्ष भी प्राप्त नहीं हो सकता।

श्रीमद्भगवतगीता में भगवान् श्रीकृष्ण ने आरंभ में ही अर्जुन को कह दिया है—

कर्मण्येवाधिकारस्ते मा फलेषु कदाचन।
मा कर्मफलहेतुर्भूर्मा तो संगोऽस्त्वकर्मणि॥ 2/47॥

उन्होंने साफ-साफ स्पष्ट कर दिया है कि "तेरा अधिकार स्वधर्म रूप कर्म करने तक ही है, तुम्हें कर्म-फल का हेतु कभी नहीं बनना है, कर्म-फल में न तो तेरा अधिकार है और न ही तेरा उस पर वश है। सिर्फ क्रिया के रूप में कर्म पर ध्यान देना है, उसका क्या परिणाम मिलनेवाला है, अनुकूल मिलनेवाला है या प्रतिकूल, उस पर सोचना भी नहीं है और ध्यान भी नहीं देना है।" कर्म का परिणाम यदि हमें सकारात्मक नहीं मिल रहा है तो इस कारण से दुःखी नहीं होना है और सकारात्मक परिणाम मिल भी रहा है तो भी खुश होने की आवश्यकता नहीं है, अर्थात् मनुष्य कर्म करे, लेकिन कर्म-फल पर ध्यान नहीं देना है और उस पर मनुष्य का कोई अधिकार भी नहीं है। कर्म का जो भी परिणाम मिलनेवाला है, वह मिलता रहे, उस पर न तो कोई वश है और न ही अधिकार है। यही समत्व भाव है, लेकिन इसके आगे भी श्रीकृष्ण ने एक अत्यंत महत्त्वपूर्ण संदेश और दिया है कि कर्म नहीं करने में भी आसक्ति नहीं होनी चाहिए। कर्महीन व्यक्ति स्वीकार्य नहीं है। एक पुरानी कहावत—'अजगर करे न चाकरी पंछी करे न काम, दास मलूका कह गए, सबके दाता राम,' यह कहावत कतई स्वीकार्य नहीं है। आगे एक बात उन्होंने और स्पष्ट कर दी है कि व्यक्ति यह धारणा न बनाए कि कर्म नहीं करेंगे तो कर्म-बंधन से मुक्त हो जाएँगे। आसक्ति कर्म-फल में न हो और आसक्ति कर्म नहीं करने में भी न हो। दोनों ही ओर आसक्ति नहीं होनी चाहिए, अर्थात् सिर्फ कर्म करना है, कर्म-फल से कोई सरोकार नहीं है एवं अकर्मण्य होकर बिना कर्म किए ही नहीं बैठे रहना है। निष्कर्ष यह है कि प्रत्येक दृष्टिकोण से केवल कर्म करने पर ही जोर दे रहे हैं। यदि मनुष्य को किसी भी प्रकार की आर्थिक सहायता की आवश्यकता नहीं है, उसके पास अपार धन-दौलत है, सर्व-सुविधायुक्त जीवनयापन कर रहा है, तब भी ऐसे मनुष्य के लिए कर्म करना आवश्यक होना बताया गया है। श्रीकृष्ण कहते हैं कि बिना कर्म किए तो किसी को भी जीवनयापन की पात्रता नहीं है।

संदर्भ से जुड़ते हुए श्रीकृष्ण के उस संदेश की ओर भी ध्यान देना होगा, जिसमें उन्होंने कहा है—

तस्माद्सक्तः सततं कार्यं कर्म समाचर।
असक्तो ह्याचरन्कर्म परमाप्नोति पुरुषः ॥ 3/19

अर्थात् अनासक्त भाव से निरंतर अपने कर्तव्य की पूर्ति हेतु कर्म करना चाहिए, क्योंकि अनासक्त पुरुष कर्म करता हुआ परमात्मा को प्राप्त होता है। यहाँ श्रीकृष्ण कहते हैं कि कर्तव्यपूर्ण कर्म इस प्रकार करना है कि कर्म-फल में आसक्ति न हो, अब प्रश्न यह उठता है कि कर्तव्य से तात्पर्य क्या है ? ऐसा कर्म जो धर्म के अनुसार हो व जिसके करने हेतु व्यक्ति बाध्य हो। कर्म ऐसा हो, जिसके पूर्ण करने का उत्तरदायित्व मनुष्य पर हो और कर्म अधार्मिक, अनैतिक, अनुचित भी नहीं हो। इस प्रकार कर्मयोग के विषय पर भगवान् का यही कहना है कि कर्म-फल में आसक्ति वाला व्यक्ति कभी भी कर्म-बंधन से मुक्त नहीं हो सकता।

तात्पर्य यह है कि मनुष्य को अपने कर्तव्यपालन में कर्म-फल के प्रति अनासक्त होकर कर्म करना चाहिए। जो व्यक्ति कर्म-फल से विरक्त होकर कर्म करते हैं, उन्हें परमात्मा प्राप्त हो जाते हैं। इस सूत्र के तीन भाग हैं—प्रथमतः कर्म करने का कर्तव्यबोध होना चाहिए। "हमें यह आभास होना चाहिए कि अमुक कार्य मेरे जिम्मे का है और मेरा यह कर्तव्य है कि उसे मैं ही पूर्ण करूँगा।" द्वितीयतः कर्म-फल में आसक्ति नहीं होनी चाहिए, अब प्रश्न यह उठेगा कि यदि कर्म-फल में आसक्ति नहीं होगी तो कार्य पूर्ण होगा कैसे ? इस प्रश्न का जवाब यही है कि कर्म करते हुए यदि कर्म-फल में सापेक्षता के साथ आसक्ति बनी रही तो कर्म करने में मन केंद्रित नहीं होगा। मन चलायमान बना रहेगा, विचलित रहेगा। मन बार-बार यह भी सोचेगा कि हमारे द्वारा किए जा रहे कार्य का परिणाम यदि हमारे पक्ष में नहीं आया तो बहुत दुःख होगा, बहुत आलोचना होगी या बहुत हानि होगी। लोग हमारी असफलता पर हँसेंगे और हमें दुःख होगा। इसलिए मनोवैज्ञानिक कहते हैं कि विद्यार्थी को अध्ययन करने में अथवा शिक्षा ग्रहण करने में अपनी अपेक्षित परीक्षा के परिणाम पर ज्यादा नहीं सोचना चाहिए। अन्यथा मन में तनाव रहेगा। पढ़ाई व शिक्षा ग्रहण में मन विचलित रहेगा। एक वास्तविकता पर ध्यान दीजिए कि यदि किसी शल्य चिकित्सक, भले ही वह अति प्रतिष्ठित व विशेषज्ञ भी हो, लेकिन वह अपने स्वयं के पुत्र की किसी गंभीर बीमारी की शल्य-चिकित्सा नहीं करेगा अथवा करना पसंद नहीं करेगा। इसके पीछे का कारण यही है कि वह अपने पुत्र के प्रति मोह व लगाव में रहेगा और शल्य-क्रिया के समय उसके मन में बार-बार यही ध्यान रहेगा कि उसका पुत्र स्वस्थ हो जाए व शल्य-क्रिया सफल होनी ही चाहिए। इस प्रकार शल्य-क्रिया में उसका मन विचलित रहेगा और कर्म करने में मन केंद्रित नहीं रहेगा।

उक्त श्लोक का तृतीय भाग यह है कि अनासक्त रहते हुए कर्म करनेवाले व्यक्ति को परमात्मा मिल जाते हैं। स्पष्ट संदेश यह है कि जब कर्म-फल में आसक्ति नहीं

रहेगी तो कर्म-बंधन से मुक्त हो जाएँगे, फिर परमात्मा तो मिलना ही है। आसक्ति ही तो हमारे जन्म-मृत्यु का कारण है। कर्म-फल जैसा भी मिले, पक्ष में मिलने, पर खुश नहीं होना है और विपरीत परिणाम मिलने पर दु:खी नहीं होना है। यही तो दृष्टाभाव है। यही तो कर्मयोग है। यही तो समत्व भाव है, सिर्फ कर्तव्यपालन करने का ध्येय रखते हुए अनासक्त भाव से कर्म करना है।

महाभारत के समय पर एक दृष्टि डालिए कि अर्जुन के पुत्र अभिमन्यु का वध चक्रव्यूह में हो जाता है, जिसके लिए वह सिंधु नरेश जयद्रथ को दोषी मानते हैं। दूसरे दिन अर्जुन यह प्रतिज्ञा करते हैं कि सूर्यास्त के पूर्व जयद्रथ का वध करेंगे और यदि जयद्रथ को सूर्यास्त के पूर्व नहीं मार पाए तो स्वयं अर्जुन अग्नि-समाधि ले लेंगे। श्रीकृष्ण ने यद्यपि अर्जुन की इस प्रतिज्ञा पर यह कहते हुए आपत्ति की थी कि अब जयद्रथ से युद्ध करते समय अर्जुन का ध्यान सूर्य की ओर रहेगा और बार-बार यह सोचेंगे कि सूर्यास्त होने में कितना समय बचा है और युद्ध के समय हुआ भी ऐसा ही, अर्थात् उद्देश्य की पूर्ति में अर्जुन अपनी प्रतिज्ञा के कारण विचलित हो रहे थे। जयद्रथ का वध करना उद्देश्यपूर्ण कर्म था और अर्जुन का मन बार-बार सूर्य की ओर जा रहा था। तात्पर्य स्पष्ट है कि कर्म करने में केवल कर्म की क्रिया पर ध्यान देना है, कर्ता के रूप मेरी प्रतिज्ञा, मेरा वचन, कर्तापन से परे होना है।

श्रीकृष्ण कहते हैं—

सक्त: कर्मण्याविद्वांसो यथा कुर्वन्ति भारत।
कुर्याद्विद्वांस्तथासक्तश्चिकीर्षुर्लोकसंग्रहम॥ 3/25

अर्थात् जिस प्रकार समझ नहीं होने के कारण अज्ञानीजन कर्म-फल में आसक्त हुए कर्म करते हैं, वैसे ही अनासक्त हुए विद्वान् व्यक्ति को लोक-शिक्षा के लिए कर्म करना चाहिए। इस श्लोक में श्रीकृष्ण ने ऐसे मनुष्यों को अज्ञानी कहा है, जो कर्म करते हुए कर्म-फल के प्रति आसक्ति का भाव रखते हैं। साथ-साथ इस संदेश में इशारा यह भी है कि जो व्यक्ति लोक-शिक्षा का कार्य कर रहे हैं, उन्हें उसका प्रतिफल प्राप्त करने की प्रत्याशा नहीं होनी चाहिए, अर्थात् महत्त्वपूर्ण बात यह है कि विद्वान् व्यक्ति लोक-शिक्षण का कार्य करे और अपने मन में ऐसे किए गए लोक-शिक्षण के कर्म में प्रतिफल की ओर ध्यान नहीं देना है। यह अनुमति नहीं है कि लोक-शिक्षण के परिणामस्वरूप सापेक्ष कर्म-फल की प्रत्याशा मन में हो। यह भाव नहीं होना चाहिए कि लोक-शिक्षण का कार्य करने पर हमारी प्रशंसा होगी, प्रसिद्धि होगी। यह भाव भी नहीं होना चाहिए कि हमारी लोकप्रियता बढ़ जाए, इस कारण से लोक-शिक्षण का कार्य कर रहा हूँ, अर्थात् निरुद्देश्य निजी हितार्थ को परे रखकर लोक-शिक्षण का कार्य करना है। विद्वान् व्यक्ति को अर्थार्जन हेतु कर्म करने की भले ही आवश्यकता न हो, फिर भी उन्हें ऐसा कर्म करना

चाहिए, जिससे अन्य व्यक्तियों को ज्ञान प्राप्त हो, परंतु उनके द्वारा किए गए कर्म के परिणाम की ओर आसक्ति भी नहीं होनी चाहिए।

श्रीकृष्ण ने श्रीमद्भगवतगीता में यह संदेश दिया है कि इस प्रकृति में जो भी कार्य हो रहे हैं, वे स्वत: अपने प्राकृतिक गुणों के कारण हो रहे हैं—

प्रकृतेः क्रियामाणानि गुणैः कर्मणि सर्वशः।
अहंकार विमूढात्या कर्ताहमिति मन्यते। 3/27

अर्थात् संपूर्ण कर्म प्राकृतिक गुणों के द्वारा ही किए जाते हैं, परंतु इस पर भी कर्म करनेवाला यह मान लेता है कि उसी के द्वारा कर्म किया गया है और परिणामत: ऐसा व्यक्ति अहंकार से मोहित हो जाता है और स्वयं को 'कर्ता' मान लेता है। इस श्लोक में दो बिंदुओं पर जोर दिया गया है, प्रथमत: तो यह कि समस्त कर्म प्रकृति के गुणों के आधीन हो रहे हैं, अत: कोई व्यक्ति यह भ्रम न पाल ले कि किसी कार्य-विशेष का कर्ता वह स्वयं है। समस्त कर्म प्रकृति के आधीन हैं। द्वितीयत: कर्म करनेवाले व्यक्ति में कर्तापन का भाव है तो ऐसा व्यक्ति अज्ञानी है। श्रीकृष्ण ने 'मैं कर्ता हूँ' के भाव को भ्रमपूर्ण व मायाजाल का स्वरूप दिया है। भाव यह होना चाहिए कि 'कर्म हो रहा है', इस भाव में से 'मैं' को विलुप्त करना है। यह मानसिकता नहीं होनी चाहिए कि कर्म करने में 'मैं' महत्त्वपूर्ण हूँ। कर्मरूपी क्रिया में अहम् को विलुप्त करना है, क्योंकि 'मैंपन' होने से कर्मफल के प्रति आसक्ति हो जाएगी, अर्थात् यदि मुझमें कर्ता भाव है तो मैं माया के भ्रमजाल में फँसा हूँ और यदि कर्म करने में कर्ताभाव नहीं है व सिर्फ यह भाव है कि कर्म हो रहा है तो मैं 'अकर्ता' में हूँ।

अब आगे प्रश्न यह उठता है कि जब मन के अंदर यह भाव होगा कि किसी अमुक कार्य को 'मैं कर रहा हूँ' तो यह स्वाभाविक है कि उसके परिणाम को जानने की उत्सुकता रहेगी तथा उसके कारण हम अपने सुख और दु:ख से भी प्रत्यक्ष अथवा अप्रत्यक्ष रूप से प्रभावित होंगे, लेकिन विषय-वस्तु तो यह है कि कर्म करने में भी अकर्ता का भाव बना रहे। यह अभिमान कदापि नहीं होना चाहिए कि अमुक कार्य को मेरे द्वारा पूर्ण किया गया है अथवा इसका श्रेय मुझे है, जब कर्म की सफलता का श्रेय स्वयं को नहीं लेना है, तब फिर कार्य के असफल होने पर स्वयं को दोषी भी नहीं मानना है। कर्म-फल अपने वश में नहीं होने की मानसिकता होनी चाहिए, तभी कर्म-फल से विमुख हुआ जा सकता है।

अकर्ता का भाव निर्मित करने के लिए यह आवश्यक है कि पूर्ण मानसिकता के साथ हृदय में यह भाव स्थापित हो जाए कि जीवन के समस्त कार्य सिर्फ उस परब्रह्म परमात्मा की इच्छानुसार हो रहे हैं और मानसिक व भौतिक, जो भी कार्य इस देह के द्वारा हो रहे हैं, वे समस्त कार्य परमात्मा ही करा रहा है तथा मैं तो इस कर्मरूपी मशीन के सिर्फ

एक पुर्जे के रूप में माध्यम हूँ। मुझमें स्वतंत्र रूप में ऐसी कोई शक्ति पृथक् से नहीं है, जिससे कि मैं कोई भी कार्य कर सकूँ। मेरी समस्त चेतना और शक्ति का केंद्र परमात्मा में निहित है और जब भी वह जो कुछ कार्य मुझसे कराना चाहता है, वह मेरे शरीर के भौतिक कार्यकलापों के माध्यम से स्वत: ही हो जाता है। चूँकि कर्म करानेवाला परमात्मा है और मैं सिर्फ माध्यम हूँ, इस कारण मैं पूर्णत: शक्तिशाली हूँ, कर्म करने में सक्षम हूँ एवं निपुण हूँ। कार्य करानेवाला भी परमात्मा है और कार्य करनेवाला भी परमात्मा की इच्छा पर निर्भर है और जिसके लिए कर्म किया जा रहा है, वह भी परमात्मा की इच्छा पर निर्भर है। यह कर्म परमात्मा की इच्छा के अनुसार हो रहा है और परमात्मा की इच्छा है, तभी यह कार्य हो पा रहा है, अत: इस कार्य में किसी भी प्रकार की कोई त्रुटि नहीं होनी चाहिए। ऐसे भाव की स्थापना, अकर्ता होने का प्रथम सूत्र है। ऐसे भाव के निर्मित होने के पश्चात् अपने द्वारा किए गए कर्म के परिणामस्वरूप मिलनेवाले फल से न तो कोई खुशी होगी और न ही दु:ख होगा, क्योंकि कार्य परमात्मा का किया और यदि खुशी मिलनी है तो परमात्मा को मिली होगी और यदि दु:ख मिलना है तो परमात्मा को ही मिला होगा।

कृष्ण कहते हैं—

कर्मण्यकर्म य: पश्येदकर्मणि च कर्म य:।
स बुद्धिमान्मनुष्येषु स: युक्त: कृत्स्नकर्मकृत्॥ 4/18

कि जो पुरुष कर्म में अकर्म देखता है और अकर्म में कर्म देखता है, वह पुरुष मनुष्यों में बुद्धिमान है और सब प्रकार के कर्मों में प्रवृत्त होते हुए भी मुक्त रहता है। पुन: कहना होगा कि यहाँ अकर्म से तात्पर्य यह है कि कर्मरूपी क्रिया होने में कर्ता भाव नहीं होना चाहिए, अर्थात् यह भान नहीं करना चाहिए कि अमुक कार्य को 'मैं कर रहा हूँ,' अन्यथा इस कारण से कर्म-फल के प्रति आसक्ति हो जाएगी। यदि कर्तापन का भाव आया तो निश्चित ही अहंकार उत्पन्न हो जाएगा। कर्म-फल के प्रति आसक्ति विष है, मुक्ति में बाधक है। कर्म-फल अनुकूल होने पर अहंकार अथवा घमंड हो जाएगा। जो अहंकारी है, वह व्यक्ति कभी भी धार्मिक नहीं हो सकता। इस प्रकार जो कर्म हो रहा है, उस कर्म के होने में तन्मयता होनी चाहिए। यही अकर्म होने का भाव है, परंतु इस अकर्मता के भाव में होते हुए भी कर्म करने में कहीं लापरवाही नहीं होनी चाहिए। इस कारण कर्म में अकर्म को देखना है और अकर्म में भी कर्म को होते देखना है। सार यह है कि कर्म करने में कर्ता भाव का लोप हो, तब ऐसा कर्म, अकर्म में परिवर्तित हो जाएगा।

इस हेतु श्रीकृष्ण ने श्रीमद्भगवतगीता में कर्मयोग के विषय पर व्यावहारिक संदेश दिया है—

न हि कश्चिक्षणमपि जातु, तिष्ठत्यकर्मकृत।
कार्यते, ह्यवश: कर्म सर्व: प्रकृतिजैर्गुणै:॥ 3/5

इस श्लोक के माध्यम से अत्यंत महत्त्वपूर्ण व नैसर्गिक संदेश दिया है कि कोई भी मनुष्य किसी भी काल में, अर्थात् किसी भी समय एक भी क्षण मात्र में बिना कर्म किए नहीं रहता है। प्रतिक्षण, प्रत्येक समय मनुष्य कुछ-न-कुछ कर्म करता ही रहता है, कर ही रहा है। आगे कहा गया है कि सभी मनुष्य उसी तरह कर्म करने के लिए बाध्य है, जिस प्रकार प्रकृति स्वयमेव स्वतः अपने कर्म में लीन है, अर्थात् प्रकृति भी निरंतर कर्मशील है। उन्होंने स्पष्ट कर दिया है कि प्रत्येक मनुष्य कर्म करने हेतु बाध्य है। कृष्ण कहते हैं कि सभी मनुष्य प्रकृति से उत्पन्न हुए हैं, अर्थात् उनका जन्म लेना स्वयं उनके वश में नहीं है। मनुष्य प्रकृति से उत्पन्न हुए गुणों के आधीन है और इसलिए क्षण मात्र भी कर्म किए बिना नहीं रह सकता है।

कितना सुंदर संदेश है यह। गंभीरता से चिंतन कीजिए कि यह प्रकृति किंचित् मात्र भी निष्क्रिय नहीं है, प्रतिपल, प्रतिक्षण, निरंतर चलायमान है। सूर्य, चंद्रमा, सितारे, पृथ्वी, मनुष्य-शरीर, पेड़, पौधे, जहाँ भी दृष्टि डालो, सभी ओर गतिशीलता है, कुछ भी रुका हुआ नहीं है। प्रकृति स्वयं अपना कर्म कर रही है। हम प्रकृति के ही तो अंश हैं। इसी प्रकृति से उत्पन्न हुआ मनुष्य आखिर फिर निष्क्रिय कैसे रह सकता है! कुछ कार्य करने का कर्म और कुछ भी नहीं करने का कर्म भी तो आखिरकार निष्क्रियता का कर्म है। निष्क्रिय होने का कार्य तो हो ही रहा है, निष्क्रिय होने का बोझ तो हो ही रहा है, अर्थात् बिना टिकट रेलयात्रा। सबकुछ फ्री-फोकट में। वह जो कुछ भी नहीं कर रहा है, सिर्फ बैठा-बैठा भोजन कर रहा है, अकर्मण्य हो चुका है। इसका तात्पर्य कदापि यह नहीं है कि चूँकि वह कोई कर्म नहीं कर रहा है और इस कारण से वह कर्म-बंधन से मुक्त हो गया हो, उसे सिद्धि प्राप्त हो गई हो और अब वह मोक्ष प्राप्त करने का भागीदार हो गया हो। कर्महीन व्यक्ति को कभी भी मोक्ष प्राप्त नहीं हो सकता। कुछ नहीं करना, कर्म करने से विमुख होना भी कर्म का नकारात्मक स्वरूप है और उस व्यक्ति-विशेष के निमित्त जिन लोगों ने उसके रहन-सहन हेतु कर्म किए हैं, उनके प्रति वह कर्महीन व्यक्ति ऋणी हो गया है, अर्थात् कुछ नहीं करने पर भी ऋणी हो जाना। कुछ नहीं करने में न तो अकर्म होने का भाव स्थापित होगा और न ही निष्कर्मता होगी। कुछ कर्म ही नहीं किया, सिर्फ पड़े रहे और भोजन करते रहे, प्रकृति पर बोझ बनकर जीवनयापन किया। भगवान् श्रीकृष्ण ने ऐसे मनुष्य को तो कतई स्वीकार नहीं किया है।

श्रीकृष्ण ने आगे संन्यासी व योगी के लिए भी कहा है—

न कर्मणामनारम्भन्नैष्कर्म्य पुरुषोऽश्नुते।
न च संन्यसनादेव सिद्धिं समधि गच्छति॥ 3/4

मनुष्य कर्म को आरंभ किए बिना निष्कर्मता को प्राप्त नहीं कर सकता और कर्मों को त्यागने से भी देवसिद्धि नहीं हो सकती है, जब कोई कर्म ही नहीं करेगा तो निष्कर्मता

का भाव संभव ही नहीं है। कर्म के साथ ही तो निष्कर्मता जुड़ी है, अर्थात् जो संन्यासी और योगी कर्मफल में अनासक्त होकर अपने कर्तव्य का पालन करता है, वही सच्चा संन्यासी है। इसके आगे वह कहते हैं कि अग्नि (अर्थात् भूख के कारण भोजन की लालसा) और कर्म को त्यागनेवाला संन्यासी अथवा योगी नहीं है। कृष्ण ने बार-बार पूरा जोर कर्म-फल से लगाव नहीं रखने का दिया है, अर्थात् यदि कोई संन्यासी अथवा योगी भले ही भोजन करना छोड़ दे और तप, जप करता रहे, परंतु उसके द्वारा किए जा रहे कर्म के परिणाम पर उसकी लालसा है तो वह संन्यासी और योगी नहीं हो सकता। संन्यासी ने यदि अपनी भूख पर नियंत्रण कर लिया है और भोजन को भी त्याग दिया तो इतना भर करने से वह संन्यासी नहीं है, जब तक कि वह कर्म न करे और उसका कर्म, निष्कर्मता के साथ होना चाहिए। भगवान् श्रीकृष्ण का स्पष्ट संदेश है कि कर्म नहीं करने भर से ही कर्म-बंधन से मुक्ति नहीं हो जाती है और केवल संन्यास ग्रहण करने से भी देवसिद्धि नहीं हो सकती है, अर्थात् यदि कोई यह सोचता है कि हम कर्म नहीं करेंगे तो कर्म-बंधन से मुक्त हो जाएँगे, ऐसा सोचना गलत है और इसके साथ-साथ उन्होंने संन्यासियों को भी संदेश दिया है कि केवल संन्यास ग्रहण करने से भगवत् साक्षात्कार व देवताओं की सिद्धि प्राप्त नहीं हो सकती।

इसी संदर्भ में वह आगे कहते हैं—

अनाश्रितः कर्मफलं कार्यं कर्म करोति यः।
स संन्यासी च योगी च न निरग्निर्न चाक्रियः॥ 6/1

इस श्लोक में बड़ा ही सुंदर सूत्र श्रीकृष्ण ने दे दिया है। वह कहते हैं, जो मनुष्य कर्म-फल में अनासक्त रहकर अपने कर्तव्य का पालन करता है, वही सच्चा संन्यासी और योगी है। वह पुनः कहते हैं कि अग्नि (अर्थात् भूख के कारण भोजन की लालसा) और कर्म को त्यागनेवाला संन्यासी और योगी नहीं है। कृष्ण ने बार-बार पूरा जोर कर्म-फल से लगाव नहीं रखने का दिया है। यदि कोई संन्यासी अथवा योगी भले ही भोजन करना छोड़ दे और तप, जप करता रहे, परंतु उसके द्वारा किए जा रहे कर्म के परिणाम पर उसकी लालसा है तो वह संन्यासी और योगी नहीं हो सकता, अर्थात् किसी संन्यासी ने यदि अपनी भूख पर नियंत्रण कर लिया है और भोजन को भी त्याग दिया तो इतना भर करने से वह संन्यासी नहीं हो सकता। उसे निष्कर्मता के साथ कर्म भी करना चाहिए।

निष्कर्मता वह अवस्था है, जिसमें मनुष्य के कर्म, अकर्म में परिवर्तित हो जाते हैं, अर्थात् फल प्राप्त करने की कामना उत्पन्न नहीं होनी चाहिए। उन्होंने कामना पर जोर दिया है और फल तो जो मिलना है, वह मिलता ही रहेगा, उससे किसी प्रकार से प्रभावित नहीं होना है। जो भी फल मिलेगा, वह एक सूचना मात्र होगी। इस अवस्था को निष्कर्मता कहेंगे, जब मन की ऐसी अवस्था बन जाए तो जन्म और मृत्यु का बंधन समाप्त हो

जाता है। पुनर्जन्म होता ही नहीं है, जैसाकि कहा गया है कि मनुष्य के जीवन के चार भाग हैं—धर्म, अर्थ, काम, मोक्ष, अर्थात् धर्म के सिद्धांतों पर रहते हुए अर्थार्जन किया जाए, कर्म में निष्कर्मता हो और उसके बाद फिर मोक्ष की प्राप्ति हो। मनुष्य जीवन का उद्देश्य मोक्ष प्राप्त करना है। कर्म की निष्कर्मता पर कृष्ण केंद्रित हैं। उन्होंने निष्काम कर्म पर जोर दिया है। युद्धस्थल पर अर्जुन के मन में यह प्रश्न रहा कि विपक्षी सेनाओं को मारकर उसे राज-पाट मिलेगा, अर्थात् अर्जुन कर्म-फल पर केंद्रित हो रहे थे। अर्जुन के मन में यह भी था कि स्वजनों को मारकर यदि राज-पाट मिला भी तो ऐसे राज-पाट का उपभोग करने से क्या लाभ? अर्थात् युद्ध का परिणाम और विजय प्राप्त होने पर अर्जुन राज-पाट मिलने अथवा उसके लाभ और हानि में उलझे थे और कृष्ण का कहना यह था कि अर्जुन तो सिर्फ युद्ध करे, राज-पाट के हानि-लाभ पर सोचने और विचार करने का अधिकार उसका नहीं है।

अर्जुन को इस श्लोक के माध्यम से भगवान् कृष्ण कहते हैं—

सुखदुःखे समे कृत्वा लाभालाभौ जयाजयौ।
ततो युद्धाय युज्यस्व नैवं पापमवाप्स्यसि॥ 2/38॥

अर्थात् सुख, दुःख, लाभ, हानि, जय, पराजय को समान समझकर निष्काम भाव से युद्ध करो। ऐसा करने पर तुम पाप से कलुषित नहीं होंगे। इस श्लोक से यह संदेश मिलता है कि कर्म करने के परिणाम में आसक्ति नहीं होनी चाहिए। युद्ध जैसी स्थिति में भी चाहे विजय प्राप्त हो या पराजय, चाहे लाभ हो या हानि, चाहे सुख मिले या दुःख, समस्त परिणाम में एक समान भाव रखना है। यह तभी संभव है, जबकि कर्म-फल की सापेक्षता से परे हो जाएँ, जब केवल निरपेक्ष भाव से कर्म किया जा रहा है, किए गए कर्म का परिणाम अनुकूल हो या प्रतिकूल, उससे कदापि प्रभावित नहीं होना है और सरोकार भी नहीं रखना है, कर्म-फल की ओर देखना भी नहीं है, तब इसे निष्काम कर्म माना जाएगा और किए गए कर्म के कारण किसी भी प्रकार का पाप नहीं होगा। प्रत्येक कर्म का परिणाम सुखदायक और दुःखदायक होता है और इसे एक समान भाव में ग्रहण करना है, लेकिन कर्म करने में यदि निष्कर्मता है तो ऐसा कर्म न तो पाप है और न ही पुण्य है। वह सिर्फ कर्तव्यपालन ही होगा। ऐसा कर्म पाप और पुण्य से परे होगा। ध्यान देने योग्य तो यह है कि कृष्ण यह बात उस समय व उस कार्य के संदर्भ में कह रहे हैं, जो युद्ध से संबंधित है और युद्ध में जीत-हार तो होती ही है। जीत-हार जैसे विषय पर भी सिर्फ कर्म करने का संदेश और उसके परिणाम में आसक्ति न होना। यही निष्कर्मता है और मोक्षदायक है।

आगे श्रीकृष्ण कहते हैं—

नियतं कुरु कर्म त्वं कर्म ज्यायो ह्यकर्मणः।
शरीरयात्रापि च ते न प्रसिद्धयेत् अकर्मणः॥ 3/8

अर्थात् शास्त्रानुसार स्वधर्म रूप कर्म करना चाहिए। कर्म नहीं करने की अपेक्षा कर्म करना ही श्रेष्ठ है। कर्म नहीं करने से शरीर निर्वाह का कार्य सिद्ध नहीं होगा। शरीर की यात्रा तब तक पूर्ण नहीं होगी, जब तक कि मनुष्य कर्म न करे। स्पष्ट संदेश है कि मनुष्य शरीर कर्म करने के लिए ही है और प्रत्येक कर्म शास्त्रानुसार स्वधर्म कर्म होना चाहिए। यहाँ स्वधर्म से तात्पर्य क्या है ? मेरी दृष्टि में स्वधर्म कर्म का आशय है, स्वाभाविक कार्य।

उदाहरणार्थ, किसी के प्रति अत्याचार करना स्वाभाविकता नहीं है, नैसर्गिकता नहीं है। किसी को बिना किसी कारण के कष्ट देना स्वधर्म नहीं हो सकता, क्योंकि यह स्वाभाविक नहीं है। किसी को दुःख देना स्वधर्म नहीं हो सकता, क्योंकि यह स्वाभाविक नहीं है, लेकिन शास्त्रानुसार यदि समग्र भलाई के हितार्थ किसी आततायी आतंकी का नाश करना हो तो यह भी स्वधर्म कर्म हुआ। कर्तव्यपालन के भाव में स्वधर्मता है। ऐसा कर्म, जिसे पूर्ण करने की जिम्मेदारी शास्त्रानुसार मनुष्य पर हो। कर्म अधार्मिक नहीं हो, अनैतिक नहीं हो, अनुचित नहीं हो, धर्म विरुद्ध नहीं हो व उसे करने हेतु व्यक्ति बाध्य भी हो, अर्थात् यदि वांछित समय पर कथित कर्म नहीं किया तो सामाजिक, धार्मिक व समस्त प्रकार के दृष्टिकोण से ऐसा व्यक्ति निंदा का पात्र होगा। ऐसा वांछित कर्म ही कर्तव्यपालनवाला कर्म कहा जाएगा। युद्ध के समय, जबकि युद्ध भूमि पर भगवान् श्रीकृष्ण खड़े हुए हैं और अर्जुन सामने की कौरव सेना में अपने स्वजनों, गुरुजनों को देखते हैं तो राग और मोह के वशीभूत होकर युद्ध करने से इनकार कर देते हैं, लेकिन सामने की सेना नीति विरुद्ध थी, अधर्म का साथ दे रही थी, अधर्म ही कर रही थी, तब ऐसी स्थिति में उसका नाश करना स्वधर्म कर्म हो गया।

श्रीकृष्ण ने संदेश दिया है—

न मां कर्माणि लिम्पन्ति न मे कर्मफले स्पृहा।
इति मां योऽभिजानाति कर्मभिर्न स बध्यते॥ 4/14

मुझ पर किसी कर्म का प्रभाव नहीं होता है, क्योंकि मुझे कर्म–फल की कामना नहीं है। इस कारण मेरे लिए कर्म–बंधन नहीं है। मेरे संबंध में जो भी इस सत्य को जानता है, वह भी कर्म–फल में लिपायमान नहीं होता है। इस श्लोक में संदेश यही मिलता है कि श्रीकृष्ण का संपूर्ण जीवन प्रत्येक प्रकार के कर्म से निर्लिप्त रहा है। उनका स्वयं का कोई भी निजी स्वार्थ नहीं रहा है। महाभारत का युद्ध हो या कंस व अनेक राक्षसों का वध किया हो, सबकुछ धर्म की रक्षा करते हुए कर्तव्यपालन में किया गया कर्म है। उन्होंने अपनी सेना सहित पांडवों की ओर से महाभारत में युद्ध नहीं किया, लेकिन धर्म, नीति, न्याय पांडवों के पक्ष में था और वह अर्जुन के सारथी बनकर युद्ध में रहे। युद्धरूपी कर्म में सफलता कैसे प्राप्त करनी है, इस रणनीति को भी उन्होंने निर्लिप्त भाव से पांडवों को

बताया। उद्देश्य यही है कि सिर्फ कर्म करना है और फल की तरफ ध्यान भी नहीं देना है। इससे जन्म और मृत्यु के चक्र से भी मुक्त हो जाएँगे। जीवन का एकमात्र उद्देश्य यही तो है कि जन्म और मरण से मुक्ति मिले, क्योंकि दोनों ही स्थितियों में सिर्फ दु:ख है।

कर्तव्यपालन के रूप में किया गया निष्काम कर्म का एक उदाहरण महाभारत युद्ध में स्वयं भीष्म पितामह का है। हस्तिनापुर का राजा धृतराष्ट्र था, जो पूर्णत: अंधा था व अपने पुत्र दुर्योधन के मोह में पांडवों के साथ न्याय नहीं कर रहा था। पांडवों के ज्येष्ठ भ्राता युधिष्ठिर इंद्रप्रस्थ के राजा थे, लेकिन वे दुर्योधन के मामा शकुनि के कपट जाल में फँसकर जुआ खेलने में अपना राज्य हार चुके थे। भीष्म पितामह जानते थे कि पांडवों के साथ अन्याय हुआ है और कौरवों ने अधर्म का रास्ता पकड़कर पांडवों के साथ अन्याय किया है। भीष्म पितामह सत्यवादी, धर्म, नीति, न्याय के पक्षधर होते हुए हृदय से चाहते थे कि युद्ध में पांडवों की जीत हो। भीष्म पितामह की प्रतिज्ञा थी कि आजीवन वह हस्तिनापुर की रक्षा करेंगे, अत: वह अपनी प्रतिज्ञा में प्रतिबद्ध थे। इस कारण प्रतिज्ञाबद्ध होते हुए उन्होंने कौरवों की ओर से एक कर्मवीर के रूप में पांडवों से युद्ध किया। भीष्म पितामह को पराजित करना पांडवों के लिए संभव नहीं था, क्योंकि वह निरंतर युद्ध में पांडवों को पराजित करते जा रहे थे, लेकिन अंतर्मन से वह यही चाहते थे कि विजय पांडवों की ही हो और वह पांडवों को विजयश्री का आशीर्वाद भी दे चुके थे, परंतु पांडवों के विरुद्ध युद्ध करने में वह निष्काम कर्मयोगी के रूप में युद्ध करते जा रहे थे, अंतत: अर्जुन के रथ पर शिखंडी बैठा और भीष्म पितामह की प्रतिज्ञा थी कि वह किसी महिला पर हमला नहीं करेंगे। परिणामत: अर्जुन के बाणों ने भीष्म पितामह का शरीर छलनी कर दिया। इस प्रसंग में भीष्म पितामह का कर्तव्यपालन, पूर्ण मनोयोग से युद्ध करना, युद्ध में मुत्यु के द्वार पर पहुँचना और उस पर भी यह सोचकर अत्यंत प्रसन्न होना कि अर्जुन विजयी हुआ।

भगवान् श्रीकृष्ण ने विभिन्न प्रकार से समझाने का प्रयास किया है और उन्होंने संदेश दिया है कि—

त्यक्त्वा कर्म फलासंगं नित्यतृप्तो निराश्रय: ।
कर्मव्यभिप्रवृतोऽपि नैव किंचित्करोति स: ॥ 4/20

अर्थात् कर्म-फल की आसक्ति को संपूर्ण रूप से त्यागकर नित्यतृप्त और स्वतंत्र पुरुष सभी कर्मों को करता हुआ भी कभी कोई सकाम कर्म नहीं करता है। जहाँ अपनी इच्छानुसार कर्म-फल की कामना है, उसे सकाम कर्म कहा गया है और जहाँ ऐसी कामना नहीं है, वह निष्काम कर्म है। सच तो यह है कि हमारे धर्मशास्त्रों में श्रीमद्भगवतगीता ही ऐसा ग्रंथ है कि उसमें भगवान् श्रीकृष्ण ने बड़े ही अच्छे ढंग से कर्म के सिद्धांत को समझाया है। इस संदर्भ में उन्होंने कहा है—

निराशीर्यतचित्तात्मा त्यक्त सर्व परिग्रहः।
शरीरं केंवल कर्म कुर्वन्नाप्नोति किल्विषम॥ 4/21

अर्थात् ऐसा ज्ञानी पुरुष, जिसने अपनी बुद्धि व मन को पूर्ण रूप से वश में करके और अपनी संपूर्ण सामग्री में स्वामीपन के भाव को त्याग दिया है, केवल शरीर धारण के लिए ही वह कर्म करने पर भी उसे किसी भी प्रकार का पाप नहीं होता है। इस श्लोक में संदेश है कि मन व बुद्धि पर नियंत्रण होने पर इंद्रियाँ वश में होंगी एवं जिसने अपनी इंद्रियों को वश में कर लिया है, तब भोग करने में त्याग की मानसिकता निर्मित हो जाएगी।

मुझ लेखक का स्वयं के संदर्भ में निष्कर्ष यह है कि मैं यह दावा नहीं करता हूँ कि मैं पूर्णतः निष्काम कर्म में हूँ और मैं यह दावा भी नहीं करता हूँ कि कर्म-फल का मुझ पर कोई प्रभाव नहीं पड़ता है, लेकिन मैं निरंतर प्रयास करता रहता हूँ और मुझे इस चिंतन में सफलता की संभावनाएँ आभासित होती हैं। मैं यह अवश्य कहूँगा कि इस दिशा में प्रयास अवश्य किया जा सकता है। प्रयास ही सफलता की प्रथम सीढ़ी है। मैं व्यवसाय से वकील हूँ और ऐसा स्वभाव बन गया है कि मुकदमे की अंतिम स्टेज के समय न्यायालय में अंतिम तर्क सुनाने के पश्चात् मैं मानसिक रूप से प्रकरण के निर्णय के प्रति आसक्ति नहीं रखता हूँ। एक अखबारी समाचार की तरह मुकदमे का निर्णय जान लेने का स्वभाव बनाने का प्रयास करता रहता हूँ, लेकिन जिस समय अपने पक्षकार की ओर से मुकदमे में पैरवी करता हूँ तो अपनी पूर्ण शक्ति, बुद्धि, विवेक व तर्कों को इस तरह प्रस्तुत करता हूँ कि जैसे कोई सुननेवाला यह समझे कि इस मुकदमे का परिणाम यदि विपरीत हुआ तो वकील साहब को बड़ी ही तकलीफ पहुँचेगी। मुकदमे की सुनवाई समाप्त होने के पश्चात् निर्णय की गेंद न्यायाधीश के पाले में पहुँच जाती है और मैं स्वयं मानसिक रूप से परिणाम को छोड़ देता हूँ, सिर्फ निरपेक्ष भाव से समाचार सुन लेता हूँ, फिर मेरे पक्षकार को सफलता मिले या असफलता, यह उसका भाग्य है। किसी भी प्रकरण के निर्णय होने में न्यायाधीश के समक्ष भी अनेक परिस्थितियाँ होती हैं। अनेक अनेक परिस्थितियाँ व पक्षकार का प्रारब्ध, उसके पूर्व कर्म व भाग्य पर भी निर्भर होता है। (इस संदर्भ में पुस्तक में विषय 'दैवीय न्याय और मनुष्य न्याय में अंतर' पढ़ें) अपने स्वभाव और चिंतन के द्वारा कर्म के परिणाम में निरपेक्ष भाव एवं कर्म के प्रति सापेक्ष भाव निर्मित करना है। यह अध्यात्म का महत्त्वपूर्ण अंग है। कर्म करने में ही विश्वास रखना है, परिणाम में न तो आसक्ति रखनी है और न ही वह हमारे वश में है। परिणाम परमात्मा के पाले में रहने दो और कर्म को अपने पाले में रहने दो।

अष्टावक्र की गीता का भी यही निचोड़ है कि कर्म मनुष्य के द्वारा किया ही नहीं जा रहा है, वह तो सिर्फ परमात्मा के द्वारा दिए गए कार्य को पूर्ण कर रहा है, अर्थात् परमात्मा अपना कार्य आपके माध्यम से करा रहा है, अतः आप तो अकर्ता हैं। कोई भी

कर्म आपका नहीं है, कर्म करने का उद्देश्य भी आपका नहीं है, आपके द्वारा किए गए कर्म का फल आपकी इच्छा के अनुरूप ही आपको प्राप्त हो, ऐसी भी प्रतिबद्धता भी आपमें नहीं होनी है। प्रत्येक कर्म परमात्मा का है और आप तो उसके एक पुर्जे मात्र हैं, उस कार्य को पूर्ण होने में आप तो एक निमित्त मात्र हैं। ऐसा भाव जब पूर्ण रूप में अपने मन के अंदर विकसित होकर स्थापित हो जाए और यह धारणा मन के अंदर दृढ़ता के साथ हो जाए कि कर्म तो मेरे द्वारा किया ही नहीं जा रहा, मैं तो साक्षी-भाव में कर्म को होते देख रहा हूँ, तब यह अकर्ता होने का भाव कहा जाएगा।

अंत में एक चिर-परिचित कहानी के साथ इस विषय को समाप्त करूँगा। एक राज्य का राजा आध्यात्मिक चिंतन का व्यक्ति था। उसने सोचा कि यदि कोई योग्य वारिस मिल जाए जो राज-पाट, ऐशोआराम, विलासितापूर्ण जीवन छोड़कर आध्यात्मिक साधना की जाए। उसका पुत्र छोटा था और राजा बनने योग्य नहीं था। उसने अपनी यह इच्छा अपने गुरुजी को बताई।

गुरु ने कहा, "राज्य की बागडोर मेरे हाथों में क्यों नहीं दे देते हो? क्या तुम्हें मुझसे ज्यादा सुपात्र, सक्षम कोई इनसान मिल सकता है?"

राजा ने कहा, "मेरे राज्य को आपसे ज्यादा और कौन समझ सकता है?"

राजा ने तत्काल निर्णय लिया और अपने गुरु से कहा, "लीजिए, मैं इसी समय राज्य की बागडोर आपके हाथों में सौंपता हूँ।"

गुरु ने पूछा, "अब तुम क्या करोगे?"

राजा ने जवाब दिया, "मैं राज्य के खजाने से थोड़े से पैसे लेकर अपने शेष जीवन का यापन करूँगा, ईश्वर स्मरण करूँगा, इस शरीररूपी जीवन के जो कर्तव्य हैं, उनका निष्काम कर्म से पालन करते हुए अध्यात्म साधना में लीन रहूँगा।"

गुरु ने कहा, "लेकिन खजाना तो अब मेरा है, मैं तुम्हें एक पैसा भी नहीं लेने दूँगा।"

राजा बोला, "ठीक है, मैं कोई छोटी-मोटी नौकरी कर लूँगा। उससे जो भी मिलेगा, गुजारा कर लूँगा।"

गुरु ने कहा, "यदि तुम्हें काम ही करना है तो मेरे यहाँ एक नौकरी खाली है। क्या तुम मेरे यहाँ नौकरी करना चाहोगे?"

राजा बोला, "मैं तैयार हूँ।"

गुरु ने कहा, "मेरे यहाँ राजा की नौकरी खाली है। मैं चाहता हूँ, तुम यह नौकरी करो और हर महीने राज्य के खजाने से अपना वेतन लेते रहो।"

यह कहकर उसके गुरु अपनी अध्यात्म साधना हेतु एकांतवास में चले गए और एक वर्ष बाद वह वापस आए तो देखा कि राजा बहुत खुश था। वह जिस अध्यात्म

साधना हेतु राज-पाट छोड़ रहा था, उसी राज-पाट को निष्काम भाव से सुचारु रूप से चला रहा है और निजी स्वार्थ, लाभ-हानि से परे होकर स्वयं को नौकर समझकर कर्तव्यपालन करते हुए अध्यात्म साधना में भी लीन है। इस प्रसंग से यह संदेश मिलता है कि सबकुछ उस परमात्मा का है और हम अपने जीवन को आनंददायक बनाना चाहते हैं तो स्वयं के स्वामित्व से लगाव छोड़ना होगा। मैं तो एक प्रबंधक हूँ, कर्तव्यपालन करते हुए निष्काम भाव से कर्म कर रहा हूँ, न तो किसी से राग है और न ही किसी से द्वेष है।

स्वचिंतन : ***कर्म-फल का सिद्धांत—जैसा कर्म होगा, वैसा ही उसका परिणाम भोगना होगा। कर्म-फल हमारे पीछे-पीछे चलता है। बिना कारण के कोई भी अनुकूल या प्रतिकूल परिस्थिति निर्मित नहीं होती है। प्रत्येक कर्म-फल का निर्माणकर्ता व्यक्ति स्वयं ही है, जैसे विचार होते हैं, व्यक्ति वैसा ही बन जाता है।***

□

32

जीवन की यथार्थता

महाभारत का युद्ध प्रारंभ होने के पहले अर्जुन ने जब कौरवों की सेनाओं से युद्धस्थल पर अपने गुरु द्रोणाचार्य, भीष्म पितामह एवं सगे-संबंधियों को देखा और यह सोचा कि इन्हें मारने पर यदि राज्य मिल भी गया, युद्ध जीत भी लिया तो ऐसे राज्य को और ऐसी जीत को प्राप्त करके सुख नहीं मिलेगा, अर्थात् अर्जुन को अपने सगे-संबंधियों के प्रति मोह, लगाव, आदर का भाव जागृत हुआ और इस कारण धर्मयुद्ध करने से इनकार करने लगे। अर्जुन ने कृष्ण के समक्ष युद्ध नहीं करने का प्रस्ताव किया। अर्जुन के द्वारा ऐसा कहने पर भगवान् श्रीकृष्ण ने अर्जुन को जीवन का रहस्य समझाया। जीवन और मृत्यु व आत्मा की अमरता का सिद्धांत बताया। मनुष्य शरीर कुछ समय से और कुछ समय तक ही है और आत्मा का प्रतिबिंब है। जिसे श्रीमद्भगवतगीता के माध्यम से संदेश दिया गया है।

श्रीकृष्ण कहते हैं—

देहिनोऽस्मिन्यथा देहे कौमारं योवनं जरा
तथा देहान्तर प्राप्तिर्धीरस्तत्र न मुह्यति। (2/13)

अर्थात् जिस प्रकार मनुष्य के शरीर-जीवन में कौमार्य अवस्था, युवावस्था और वृद्धावस्था का परिवर्तन स्वत: ही होता है, उसी प्रकार मृत्यु होने के उपरांत दूसरा शरीर प्राप्त होता है। भौतिक शरीर में जिस प्रकार स्वाभाविक परिवर्तन होते हैं, उसी प्रकार मृत्यु होना और उसके उपरांत पुनर्जन्म होना भी एक परिवर्तन है। भगवान् अर्जुन से कहते हैं—"तुम इस सत्य से विचलित न हो।" अर्थात् प्रत्येक प्राणी मात्र की मृत्यु होनी है और उसका पुनर्जन्म भी मृत्यु के पश्चात् का परिवर्तन मात्र है। इससे किसी को भी विचलित नहीं होना चाहिए और इस शाश्वत सत्य को समझ लेना चाहिए। उनका स्पष्ट संदेश है कि भौतिक शरीर परिवर्तनशील है व नश्वर है। इससे लगाव नहीं रखना है और भौतिक शरीर धारणकर्ता सगे-संबंधी भी स्थायी नहीं हैं, नाश्वर हैं। जिस शरीर और उससे जुड़े संबंधों को स्थायी मानकर हम उससे मोह, लगाव रखते हैं, वह शरीर तो यथावत् रहता भी नहीं है। शरीर नष्ट हो जाता है, फिर बनता है और पुनर्जन्म होता है, फिर मरता है। यही क्रम चलता रहता है।

श्रीकृष्ण का संदेश है—

जातस्य हि ध्रुवो मृत्युर्ध्रुवं जन्म मृतस्य च।
तस्मादपरिहार्येऽर्थे न त्वं शोचितुमर्हसि॥ 2/27

वह कहते हैं, जिसका जन्म हुआ है, उसकी मृत्यु निश्चित है और मरे हुए का पुनर्जन्म भी निश्चित है। अर्जुन से श्रीकृष्ण कहते हैं कि "तुम्हें जन्म और मृत्यु के कारण से दुःख नहीं करना चाहिए।" इस श्लोक में स्पष्ट किया है कि शरीर-जीवन में रहते हुए यदि मोक्ष प्राप्त करने की योग्यता अर्जित नहीं हो पाई है तो मृत्यु पश्चात् पुनर्जन्म होता है। भगवान् श्रीकृष्ण अंतर्यामी हैं, उन्हें सभी के पिछले जन्मों की जानकारी है। इसी संदर्भ में इस बात को ऐसे समझते हैं कि यदि मुझमें ऐसी किसी शक्ति के द्वारा यह क्षमता आ जाए कि मुझे पिछले दस पूर्वजन्मों की जानकारी हो जाए तो स्पष्ट हो जाएगा कि कितने ही माता, पिता, भाई, बहनों, सगे-संबंधियों, मित्रों को हमने छोड़ा है और इस जन्म के भी छूटेंगे, तब निश्चित ही मुझे इस जन्म में होनेवाली मृत्यु से संशय समाप्त हो जाएगा व मोह, लगाव से परे हो जाऊँगा। मैं अपने पूर्वजन्म में कहीं था और अनेक व्यक्ति मुझसे अत्यंत निकट के रिश्ते में मेरी पहचान के साथ जुड़े रहे होंगे। इस जन्म में, अपनी वर्तमान पहचान से संबंध रखते हुए मेरे अपने अनेक रिश्ते हैं। मेरी मृत्यु के बाद, जब मेरा पुनर्जन्म होगा, तब फिर नए रिश्ते बनेंगे, अतः विचार करना है कि "मैंने अपने पिछले जन्म के शरीर और उससे जुड़े रिश्तों को छोड़ा है, मैं अपने इस वर्तमान शरीर और रिश्तों को अपनी मृत्यु के पश्चात् छोड़ दूँगा।" प्रश्न तो यह है कि मेरे कौन से शरीर, आकृति, रिश्ते की पहचान वास्तविक, शाश्वत और सही है? हमारी पहचान और रिश्ते स्थायी नहीं हैं और भौतिक शरीर की मृत्यु होने के बाद हमसे छूट जाते हैं। मेरी मृत्यु के बाद मेरे साथ कुछ भी नहीं जाता है और हम अपनी ऊर्जा को अस्थायी संबंधों तथा मिथ्यापूर्ण पहचान की उलझनों में बरबाद कर रहे हैं।

कृष्ण आत्मा के अस्तित्व के संदर्भ में कहते हैं—

न जायते म्रियते वा कदाचिन्नायं भूत्वा भविता वा न भूयः।
अजो नित्यः शाश्वतोऽयं पुराणो न हन्यते हन्यमाने शरीरे॥ (2/20)

अर्थात् आत्मा का स्वयं का कभी भी जन्म नहीं होता है और न ही वह नष्ट होती है। आत्मा जन्म-मृत्यु से परे है। आत्मा आजन्मी है, नित्य है, शाश्वत है, पुरातन है और शरीर के नष्ट होने पर भी आत्मा नष्ट नहीं होती है। इससे यह संदेश मिलता है कि हमारे भौतिक शरीर में एक आत्म-तत्त्व अदृश्य शक्ति है और उसका नाश नहीं होता है। मृत्यु पश्चात् वह शक्ति शरीर से बाहर निकल जाती है और शरीर-जीवन में किए अपने कर्म-फल के अनुसार पुनर्जन्म हेतु तत्पर रहती है। जन्म शरीर का होता है और मृत्यु भी शरीर की होती है। आत्मा अमर है, लेकिन भ्रम यह रहता है कि हम शरीर को ही सबकुछ मान

लेते हैं, शरीर को ही पूर्ण व अंतिम सत्य मानने का भ्रम पाले हुए हैं। भौतिक शरीर इस भौतिक संसार में अभिव्यक्ति की व कर्म करने हेतु एक अस्थायी व्यवस्था है। शरीर-जीवन तो इसीलिए प्राप्त हुआ है कि हम इस प्रकार से कर्म करें कि कर्म करते हुए हमारे कर्म, अकर्म व निष्कर्मता में परिवर्तित हो जाएँ और जन्म-मृत्यु के बंधन से मुक्त होकर मोक्ष प्राप्त हो जाए।

आगे कहा गया है—

वासांसि जीर्णानि यथा विहाय नवानि गृह्णाति नरोऽपराणि।
तथा शरीराणि विहाय जीर्णान्यिन्यनि संयति नवानि देही॥ 2/22

जीवन और मृत्यु ठीक उसी प्रकार हैं, जैसेकि कोई मनुष्य अपने शरीर के वस्त्र फट जाने के कारण अथवा गंदे हो जाने के कारण नवीन वस्त्रों को धारण कर लेता है। जिस प्रकार मनुष्य पुराने वस्त्रों को त्यागकर नए वस्त्र धारण करता है, उसी प्रकार आत्मा पुराने जीर्ण शरीर को त्यागकर नूतन देह ग्रहण करती है। आध्यात्मिक व्यक्ति जन्म और मृत्यु को सिर्फ अपने पुराने स्थूल शरीररूपी वस्त्रों को छोड़कर नवीन शरीर में प्रवेश करने की प्रक्रिया में विश्वास करते हैं, अर्थात् आत्मा बार-बार पुराने शरीर को छोड़ती है और नवीन शरीर को धारण कर लेती है, अब इस सुनिश्चित व्यवस्था की प्रक्रिया में क्या दुःख करना?

श्रीमद्‌भगवतगीता जीवन का सार है, जिसके माध्यम से संपूर्ण मनुष्य जाति को संदेश दिया गया है—

नैनं छिन्दन्ति शास्त्राणि नैनं दहति पावक:।
च चैनं क्लेदयन्त्यापो न शोषमति मारुत:॥ 2/23

आत्मा को न तो शस्त्र काट सकते हैं और न ही आत्मा को जलाया जा सकता है, आत्मा को जल के द्वारा गीला नहीं किया जा सकता तथा वायु के द्वारा उसे सुखाया भी नहीं जा सकता, अर्थात् मनुष्य शरीर के अंदर आत्मा प्रत्येक प्रकार से विरक्त है। आत्मा कोई वस्तु नहीं है। शरीर और आत्मा को एक समान नहीं माना जा सकता। शरीर ही नष्ट होता है, आत्मा नष्ट नहीं होती है। शरीर की मृत्यु के पश्चात् आत्मा बाहर निकल जाती है। इस श्लोक के माध्यम से श्रीकृष्ण यह संदेश दे रहे हैं कि आत्मा ही शाश्वत है और प्रत्येक मनुष्य स्वयं को आत्मा ही समझे तथा शरीर मानने की भूल न करे।

जन्म से पूर्व एवं मृत्यु के पश्चात् की स्थिति के संदर्भ में कहा गया है

अव्यक्तादीनि भूतानि व्यक्त मध्यानि भारत।
अव्यक्तनिधनान्येव तत्र का परिवेदना॥ 2/28॥

सभी प्राणी जन्म से पहले बिना शरीरवाले और मरने के बाद भी बिना शरीरवाले ही हैं। केवल बीच में ही शरीर-धारण के प्रतीत होते हैं, फिर इस विषय में क्या चिंता करनी है?

यहाँ तात्पर्य स्थूल शरीर से है। क्या हमने कभी मृत्यु के बाद और जन्म से पूर्व के अस्तित्व के बारे में सोचा है ? मृत्यु के बाद जैसा है, वह जन्म से पूर्व भी होना चाहिए। शरीर जीवन तो एक अस्थायी व्यवस्था है। इस अस्थायी व्यवस्था को हम शाश्वत व सत्य मान लेते हैं, जो सबसे बड़ा भ्रम है। ज्ञानी एवं विवेकशील मनुष्य मृत्यु का सम्यक् स्मरण करते हैं तथा जो ज्ञानी हैं, वे मृत्यु से भयभीत नहीं होते हैं। मृत्यु के पश्चात् एक नए और अनजाने आयाम की ओर जाने और जानने की उत्कंठा होना एवं इस हेतु उत्साह का बढ़ जाना ही मृत्यु को एक महोत्सव के रूप में परिवर्तित कर देता है। इसी कारण मृत्यु का सम्यक् स्मरण व्यक्ति को मिथ्याभिमान से मुक्त कर देता है। यदि स्वस्थ और सुखी जीवनयापन करना एक कला है तो मृत्यु का सुखद आलिंगन करने का भाव रखना भी एक कला है। आध्यात्मिक ज्ञानी व्यक्ति के लिए 'मृत्यु' कोई समस्या नहीं है, यह तो शरीर परिवर्तन का साधन मात्र है। जिस तरह अपने वस्त्र फट जाने के कारण हम नवीन वस्त्रों को पहन लेते हैं और अपने आप को ताजगी से भरे 'अपटूडेट' समझ लेते हैं, ठीक उसी तरह मृत्यु के पश्चात् नई देह का धारण करना भी वस्त्रों के परिवर्तन के समान है। जिस तरह नवीन वस्त्र पहनने के कारण से हम पुराने एवं फटे वस्त्रों की ओर न तो अपना मन ले जाते हैं और न ही पुराने वस्त्रों का स्मरण करना पसंद करते हैं, न ही अपने आप को किसी दूसरे के समक्ष पुराने वस्त्रों को हाथों में टाँगकर परिचय कराते हैं। ठीक उसी तरह मृत्यु के पश्चात् नया शरीर धारण करने पर हमें पूर्व जन्म की छोड़ी हुई देह का ध्यान नहीं रहता है। यह ईश्वरीय नियम है। मन में यह भाव रखना चाहिए कि 'मैं देह नहीं हूँ, मैं चैतन्य हूँ, अतः मेरी मृत्यु होने का प्रश्न ही नहीं उठता। मैं आत्मा हूँ और अमर हूँ तथा इसका वाहनस्वरूप अथवा वस्त्ररूपी शरीर पंचतत्त्वों से निर्मित है और यह विनाशशील है। मेरी मृत्यु के पश्चात् मेरे कर्म-फल और मेरी इच्छा के अनुसार यदि मानव शरीर ही मुझे मिलना है तो माँ के गर्भ में सिर्फ नौ महीने में मेरे नवीन वस्त्ररूपी नए शरीर का निर्माण हो जाता है।'

(नोट : इस संदर्भ में पाठक यदि यह जानना चाहते हैं कि मृत्यु पश्चात् कैसा अनुभव होता है और परलोक में क्या ऐसा जहाँ है तो इस हेतु लेखक की पुस्तक—'मृत्यु कैसे होती है ? फिर क्या होता है ?' में वर्णित है, प्रभात प्रकाशन, नई दिल्ली से प्रकाशित)

अर्जुन से कृष्ण कहते हैं—

बहूनि मे, व्यतीतानि, जन्मानि, तव, चार्जुन।
तान्यहं वेद सर्वाणि न त्वं वेत्थ, परंतप॥ 4/5

मेरे और तेरे बहुत से जन्म हो चुके हैं, परंतु उन सबको तू नहीं जानता है और मैं जानता हूँ। इस संदेश के दो भाग हैं, प्रथमतः तो यह कि पुनर्जन्म होता है, द्वितीयतः हमारे प्रत्येक जन्म की जानकारी उस सर्वोच्च सत्ता को रहती है, जिसे हम ईश्वर मानते हैं, अर्थात् हमारे सभी कर्मों की जानकारी ईश्वर को है। श्रीमद्भगवतगीता में भगवान् कृष्ण

ने पुनर्जन्म के सिद्धांत को बताते हुए अर्जुन के माध्यम से समस्त संसार को इस ज्ञान से परिचित कराया है कि भले ही मनुष्य स्वयं नहीं जानता है कि उसके अनेक जन्म हो चुके हैं, लेकिन भगवान् कृष्ण सबकुछ जानते हैं, अब आगे एक संदेश भी छुपा हुआ है कि यदि किसी शक्ति व प्रक्रिया से हमें भी अपने सभी जन्मों की जानकारी मिल जाए तो इस जीवन की यथार्थता समझ आ जाएगी कि सभी प्रकार के संबंध जुड़े व टूटे तथा कुछ भी स्थायी नहीं है।

श्रीकृष्ण कहते हैं—

योग संन्यस्त कर्माणं ज्ञान सं छिन्नसंशयम्।
आत्मवन्तं न कर्माणि निबध्नन्ति धंनजय॥ 4/41

जिसने समत्व बुद्धि रूप योग के द्वारा कर्म-फल का त्यागकर उसे भगवत् को अर्पण कर दिया है और अपने विवेक द्वारा सभी प्रकार के संशयों का नाश कर दिया है, उस आत्मपरायण पुरुष को कर्म-बंधन नहीं होता है। यहाँ आशय यह है कि अपनी समस्त बुद्धि की शक्ति और योग के द्वारा समस्त प्रकार के कर्म-फल को भगवान् के समक्ष अर्पित कर देना है। भाव यह रहे कि अच्छा फल मिला या बुरा फल मिला, सबकुछ तेरा ही है। इस प्रकार के चिंतन में किसी भी प्रकार का संशय व आशंका नहीं होनी चाहिए। पूर्णरूपेण इस चिंतन में कर्म-बंधन समाप्त हो जाते हैं, अर्थात् जिस मनुष्य ने कर्मयोग की शिक्षानुसार अपने समस्त कर्मों को परमात्मा के समक्ष अर्पण कर दिया है, ज्ञान के माध्यम से उसके मन में किसी भी प्रकार का संशय नहीं रहता, ऐसा मनुष्य कर्म-बंधन में नहीं रहता है।

इस श्लोक में तीन बिंदु हैं—

- प्रथमतः भगवान् कृष्ण द्वारा ज्ञान-योग की दी ग़ई शिक्षा को मनुष्य ने आत्मसात् कर लिया हो,
- द्वितीयतः उसके मन में किसी भी प्रकार का संशय नहीं रहा हो, अर्थात् प्राप्त हुए ज्ञान के प्रति कोई भ्रम मन में नहीं रहा हो,
- तृतीयतः अपने समस्त कर्मों को परमात्मा को ही अर्पित कर दिया हो। स्पष्ट है कि पूर्ण-रूप से कर्तापन का भाव समाप्त करते हुए कर्म-फल की ओर किसी भी प्रकार का कोई लगाव नहीं हो।

ऐसा मनुष्य कर्म-बंधन से मुक्त हो जाता है। जिसने कर्म-फल का त्यागकर कर्मों को भगवान के समक्ष अर्पित कर दिया है और विवेक द्वारा सभी संशयों का नाश कर दिया है, ऐसा आत्मपरायण पुरुष कर्म-बंधन से नहीं जुड़ता है और मुक्त हो जाता है। इस संदेश में इशारा उन लोगों के लिए भी है, जो भगवान् की भक्ति में हैं और कर्म-क्षेत्र में भी हैं तो भगवान् उन्हें कह रहे हैं कि जो भी कार्य किया जा रहा है, वह परमात्मा की इच्छा

के आधीन है और उसका परिणाम भी परमात्मा को समर्पित कर दो।

कर्म-बंधन से मुक्ति के संदर्भ में श्रीकृष्ण ने कहा है—

ब्रह्मण्याधाय कर्माणि, संङ्गं त्यक्त्वा, करोति यः।
लिप्यते न स पापेन पद्मपत्रमिवाम्भसा॥ 5/10

जो मनुष्य अपने सभी कर्मों को परमात्मा में अर्पण करते हुए अपने कर्म-फल में आसक्ति को त्यागकर कर्म करता है, वह पुरुष इस तरह रहता है, जैसेकि कमल के पत्ते पर जल, अर्थात् अपने कर्म एवं कर्म-फल में लिपायमान नहीं होता है। कृष्ण ने प्रत्येक स्तर पर मनुष्य के कर्मों को भगवान् के प्रति समर्पण करने का संदेश दिया है और कर्म व कर्म-फल के प्रति आसक्ति त्यागने को कहा है एवं इसी को स्वधर्म माना है। कृष्ण का आशय है कि जब मनुष्य के कर्म-फल पर उसकी आसक्ति ही नहीं होगी तो उसका ध्यान सिर्फ कर्म करने पर केंद्रित रहेगा व कर्म-बंधन से मुक्ति हो सकेगी, जब परिणाम की ही चिंता नहीं रहेगी तो कर्म से उत्पन्न हुए हानि और लाभ से भी मनुष्य परे हो जाएगा। इसी आचरण को कृष्ण ने स्वधर्म भी कहा है।

आगे कहा गया है—

मयि सर्वाणि कर्माणि संन्यस्याध्यात्मचेतसा।
निराशीर्निर्ममो भूत्वा युध्यस्व, विगतज्वरः॥ 3/30

अर्थात् ध्यानपूर्वक अपने सभी कर्मों को मुझ (भगवान् श्रीकृष्ण) में समर्पण कर दो और बिना किसी आशा, ममता, लगाव के साथ युद्ध करो। इस श्लोक में भगवान् के तीन संदेश मिलते हैं—

- प्रथमतः तो यह कि युद्ध जैसे जीत और हार के निर्णय होनेवाले कर्म में भी कर्ता-भाव का नहीं होना,
- द्वितीयतः युद्ध करने में उसके फल की किसी भी आशा की तरफ अथवा उसके फल के प्रति किसी भी प्रकार के राग की तरफ ध्यान नहीं देना है,
- तृतीयतः इस युद्ध में जो भी कर्म किया जा रहा है, अर्थात् जिनका भी वध किया जाना है, वह सबकुछ तुम मुझ (भगवान् श्रीकृष्ण) को समर्पित कर दो।

यहाँ अर्जुन को भगवान् का संदेश है कि यदि कर्ता-भाव के साथ कर्म नहीं किया गया है, अर्थात् कर्म करने में अकर्ता-भाव है तो तुम्हारे द्वारा न तो कोई पाप किया गया है और न ही कोई पुण्य किया गया है, तुम कर्म-बंधन से मुक्त हो। इस संदेश में भगवान् श्रीकृष्ण यह भी कह रहे हैं कि तुम्हारे सभी कर्म मेरे ही हैं। यह भाव त्याग दो कि अमुक कर्म तुम कर रहे हो, वह तो सिर्फ तुम्हारे माध्यम से कराया जा रहा है। न तो तुम कर्म करनेवाले हो और न ही उसके परिणाम का भोग करनेवाले हो, जब तुमने अपने सभी प्रकार के कर्म मुझको समर्पित कर दिए तो अब तुम मुक्त हो गए हो।

भगवान् श्रीकृष्ण ने कहा है—

योग युक्तो विशुद्धात्मा विजितात्मा जितेन्द्रियः।
सर्व भूतात्म भूतात्मा कुर्वन्नपि न लिप्यते॥ 5/7

अर्थात् जिसका मन स्वयं के वश में हो और अंतःकरण शुद्ध हो व अपनी इंद्रियों को जीत लिया हो तथा समस्त प्राणियों में परमात्मास्वरूप आत्मा होने का भाव हो, ऐसा मनुष्य कर्मयोगी है और कर्म-बंधन में लिप्त नहीं रहता है। यहाँ समस्त इंद्रियों को वश में करने का तात्पर्य है, आँख, नाक, कान, त्वचा, मुँह, मन, बुद्धि, चित्त व अहंकार, ये नौ इंद्रियाँ हैं, परंतु मन, बुद्धि और अहंकार को ही हम शेष शरीर से जुड़ी हुई इंद्रियों में शामिल मानेंगे, क्योंकि चित्त तो सर्वशक्तिमान चेतना है और जो स्वयं परमात्मास्वरूप है। ऐसा मनुष्य सब प्राणियों को प्रिय होता है और कर्म-बंधन से मुक्त रहता है। जो मनुष्य भक्ति-भाव से कर्म करता है, वह सब प्राणियों को प्रिय होता है। वह कर्म-बंधन से मुक्त रहता है। आशय भगवान् का यह है कि भक्ति-भाव के साथ निष्काम कर्म करना चाहिए। ऐसी भावना तभी प्रकट हो सकती है, जब कर्म करने के साथ यह भाव हो कि सभी कार्य भगवान् के हैं और हम तो उसी का कार्य कर रहे हैं और समस्त कर्म उसी को समर्पित हैं। कर्म भी उसी को समर्पित है और कर्म-फल भी उसी को समर्पित है। ऐसे चिंतन से कर्म-बंधन नहीं होगा और जन्म व मृत्यु के क्रम से मुक्ति मिल जाएगी।

भगवान् श्रीकृष्ण ने स्वयं के बारे में भी कहा है—

यदा यदा हि धर्मस्य ग्लानिर्भवति भारत।
अभ्युत्थानम अधर्मस्य तदात्मानं सृजाम्यहम्॥ 4/7॥
परित्राणाय साधूनां विनाशाय च दुष्कृताम्।
धर्मसंस्थापनार्थाय संभवामि युगे युगे॥ 4/8

वह कहते हैं कि हे भारत, जब-जब धर्म की हानि और अधर्म की वृद्धि होती है, तब-तब ही मैं अपने रूप को रचता हूँ और प्रकट करता हूँ। इस श्लोक के माध्यम से यह संदेश दिया गया है कि समाज के अंदर धर्म की स्थापना बनी रहनी चाहिए। यदि समाज में अधर्म फैलेगा तो उसे नष्ट करने के लिए और धर्म की स्थापना के लिए भगवान् अपना रूप मनुष्य के रूप में रचते हैं और जन्म लेते हैं। आगे श्रीकृष्ण कहते हैं कि साधु पुरुषों का उद्धार करने के लिए तथा दूषित कर्म करनेवालों का नाश करने के लिए एवं धर्म की स्थापना के लिए प्रत्येक युग में भगवान् जन्म लेते हैं और प्रकट होते हैं। संदेश यह भी मिलता है कि जन्म और मृत्यु का विषय सिर्फ प्राणी मात्र और मनुष्य तक सीमित नहीं है। कारण-शरीर का विषय सिर्फ मनुष्य के साथ ही नहीं जुड़ा है, बल्कि भगवान् कृष्ण के साथ भी कारण-शरीर था। बिना कारण के शरीर का निर्माण नहीं होता है।

अर्जुन से कृष्ण कहते हैं कि—

मत्तः परतरं नान्यत्‌किंचिदस्ति धनंजय।
मयि सर्वमिदं प्रोतं सूत्रे मणिगणा इव॥ 7/7

'हे धनंजय, मेरे अतिरिक्त किंचित् मात्र भी कोई दूसरा नहीं है, यह संपूर्ण जगत् सूत्र की मणियों के सदृश सिर्फ मुझमें ही गुँथा हुआ है।' यहाँ कृष्ण ने संपूर्ण अस्तित्व को स्वयं के अंदर समाहित कर लिया है। वह कहते हैं, "जिस तरह एक माला में डोरी के माध्यम से मणि, अर्थात् मोती गुँथे रहते हैं, उसी प्रकार यह संपूर्ण अस्तित्व मुझमें ही है।" उनका आशय है कि प्रत्येक जगह सिर्फ मुझे ही देखो, मेरा ही आभास करो, सबकुछ मेरे अंदर है और सब जगह मैं ही हूँ। सबकुछ मुझसे ही उत्पन्न हुआ है और सबकुछ मुझमें ही समा जाएगा। इन श्लोकों में मृत्यु के समय की स्थिति के संदर्भ में भगवान् कृष्ण कहते हैं—

अंतकाले च मामेव स्मरन्मुक्त्वा कलेवरम्।
यः प्रयाति स मद्भावं याति नास्त्यत्र संशयः॥ 8/5॥
यं यं वापि स्मरन्भावं त्यजत्यन्ते कलेवरम्।
तं तमेवैति कौन्तेय सदा तद्भावभावितः॥ 8/6॥
तस्मात्सर्वेषु कालेषु मामनुस्मर युध्य च।
मय्यर्पितमनोबुद्धिर्मामेवैष्यस्यसंशयम्॥ 8/7॥

जो पुरुष मृत्यु के समय अंतकाल में मुझे ही स्मरण करता हुआ शरीर का त्याग करता है, वह मेरे साक्षात् स्वरूप को प्राप्त होता है, अर्थात् वह मेरा साक्षात् स्वरूप में दर्शन करता है तथा इस बात में किसी भी प्रकार का संशय नहीं है। आगे कृष्ण कहते हैं कि मृत्यु के समय जो मनुष्य जिस प्रकार का भाव और स्मरण करता हुआ अपने भौतिक शरीर को त्यागता है, उसे वैसा ही प्राप्त होता है। वह कहते हैं कि इस कारण 'प्रत्येक समय निरंतर मेरा ही स्मरण करते हुए युद्ध करो तथा अपने मन, बुद्धि से युक्त होकर बिना किसी संदेह के सबकुछ मुझे अर्पित कर दो।' यहाँ चिंतन यह करना है कि मृत्यु के समय भगवान् का स्मरण होना आवश्यक है, तब निश्चित ही भगवान् के दर्शन होंगे। इसके अलावा यह भी है कि मृत्यु के समय मन में जो भाव रहता है, उसे वैसा ही प्राप्त होता है और इस कारण हमें अपने शरीर-जीवन में निरंतर सकारात्मक चिंतन के साथ ईश्वर स्मरण करते रहना चाहिए। यह अभ्यास करना चाहिए कि मृत्यु के समय इच्छानुसार मन में जो भाव और स्मरण करना है, वैसा ही भाव उस समय प्रकट हो जाए, लेकिन प्रश्न तो यह है कि क्या ऐसा होना संभव है? प्रत्येक मनुष्य के मन में यह सवाल अवश्य उठेगा। इस पर भगवान् कृष्ण कहते हैं कि मृत्यु के समय उसकी इच्छानुसार भाव और स्मरण तभी प्रकट हो सकता है, जब मनुष्य ने हमेशा उसी प्रकार के भाव और चिंतन को अपने मन और हृदय में निहित कर लिया हो। इसलिए कृष्ण कहते हैं कि "हे अर्जुन, तुम सभी समय निरंतर मेरा ही स्मरण करो और युद्ध भी करो। इस प्रकार मुझमें

अर्पण किए हुए मन और बुद्धि से युक्त हुआ कार्य, निःसंदेह ही मुझे ही प्राप्त होगा।" यहाँ भगवान् कृष्ण ने अपने संदेश में कर्म के उस स्वरूप का वर्णन किया है कि मनुष्य का प्रत्येक कर्म यदि उस अवस्था में किया जाता है कि जब उसका मन और बुद्धि भगवान् के प्रति अर्पित हो चुकी हो और सिर्फ कर्म करने का भाव हो, तो ऐसे प्रत्येक कर्म और उसका परिणाम, सबकुछ भगवान् को ही प्राप्त हो जाते हैं, अर्थात् कर्म-फल का कोई भी परिणाम मनुष्य को भोगना नहीं पड़ता है, जबकि यह प्रसंग उस समय का है, जब दोनों तरफ युद्ध करने के लिए सेनाएँ खड़ी हुई हैं और कृष्ण कहते हैं कि युद्ध में जिनका वध होने जा रहा है, उनको मारने के साथ मन और बुद्धि भगवान् कृष्ण में अर्पित किए रहो, फिर किसी भी प्रकार के संशय और उसके परिणाम के भ्रम में नहीं रहोगे।

इस श्लोक में भगवान् कृष्ण ने मृत्यु के समय की स्थिति के संदर्भ में कहा है—

प्रयाणकाले मनसाचलेन भक्त्या युक्तो योगबलेन चैव।
भ्रुवोर्मध्ये प्राणमावेश्य सम्यक् स तं परं पुरुषमुपैति दिव्यम्॥ 8/10।

अर्थात् जब मृत्यु का समय आ जाए तो मनुष्य को योग-बल के माध्यम से अपनी भृकुटी (अर्थात् दोनों भौंहों के बीच) अपने प्राण को अच्छी तरह स्थापित कर लेना चाहिए और निश्छल मन से परमात्मा का स्मरण करें। इस स्थिति में जीवात्मा का परमात्मा से मिलन हो जाता है। बात निश्चित ही साधारण सी है, लेकिन कठिन भी है। इस प्रकार की स्थिति तभी संभव है, जब स्थूल शरीर में रहते हुए निरंतर योग के माध्यम से इसकी साधना की जाए। एकमात्र प्रतिदिन ध्यानावस्था करने से ही यह संभव होगा। आम जनमानस को निरंतर अपनी भृकुटी से ईश्वर स्मरण करते हुए ध्यान करना चाहिए और अभ्यास करते-करते मृत्यु के समय ईश्वर स्मरण की स्थिति तो निर्मित हो ही जाएगी।

कृष्ण कहते हैं,

यथा सर्वगतं सौष्म्यादाकाशं नोपलिप्यते।
सर्वत्रावस्थितो देहे तथात्मा नोपलिप्यते॥ 13/32॥

जिस प्रकार सर्वत्र व्याप्त आकाश सूक्ष्म होने के कारण से किसी भी प्रकार लिपायेमान नहीं है, उसी प्रकार स्थूल शरीर में आत्मा स्थित है और स्थूल शरीर के गुणों से वह लिपायेमान नहीं होती है। आशय यह है कि शरीर व शरीर के गुणों से आत्मा लिप्त नहीं रहती है।

स्वचिंतन : ***क्या मोम से तलवार को काटा जा सकता है? मोम करुणा है, तलवार हिंसा है। दुष्ट पर जब प्रेम, दया, करुणा का कोई प्रभाव नहीं हो तो दुष्ट की हिंसा को हिंसा से ही समाप्त किया जा सकता है।***

□

33

अपरा एवं परा प्रकृति में भेद

प्रश्न यह है कि मनुष्य-जन्म का उद्देश्य क्या है? मनुष्य शरीर के अस्तित्व में क्या-क्या समाहित है? भगवान् श्रीकृष्ण ने अपनी अपरा प्रकृति व परा प्रकृति को वर्णित किया जिसका उल्लेख श्रीमद्भगवतगीता में इस प्रकार है—

भूमिरापोऽनलो वायुः खं मनो बुद्धिरेव च।
अहंकार इतीयं में भिन्ना प्रकृतिरष्टधा॥ 7/4॥
अपरेयमितस्त्वन्यां प्रकृतिं विद्धि में पराम्।
जीवभूतां महाबाहो ययेदं धार्यते जगत्॥ 7/5॥
एतद्योनीनि भूतानि सर्वाणीत्युपधारय।
अहं कृत्स्नस्य जगतः प्रभवः प्रलयस्तथा॥ 7/6॥

अर्थात् श्रीकृष्ण कहते हैं कि मनुष्य का स्थूल शरीर हो या सूक्ष्म शरीर, उसका अस्तित्व नो तत्त्वों से है और वह है—पृथ्वी, जल, अग्नि, वायु, आकाश, मन, बुद्धि, चित्त और अहंकार। आगे उन्होंने कहा हैं—पृथ्वी, जल, अग्नि, वायु, आकाश, मन, बुद्धि और अहंकार, ऐसे आठ प्रकार मेरी अपरा प्रकृति के हैं। स्पष्ट किया है कि चित्त को छोड़कर शेष अपरा प्रकृति है। अपरा प्रकृति जड़ है। वह कहते हैं कि अपरा प्रकृति के अतिरिक्त मेरी एक अन्य प्रकृति है और वह है जीव रूप, अर्थात् चेतन प्रकृति। 'चित्त' की प्रकृति जीव के रूप में चेतन प्रकृति। इसी चेतन प्रकृति से ही संपूर्ण जगत् धारण किया जाता है। उन्होंने चित्त को अपनी परा प्रकृति कहा है। इस प्रकार श्रीकृष्ण ने अपनी अपरा प्रकृति और परा प्रकृति को स्पष्ट कर दिया है। मूल तत्त्व चेतना है। चित्त अर्थात् चेतना ही अपरा प्रकृति (पृथ्वी, जल, अग्नि, वायु, आकाश, मन, बुद्धि और अहंकार) को धारण किए रहता है। अपरा प्रकृति नाशवान है। निश्चित ही स्पष्ट है कि स्थूल शरीर मृत्यु के पश्चात् पंचतत्त्व—पृथ्वी, जल, अग्नि, वायु, आकाश में विलीन हो जाता है और अब सूक्ष्म शरीर में बचे रह गए मन, बुद्धि, चित्त और अहंकार। इनमें से चित्त परमतत्त्व का अंश है, जिसका न तो जन्म होता है और न ही नष्ट होता है। चित्त के कारण ही

सबकुछ धारित है। स्थूल शरीर मृत्यु के पश्चात् पंचतत्त्व में विलीन हो जाता है, इन्हीं पंचतत्त्वों से तो स्थूल शरीर बना है। तत्पश्चात् सूक्ष्म शरीर में मन, बुद्धि और अहंकार निहित है तो ये भी नष्ट होने योग्य हैं, परंतु चित्त, अर्थात् चेतना का अस्तित्व कभी नष्ट नहीं होता है, अब गहराई से चिंतन करिए कि जब मन, बुद्धि और अहंकार ही नहीं रहा तो बचा क्या ? फिर 'मैं' का भाव ही समाप्त हो जाएगा। यही अवस्था मोक्ष की है, अर्थात् मनुष्य की चेतना उस परम चेतना, परमात्मा में विलीन हो जाएगी। इस प्रकार श्रीकृष्ण ने अपनी अपरा प्रकृति और परा प्रकृति को स्पष्ट कर दिया है। मूल तत्त्व चेतना है।

देखिए, अब बहुत ध्यान से विचार करने की आवश्यकता है कि स्थूल शरीर की मृत्यु होने के पश्चात् शरीर के ये पंचतत्त्व—पृथ्वी, जल, अग्नि, वायु, आकाश, दाह-संस्कार के साथ ही स्वतः पंचतत्त्व में विलीन हो जाते हैं। इन पाँचों का पंचतत्त्व में विलीन होने हेतु स्वयं मनुष्य का कोई प्रयास नहीं है और न ही कोई पुरुषार्थ है। जो व्यक्ति जीवन भर अकर्मण्य रहा है, जो कदापि कर्मशील नहीं रहा है, जिसका व्यवहार दुष्टतापूर्ण रहा है, जिसका आचरण निंदनीय रहा है, जिसका मनुष्य जन्म निरर्थक ही रहा है, उसकी मुत्यु होने के पश्चात् उसका भी स्थूल शरीर पंचतत्त्व में विलीन होता ही है। इस हेतु उस व्यक्ति का स्वयं का कोई श्रेय नहीं है, अब बचे हैं मन, बुद्धि और अहंकार, ये भी अपरा प्रकृति के हैं। ये भी नष्ट होने योग्य हैं, जब ये तीनों नष्ट होने की स्थिति में होंगे, तब मनुष्य की जीवात्मा जन्म-मरण के बंधन से मुक्त हो जाएगी, अतः मनुष्य को अपने शरीर-जीवन में ऐसे कर्म करने हैं, जिससे कि स्थूल-शरीर की मृत्यु के बाद मन, बुद्धि और अहंकार भी चित्त में विलय हो जाए। मनुष्य-जीवन की सार्थकता व सफलता भी इसी में है और इसी को पुरुषार्थ कहा जाएगा। इस हेतु श्रीमद्भगवतगीता में भगवान् श्रीकृष्ण के संदेश हैं एवं योगाभ्यास की प्रक्रिया भी है, क्योंकि चित्त अर्थात् चेतना का अस्तित्व कभी नष्ट नहीं होता है। शरीर-जीवन में रहते हुए ज्ञान-योग, भक्ति-योग, बुद्धि-योग, कर्म-योग, हठ-योग, राज-योग, प्रेम-योग, अष्टांग-योग के द्वारा मन, बुद्धि और अहंकार को चित्त में समाहित करना है। इसका परिणाम यह होगा कि 'मैं' का स्वरूप समाप्त हो जाएगा। यह शरीर-जीवन में रहते हुए ही संभव है और जीवन का अंतिम लक्ष्य भी यही है, अर्थात् मनुष्य की चेतना उस परम चेतना परमात्मा में विलीन हो जाएगी। यही अवस्था मोक्ष की है। कृष्ण आगे समझाते हुए कहते हैं कि इस जगत् में जड़ और चेतन जो कुछ भी है, वह दोनों प्रकृतियों से उत्पन्न होता है। वह कहते हैं कि मैं ही संपूर्ण जगत् का उत्पत्तिकारक हूँ और प्रलयकारक हूँ, अर्थात् संपूर्ण जगत् (जिसमें अपराप्रकृति एवं पराप्रकृति शामिल है), अर्थात् जड़ और चेतन सबकुछ के उत्पन्नकर्ता भगवान् श्रीकृष्ण ही हैं और इनके नष्ट करनेवाले भी भगवान् श्रीकृष्ण हैं। संपूर्ण अस्तित्व और जीवन की इतनी अच्छी परिभाषा, कम-से-कम शब्दों में श्रीमद्भगवतगीता में की

गई है और मनुष्य अपने संपूर्ण जीवन में अहंकार के वशीभूत होकर यह मानने लगता है कि जैसे उसने ही इस अस्तित्व का निर्माण किया हो। समस्त जीवन मनुष्य भ्रम में ही बना रहता है।

स्वचिंतन : ***सबसे बड़ा दुःख बिछोह में है, सबसे बड़ा सुख मिलन में है। मिलन में आनंद है। मिलन ही तो योग है। मिलन का स्वरूप बहुत विशाल है। किसी व्यक्ति में, किसी परिस्थिति में, भगवान् की भक्ति में, रिश्तों की कश्ती में, सब ओर मिलन का स्वरूप है।***

□

34

संत-महात्माओं के संदेश

योगिराज तैलंग स्वामी के संदर्भ में

मैंने एक पुस्तक 'योगिराज तैलंग स्वामी', जो अनुराग प्रकाशन वाराणसी से प्रकाशित है और इसके लेखक श्री विश्वनाथ मुखर्जी हैं, को पढ़ा। मैं इससे पूर्व योगिराज श्री तैलंग स्वामी के चमत्कारों से परिचित नहीं था। श्री तैलंग स्वामी 280 वर्ष तक जीवित रहे। जनवरी सन् 1607 (पौष शुक्ल एकादशी रोहिणी नक्षत्र) में उनका जन्म हुआ था, उनके पिता का नाम श्री नृसिंहधर था। वह विजना जनपद के गाँव होलिया के जमींदार थे। यह क्षेत्र दक्षिण भारत के पूर्वी भाग में है। नृसिंहधर की पत्नी विद्यावती एक विदुषी महिला थीं। वह प्रतिदिन भगवान् शिव की पूजा-अर्चना करने के पश्चात् ही जल व अन्न को ग्रहण करती थीं। नृसिंहधर के काफी समय तक पत्नी विद्यावती से कोई संतान उत्पन्न नहीं हुई थी। इस कारण पत्नी की इच्छा और सहमति के बाद उन्होंने अपना दूसरा विवाह कर लिया था, लेकिन विद्यावती की भगवान् शिव में अटूट आस्था और विश्वास था और उन्होंने एक पुत्र को जन्म दिया, जिसका नाम शिवराम रखा गया तथा बाद में वंश परंपरा के अनुसार इस बालक का नाम तैलंगधर हो गया। नृसिंहधर की दूसरी पत्नी से भी पुत्र संतान हुआ। नृसिंहधर की पत्नी विद्यावती को तो यह विश्वास था कि उन्हें पुत्र तैलंगधर का जन्म भगवान् शिव की कृपा व आशीर्वाद के कारण हुआ है। पुत्र तैलंगधर के जन्म के पश्चात् वह परिवार के शिव मंदिर में अभिषेक कर रही थीं और उन्होंने अपने पुत्र तैलंगधर को मंदिर में शिवलिंग के निकट ही भगवान् को समर्पित करने के भाव के साथ वहीं लिटा दिया। उसी समय विद्यावती ने देखा कि शिवलिंग से एक प्रकाश-पुंज निकला और पुत्र तैलंगधर के मुँह में प्रवेश कर गया। यह देखकर विद्यावती घबरा गईं और उन्होंने पुत्र को सीने से लगा लिया। शनैः-शनैः पुत्र तैलंगधर आयु बढ़ने के साथ युवावस्था को पहुँचे, लेकिन वह अत्यधिक समय भगवान् शिव की पूजा में व्यतीत करते और शांत रहते तथा अपने पिता नृसिंहधर के जमींदारी के कार्य में बिल्कुल भी रुचि नहीं लेते थे। कुछ समय बाद पिता नृसिंहधर की मृत्यु हो गई और उसके बाद माता विद्यावती

की भी मृत्यु हो गई। माँ के स्वर्गवास से तैलंगधर अत्यंत दुःखी हो गए। वह अपनी माँ विद्यावती की चिता को अग्नि देने के पश्चात् दाह-संस्कार के बाद फिर घर वापस नहीं हुए। उसी स्थान पर उन्होंने एक छोटी सी कुटिया बना ली और वहीं पर ध्यान व पूजा करने लगे। उन्हें उनके सौतेले भाई लेने आए और निवेदन किया कि जमींदारी का आधा हिस्सा वह सँभालें तथा घर वापस चलें, लेकिन तैलंगधर ने उनकी याचना को स्वीकार नहीं किया। संपूर्ण जमींदारी की जागीर सौतेले भाई को सौंप दी। तब तैलंगधर संन्यासी हो गए। उनके प्रथम गुरु श्री भागीरथ स्वामी हुए, उनसे तैलंगधर ने दीक्षा प्राप्त की, गुरु ने उन्हें बीज मंत्र दिया। इसके बाद उनका नाम 'गणपति' स्वामी रखा गया। गणपति स्वामी को बाद में 'तैलंग स्वामी' के नाम से पहचाना गया। योग विद्या के चमत्कारों से उनकी ख्याति होने लगी। इस कारण से उनके पास भीड़ होने लगी, परिणामतः उनकी साधना में व्यवधान होने लगा, अतः वह तिब्बत की तरफ चले गए। मानसरोवर तट पर उन्होंने योगाभ्यास किया। बाद में वह काशी आ गए। काशी में भी उनके चमत्कारों की दूर-दूर तक ख्याति हुई।

उनके संदर्भ में प्रकाशित एक अन्य पुस्तक 'काशी के सचल विश्वनाथ' लेखक काली मोहन मुखोपाध्याय डॉ. ईला सिन्हा, इसका प्रकाशन श्री तैलंग स्वामी मठ 23/95 पंच गंगा घाट वाराणसी से हुआ। इस पुस्तक के पृष्ठ क्रमांक 95 पर श्री गणपति स्वामी ने कहा है कि "यदि ईश्वर-ज्ञान की लालसा मन में जागृत है तो अविराम चिंतन करना चाहिए। अपना अहम् और ज्ञान को आत्मा में मिलाने की चेष्टा करो, तब अनुभव होगा कि कोई अज्ञात शक्ति तुमको रास्ता दिखाकर अपने साथ ले जा रही है। ईश्वर सगुण, निर्गुण, निराकार, विश्वव्यापी और सच्चिदानंद है। उसके संकेत मात्र से ब्रह्मा, विष्णु, महेश्वर, इंद्र, चंद्र, सूर्य, वायु, अग्नि अपना-अपना कर्तव्यपालन करने में तत्पर रहते हैं। उसकी सत्ता की प्रभुसत्ता से हम जीवित हैं। उसके चरण नहीं हैं, परंतु वह सर्वत्र गमन करता है, श्रवण नहीं हैं, लेकिन मन तक की बात सुन लेता है, हम उसको देख नहीं सकते, लेकिन उसके स्वरूप का वर्णन नहीं किया जा सकता और वाणी से उसकी व्याख्या नहीं की जा सकती।"

तैलंग स्वामी के अनुसार शरीर तीन प्रकार का है—1. स्थूल शरीर, 2 सूक्ष्म शरीर, 3 कारण शरीर। तीनों प्रकार के शरीरों में पाँच कोष हैं—

1. अन्नमय कोष
2. प्राणमय कोष
3. मनोमय कोष
4. विज्ञानमय कोष
5. आनंदमय कोष।

अन्नमय कोष स्थूल शरीर से संबंधित है। अन्न रस से उत्पन्न होता है, विनिष्ट होकर पृथ्वी में लीन हो जाता है। प्राणमय कोष, पंच कार्मेंद्रियों के साथ मिलकर प्राणादि पंच वायु को प्राणमय कोष कहते हैं। आँख, कान, नाक, मुँह व त्वचा यही पाँच ज्ञानेंद्रियाँ हैं। मनोमय कोष का निर्माण पाँचों कार्मेंद्रियों से मिलकर निर्मित मन को मनोमय कोष कहते हैं। विज्ञानमय कोष, पाँचों ज्ञानेंद्रियों के साथ प्रकट हुई बुद्धि को विज्ञानमय कोष कहा जाता है। आनंदमय कोष, आत्मा का आनंद में होना आनंदमय कोष है।

जीव अपने कर्म से उत्पन्न फल के परिणामस्वरूप पंचभूतों से निर्मित अपने स्थूल शरीर के द्वारा सुख भोगता है अथवा दुःख भोगता है। उसके कर्म के परिणामस्वरूप ही 'कारण शरीर' बना है, अर्थात् उसके कर्म-फल की वजह से उसे शरीर मिला है। यही कारण शरीर है, अर्थात् स्थूल शरीर के द्वारा ही सुख और दुःख भोगे जाते हैं। जो स्थूल शरीर, सूक्ष्म शरीर व कारण शरीर से पृथक् है, वही आत्मा है।

तैलंग स्वामी कहते हैं कि अपने को बिना जाने-पहचाने किसके लिए धर्म-साधना करोगे? पहले स्वयं को देखो कि दुःख या बंधन में हो या नहीं? एक बार जागृत होकर देखो कि आप कहाँ और किस अवस्था में हो, सर्वत्र आत्म-सत्ता विद्यमान है, जगत् को आत्ममय देखोगे तो प्रत्यक्ष देख सकोगे कि आप कौन हो और कहाँ से आए हो, तब संशय और भेद ज्ञान नहीं रहेगा।

तैलंग स्वामी कहते हैं कि कभी धनी, कभी मानी, कभी ज्ञानी जैसी धारणा करके उल्लासयुक्त हो सकते हो। कभी शोक, कभी ताप, कभी रोग, कभी निंदा, कभी धन की चिंता से क्षुब्ध हो सकते हो। कभी ब्राह्मण, कभी क्षत्रिय, कभी वैश्य, कभी शूद्र में होकर भी चिंतन करते हो। कभी क्रोध में उन्मत्त होकर परपीड़न के निमित्त उत्तेजित हो सकते हो। कभी लोभ के वशीभूत होकर परद्रव्य हरण में स्वयं को लगा सकते हो। कभी मोहांध होकर किसी को अपना, किसी को पराया समझते हो। कभी विषयमद में उन्मत्त होकर जगत् को तृणवत् तुच्छ मानते हो। तैलंग स्वामी कहते हैं कि एक बार सोचकर देखो कि 'तुम्हें अहंकार करने का क्या हक है?' जिसके समक्ष समस्त पृथ्वी, सूर्यमंडल, छोटे से गोलक, महासमुद्र हैं, वहाँ तुम्हारे जैसे छोटे शरीर और लघु प्राण की कोई गणना ही नहीं है।

हिंदू धर्म की सार-वस्तु चित्त शुद्धि है। चित्त शुद्ध होने से सभी मत शुद्ध हैं। चित्त शुद्धि के अभाव में सभी मत अशुद्ध हैं। जिनके चित्त शुद्ध है, उनका कोई धर्म का प्रयोजन नहीं है। चित्त शुद्धि सभी धर्मों का सार है। जिनका चित्त शुद्ध है, वह श्रेष्ठ हिंदू, श्रेष्ठ मुसलमान, श्रेष्ठ बौद्ध, श्रेष्ठ ईसाई हैं। प्रश्न यह है कि चित्तशुद्धि क्या है? यह अनेक प्रकार के लक्षण और कार्य से जाना जा सकता है। चित्तशुद्धि का प्रथम लक्षण इंद्रिय संयम है, अर्थात् इंद्रियों का वश में होना है। अति भोजन करना भी एक प्रकार

की इंद्रियपरता है। आत्म-रक्षार्थ या धर्म-रक्षार्थ, ऐच्छिक नियम-रक्षार्थ, जितने इंद्रिय चरितार्थ की आवश्यकता हो, उससे अतिरिक्त जो इंद्रिय परितृप्ति की अभिलाषा करता है, उसका इंद्रिय संयम नहीं हुआ है। जिनको इंद्रिय परितृप्ति, सुख की आकांक्षा नहीं है, केवल धर्म रक्षा करना है, उनका इंद्रिय संयम होना मान सकते हैं। ईश्वर को मानने पर भी ईश्वर है या नहीं, ऐसी सोच चित्तशुद्धि के लिए बाधाकारक है। स्वार्थपरता और वासना के त्याग के बिना चित्तशुद्धि नहीं होती है, जब हमारी आत्मा विश्वव्यापी होगी, तभी हम जानेंगे कि चित्तशुद्धि हुई या नहीं। चित्तशुद्धि का प्रथम लक्षण हृदय में शांति, दूसरों से प्रेम और ईश्वर के प्रति भक्ति होना है।

गोरखनाथजी के संदर्भ में

महान् योगी गोरखनाथजी का साहित्य और उनके संदर्भ में जानकारियाँ ज्यादा प्रचलित नहीं हैं। मुझे 20 अप्रैल, 2012 को श्री गोरखनाथजी की तपस्या स्थली उज्जैन जाने का अवसर मिला और वहीं पर मुझे उनके पूज्य गुरु योगेश्वर श्री मत्स्येंद्रनाथ की समाधि स्थल के दर्शन का सौभाग्य प्राप्त हुआ। समाधि स्थल पर मुझे अभूतपूर्व शांति और मन की एकाग्रता का अनुभव हुआ। संयोग कुछ ऐसा बना कि 28 अप्रैल, 2012 को मैं अयोध्या गया और वहाँ राम जन्मभूमि व कनक भवन मंदिर के दर्शन किए, रंग महल मंदिर में दर्शन के उपरांत भोजन व विश्राम किया। दूसरे दिन मैं गोरखपुर के लिए रवाना हुआ और वहाँ गोरखनाथ मंदिर के दर्शन किए। इस मंदिर के पुस्तकालय में मुझे गोरखनाथजी और नाथ संप्रदाय से संबंधित कुछ पुस्तकों में से मैंने 'गोरखचरित' व 'गोरखबानी' पुस्तकें प्राप्त की। इन पुस्तकों को पढ़ने पर मुझे आंतरिक रूप में श्री गोरखनाथजी के प्रति अत्यंत श्रद्धा हुई और मैंने यह अनुभव किया कि ध्यान की प्रक्रिया में जैसा-जैसा मुझे आभासित होता है, वैसा ही विवरण मुझे 'गोरखबानी' में पढ़ने को मिला और मैं यह सुनिश्चित हुआ कि ध्यान के समय होनेवाला आभास स्वाभाविक है और मैं भटकाव की स्थिति में नहीं हूँ।

यहाँ मैं श्री गोरखनाथजी की पुस्तक 'गोरखचरित,' पृष्ठ क्रमांक 12 से 15, (प्रकाशक—गोरखनाथ मंदिर, गोरखपुर) में उल्लिखित विवरण के आधार पर महान् योगी श्री गोरखनाथजी का स्मरण कर अपने श्रद्धा सुमन अर्पित करते हुए उनके संदर्भ में कुछ कहना चाहता हूँ। अवध की परंपरा के अनुसार गोरखनाथजी जायस नगर में एक परम पवित्र ब्राह्मण कुल में प्रकट हुए। 'गोरखचरित' में उल्लेख किया गया है कि यह मत 'दि साइक्लोपीडिया ऑफ इंडियन एंड ईस्टर्न सदर्न एशिया' के पृष्ठ क्रमांक 135 पर बालफर एडवर्ड का है। इसका उल्लेख ब्रिग्स की पुस्तक 'गोरखनाथ एंड दि कनफटा योगीज' के पृष्ठ क्रमांक 211 पर किया गया है। जनश्रुति के अनुसार अयोध्या

के निकट सरयू नदी के किनारे थोड़ी दूर पर जायस नामक स्थान पर अलख जगाते हुए महायोगी श्री मत्स्येंद्रनाथ की दृष्टि एक निःसंतान ब्राह्मणी स्त्री पर पड़ी। उन्होंने अपनी झोली से विभूति दी और कहा कि तुम पुत्रवती होगी। उसने पड़ोस की महिला के बहकावे में आकर उस विभूति को सूखे गोबर के ढेर में छोड़ दिया, इसके ठीक 12 वर्ष पश्चात् श्री मत्स्येंद्रनाथजी पुनः जायस आए। उन्होंने उस ब्राह्मणी से पूछा तो उसने सही बात बता दी। मत्स्येंद्रनाथजी गोबर के ढेर के पास गए और उसकी सफाई कराई तो उसमें से 12 वर्षीय तेजपूर्ण दिव्य बालक प्रकट हुआ। इसी तरह के मत से मिलता-जुलता 'योगी संप्रदायाविष्कृति' नामक ग्रंथ में यह उल्लेख है कि श्री मत्स्येंद्रनाथजी ने अपनी तीर्थ यात्रा के प्रयोजन से भ्रमण करते हुए गोदावरी नदी के तट पर स्थित चंद्रगिरी नामक ग्राम में एक ब्राह्मण दंपती सुराज और सरस्वती के आतिथ्य को स्वीकार किया। सरस्वती एक धार्मिक नारी थी और वह निःसंतान थी तथा उसने संतान उत्पत्ति की प्रार्थना श्री मत्स्येंद्रनाथजी से की, तभी श्री मत्स्येंद्रनाथजी ने अपनी झोली से विभूति निकाली और उससे कहा कि इसे ग्रहण करो, तुम्हारी कामना पूरी होगी। ऐसा कहकर विभूति को सरस्वती के हाथ पर रखकर मत्स्येंद्रनाथजी वहाँ से चले गए। तभी पड़ोस की कुछ महिलाएँ सरस्वती के पास आ पहुँची और उन महिलाओं ने विभूति के प्रति अविश्वास प्रकट किया। उसे यह भी कहा कि यह किस तरह संभव है कि विभूति से संतान की प्राप्ति हो। बहकावे में आकर सरस्वती ने उस विभूति को गाँव से बाहर एक गड्ढे में डाल दिया। उस गड्ढे में ग्रामीण कूड़ा-कचरा-गोबर फेंकते थे। 12 वर्ष पश्चात् मत्स्येंद्रनाथजी पुनः उस स्थान पर आए और सरस्वती से संतान के बारे में पूछा तो उसने सच-सच बता दिया। मत्स्येंद्रनाथजी सहज भाव से सरस्वती को साथ लेकर उस गड्ढे के पास पहुँचे और खबर लगते ही वहाँ गाँव के अनेक लोग आ गए। मत्स्येंद्रनाथजी ने गड्ढे की तरफ ध्यान से देखा और आवाज दी—"हे वत्स, तुम अवतरित हो।" गड्ढे से आवाज आई—"गुरुजी! आदेश, आदेश!" गाँववाले चकित थे। गड्ढा साफ किया गया तो एक 12 वर्ष का तेजस्वी बालक गड्ढे से बाहर आया। मत्स्येंद्रनाथजी ने उसे आशीर्वाद दिया और 'गोरखनाथ' नाम से उसे संबोधित किया।

मत्स्येंद्रनाथजी ने अपने अत्यंत प्रिय शिष्य के रूप में उस बालक को स्वीकार किया और योग मंत्र की दीक्षा दी, परंतु महाराष्ट्रीय परंपरा में यह मत है कि श्री गोरखनाथजी गोदावरी नदी के तट पर चंद्रगिरी नामक स्थान पर देह रूप में प्रकट हुए, यद्यपि ईश्वर कृपा से अवतरित संत-महात्माओं के जन्म पर चर्चा निरर्थक ही है, उनके संदेशों पर ही ध्यान देना चाहिए।

श्री गोरखनाथजी हठयोगी हैं। उनका देह छोड़ने का कोई इतिहास नहीं है और यह माना जाता है कि वह हमेशा से हैं और अभी भी हैं। ('गोरखचरित', पृ. क्रमांक 1)

भगवान् शिव योगेश्वर हैं। नाथ संप्रदाय में भगवान् शिव ने सबसे पहले श्री मत्स्येंद्रनाथ को महायोग ज्ञान दिया था। नाथ संप्रदाय में ऐसी मान्यता है कि भगवान् शिव ने गोरखनाथजी के रूप में श्री मत्स्येंद्रनाथजी से योग ज्ञान प्राप्त किया था। गोरखनाथजी का शरीर अत्यंत निर्मल, गौरवर्ण, सिर पर जटाएँ, तीन नेत्र हैं। वह माया से रहित हैं और तत्त्वस्वरूप हैं। गोरखनाथजी के अनुसार निरंजन का ध्यान ही सर्वोपरि है। साधक को अपने अहंकार को समाप्त कर सद्गुरु से शिक्षा लेनी चाहिए। मनुष्य जन्म बार-बार नहीं मिलता, इसलिए अपने निरंजन स्वरूप का साक्षात्कार कर ज्ञान प्राप्त करना चाहिए। उन्होंने निरंजन की अनुभूति को इस तरह परिभाषित किया कि योग दर्शन के स्तर पर ध्यान की अवस्था में शून्यावस्था में ही केवल अनाम, अव्यक्त शिव विद्यमान रहते हैं और यही निरंजन अवस्था है। इसी अनुभूति को योग कहते हैं। गोरखनाथजी ने कहा है कि कर्म-फल के रूप में पाप-पुण्य के सोच-विचार में मन को भ्रमित करना अज्ञान है। गोरखनाथजी के इस उपदेश के साथ ही हमें गीता का कर्मयोग याद आता है, जहाँ भगवान् श्रीकृष्ण ने श्रीमद्भगवतगीता के अध्याय 4 के श्लोक 14 में कहा है कि मुझ पर किसी भी कर्म का प्रभाव नहीं होता है, क्योंकि मुझे कर्म-फल की कामना नहीं है। मेरे संबंध में इस सत्य को जाननेवाला भी कर्म-फल में लिपायमान नहीं होता है।

गोरखनाथजी का कहना है कि अपने शरीर का शोधन और प्राणायाम की साधना करने से वीर्य के ऊर्ध्वाकर्षण से मन उन्मनी अवस्था में सिद्ध हो जाता है। (पुस्तक—गोरखबानी) उन्मानी समाधि लग जाने पर मन अपने शिवस्वरूप में स्थित हो जाता है। माया को त्यागकर निरंजन में स्थित हो जाता है, वही योगी है। मैं समझता हूँ कि यहाँ 'निरंजन' से तात्पर्य शून्य में स्थित होना है, जहाँ न तो नाम है, न पहचान है, न ही कोई रिश्ते हैं। इस संदर्भ में कोई दो मत नहीं हैं कि योगी के लिए मन की एकाग्रता आवश्यक है। मन भंग न हो, इसके लिए या तो अकेले रहना चाहिए या अकेले ही भ्रमण करना चाहिए तथा अपने इष्टदेव के ध्यान में तल्लीन रहते हुए अनुभव के माध्यम से आत्मज्ञान प्राप्त करके दूसरों के हित के लिए मार्ग-दर्शन देना चाहिए।

उन्मनी अवस्था : गुरु गोरखनाथजी ने उन्मनी अवस्था को इस तरह से स्पष्ट किया है कि जब योग साधक अपनी चित्त वृत्तियों का निरोध कर मूलाधार से उत्थित कुंडलिनी जागृत करते हुए प्राणवायु (साँस) को सुषुम्ना नाड़ी के पद से प्रवाहित करते हुए मन को शून्य में समाहित कर लेता है, इसी अवस्था में मूलाधार चक्र में स्थित कुंडलिनी जागृत होती है। यही मन की उन्मनी अवस्था है। इस प्रक्रिया में अनाहत नाद का श्रवण होता है। (पुस्तक—गोरखबानी, पृ. 46, 47, 161)

उन्मानी अवस्था के संदर्भ में मेरा मत है कि निरंतर अभ्यास करने पर इस अवस्था का आभास किया जा सकता है, इस अवस्था में आनंद के अनुभव को व्यक्त करने के

लिए शब्द नहीं है और किसी भी भाषा में उस आनंद को वर्णित नहीं किया जा सकता। सिर्फ ध्यान में पूर्णतः शांत बैठना है।

गोरखनाथजी के अनुसार, परमतत्त्व परमात्मा अगम और अगोचर है। न तो वह भाव (सत) है और न अभाव (असत) ही है। परमात्मा तो सत और असत, दोनों से अतीत है, वह चैतन्य, सच्चिदानंद स्वतः अव्यक्त है, अर्थात् वह रूप और आकार से परे है और जिस रूप में इस संपूर्ण अस्तित्व का आभास हो रहा है, वह स्वतः अभिव्यक्त हो रहा है। उसका आभास भर करना है, परमात्मा का अस्तित्व अनुभव में आने लगेगा। यहाँ गोरखनाथजी ने अत्यंत संक्षिप्त शब्दों में परमात्मा की व्याख्या कर दी है। गोरखनाथजी का कहना है कि वह अलख है, निरंजन है और निर्गुण व निराकार है। उसका अनुभव करने के बाद, उसे अपने चित्त में अधिष्ठित कर लेना चाहिए। गोरखनाथजी का कहना है कि योगाभ्यास में शब्द साधना का महत्त्व है। (पुस्तक—गोरखबानी, पृ. 9) शब्द साधना के माध्यम से मूल अधिष्ठान तक पहुँचना है और फिर उससे वापस आना है, अर्थात् शब्द के परे चले जाना है। इसलिए शब्द ही परमात्मतत्त्व का ताला है और शब्द ही कुंजी है। यहाँ गोरखनाथजी ने शब्द का तात्पर्य नाद से होना बताया है। नाद का जागरण गुरु की कृपा से होता है। उनका कहना है कि प्राणवायु का सुषुम्ना के रास्ते से ब्रह्मरंध्र में स्थित होने पर क्षुद्रघंटिका, वंशी-वीणा, भ्रमरादि के नाद की तरह सूक्ष्मतर नाद सुनाई पड़ने लगते हैं। इसके बाद योगी की समाधि अवस्था आती है। इस अवस्था में प्राण ब्रह्मरंध्र में स्थित हो जाता है और योगी शून्य पद में आत्मा का अमृतपान कर शिव का साक्षात्कार करता है।

कुंडलिनी जागरण के द्वारा प्राणवायु सुषुम्ना के रास्ते से सातों चक्रों का भेदन करते हुए ब्रह्मरंध्र शून्य पद में स्थित होकर आत्म-तृप्ति प्राप्त करती है। गोरखनाथजी का कहना है कि इस अमृतपान का स्वाद वह ही प्राप्त कर सकता है, जो सद्गुरु की शरण गति में है और सद्गुरु ही अमृतपान का उपाय बतलाते हैं। (पुस्तक—गोरखबानी, पृ. 10-11), जिसे सद्गुरु की प्राप्ति नहीं हो सकी है और साधना के पथ पर अकेला भटक रहा है, उसे यह अमृत पीने को नहीं मिल सकता। वह प्यासा ही रह जाता है। इसलिए गोरखनाथजी कहते हैं कि "हे योगी, मरो जीवन मुक्ति अवस्था में स्थित होकर अमृत पद प्राप्त कर लो। यहाँ गोरखनाथजी का मृत्यु से तात्पर्य शरीर छोड़ देने से नहीं है, बल्कि शरीर-जीवन में रहते हुए ही परमतत्त्व का आभास करना ही वास्तविक मृत्यु है। अन्यथा जीवन-मरण के चक्कर में शरीर धारण करने और छोड़ने का कार्य जन्म-जन्म चलता ही रहेगा। इसलिए गोरखनाथजी ने कहा है कि उन्होंने ऐसी मृत्यु का वरण कर लिया है, जिसमें अमरता है, उसके द्वारा उन्होंने अमृत पद प्राप्त कर जीवनमुक्त होकर परब्रह्म परमात्मा परम शिव का अपने दिव्य चक्षु से दर्शन कर लिया है।

योगी के मन में उन्माद नहीं आना चाहिए, इससे अभिमान, मिथ्या अहंकार और गर्व उत्पन्न होता है। उन्होंने योग साधक को अष्टांग योग—यम, नियम, आसन, प्राणायाम, प्रत्याहार, ध्यान, धारणा, समाधि का अभ्यास करने को जोड़ा है।

गुरु गोरखनाथजी ने मंत्रजाप के संदर्भ में कहा है कि—'सोऽहम्' मंत्र का निरंतर जप और स्मरण करने पर योगी परमात्मस्वरूप हो जाता है। उसके तन, मन और हृदय सबकुछ 'सोऽहम्' मंत्र से अभिमंत्रित हो जाता है। जो साधक सत्, रजस और तमस् के बंधन से रहित हो जाता है, जो पाप और पुण्य की सीमा से परे हो जाता है, जिसे दुःख, लोभ, मोह, हर्ष, शोक के द्वंद्व परेशान नहीं करते हैं, जो निर्मल मन और अंतःकरण से युक्त 'सोऽहम्' का अनवरत जप करते हुए अजपा जाप करता है, उसे समस्त जगत् एक स्वरूपगत दीख पड़ता है। यहाँ गोरखनाथजी ने मंत्र 'सोऽहम्' को अजपा जाप कहकर यह स्पष्ट किया है कि इस मंत्र को अपनी साँस के साथ निरंतर बिना जप किए हुए ही आभासित करना चाहिए। साँस के साथ निरंतर बिना शब्द उच्चारण के इस मंत्र का जाप निरंतर स्वयं के अंदर करते रहना चाहिए। इसके लिए 'सोऽहम्' मंत्र को दो भागों में अपनी साँस के साथ विभक्त करना है, अर्थात् 'सोऽ' को उस समय अपनी साँस में जपना है, जब साँस को अंदर खींचा है और इसी प्रकार 'हम्' को उस समय अपनी साँस में जपना है, जब साँस को बाहर निकाला है। इसी को 'अजपा जप' कहेंगे। इस प्रकार के जाप से बिना साँस टूटे निरंतर परमात्मा का स्मरण होता रहता है। हृदय में परमात्मा के वास होने का अनुभव करना है। जो व्यक्ति सिद्धासन या पदमासन में बैठकर अपनी इंद्रियों एवं ज्ञानेंद्रियों को अपने वश में करते हुए मन को उन्मानी अवस्था में कर लेता है? उस व्यक्ति को ईश्वर का साक्षात्कार होता है। गोरखनाथजी कहते हैं कि शरीर में स्थित आत्मा ही सर्वश्रेष्ठ देवता है और इस तत्त्व को नहीं जानकर लोग व्यर्थ ही अन्य देवताओं की पूजा करते हैं।

शरीर के नौ दरवाजे हैं : एक मुँह, दो नेत्र, दो कान, दो नासिका, एक उपस्थ (मूत्र-द्वार) एवं एक गुदा-द्वार। इस प्रकार इन सभी नौ दरवाजे पर संयम रखना है। तत्पश्चात् प्राणायाम करना है। मेरी दृष्टि में यहाँ गोरखनाथजी के कहने का तात्पर्य यह है कि इन नौ अंगों का आवश्यकतानुसार ही उपयोग करना है। इन पर नियंत्रण रखना है। अनावश्यक भोजन नहीं करना है, अनावश्यक दृश्य नहीं देखना है, अनावश्यक सुनना नहीं है, नासिका का उपयोग प्राणायाम के समय भी करना है एवं ब्रह्मचर्य का पालन करना है। इससे वायु विकार नहीं होगा और प्राणायाम में सिद्धि प्राप्त होगी तथा शरीर पूर्णतः आरोग्य होगा। गोरखनाथजी का कहना है कि प्राण पर संयम रखना चाहिए और यह प्राणायाम से ही संभव है। प्राण के नियंत्रित होने पर मन उन्मनी अवस्था को प्राप्त हो जाएगा। गोरखनाथजी के अनुसार शरीर के ये नौ दरवाजे तो प्रत्यक्ष हैं, किंतु दसवाँ

द्वार ब्रह्मरंध्र है। दशम् द्वार में ही योगी उन्मन होता है, तभी नाद बिंदु के मेल से उत्पन्न अनाहत नाद का श्रवण कर वह निराकार परब्रह्म शिव के प्रकाश का ब्रह्मरंध्र में दर्शन करता है। ब्रह्मरंध्र में सूर्य और चंद्रमा की ज्योति के बिना ही अलख निरंजन, चिन्मय तत्त्व का अनुभव होता है। कुंभक प्राणायाम के द्वारा मृत्यु का भय दूर हो जाएगा और ऊपर बताए नवों द्वारों को रोककर वायु को शरीर में पचा लेने से कायाकल्प हो जाता है और उन्मान योग सिद्ध हो जाता है। (पुस्तक—गोरखबानी, पृ. 25, 26)

गोरखनाथजी का कहना है कि यह संसार द्वंद्वात्मक है। इसमें सुख-दुःख, स्तुति-निंदा, शीत-उष्णता, दिन-रात, ये सभी प्रपंच चलते रहते हैं। योगी को इनके प्रति तटस्थ रहकर इनकी गतिविधि को दृष्टा बनकर देखना है। दृष्टा बने रहने का तरीका यह है कि जो कुछ संसार के संबंध में वार्त्ता चले, उसे सुनो, जो दृश्य सामने है उसे देखो, परंतु इनके संबंध में अपना मत व्यक्त न करो। सर्वथा तटस्थ एवं मौन रहो, संसार की मोह-माया से परे रहना ही मुक्त जीवन एवं योग साधना है। (पुस्तक—गोरखबानी, पृ. 34) इसी संदर्भ में मैं कहना चाहूँगा कि अध्यात्म के क्षेत्र में प्रत्येक प्रकार के मतों द्वारा दृष्टा-भाव पर जोर दिया गया है। भगवान् श्रीकृष्ण ने भी श्रीमद्भगवतगीता में दृष्टा-भाव के संदर्भ में कहा है और इस भाव में रहने पर व्यक्ति कर्म बंधन से मुक्त हो जाता है। आप स्वयं अपने दृष्टा बनें, तब कर्म-फल से आसक्ति नहीं होगी। योगी वह है, जिसका मन पर एकच्छत्र राज्य स्थापित हो जाता है, अर्थात् मन पर नियंत्रण हो जाता है। मन को वश में करते हुए योग साधना में सिद्धि प्राप्त होती है। प्राणायाम का अभ्यास निरंतर करना है और ध्यान में बैठना है, तभी उन्मान अवस्था में स्थित हुआ जा सकता है। (पुस्तक—गोरखबानी, पृ. 46, 47, 16) इस प्रक्रिया में अनाहत नाद का श्रवण होता है।

गोरखनाथजी ने नासिका से चलनेवाले स्वरों के संदर्भ में कहा है कि इड़ा नाड़ी (बाएँ स्वर से चलनेवाली साँस) से अमृत वर्षा होती है और इसको 'चंद्र नाड़ी' कहते हैं। (पुस्तक—गोरखबानी, पृ. 43) इससे अमृत बहता है, यह सोलह कलाओं से युक्त है। सूर्य नाड़ी (दाएँ स्वर से चलनेवाली साँस) को 'पिंगला' कहते हैं, यह सदा अमृत ग्रहण करती है। सुषुम्ना को 'सहस्त्र नाड़ी' कहा गया है। पिंगला अथवा सूर्य नाड़ी, अर्थात् जब दायाँ स्वर चले तब भोजन करना चाहिए और जब इडा नाड़ी, अर्थात् जब बायाँ स्वर चले, तब हमें शयन करना चाहिए। दोनों स्वरों के चलने पर पानी नहीं पीना चाहिए। गोरखनाथजी शारीरिक स्थिति को देखते हुए यह मत व्यक्त करते हैं कि योगी का शरीर सर्वथा निर्मल और स्वस्थ होता है, वह वात, पित्त व कफ दोष से मुक्त रहता है। यदि कूल्हे बड़े-बड़े हैं और पेट बढ़ गया है, तोंद बड़ी है तो यह समझना चाहिए कि योगी साधनारत नहीं है।

गोरखनाथजी की मान्यता है कि मूलाधार चक्र में स्थित कुंडलिनी को जागृत कर,

स्वाधिष्ठान चक्र, मणिपुर चक्र, अनाहत चक्र, विशुद्ध चक्र एवं आज्ञा चक्र का भेदन करते हुए नाड़ियों के प्राणायाम से शोधन करते हुए योग साधक को ब्रह्मरंध्र में स्थित होना है। हमारे शरीर में षटचक्रों के ऊपर सहस्रार चक्र है, यह शून्य आकाश के रूप में है। मूलाधार स्थित कुंडलिनी महाशक्ति जब जागृत हो जाती है तो वह ऊपर के समस्त षटचक्रों को प्रकाशित करती है और ब्रह्मरंध्र में पहुँचकर अपनी पूर्ण प्रदीप्ति से उसे प्रकाशित करती है। अनाहत का गर्जन अनवरत हो रहा है, इसे योग साधक को निरंतर श्रवण करना चाहिए। अनाहत को सोते, बैठते और खड़े होते, समस्त स्थितियों में साधक को सुनना चाहिए। इससे जीवात्मा सहज समाधि में समाहित हो जाती है। इस अवस्था में योगी का संपूर्ण अधिकार हो जाता हैं। गोरखनाथजी ने अपने गुरु मत्स्येंद्रनाथ द्वारा प्रतिपादित हठयोग की साधना का संकेत मार्ग कहकर दिया है। 'गोरखबानी' के पृ. 27 पर उल्लेख है कि नाद अधोगामी होने के बाद ऊर्ध्वगामी हो जाता है।

इस बात को मैं अपने ध्यान के अनुभव के आधार पर मानता हूँ कि ध्यान की उन्मनी अवस्था में नाद का बोध सहस्रार चक्र से प्रारंभ होकर आज्ञा चक्र, विशुद्ध चक्र, अनाहत चक्र, मणिपुर चक्र, स्वाधिष्ठान चक्र होकर मूलाधार चक्र तक जाता है। इस समय सुषुम्ना चलने लगती है। प्राण के ऊपर उठने से सुषुम्ना के पथ से ब्रह्मरंध्र में स्थिर होने से पता चलता है कि योग साधक सिद्धि में स्थित है। यह निर्विवाद है कि जब तक शरीर में साँस हैं, प्राण स्थिर हैं, तभी तक जीवन है। इसलिए प्राण को स्थिर रखना आवश्यक है। बैठते, चलते, सोते समय हमारी साँसें व्यर्थ निकल जाती हैं। इसलिए नाथयोगी प्राणायाम की प्रक्रिया से प्राण-वायु स्थिर कर लेता है। इसके लिए 'सोऽहम्' के साथ भीतर जानेवाली और बाहर जानेवाली तथा प्राण-वायु को नियंत्रित कर अजपा जप करना पड़ता है। इस जाप के द्वारा बिना साँस टूटे निरंतर परमात्मा का स्मरण होता रहता है।

गोरखनाथजी कहते हैं (गोरखबानी, पृ. 129) कि यह शरीर ही अनादि शिव का अधिष्ठान है। शरीर में स्थित आत्मा ही सर्वश्रेष्ठ देवता है।

काया में माया और आत्मा दोनों हैं। माया से रहित होकर योग साधना से काया में ही परब्रह्म की प्राप्ति हो जाती है। जिस साधक की दृष्टि केवल शरीर पोषण और मोह-माया में ही असत संबंध में ही लगी है, वह कभी आत्मिक (आध्यात्मिक) उन्नति नहीं कर सकता।

मूलाधार में स्थित कुंडलिनी को जागृत कर षटचक्रों का भेदन करते हुए प्राण वायु का सुषुम्ना मार्ग से ब्रह्मरंध्र (त्रिकुट) में लय कर देने से अमृतधारा बहती है। योगी को अपने प्राण को चंद्र नाड़ी और सूर्य नाड़ी में प्रवाहित करना चाहिए। इस तरह प्राण साधना करते हुए उसे परमात्मा में ध्यान लगाना चाहिए। ध्यान की दृढ़ता के लिए मूलबंध आवश्यक है, गुदा-द्वार का बार-बार संकुचन-आकुंचन कर प्राण को मेरुदंड में प्रवाहित

सुषुम्ना में स्थापित करते हुए दसवें द्वार ब्रह्मरंध्र (त्रिकुटी) में स्थिर करना चाहिए।

गोरखनाथजी कहते हैं कि आत्मचिंतन से श्रेष्ठ कोई ज्ञान नहीं है, इसलिए भ्रम में नहीं रहना चाहिए, संसार सागर से पार होना चाहिए और नाद ब्रह्म की साधना करते हुए सहज शून्य अवस्था का साक्षात्कार करना चाहिए। पाठकों के लिए यह जानना आवश्यक है कि योग के माध्यम से एक बार गोरखनाथजी के गुरु मत्स्येंद्रनाथजी ने अपना शरीर छोड़कर कदली देश के राजा के मृत शरीर में प्रवेश किया था। इसी को 'परकाया प्रवेश' कहा जाता है। मत्स्येंद्रनाथजी एक शाप के कारण अपनी योग विद्या को भूल चुके थे। इस कारण से गोरखनाथजी अपना रूप बदलकर उन्हें उनके पूर्व शरीर में वापस ले आए थे। (परकाया प्रवेश के संदर्भ में अन्य विवरण लेखक की पूर्व प्रकाशित पुस्तक—'मृत्यु कैसे होती है ? फिर क्या होता है ?' प्रभात प्रकाशन, नई दिल्ली से प्रकाशित, में है)

योगीराज श्री चंद्रमोहनजी महाराज के संदर्भ में

योगीराज श्री चंद्रमोहनजी महाराज का आश्रम श्री सिद्ध गुफा सवाई तहसील एत्मादपुर (जिला आगरा) में है। उनके पूज्य गुरु योग योगेश्वर श्री रामलालजी महाराज हैं, जिन्हें सभी शिष्यगण 'प्रभुजी' के नाम से तथा योगीराज श्री चंद्रमोहनजी महाराज को 'गुरुजी' के नाम से संबोधित करते हैं।

योगीराज श्री चंद्रमोहनजी महाराज के दर्शन मैंने प्रथम बार अपनी बाल अवस्था में उस समय किए थे, जब वह योग प्रचार के उद्देश्य से सन् 1964 में झाँसी (उत्तर प्रदेश) आए थे, तभी से लगातार मैं उनके संपर्क में रहते हुए उनके प्रति इतना अधिक आस्थावान हो गया था कि मेरे लिए वह मेरे जीवन के सर्वस्व हैं। वह 25 जून, 1990 को ब्रह्मलीन हो गए। उनका जन्म जिला करनाल की तहसील पानीपत से लगभग 12 मील दूर अहर कुराने के निकट अलुपुर गाँव में एक गौड़ ब्राह्मण परिवार में हुआ था। उनके पिता का नाम श्री देवीरामजी शर्मा था और माताजी का नाम श्रीमती चरती देवी था। उनकी पुस्तक 'दिव्य जीवन दर्शन' (प्रकाशक आचार्य दासलाल ब्रह्मचारी द्वारा श्री सिद्ध गुफा सवाई, आगरा) में उन्होंने अपने बाल्यकाल से योग क्षेत्र में प्रवेश होने तक का वर्णन किया है। उन्हें उनके पूज्य गुरु प्रभु श्री रामलालजी महाराज की कृपा से उनके पूर्व जन्म का आभास कराया गया कि गुरुजी अपने पूर्व जन्म में साधु थे और नदी किनारे भगवान् श्रीकृष्ण के मंदिर के निकट एक कुटिया में निवास करते थे। इस नदी का नाम गंडकी था। उनकी 10 वर्ष की आयु में ही माताश्री का स्वर्गवास हो चुका था।

गुरुजी बाल्यकाल से श्रीकृष्ण के भक्त थे और उन्हें अनुभूतियाँ होती थीं। एक बार वह घर से बिना बताए वृंदावन पहुँच गए और वहीं पर रहने लगे थे। परिवारजनों ने ढूँढ़ते-ढूँढ़ते उनका पता लगाया तो वह चीर घाट पर मिल गए और फिर पिता के

पास घर पहुँच गए, लेकिन वह तो सिद्ध एवं दिव्य आत्मा देह धारण किए हुए थे और भगवान् श्रीकृष्ण की भक्ति तथा योग के क्षेत्र में उन्हें इस पृथ्वी पर परब्रह्म परमात्मा ने भेजा था, इस कारण उनका मन परिवार और घर-गृहस्थी में कहाँ लगनेवाला था। आयु के बढ़ने के साथ वह अमृतसर से लगभग 12-14 मील की दूरी पर 'गुरु का इडियाला' नामक एक गाँव में पहुँचे और शिवालय में अपनी साधना करने लगे। एकांतवास में अपनी साधना में रहते हुए उन्हें समाधि की अनुभूति होने लगी। इसी समय उन्हें एक रात आनंदकंद प्रभु श्री रामलालजी महाराज के दर्शन पगड़ीधारी स्वरूप में हुए। स्वप्न में प्रभुजी ने उनसे कहा कि तू हमारे पास चला आ। गुरुजी को वह स्थान पता नहीं था, जहाँ से प्रभुजी की ओर से आह्वान हो रहा था, अतः समस्या यह थी कि कहाँ जाएँ? उन्हें पुनः प्रभुजी ने स्वप्न में कहा, "कोई चिंता मत कर, तू स्वतः ही चला आएगा।" गुरुजी पुनः अपने अनुष्ठान में लीन हो गए और उनके अंदर यह धारणा निर्मित हुई कि भगवान् शंकर कृपा करें और योगी बना दें। वह स्थान छोड़कर गुरुजी का मन ऋषिकेश जाने को हुआ और उनके अंदर यह उत्कंठा थी कि कोई योगी गुरु मिल जाएँ और योग सिखा दें।

अमृतसर में उन्हें मुल्खराजजी महाराज के दर्शन हुए और उनके कक्ष में प्रभुजी श्री रामलालजी महाराज के पगड़ीधारी स्वरूप के चित्र के दर्शन हुए। गुरुजी को यह समझते देर नहीं लगी कि यह चित्र उन्हीं महात्मा का है, जिनके दर्शन उन्हें स्वप्न में हुए थे, जब गुरुजी ने अपने स्वप्नवाला प्रसंग श्री मुल्खराजजी को सुनाया तो उन्होंने जवाब दिया कि यह चित्र योगेश्वर श्री रामलालजी महाराज का है और वह सर्वशक्तिमान हैं तथा स्वतः ही अपने अनुयायियों को अपने पास बुला लेते हैं। श्री मुल्खराजजी ने गुरुजी को बताया कि प्रभुजी इस समय ऋषिकेश में विराजमान हैं और नितांत जंगल में उन्होंने अपना आश्रम बनाया है। यह सुनकर गुरुजी ऋषिकेश पहुँच गए और प्रभु श्री रामलालजी महाराज के दर्शन किए, तब प्रभुजी ने उनसे हँसकर कहा, "क्यों, तू आ गया। रास्ता तुझे मिल गया, तू तो कहता था कि बिना पते कहाँ व कैसे जाऊँगा। अब देख, तू बिना पते, बिना बुलाए अपने आप ही आ गया।" गुरुजी ने प्रभुजी से कहा कि "गुरुजी, आप मुझे योग सिखाइए।" यह सुनकर प्रभुजी गंभीर हो गए और उन्होंने उत्तर दिया, "योग तो तुम्हें सिखा देंगे, किंतु तुम्हारे घर के क्या कहेंगे। तुम अभी बच्चे हो। पढ़ने का मौका है। इस समय तुम्हें पढ़ना चाहिए। बाद में तुम योग सीखना।"

यह सुनकर गुरुजी चुप हो गए और गंगा किनारे घूमने लगे। दूसरे दिन गुरुजी ने प्रभु श्री रामलालजी महाराज से पुनः प्रार्थना कि "प्रभुजी, मुझे ऐसा योग सिखाओ, जिस योग में भगवान् कृष्ण चट-पट मिल जाएँ।" यह सुनकर प्रभुजी हँस दिए और बोले, "अच्छा, तू ऐसा योग सीखेगा, जिसमें चट-पट श्रीकृष्ण मिल जाएँ और कोई योग तो तू सीखेगा नहीं? अच्छा, जा गंगा किनारे घूम आ, स्नानादि कर आ, उसके बाद आ जाना,

यहीं आकर भोजनादि कर लेना, तब तुम्हें योग सिखाने का देखेंगे।" इसके कुछ देर बाद गुरुजी गंगा स्नान से लौटकर प्रभुजी के पास वापस आए और तब प्रभुजी ने गुरुजी से कहा, "अरे भाई, तू कहाँ चला गया था? यहाँ तो दोपहर को श्रीकृष्णजी आए थे। उन्होंने तुम्हें बहुत याद किया, जब तुम नहीं आए तो कृष्णजी तो चले गए, किंतु एक बड़ा कटोरा हलुए का तुम्हारे लिए छोड़ गए और कह गए हैं कि जब वह गंगाजी से लौटकर आए तो यह उसे खिला देना। सो भाई, तुम्हारा हलुए का कटोरा रखा हुआ है। कृष्णजी दे गए हैं, तू अपना हलुआ खा ले।" यह दिन गुरु पूर्णिमा का था। गुरुजी कुछ दिन प्रभुजी के सान्निध्य में रहे और तब एक दिन गुरु माताजी को प्रभुजी ने आज्ञा दी कि "यह मेरा ही लड़का है, इसको ठीक समय पर भोजनादि करा दिया कर।" गुरुमाता गुरुजी को अपना पुत्र जैसा स्नेह देती और दूसरे दिन प्रभु श्री रामलालजी महाराज ने गुरुजी श्री चंद्रमोहन महाराज को योग दीक्षा दी और ध्यान करने की विधि को समझाया। समय व्यतीत हुआ, तत्पश्चात् प्रभुजी की आज्ञा लेकर गुरुजी वृंदावन को प्रस्थान कर गए और वहाँ पर ध्यान का अभ्यास करने लगे।

योगीराज श्री चंद्रमोहनजी महाराज ने अपने गुरु प्रभु श्री रामलालजी महाराज के आशीर्वाद और कृपा से संपूर्ण भारत में योग का प्रचार किया तथा योगाभ्यास कराया एवं अपने शिष्यों को ध्यान व समाधि की स्थिति तक पहुँचाया। इस निमित्त उन्होंने संपूर्ण भारत में योग प्रचार के शिविर आयोजित किए और प्रवास करते रहे। गुरुजी अनावश्यक चमत्कारों के प्रदर्शन में विश्वास नहीं रखते थे एवं अपने शिष्यों को ध्यानाभ्यास कराते थे। उन्होंने मुझे सपत्नीक विधिवत् दीक्षित किया और उनसे ही हमने गुरुमंत्र प्राप्त किया था। अपने योग प्रवचनों में वह भगवान् पतंजलि देव का उल्लेख अधिकांशतः करते थे। मैं अपने स्वयं के अंदर जितनी भी थोड़ी बहुत आध्यात्मिक रुचि का अनुभव करता हूँ, वह सबकुछ मेरे गुरु योगीराज श्री चंद्रमोहनजी महाराज की कृपा व आशीर्वाद का परिणाम है और मुझे पूरा विश्वास है कि मेरे गुरुजी व उनके पूज्य गुरु योग योगेश्वर प्रभु श्री रामलालजी महाराज की कृपा दृष्टि और आशीर्वाद की अमृतधारा निरंतर मुझ पर प्रवाहित हो रही है। गुरुजी ने अपने प्रवचनों में एवं उनके द्वारा लिखित पुस्तकों में उन्होंने योग की महिमा तथा योग साधना की प्रक्रिया को बड़े अच्छे ढंग से वर्णित किया है। वह 'योगश्चित्तवृत्तिनिरोधः' सूत्र का उल्लेख करते थे, अर्थात् चित्त की वृत्तियों का निरोध करना चाहिए। भक्तियोग, ज्ञानयोग, कर्मयोग, राजयोग, लययोग, हठयोग, शून्ययोग इत्यादि योगों की व्यापकता पर वह प्रवचन करते थे।

कुछ लोग 'योग' के विषय में नासमझ हैं और इसे सांप्रदायिकता का स्थान देते हैं। गुरुजी ने अपनी पुस्तक 'योग सिद्धांत' में कहा है कि 'योग' एक अध्यात्म विद्या है और संपूर्ण मानव जाति इस विद्या को प्राप्त करने की अधिकारी है। मन की तीन वृत्तियाँ

होती हैं—सतोगुण, रजोगुण और तमोगुण। जिस समय मन सतोगुण प्रधान रहता है, उस समय रजोगुण और तमोगुण दब जाते हैं। सतोगुण प्रधान चित्त आत्मस्वरूप और प्रेम करनेवाला होता है, जबकि इसके विपरीत रज और तम में आलसी, घमंडी, विध्वसंक और विनाशकारी हो जाता है। 'योग' का तात्पर्य ही यह है कि व्यक्ति अपने चित्त की वृत्तियों को नियंत्रित करे। ऐसा करने से कैवल्य भाव प्रकट हो जाता है। कैवल्य लाभ प्राप्त करना ही योगियों का लक्ष्य होता है। प्रत्येक व्यक्ति इसे प्राप्त कर सकता है और इसका किसी भी मजहब या संप्रदाय से कोई संबंध नहीं है। मनुष्य का जन्म मिला है तो साधक को मननशील होना चाहिए। मननशील व्यक्ति ही योग का अधिकारी है। मन ही समस्त शक्तियों का भंडार है। गुरुजी कहते हैं कि 'योगी' का प्रथम लक्ष्य यह है कि रूप, रस, गंध आदि में भटकनेवाले अपने मन को प्रत्याहार के द्वारा नियंत्रित करके मन को एकाग्र करे। किसी एक लक्ष्य स्थान में चित्त को ठहराना ही 'धारणा' कहलाता है। यह 'योग' का पहला वर्ण अक्षर है। योग विद्या ही एक ऐसी विद्या है, जिसको सार्वभौमिक विद्या कहा जा सकता है।

हमारे ब्रह्मलीन गुरुजी अपने प्रवचनों में कहते थे कि मानव को उसकी पाँच चित्त अवस्थाओं में विभक्त किया जा सकता है—

1. **मूढ़ावस्था :** इसमें तमोगुण प्रधान होता है और रजोगुण व सतोगुण दबा हुआ रहता है। इस अवस्था का व्यक्ति काम, क्रोध, लोभ, मोह आदि से ग्रसित रहता है और हमेशा आलस्य व तंद्रा में घिरा रहता है। उसकी किसी भी प्रकार उदरपूर्ति होती रहे, इतनी भर उसकी सोच होती है और उसे लोक-परलोक की कोई चिंता नहीं होती।

2. **क्षिप्तावस्था :** इसमें रजोगुण प्रधान होता है। तमोगुण और सतोगुण दबा हुआ रहता है। इस अवस्था के व्यक्ति में चंचलता, दुःख और चिंताएँ बनी रहती हैं। वह अपने व्यवहारिक जीवन में लक्ष्य को प्राप्त करना चाहता है तथा परलोक आदि की चर्चाओं में उसकी आस्था नहीं रहती। ऐसे लोगों का सिद्धांत रहता है—'यावज्जीवेत् सुखं जीवेत् ऋणं कृत्वा घृतं पिवेत् भस्मीभूतस्य देहस्य पुनरागमनं कुतः।' अर्थात् जब तक जीवित रहना है, सुखपूर्वक जियो, ऋण लेकर भी ऐशो-आराम करना चाहिए और घी पीना चाहिए। मृत्यु के बाद शरीर जलकर भस्म हो जाएगा और फिर नहीं मिलेगा। इसलिए जो भी कुछ है, वो इसी लोक में है। यह चार्वाक सिद्धांत है।

3. **विक्षिप्तावस्था :** इसमें सतोगुण की प्रधानता होती है एवं रजोगुण व तमोगुण गौण होते हैं। इस अवस्था में मन में पूर्ण प्रसन्नता, क्षमा, दया, परोपकार की भावना और साधनों में संलग्नता तथा धर्म, ज्ञान व वैराग्य में रुचि रहती है। ऐसे व्यक्तियों का मन एकाग्र होने लगता है और चित्त शांत रहता है व स्वाध्याय, संकीर्तन एवं उपासनाएँ आदि करते हैं।

4. एकाग्रावस्था : इसमें सतोगुण की प्रधानता रहती है और रजोगुण व तमोगुण न के बराबर रहता है, जब तक मन के अंदर एकाग्रावस्था नहीं होगी, तब तक किसी भी मंत्र का उच्चारण करते रहें, वह केवल वर्ण विन्यास मात्र होगा। राम के नाम का उच्चारण करने मात्र से कोई लाभ नहीं होनेवाला, जब तक कि श्रीराम के स्वरूप में मन एकाग्र न हो जाए और तब फिर उच्चारण हो। ऐसी अवस्थाओं के व्यक्तियों के पास मन की एकाग्रता और ठहराव बन जाता है।

5. निरोधावस्था : इस अवस्था के व्यक्तियों में गुणों का परिणाम बंद होकर चित्त स्थिर हो जाता है। इनमें तमोगुण, रजोगुण, सतोगुण का कोई प्रभाव नहीं होता है। एकाग्रावस्था एवं निरोधावस्था को ही योग की श्रेणी में लिया गया है।

संप्रज्ञात समाधि : योगीराज श्री चंद्रमोहनजी महाराज ने संप्रज्ञात योग के संदर्भ में कहा है कि अपने मन की शक्ति को कोई भी व्यक्ति तब तक नहीं जान सकता, जब तक कि मन में एकाग्रता नहीं हो जाती है। मन को एकाग्र करने पर ही अपने अंदर छुपे रहस्यों को जाना जा सकता है। गुरुजी ने मन की एकाग्रता की अवस्था को 'संप्रज्ञात योग' कहा है। इस संदर्भ में उन्होंने भगवान् व्यासदेव का संदर्भ देते हुए कहा है कि 'यस्त्वे चेतसि सद्भूतयर्थ प्रद्योतयति क्षिणोति च क्लेशान् कर्म बन्धानानि स्लथयति, निरोधमभिमुखं करोति स सम्प्रज्ञातो योग इत्याख्यायते', अर्थात् जो व्यक्ति एकाग्रचित्त में सद्भूत अर्थ को प्रकट करता है, क्लेशों को क्षीण करता है, कर्म-बंधनों को ढीला करता है और चित्त को निरोधाभिमुख करता है, उसे 'संप्रज्ञात योग' कहते हैं। संप्रज्ञात योग में विभिन्न प्रकार की अनुभूतियाँ होने लगती हैं तथा मन की शक्तियाँ प्रकट होती हैं। यहाँ गुरुजी ने योग साधक को मन की प्रधानता के साथ वर्णित किया है। मन की चंचलता को रोकना है और फिर मन को ध्यान की अवस्था में एकाग्र करना है। इस अवस्था में स्थूल से सूक्ष्म की ओर जाना होता है मन का ठहराव योग की प्रथम कुंजी है।

निश्चित ही यह सब निरंतर ध्यान में बैठकर अभ्यास करने से संभव है। कोई भी व्यक्ति भले ही किसी भी प्रकार की साधना करता रहे, किंतु जब तक मन की चंचलता समाप्त नहीं होगी और मन एकाग्र नहीं होगा, तब तक वह व्यक्ति योग साधना में समाहित होना नहीं माना जा सकता हैं। संप्रज्ञात योग का अभ्यासी अपने प्रथम अभ्यास में 'वितर्कानुगत' योग का अभ्यास करता है। (लेखक योगीराज श्री चंद्रमोहनजी महाराज, पुस्तक—योग सिद्धांत, प्रथम खंड) मन की एकाग्रावस्था व निरोधावस्था को ही योग की श्रेणी में लिया गया है। संसार का कोई भी प्राणी किसी भी प्रकार की साधनाएँ करता रहे, किंतु जब तक मन में एकाग्रता का उदय नहीं होगा, तब तक उसका योग में प्रवेश नहीं माना जा सकता। गुरुजी के शिष्य आचार्य दासलाल ब्रह्मचारीजी, आश्रम श्री सिद्ध गुफा सवाई तहसील एत्मादपुर (जिला आगरा) में ही निवासरत हैं, उनकी प्रकाशित पुस्तक—

'योग-ध्यान एवं विभूतियाँ' में अनुभवों को वर्णित किया गया है। उनके अनुसार संप्रज्ञात समाधि की पहली अवस्था वितर्कानुगत समाधि होती है, जिसमें चित्त का ध्येय स्थूल विषय पर होता है।

असंप्रज्ञात समाधि : इस अवस्था में साधक का प्रकृति से संबंध टूट जाता है। आत्मा अपने शुद्ध रूप में आभासित होती है। आत्मा की चेतनता में बुद्धि स्थिर हो जाती है।

सवितर्क समाधि : यह वह अवस्था है, जिसमें साधक को यह भान रहता है कि वह जिसका ध्यान कर रहा है, वह समक्ष है, उसे ध्यान की प्रक्रिया भी आभासित होती है, अर्थात् साधक, ध्यान के आभास की प्रक्रिया व जिस विषय-वस्तु का ध्यान किया जा रहा है, तीनों का भान रहता है। उदाहरण—भगवान् 'श्रीकृष्ण' एक शब्द है, लेकिन इस शब्द में उनका वर्णन है कि वह श्याम वर्ण हैं, पीतांबर हैं, मोहक छवि हैं, मोर मुकुट लगाए हैं, बाँसुरी लिये हैं। यह ज्ञान कि वह 'श्रीकृष्ण' हैं, यह उनके संदर्भ से ज्ञान होना कहा जाएगा। वह कृपा निधान हैं, भगवान् है, भक्त के हृदय में हैं, यह अर्थ कहा जाएगा। इस प्रकार शब्द, अर्थ व ज्ञान, एक विषयक होते हुए भी अलग-अलग समझ में आते हैं। इसी स्थिति को 'सवितर्क समाधि' कहते हैं।

निर्वितर्क समाधि : जब सवितर्क समाधि की अवस्था में अभ्यास करते-करते चित्त ध्येयाकार हो जाए और शब्द अर्थ, ज्ञान नहीं रहे, निर्विचार अवस्था हो जाए, तब वह 'निर्वितर्क समाधि' है। साधक का मन जब ध्येयाकार बन जाए, जब शब्द, अर्थ, ज्ञान का अलग-अलग अनुभव न होकर सिर्फ समग्रता के अनुभव ही भासित हों, इसे 'निर्वितर्क समाधि' कहेंगे। इस अवस्था में साधक, साध्य व साधन, तीनों का एकाकार हो जाता है। साधक को स्वयं के होने का भान नहीं रहता है। साधक यदि ईश्वर के साकार स्वरूप का ध्यान कर रहा है तो उसी में लीन हो जाएगा और साधक यदि निराकार का ध्यान कर रहा है तो उसके समक्ष शून्यावस्था होगी और साधक भी स्वयं को शून्य में लीन होना आभासित करेगा।

ध्यान और षटचक्र

अब प्रश्न यह उठता है कि ध्यान की स्थिति में हम अपने सात चक्रों में से अपनी चेतना को ध्यान में कहाँ केंद्रित करें?

ध्यान, अर्थात् मेडीटेशन, इस विषय पर अनेक अध्यात्मवादियों, संत-महात्माओं ने ध्यान करने पर जोर दिया है। (पाठकों से निवेदन है कि इस संदर्भ में इसी पुस्तक में विषय 'अस्तित्व का आभास व ध्यान की प्रक्रिया' को पढ़ने का कष्ट करें) ध्यान हेतु एक निश्चित समय पर नियमित रूप से बैठना चाहिए और उस समय मन के साथ

हठ नहीं करना है। मन से झगड़ा नहीं करना है। उससे हठपूर्वक एक जगह ठहरने की जिद नहीं करनी है। केवल शांत होकर मन को ही देखते रहो, तब मन स्वतः ही शांत हो जाएगा। वस्तुतः मन इतना संवेदनशील होता है कि यदि उसे यह पता लग जाए कि उसे कोई देख रहा है तो वह सहम जाता है, ठहर जाता है, छुप जाता है। ध्यान की अवस्था में समय, काल व स्थान का बोध समाप्त हो जाता है। ध्यान की अवस्था में चित्त ठहर जाता है, चित्त के अंदर एकाग्रता पूर्णतः उदित हो जाती है। अपने मन को इस तरह देखते रहो, जैसे कि कोई स्वामी अपने सेवक के कार्यों का निरीक्षण करता है। अपने मन को सदा कार्यों में लगाए रखो और जब उसके लिए कोई कार्य न हो, तब उसे केवल दृष्टा भाव से देखते रहो। अधिकांशतः यह देखा जाता है कि लोग मन की निंदा करते हैं और मन से परेशान रहने की बात करते हैं। मन के आधीन होकर मन को ही कोसते रहते हैं। इसके पीछे का कारण यह है कि उनमें ठहराव नहीं है। भगवान् से प्रेम नहीं है और कहते हैं कि मन भगवान् के ध्यान में लगता ही नहीं, स्वयं तो भोग-विलास की कामना में रहते हैं और मन को दोष देते हैं कि ध्यान करने में लगता नहीं है, जब तक मन भोग करने में लगा रहेगा, काम-वासना में लगा रहेगा, धन के लालच में लगा रहेगा तो किसी भी प्रकार के सतोगुणों में ध्यान नहीं लग सकता। धन मिलना एक अलग विषय है, लेकिन धन के लालच में मन लगा रहना विकृति है।

हमारे गुरुजी ने मन की एकाग्रता और ध्यान के संबंध में प्रथमतः यह कहा है कि 'यथा अन्न तथा मनः', अर्थात् जैसा अन्न, वैसा ही मन। मनुष्य जिस प्रकार का भोजन ग्रहण करता है, उसका मन भी उसी प्रकार का बन जाता है। शुद्ध, सात्त्विक आहार से सतोगुणी प्रवृत्ति बढ़ती है। इसलिए यदि हम अपने मन को ध्यानावस्था में एकाग्र करना चाहते हैं अथवा ध्यान में बैठना चाहते हैं तो पवित्र, शुद्ध, सात्त्विक एवं संस्कारित सेवन करना चाहिए। मेरे दृष्टिकोण से यहाँ संस्कारित अन्न से तात्पर्य यह है कि किस प्रकार के धर्नाजन से व्यक्ति अपना पालन-पोषण कर रहा है। यदि आर्थिक आय का साधन पाप, कदाचरण, दुष्टता के कर्मों से हो रहा है अथवा बिना कर्म किए ही दूसरो के हक को छीनकर या लूटकर धनार्जन किया जा रहा है तो ऐसे धन से प्राप्त अन्न दूषित ही है और ऐसा अन्न ग्रहण करनेवाले व्यक्ति का मन कभी भी एकाग्र नहीं हो सकता और व्यक्ति ध्यानस्थ भी नहीं हो सकता। ऐसा व्यक्ति सतोगुणी नहीं होगा, उसमें रजोगुण एवं तमोगुण की प्रवृत्ति हो जाएगी। इसका उदाहरण महाभारत में है, जब पांडवों की सहायता के लिए उन्हीं के मामा महाराजा शल्य अपनी सेना सहित रास्ते में जा रहे थे तो उसी समय दुर्योधन ने उनका मन जीतने के लिए योजना बनाई और उनका भरपूर स्वागत किया तथा महाराजा शल्य ने उसका आतिथ्य स्वीकार किया, भोजन ग्रहण किया। परिणामतः शल्य का मन बदल गया और चूँकि प्रथमतः तो वह जो पांडवों की तरफ से युद्ध के लिए जा

रहे थे, लेकिन उन्हीं के विरुद्ध होकर अनीति का साथ देनेवाले स्वयं दुर्योधन की ओर से पांडवों के विरुद्ध युद्ध करने को तैयार हो गए। इस सत्य को राजा शल्य ने स्पष्ट शब्दों में कहा कि "दुर्योधन, मैं पांडवों की मदद के लिए जा रहा था, किंतु तेरे आतिथ्य ने मेरे मन को बदल दिया, इसलिए मैं इस युद्ध में अब तेरा ही सहायक रहूँगा।"

मन की एकाग्रता के लिए हमारे गुरुजी ने शुद्ध, सात्त्विक आहार के सेवन के साथ-साथ साधक को कुछ इस प्रकार के नियम रखने के निर्देश दिए हैं, जो ध्यान के लिए आवश्यक हैं। साधक को मिताहारी होना चाहिए। अधिक भोजन नहीं करना चाहिए। ध्यानाभ्यास के लिए सुनिश्चित आसन तय कर लेना चाहिए, अर्थात् मेरुदंड (पीठ) को बिल्कुल सीधा रखना है। इससे सुषुम्ना की स्वाभाविक गति हो जाती है। सुषुम्ना जब चल रही है तो उस समय दोनों स्वर एक समान चलते हैं, अर्थात् नाक में से दोनों ओर से एक समान साँस चलने लगती है। इस समय आत्मध्यान, योगाभ्यास करना चाहिए। सुषुम्ना की गति आते ही मन स्वतः ही ब्रह्म नाड़ी में प्रवेश करने लगता है और एकाग्रता स्वाभाविक रूप में होने लगती है। इसी अनुभव को गोरखनाथजी ने भी कहा है, उन्होंने इसे ब्रह्मरंध्र में प्रवेश करना बताया है। गुरुजी ने इस तरह समझाया है कि पवित्र स्थान पर, मृगछाला या कुशा आसन पर मन को एकाग्र करते हुए, किसी अच्छे, न अति ऊँचा और न ही अति नीचा स्थल हो, पर बैठकर आत्मशुद्धि के लिए योगाभ्यास करो, उस अवस्था में अपना चित्त और इंद्रियों की क्रियाओं को वश में किया हुआ हो। शरीर संतुलित हो, काया, गर्दन और सिर बिल्कुल समभाग में स्थिर हों, दिशाओं को नहीं देखो तथा अपनी नासिका के अग्रभाग को देखते हुए सभी प्रकार से निर्भय होकर ब्रह्मचर्य व्रत का पालन करते हुए ध्यान योग का अभ्यासी बनना है और इस प्रकार नित्य योगाभ्यास करना है। श्रीकृष्ण कहते हैं कि फिर परम शांति को पाकर मेरे में स्थित हो जाओगे।

ध्यान हेतु आसन के संबंध में योगीराज श्री चंद्रमोहनजी महाराज ने कहा है कि ध्यान करने से पूर्व नाड़ीशुद्धि प्राणायाम करना चाहिए। सिद्धासन अथवा पदमासन या सहजासन में बैठना चाहिए। बाएँ स्वर से धीरे-धीरे पूरी साँस भरें और तत्काल ही दाहिने स्वर से बाहर निकाल दें और तत्पश्चात् दाहिने स्वर से पुनः साँस भरें और फिर बाएँ स्वर से निकाल दें। दो-तीन मिनट नाड़ीशुद्धि प्राणायाम करें। कोई एक आसन सुनिश्चित कर नियमित रूप से ध्यान में बैठना चाहिए। इनमें मुख्यतः सिद्धासन, स्वस्तिक आसन, पदमासन एवं शवासन हैं। सिद्धासन के लिए सीधे बैठकर बाएँ पैर की एड़ी गुदा-द्वार के पास रखें, दूसरे पैर की एड़ी लिंग नाल के ऊपर रखें। पिंडली व जाँघों के बीच में दोनों पैरों के पंजे दबे हों। इस आसन में बैठकर मूलबंध लगाने से अपान वायु का ऊर्ध्वाकर्षण स्वाभाविक हो जाता है। यह आसन गृहस्थियों को नहीं करना चाहिए, क्योंकि वीर्य वाहिनी नाड़ी इस आसन से दब जाती है। ब्रह्मचारियों एवं संन्यासियों को इस आसन का

विशेष अभ्यास करना चाहिए। स्वस्तिक आसन में सिर्फ पिड़ली व जाँघों के बीच में दोनों पैरों के पंजे दबाकर बैठना है और दोनों पैरों की एड़ियों को गुदा-द्वार व लिंग नाल के बीच में नहीं रखना है। पदमासन के लिए अपने दाएँ पैर के पंजे को बाएँ पैर की जंघा पर तथा बाएँ पैर के पंजे को दाएँ पैर की जंघा पर रखना है। मेरुदंड (पीठ) बिल्कुल सीधी और गर्दन को सीधा समानांतर रखना है। यह आसन सर्वव्याधि विनाशकारी है और ध्यानाभ्यास के लिए सर्व प्रकार से श्रेयस्कर है। शवासन के लिए बिल्कुल स्तंभित भाव से पालथी मारकर सीधा बैठना है। यह आसन महिलाओं के लिए श्रेयस्कर है।

निम्नांकित सात चक्रों से संपूर्ण मानव शरीर संचालित है और अपनी साधना पद्धति में इन सात चक्रों का महत्त्व है, जब आप ध्यानस्थ होंगे तो इन चक्रों का स्वतः ही आभास होने लगता है—

1. **सहस्त्रार चक्र :** यह मस्तिष्क पर है। इसका असर मस्तिष्क में होता है तथा आज्ञा चक्र के ऊपर है। यह चक्र शुद्ध ज्ञान, ज्ञेय, प्रदीप शिखा की तरह ज्योतिर्मय है। यहाँ ओमकार अंतरात्मा निरंतर निवास करती है। इस चक्र का संतुलन बिगड़ने पर चिंता, भय, असन्तोष, अविश्वास प्रकट होने लगता है तथा मनुष्य अपनी ऊर्जा का दुरुपयोग करने लगता है।

2. **आज्ञा चक्र :** यह भृकुटि के मध्य भूमध्य में स्थित है। तृतीय नेत्र चक्र, अर्थात् आत्मिक क्षमताओं का केंद्र है। यह चक्र चेहरे, आँख, नाक, नाड़ी और पीयूष ग्रंथि से संबंधित है। आज्ञा चक्र में ज्ञान प्राप्त कर लेने पर जीव अद्वैतवादी हो जाता है। इसके असंतुलन से कल्पना शक्ति कमजोर होती है तथा अस्वस्थता, छल, कपट, धैर्यहीनता, निराशा और तांत्रिक विकार बढ़ जाता है।

3. **विशुद्ध चक्र :** यह कंठ और गर्दन, अर्थात् हसली की हड्डियों के रिक्त स्थान के बीच में स्थित है। इस चक्र के द्वारा रचनात्मक अभिव्यक्ति और निष्कपट संवाद होता है तथा इससे गले की ग्रंथि, फेफड़े, स्वर, मुँह, गर्दन, कंधे की भुजाएँ व साँस तंत्र प्रभावित होता है।

4. **अनाहत चक्र :** यह हृदय में स्थित है, यहीं पर अपने गुरु और इष्ट देवता का ध्यान करना है। यहीं आत्म दर्शन होगा। यह स्थल प्रेम और समर्पण का केंद्र है। इस चक्र का प्रभाव हृदय और उसके नीचे रीढ़ की हड्डी व आमाशय पर पड़ता है। इस चक्र में असंतुलन होने पर संवेदनहीनता, अविश्वास, उदासीनता, रिश्तों में उलझाव, हृदय व साँस संबंधी, रक्तचाप जैसी अनेक बीमारियाँ होती हैं।

5. **मणिपुर चक्र :** यह हृदय के नीचे और नाभि के मूल में है। इस चक्र से इच्छाशक्ति, अभिव्यक्ति और लचीलेपन का गुण प्रकट होता है। इससे लीवर, गुर्दा, उदर, पित्ताशय, तंत्रिकातंत्र का संचालन होता है। इसके असंतुलन से आलोचनात्मक सोच,

अतृप्ति, क्रोध, चिड़चिड़ापन, आत्मशक्ति की कमी, मुँह के छाले और मधुमेह जैसी बीमारियाँ हो जाती हैं।

6. स्वाधिष्ठान चक्र : यह पेट के निचले हिस्से एवं नाभि के नीचे लिंग की जड़ में स्थित है। यह चक्र सृजन व इच्छाओं का केंद्र है। इस चक्र के द्वारा प्रजनन, मूत्राशय और स्नायुतंत्र संचालित होता है। इसके असंतुलन से प्रोस्ट्रेट ग्रंथि, मूत्र मार्ग, योनि मार्ग की बीमारियाँ होती हैं।

7. मूलाधार चक्र : यह मेरुदंड के सबसे नीचे जड़ में गुदा के पास स्थित है। यह सोती हुई कुंडलिनी का स्थल है। इसका प्रभाव पैरों, तलवों, नितंबों, मेरुदंड, जननग्रंथि और उत्सर्जन तंत्र पर रहता है। इसमें असंतुलन होने पर असुरक्षा की भावना, स्वार्थ, सुस्ती, मानसिक उन्माद व आत्महत्या की प्रवृत्ति बढ़ती है। मूलाधार चक्र रीढ़ की हड्डी के सबसे निचले भाग पर, जहाँ कि मल–द्वार और जननेंद्रिय होते हैं, के बीच है। सातों चक्रों में से यह सबसे नीचे का चक्र है। इस पर ध्यान करने और अपनी साँस को मूलाधार चक्र तक पहुँचने के आभास से यह चक्र जाग्रत हो जाता है। ऐसी मान्यता है कि इस चक्र पर ध्यान करने से मन में स्थिरता, अडिगता, सहनशीलता का निर्माण होता है। इस चक्र से प्रकाश की किरणें निकल रही हैं तथा यह भी मान्यता है कि इस चक्र के चारों ओर कुंडलिनी है, जो साँप की तरह साढ़े तीन घेरे लपेटे हुए अपना मुँह नीचे की ओर सुप्तावस्था में किए हुए है। इसी कुंडलिनी को ध्यान के माध्यम से जागृत किया जा सकता है।

योगीराज श्री चंद्रमोहनजी महाराज ने कहा है कि किसी मंत्र का इतना अधिक जाप किया जाए कि मंत्र–जाप से उठने के बाद भी वह मंत्र स्वाभाविक रूप से स्वयं के अंदर घूमता ही रहे। यदि अपने मन से उसे हटाना भी चाहें तो भी न हटे। इसी प्रकार लगातार जप करते रहने पर गुरुमंत्र का मन में घूमना बढ़ जाए तब भौतिक रूप से माला के द्वारा मंत्र–जाप छोड़कर मानस जप की आदत डालनी चाहिए। इसी बात को गोरखनाथजी ने 'अजपा जप' कहा है। प्रतिदिन तीन घंटे लगातार मानस जप करने से, उस समय नींद या आलस न सताए, तब छह माह के निरंतर अभ्यास से मंत्र बुद्धि में प्रवेश कर जाता है। मंत्र बुद्धिगत हो जाता है। तरह–तरह के दृश्य योग्याभ्यासी के सामने आने लगते हैं। ऐसी स्थिति प्राप्त हो जाने पर योगी को फिर जप करने की आवश्यकता नहीं रहती है। उसे चिंतन जाप से भी समाधि प्राप्त हो जाती है। इस स्थिति में साधक को चाहिए कि वह अपने इष्टदेव का मानस–पूजन किया करे। मानस–पूजन करनेवाले साधक के इष्टदेव समाधि की अवस्था में हर समय उसके सामने रहते हैं।

मानस पूजन : मानस पूजन के समय मेरुदंड को सीधा कर हृदय में अपने इष्टदेव का स्मरण करें। अपनी कल्पना की दृढ़ता से उन्हें अपने हृदय में विराजमान करें। आँखें

बंद रखें और अपने मन को खींचकर सिर्फ मानस पूजन में समाहित कर लें। मन की कल्पना से ही शुद्ध जल से उनके चरण धोएँ, आचमन करें, स्नान कर बदन को पोंछें, चंदन, रोली, वस्त्र, आभूषण आदि का अर्पण करें। उनकी काल्पनिक आरती उतारें। प्रसाद चढ़ाएँ। धूप-दीप आदि प्रज्वलित करें। उसके बाद मंत्र का मानस जाप करें।

योगीराज श्री चंद्रमोहनजी महाराज ने कहा है कि ब्रह्मचारी दो प्रकार के होते है—

(1) नौष्ठिक : जो जीवनपर्यंत अखंड ब्रह्मचारी रहें, जैसे भीष्म पितामह, शंकराचार्य।

(2) उपकुर्वाण : जो समय की अवधि तक ब्रह्मचर्य आश्रम का पूर्ण रूप से पालन करके गृहस्थ जीवन में प्रवेश कर जाएँ और इसी प्रकार गृहस्थ जीवन छोड़कर ब्रह्मचर्य जीवन में प्रवेश कर जाएँ। ब्रह्मचर्य अवस्था में मैथुन त्याग परमावश्यक है। जो मन, वाणी और कर्म से सर्वथा मैथुन त्याग करता है, वही ब्रह्मचारी कहलाने का अधिकारी है। ब्रह्मचारी को मन से भी ऐसे विषयों का चिंतन नहीं करना चाहिए। परिग्रह का न होना ही अपरिग्रह कहलाता है। शरीर भाव से पृथक् होकर अस्तेय का मान अपरिग्रह है।

स्वचिंतन : ***यह सोच कि बहुत धन-संपदा है हमारे पास। प्रश्न— क्या संतोष, प्रेम, प्रसन्नता, लोकप्रियता, वैभव, यश, निश्छलता, निष्कपटता, सौहार्दता, विश्वसनीयता, ईमानदारी, कर्तव्यनिष्ठा, बुद्धि, विवेक, भक्ति, आनंद भी है आपके पास? क्या ये सब पैसे से खरीद सकते हो? नहीं, गुण कभी भी पैसे से नहीं खरीदे जा सकते। वास्तविक धन-संपदा तो यही गुण हैं, जो अगले जन्म में भी हमारे साथ जाएँगे।***

□

35

अष्टांग योग

योग का सरल भाषा में अर्थ यह है कि 'दो का एक हो जाना', अर्थात् जिस प्रक्रिया से दो का अस्तित्व जब एक बन जाए तो उसे 'योग' कहते हैं। जीव और ब्रह्म की एकता का जब अनुभव होने लगे तो यह योगी होने की अवस्था है। दूसरे शब्दों में, जीवात्मा का संबंध जब परमात्मा से जोड़ने की साधना की जाए तो उसे योग साधना कहते हैं। योग भी अनेक प्रकार के हैं—सांख्ययोग (ज्ञानयोग), भक्तियोग, बुद्धियोग, कर्मयोग, हठयोग, राजयोग, प्रेमयोग, अष्टांगयोग आदि, जब साधक जड़ से चैतन्य की ओर, असत्य से सत्य की ओर, अनित्य से नित्य की ओर, शरीर से आत्मा की ओर, स्थूल से सूक्ष्म की ओर, कार्य से कारण की ओर, दृश्य से अदृश्य की ओर, परिधि से केंद्र की ओर जुड़ता है, तब इसे 'योग' कहा जाता है। इस अवस्था में मन, बुद्धि, अहंकार विलुप्त हो जाता है और चित्त का आभास होने लगता है, तब यह 'योगावस्था' कहलाती है।

अष्टांग योग के संदर्भ में हमारे गुरुजी ने कहा है कि यम, नियम, आसन, प्राणायाम, प्रत्याहार, धारणा, ध्यान, समाधि, ये सभी अष्टांग योग के अंग हैं। इनमें से प्रथम पाँच—यम, नियम, आसन, प्राणायाम, प्रत्याहार, बाहरी है, जिन पर शरीर व मन का प्रभाव रहता है एवं चित्त की एकाग्रता व चिंतन और विचार-शक्ति बढ़ाने में सहायक हैं तथा अंतिम तीन ध्यान, धारणा, समाधि आंतरिक और पूर्णत: मन की साधना पर निर्भर हैं। यदि विचार व चिंतन निर्मल, स्वच्छ, अच्छे हैं, तभी साधना सफल होती है। इसी को 'अष्टांग योग' कहा गया है।

1. यम से तात्पर्य है : अहिंसा, सत्य, अस्तेय, ब्रह्मचर्य और अपरिग्रह, ये पाँच 'यम' कहलाते हैं। इनकी साधना को 'यम की साधना' कहते हैं। अहिंसा से तात्पर्य यह है कि व्यक्ति को मन, वचन, व कर्म से हिंसक प्रवृत्ति का नहीं होना चाहिए। सत्य से तात्पर्य है कि मन, वचन व कर्म से परोपकार के लिए सत्य बोलना है, अर्थात् उदाहरण के लिए आपके समक्ष एक दुष्ट व्यक्ति हाथ में चाकू लिये किसी अन्य व्यक्ति की हत्या

के उद्‌देश्य से उसके पीछे भाग रहा है और बचनेवाला व्यक्ति भागकर आपकी शरण में आता है तथा छुपने के लिए स्थान पूछता है, आप उसे अपने मकान में शरण देकर छुपा लेते हैं, तभी वहीं पर दुष्ट व्यक्ति चाकू लिये उस व्यक्ति का पता आपसे पूछता है, जिसे आपने शरण देकर छुपा लिया है, अब ऐसी स्थिति में यहाँ सत्य का अर्थ यह कतई नहीं समझ लेना कि आप हत्या करने को आतुर दुष्ट व्यक्ति को सत्य बोलने की जिद पर अपने घर का रास्ता दिखा दो, जहाँ आपने बचनेवाले व्यक्ति को शरण दे रखी है। ऐसी परिस्थिति में तो आपको उसके प्राणों की रक्षार्थ उस दुष्ट से भौतिक सत्य नहीं बोलना है, जैसा कि ऊपर कहा गया है कि सत्य वही है, जिससे परोपकार हो। अस्तेय का तात्पर्य लोभ शून्यता से है, अर्थात् व्यक्ति को लालची और लोभी नहीं होना चाहिए। ब्रह्मचर्य से तात्पर्य यह है कि साधक को अपने वीर्य को नष्ट नहीं करना है। ब्रह्मचर्य दो प्रकार का होता है—(1) नैष्ठिक, अर्थात् जो जीवनपर्यंत अखंड ब्रह्मचारी रहा है। उदाहरणार्थ—भीष्म पितामह, शंकराचार्य। (2) उपकुर्वाण, अर्थात् जो समय की अवधि तक ब्रह्मचर्य आश्रम का पूर्ण रूप से पालन करता हुआ गृहस्थ जीवन में प्रवेश कर जाए और इसी प्रकार गृहस्थ जीवन छोड़कर ब्रह्मचर्य जीवन में प्रवेश कर जाए। ब्रह्मचर्य की अवस्था में मैथुन त्याग आवश्यक है। जो व्यक्ति मन, वाणी और कर्म से मैथुन का त्याग करता है, वही व्यक्ति ब्रह्मचारी है। अपरिग्रह से तात्पर्य है, परिग्रह का न होना, अर्थात् शरीर भाव से पृथक् होकर इस संपूर्ण अस्तित्व का आभास करना, उसका अनुभव करना ही अपरिग्रह है।

2. नियम : अष्टांग योग का दूसरा बिंदु है। इसके लिए आवश्यक है—शौच, संतोष, तप, स्वाध्याय, ईश्वर प्रणिधान। पहला नियम है—'शौच', अर्थात् शरीर और मन दोनों को शुद्ध रखना है। (जो साधक शरीर को नियमपूर्वक नित्य एवं निश्चित समय पर शुद्ध नहीं करता है, तब कहा जाएगा कि वह शौच को भंग कर रहा है) द्वितीय नियम है, संतोष, अर्थात् मन की पूर्ण संतुष्टि की स्थिति को ही संतोष कहा जाएगा। (जो साधक प्रारब्ध से मिली हुई वस्तुओं से असंतुष्ट रहकर सदा चिंतित, दुःखी व खिन्न रहता है, तब यह कहा जाएगा कि उसमें संतोष नहीं है), जिसको किसी भी प्रकार की परिस्थिति से विचलित न किया जा सके, उसे पूर्ण संतुष्ट कहा जा सकता है। तृतीय नियम है तप, इस स्थिति में भूख, प्यास, सर्दी, गरमी से परे होकर एक आसन पर बैठकर मौन होकर साधना करें। (जो साधक प्रतिकूलताओं को सहन नहीं कर पाता, तब कहा जाएगा कि वह तप नहीं करता है) चौथा नियम है स्वाध्याय, जो स्वधर्म को नहीं मानता, सत्य असत्य को, पाप और पुण्य को जानने के लिए अध्ययन नहीं करता, वह स्वाध्यायी नहीं है। उपनिषद् आदि शास्त्रों का पाठ करना स्वाध्याय कहा जाता है। पाँचवाँ नियम है ईश्वर प्रणिधान, अर्थात् अपने समस्त शुभ-अशुभ कर्मों को अपने गुरु अथवा इष्टदेव को अर्पण

कर देना और कर्म-फल का त्याग कर देना ही ईश्वर प्रणिधान कहलाता है।

3. आसन : अष्टांग योग का तृतीय बिंदु है। प्रतिदिन योगासनों को भी करना चाहिए। जो आसन अपने लिए सुलभ हो, उसमें बैठकर साधना करनी चाहिए।

4. प्राणायाम : प्रतिदिन साँस के माध्यम से प्राण को फैलाना और नियंत्रित करना। प्राणायाम का ध्यान में बैठने से पूर्व अत्यंत महत्त्व है। हमारे गुरुजी श्री चंद्रमोहनजी महाराज के अनुसार साँस के साथ शरीर शुद्धि भी प्राणायाम से होती है। उपयुक्त आसन की स्थिति में सीधे बैठना है और अपने दाहिने हाथ के अँगूठे से नाक का दाहिना स्वर बंद करना है और फिर नाक के बाएँ स्वर से धीरे-धीरे साँस खींचना है, जब पूरी तरह साँस खींच लें तो अपनी ठोड़ी को छाती से लगा दें तथा इस अवस्था में साँस को बाहर नहीं निकालना है, अपने इष्टदेव का ध्यान करें, मन को केंद्रित करें, इस अवस्था में मन का भटकाव नहीं होना चाहिए। जितनी देर साँस अंदर खींचने में लगी है, उससे दोगुने या तीन गुने समय तक साँस को अंदर रोकना है। इस अवस्था में गुदा-द्वार को अंदर की ओर सिकोड़ना (खींचना) है। इस अवस्था को 'मूलबंध' कहते हैं। इसके बाद दूसरे स्वर, अर्थात् दाईं नासिका से धीरे-धीरे साँस को बाहर छोड़ना है। साँस छोड़ने में अपने पेट को अंदर की ओर पूरा इस तरह सिकोड़ना है कि जैसे समस्त वायु शरीर से बाहर निकाल दी गई हो। इस अवस्था को उड्डियान बंध कहते हैं। इसके पश्चात् अब पुनः उसी प्रकार अपने दाहिने हाथ की बीच की उँगली से नासिका के बाएँ स्वर को बंद कर लें और जैसा कि ऊपर बताया गया है, उसी प्रकार दाहिने स्वर से साँस को खींचना है और ऊपर बताए गए अभ्यास को करना है। इस प्रक्रिया को ध्यान करने से पूर्व दो-तीन बार करना चाहिए। साँस खींचने को 'पूरक' कहते हैं, साँस को अंदर रोकने को 'कुंभक' कहते हैं और साँस को बाहर छोड़ने की प्रक्रिया को 'रेचक' कहते हैं, अर्थात् पूरक, कुंभक एवं रेचक की अवस्था में मूलबंध एवं उड्डियान बंध भी लगाना है। इस प्राणायाम को 'नाड़ी शोधन प्राणायाम' कहते हैं। प्राणायाम के पश्चात् ध्यान में एकाग्रता बढ़ने लगती है।

5. प्रत्याहार : योग में यह पाँचवाँ चरण है, जो प्राणायाम के पश्चात् आता है। ध्यान की ओर बढ़ने से ठीक पूर्व की स्थिति होती है। इस स्थिति में ज्ञानेंद्रियों के माध्यम से प्राप्त हो रही बाहरी सूचनाओं पर प्रतिबंध लगाना है और सभी ओर से अपने मन को खींचकर स्वयं के अंदर प्रवेश करना है। बारीकी से विचार करें तो ध्यान एवं प्रत्याहार में थोड़ा सा ही अंतर है।

6. धारणा : प्रत्याहार के पश्चात् किसी वस्तु-विशेष अथवा ईश्वर के साकार स्वरूप की धारणा करना। सामान्यतः हमारा मन बहिर्मुखी है और बाहर की दुनिया के बारे में सोचता रहता है। पतंजलि के अनुसार शारीरिक इंद्रियों का अपने से संपर्क छोड़ने को प्रत्याहार कहा जाएगा, परंतु ध्यान अंतर्यात्रा है और इस कारण ध्यान के लिए पहले

धारणा करनी होगी, परंतु मेरा स्वयं का अनुभव यह है कि जब प्रत्याहार में हम बाहरी दुनिया से परे होकर शून्य में चले जाते हैं तो फिर धारणा का कोई औचित्य नहीं है, क्योंकि धारणा में आपको कोई साकार स्वरूप, चाहे ईश्वर का स्वरूप हो, चाहे अपने गुरु का स्वरूप हो और चाहे किसी वस्तु का स्वरूप हो, तब ऐसी स्थिति में जब हम साकार स्वरूप की धारणा करेंगे तो हमें भी अपने साकार देह का भी ध्यान रखना होगा। मेरी दृष्टि में यह ध्यान और समाधि के रास्ते का रोड़ा होगा। ध्यान की स्थिति में निराकार भाव के साथ अपने गुरुमंत्र का जाप करना होगा और निराकार का आभास करने के लिए स्वयं को भी निराकार के रूप में अनुभव करना होगा। ऐसा कभी नहीं हो सकता कि निराकार का तो हम आभास करें और स्वयं को साकार देह मानते रहें, जब तक आप अपने को साकार समझेंगे, तब तक आप निराकार के भाव में ध्यानस्थ नहीं हो सकते। हाँ, इतना अवश्य है कि ध्यान में मन लगा रहे और निराकार भाव में पहुँचने की आदत नहीं है तो धारणा से प्रारंभ किया जा सकता है।

7. ध्यान : हमारे गुरुजी योगीराज श्री चंद्रमोहनजी महाराज कहते हैं कि अंत में चित्त की अंतर्मुखी वृत्ति बनने लगती है। धारणा का अभ्यास तभी होता है, जब चित्त किसी एक लक्ष्य पर ठहरने लगे। धारणा कौन से स्थान पर करना है, इसके लिए अनेक मत हैं। नाभि चक्र अथवा हृदय अथवा आज्ञा चक्र पर चित्त को एकाग्र करना है।

जैसे भगवान् विष्णु हमारे हृदय स्थल में विराजमान हैं, इसकी कल्पना दृढ़ता के साथ करनी है। किसी भी अभ्यास को प्रारंभ करने के साथ उसके परिणाम की प्रतीक्षा नहीं करनी है। समाधि की स्थिति में जीवात्मा एवं परमात्मा जब एक समान अवस्था में अनुभव होने लगें तो वह स्थिति समाधि की होती है।

8. समाधि : योगाभ्यास करनेवालों का अंतिम लक्ष्य समाधि में प्रवेश करना है। समाधि लगाई नहीं जाती और न ही की जाती है, बल्कि ध्यान की अंतिम स्टेज स्वतः ही समाधि में परिवर्तित हो जाती है। गुरुजी कहते है कि जिसमें 'मैं' और ईश्वर में भिन्नता समाप्त हो जाए, अर्थात् 'मैं' ईश्वर से भिन्न हूँ, ऐसी वृत्ति समाप्त जब हो जाए तो वह स्थिति समाधि की होने लगती है। उपनिषदों में समाधि के संदर्भ में कहा गया है 'समाधिः समतावस्था जीवात्मा परमात्मनः', अर्थात् जीवात्मा और परमात्मा के अभेद ज्ञान को 'समाधि' कहते हैं। पतंजलि महाराज ने संप्रज्ञात एवं असंप्रज्ञात के नाम से दो समाधि की स्थितियाँ बताई हैं। संप्रज्ञात समाधि में साधक प्रकृति पर पूर्ण रूप से विजय प्राप्त कर लेता है और इसके अभ्यास के पश्चात् आत्मसाक्षात्कार करते हुए असंप्रज्ञात समाधि की स्थिति में पहुँच जाता है।

भारतीय योग संस्थान (ए.डी. 24 शालीमार बाग, दिल्ली से प्रकाशित) के लेखक डॉ. विश्वनाथ प्रसाद सिन्हा की पुस्तक 'ध्यान योग' के पृ. 19 पर उन्होंने उल्लेख किया

है कि चार तरह की तरंगें, अल्फा, बीटा, थीटा और डेल्टा नाम की तरंगें मस्तिष्क में पाई जाती हैं।

- **अल्फा तरंग :** तब उठती है, जब मस्तिष्क शांत, निष्क्रिय, तटस्थ और तनावरहित होता है। यह प्रति सेकंड 8 से 13 आवृत्ति करती है। ध्यानावस्थित योगियों पर परीक्षण करने पर पाया गया है कि उनके मस्तिष्क की यही अल्फा तरंगवाली स्थिति होती है। साधारण आदमी में भी जब यह तरंग उठती है तो एक तरह की शांति और आनंद का अनुभव कराती है। इस प्रकार जिस व्यक्ति का मन शांत है, द्वंद्व में नहीं है, प्रसन्नचित रहता है, तब यह अनुमान लगाया जा सकता है कि अल्फा तरंग प्रवाहित हो रही है। जो लोग नियमित रूप से प्राणायाम करते हैं, शांत होकर ध्यान में बैठते हैं, वे अपने जीवन में तटस्थ व तनावरहित रहते हैं।
- **बीटा तरंग :** (प्रति सेकंड 14 या उससे अधिक आवृत्ति) का उदय तब होता है, जब आदमी दत्त-चित्त होकर किसी काम में मशगूल होता है, जैसे जोड़ना, हिसाब लगाना या कोई गुत्थी सुलझाना, यह सक्रिय दिमाग की स्थिति है। इससे प्रकट होता है कि बीटा तरंग का संबंध कर्म से है। यह अनुभव करने योग्य है कि जब हम किसी कार्य के करने में मन को केंद्रित करते हुए लीन हो जाते हैं तो उस कार्य के सफल होने की संभावनाएँ बढ़ जाती है। व्यवहारिक जीवन के कर्मक्षेत्र में बीटा तरंग की महत्त्वपूर्ण भूमिका है।
- **थीटा तरंग :** प्रति सेकंड 4 से 6 आवृत्ति। नींद से पूर्व या अर्धनिद्रित अवस्था में उठती है। कुछ लोगों को नींद नहीं आने की समस्या रहती है और इसका कारण उनमें थीटा तरंग के उत्पन्न होने की कमी होना है।
- **डेल्टा तरंग :** प्रति सेकंड 1 से 6 आवृत्ति। नींद की अवस्था में उठती है। जागृत अवस्था में कदाचित् कम उठती हो।

स्वचिंतन : ***मेरे जन्म की जगह, स्वरूप, अवस्था का चयन तो प्रभु ने ही किया था, मेरे वश में तो यह भी नहीं था। मैं तो उनके दिए गए कार्य की पूर्णता हेतु कर्म कर रहा हूँ। सफलता मिले तो प्रभु के जिम्मे, असफलता मिले तो भी उन्हीं के जिम्मे। सम्मान मिला तो प्रभु को मिला। अपमान हुआ तो प्रभु का हुआ। मैं तो एक यंत्र के समान हूँ और प्रभु द्वारा संचालित हूँ।***

□

36

अच्छे होने के श्रेय के पीछे बुरे का अस्तित्व

समाज का प्रत्येक व्यक्ति स्वयं अपने आप में अत्यंत महत्त्वपूर्ण इकाई है और अन्य दूसरे व्यक्ति के लिए भी वह उतना ही महत्त्वपूर्ण है, जितना कि वह स्वयं के लिए है। किन्हीं दो व्यक्तियों के मध्य अंतर का आकलन करते समय उनमें से किसी एक को उसके अच्छे होने का श्रेय तभी दिया जा सकता है, जबकि उसके मुकाबले अन्य कोई दूसरा बुरा है। अच्छा और बुरा, ये दो शब्द और विशेषण एक-दूसरे के पूरक हैं। कोई अच्छा तभी है, जबकि कोई अन्य बुरा है। यदि सभी लोग अच्छे होते तो उनमें से किसी को भी अच्छे शब्द के विशेषण से अलंकृत नहीं किया जा सकता था। अमीरों की महिमा निर्धनों के कारण है, कोई यदि यह कहता है कि वह अमीर है तो उसका जवाब भी यही है कि उसे अमीर इसीलिए कहा जाता है कि उसकी तुलना में अन्य लोग गरीब हैं, अर्थात् उसके अमीर होने की प्रसिद्धि में निर्धनों का सहयोग है। विद्वानों की महिमा नासमझ लोगों के कारण है, अर्थात् उसकी विद्वत्ता के ओहदे में नासमझ लोगों का सहयोग है। यह ठीक उसी तरह है कि दिन और रात एक-दूसरे से अलग नहीं हैं, बल्कि एक ही सिक्के के दो पहलू है। यदि रात नहीं होती, तो 'दिन' को दिन नहीं कहा जा सकता था। दिन का अस्तित्व तभी है, जब रात का अस्तित्व है।

इसी विषय पर स्वामी विवेकानंदजी ने अच्छे आदमी और बुरे आदमी के भेद का विश्लेषण बड़ी स्पष्टता से किया है। उनका कहना है कि चोर, डकैत, अन्यायी इस कारण से हैं, क्योंकि उनके वश में अच्छा बनना नहीं है। प्रत्येक मनुष्य की ओर बड़े आदर की दृष्टि से देखना चाहिए, जब तक हम मुक्त नहीं होते हैं, तब तक यंत्र के सिवाय और क्या हैं? यहाँ विवेकानंदजी का कहना यही है कि मनुष्य को अपने चिंतन में मुक्त होकर रहना चाहिए। यदि हम किन्हीं भी प्रतिबद्धताओं में जकड़े हुए हैं तो हम मुक्त कैसे हो सकते हैं? हम अच्छे हैं, इसका कारण यही है कि हमारी अपेक्षा समाज में कुछ बुरे लोग हैं और अच्छे होने की सोच का हमें अभिमान नहीं करना चाहिए, बल्कि चिंतन यह होना चाहिए कि हम अच्छे इसलिए हैं, क्योंकि हम इससे अन्यथा नहीं हो सकते।

दूसरा व्यक्ति बुरा इसलिए है, क्योंकि अच्छा होना उसके वश में नहीं है, अगर उस बुरे मनुष्य की जगह हम होते तो हो सकता है कि हम भी बुरे हो जाते।

विवेकानंदजी कहते हैं कि एक दुराचारी स्त्री को इसलिए दुत्कारा जाता है, क्योंकि समाज ऐसा चाहता है। यह कैसी सोच है? क्या हमें यह नहीं सोचना चाहिए कि उस दुराचारी स्त्री के बदचलन के कारण ही अन्य दूसरी स्त्रियों का सतीत्व सुरक्षित रहा है। विषय की इस गंभीरता पर क्या हमें विचार नहीं करना चाहिए? ईसा मसीह को इसलिए सूली पर चढ़ाया गया, क्योंकि उन्होंने कहा था, "तुम अच्छे बनो।" विवेकानंदजी ने देवरूपी तथा दानवरूपी मनुष्य, दोनों को ही आराध्य माना है। विवेकानंदजी कहते हैं कि "अच्छे और साधु पुरुषों को मेरा प्रणाम है और बदमाश व शैतानों को भी मेरा प्रणाम।"

इस चिंतन में विचारणीय यह है कि अधिकांश मनुष्यों में अज्ञान है और इसीलिए हमें ज्ञानी होना कहा जाता है। यदि सभी ओर सभी में ज्ञान का साम्राज्य होता, सभी ज्ञानी हो जाएँ, अज्ञान कहीं भी नहीं हो तो हमारे ज्ञान का कोई मूल्य ही नहीं रहेगा। कुछ लोग चोर, उचक्के, बदमाश हैं, इसीलिए तो हम अच्छे हैं। यदि सभी मनुष्य अच्छे हो जाएँ तो हमारे अच्छे होने का मूल्य ही नहीं रहेगा। क्या यह कहना सही नहीं होगा कि हमारे अच्छे होने का श्रेय बुरे लोगों को है, अर्थात् बुरे के कारण अच्छे होने का मान है। इसलिए हम उन बुरे लोगों को भी प्रणाम करते हैं, जिनके कारण हमें अच्छे होने से अंलकृत किया गया। इसी बात को दूसरी तरह से और समझते हैं—भगवान् श्रीराम चौदह वर्षों के लिए वन को क्यों गए? पौराणिक कथा है कि उनके पिता महाराज दशरथ से पत्नी कैकयी ने श्रीराम को वन जाने का निर्देश देने को कहा था। कैकयी के मन में भी यह सोच उसकी दासी मंथरा ने भरी थी। यदि श्रीराम वन को नहीं जाते अथवा सबकुछ सामान्य ही चलता रहता तो आज युगों-युगों से राम 'भगवान् श्रीराम' नहीं बन पाते। राम यदि वन को नहीं जाते तो क्या हनुमानजी उन्हें मिल पाते? क्या रावण मर पाता? अर्थात् 'राम' होने का श्रेय क्या कैकयी और मंथरा को नहीं मिलना चाहिए?

स्वचिंतन : ***संघर्ष व कठिनाइयों को पार कर प्राप्त हुई उपलब्धि की जड़ें गहरी होती हैं।***

□

37

विवेकानंदजी का ज्ञानवर्धक संदेश

(**नोट** : 'आत्मानुभूति तथा उसके मार्ग' अमेरिका में दिए 7 भाषणों का संग्रह, पंचम संस्करण, सन् 1962 प्रकाशित श्री रामकृष्ण आश्रम, धंतोली नागपुर) यह लेख स्वामी विवेकानंदजी की उक्त पुस्तक के उद्धरण पर आधारित है।

विवेकानंदजी ने कहा है—"इच्छाशक्ति ही सबसे अधिक बलवती है। इसके सामने हर एक वस्तु झुक सकती है, क्योंकि वह ईश्वर और स्वयं ईश्वर से ही आती है, पवित्र और दृढ़ इच्छाशक्ति सर्वशक्तिमान है। क्या तुम इसमें विश्वास करते हो?"

विवेकानंदजी ने इच्छाशक्ति के महत्त्व का सूत्र प्रकट किया है। उदाहरणार्थ प्रश्न यह है कि मैं स्वस्थ कैसे रहूँ? चिकित्सक एवं जीव-विज्ञान में ही आस्था रखनेवाले तो यही कहेंगे कि हृदय की धड़कन, रक्तचाप, मस्तिष्क व शरीर के समस्त अंग सही व उचित रूप में कार्य कर रहे हैं, इसी कारण आप स्वस्थ हैं। भौतिक शरीर के स्तर पर यह चिंतन उचित व ठीक भी है। हमारे भौतिक शरीर पर सबसे ज्यादा नियंत्रण हमारे मन का होता है। 'मेरी धारणा', 'मेरा चिंतन', 'मेरी सोच', 'मेरी स्वयं की इच्छा' का प्रभाव हमारे भौतिक शरीर पर पड़ता है। मेरी इच्छा है कि मैं स्वस्थ रहूँ, जीवित रहूँ, शरीर के समस्त अंग पूर्णत: स्वस्थ होकर कार्य करते रहें, परंतु उक्त प्रकार की इच्छा जितनी प्रबल व सकारात्मक होगी, उतने ही हमारे स्वस्थ रहने की संभावनाएँ निर्मित होने लगेंगी। ठीक इसके विपरीत यदि भ्रमपूर्ण व नकारात्मक इच्छाएँ पनप रही हैं, जैसे—'मैं स्वस्थ नहीं हूँ, न ही स्वस्थ हो सकता हूँ, मैं रक्तचाप से पीड़ित हूँ और अब स्वस्थ व सामान्य होना संभव नहीं होगा,' आदि-आदि बीमारियों की नकारात्मक एवं स्वस्थ नहीं हो पाने की सोच मन के अंदर जितनी पनपने लगेगी तो स्वस्थ होने की संभावनाएँ क्षीण होती जाएँगी और उसका परिणाम यह होगा कि किन्हीं बीमारियों के कारण से होनेवाले इलाज और दवाइयों का प्रभाव भी क्षीण होता जाएगा एवं व्यक्ति बीमार होता रहेगा, अत: प्रश्नवाचक निष्कर्ष यह है कि इच्छाशक्ति स्वस्थ होने की है या बीमार बने रहने की?

अब प्रश्न यह है कि 'मैं जीवित क्यों हूँ?' सीधा-सा जवाब है कि 'विल टू लिव'।

मनुष्य में जीने की इच्छा है और इसलिए वह जीवित है। जीवन जीने की इच्छा के कारण ही हम जीवित हैं। हम जीना चाहते हैं। हमें अधिक-से-अधिक लंबा व स्वस्थ जीवन जीने की इच्छा है। निश्चित ही यह जीवन के प्रति सकारात्मक सोच है। हमारे जीवन का आधार ही यही है कि हमें जीवित रहने की इच्छा है। हम स्वस्थ जीवन जीना चाहते हैं और इसलिए हम स्वस्थ रह पाएँगे।

विवेकानंदजी कहते हैं—"बुराइयों के और भय के बीच कहो—'मेरे प्रभु, मेरे प्रियतम!' मृत्यु की मंत्रणा में कहो, 'मेरे प्रभु, मेरे प्रियतम!' संसार की समस्त विपत्तियों में भी कहो, 'मेरे प्रभु, मेरे प्रियतम! तू कहाँ है, मैं तुझे देखता हूँ। तू मेरे साथ है, मैं तुझे अनुभव करता हूँ। मैं तेरा हूँ, मुझे तेरा सहारा है। मैं संसार का नहीं, पर केवल तेरा हूँ, तू मुझे मत त्याग।' "

विवेकानंदजी कहते हैं—"हीरों की खान को छोड़कर काँच की मणियों के पीछे मत दौड़ो। यह जीवन एक अमूल्य सुयोग है। क्या तुम सांसारिक सुखों को खोज रहे हो? प्रभु ही समस्त सुखों के दाता हैं। उसी उच्चतम को खोजो, उसी को अपना लक्ष्य बनाओ और तुम अवश्य उसे प्राप्त करोगे।"

स्वामी विवेकानंदजी ने कहा है कि यदि मनुष्य अद्वितीय चैतन्यमय सत्ता के साथ तादात्म्य कर सके तो वह ईश्वर को आभासित कर सकता है। इसलिए चैतन्य ज्ञान कर लेना परमावश्यक है। उन्होंने कहा है कि अँधेरे में एक अनंत रेखा है, उस पर एक तेजोमय बिंदु है, जो गतिमान है, जैसे ही वह बिंदु आगे बढ़ता है, वैसे-वैसे वह विभिन्न मार्गों पर प्रकाश डालता है और जो हिस्से पिछड़ते जाते हैं, वे फिर से अँधेरे में डूब जाते हैं। हमारी चेतनावस्था को भी ठीक इस प्रकाशमानय बिंदु की उपमा दी जा सकती है।

मैं (लेखक) निश्चयात्मक रूप से यह कहता हूँ कि विवेकानंदजी के इस कथन का अनुभव वे साधक करते होंगे, जो ध्यानावस्था में एकाग्रचित्त होकर उस स्थिति में पहुँच जाते हैं, जब उन्हें प्रकाश पुंज दिखता है और यह स्थिति यदा-कदा आँखें बंद किए हुए रात्रि में सोते वक्त अथवा सुबह उठने के पूर्व बंद आँखों में इस प्रकार के प्रकाश पुंज के दर्शन होते हैं। एक अति सूक्ष्म बिंदु प्रकाशमय दिखता है, जो शनैः-शनैः आकार में बढ़ता हुआ अत्यधिक प्रकाशमय हो जाता है और फिर बड़ी तेजी से आगे की ओर बढ़ता हुआ एक सुरंग में चलता चला जाता है।

विवेकानंदजी ने तत्त्वज्ञानी बनने की निम्नांकित सीढ़ियाँ बताई हैं—

1. शम और दम : ज्ञान योग का अधिकारी बनने के लिए मनुष्य को पहले 'शम' और 'दम' में अपनी गति कर लेनी चाहिए। इंद्रियों को उनके केंद्र में स्थिर करने को 'शम कहते हैं और उनके बहिर्मुख न होने देने का नाम 'दम' हैं। 'आँखें', दर्शनेंद्रिय नहीं है, बल्कि ये तो केवल देखने का साधन मात्र हैं। दर्शनेंद्रिय यदि न हों तो आँखें होने पर

भी देखा नहीं जा सकता है। दर्शनेंद्रिय तो आँखों के अंदर वह एक पट है, जहाँ दृश्य प्रकट हो रहा है। आँखें होने पर भी वहाँ यदि मन उस समय देखने की स्थिति में नहीं है तो भी देखा नहीं जा सकता, अत: देखने के लिए तीन चीजों की आवश्यकता है—आँखें, दर्शनेंद्रिय व मन। तब कह सकते हैं कि दिख रहा है।

2. **तितिक्षा** : 'तितिक्षा' का अर्थ है किसी भी बाहरी परिस्थिति से प्रतिक्रियावश प्रभावित नहीं होना। दु:ख आता है, आने दो। यदि कोई मनुष्य मुझे कड़ी बात सुना दे और फिर भी मैं उसका तिरस्कार नहीं करूँ, इसी को तितिक्षा की अवस्था कहा जाएगा, परंतु बाहरी परिस्थिति से प्रतिक्रियावश शायद उसे प्रत्युत्तर भी न दूँ और बाहर क्रोध भी न करूँ, लेकिन मेरे मन में उसके प्रति तिरस्कार और गुस्सा मौजूद रह सकता है। हो सकता है, उस मनुष्य के बारे में मन-ही-मन अत्यंत बुरा सोचता रहूँ, तब इसे तितिक्षा की अवस्था नहीं कह सकते। मन में न तो गुस्सा आना चाहिए और न ही तिरस्कार। तिरस्कार की भावना आनी ही नहीं चाहिए। 'मैं शांत रहूँ कि जैसे कोई बात ही नहीं हुई हो, जब मैं ऐसी स्थिति में पहुँच जाऊँ, तब समझो कि मैंने तितिक्षा सीखी।'

विवेकानंदजी के द्वारा बताई गई तितिक्षा के विषय पर मेरे मन में एक प्रश्न उठा—'यदि किसी ने मेरे साथ बुरा किया है, तब क्या करूँ ?' इसका जवाब भी मुझसे ही मेरे लिए यह है कि प्रथमत: हम प्रतिक्रिया में न रहें। अधिकांशत: लोग प्रतिक्रिया में ही रहते हैं। प्रतिक्रिया का परिणाम प्रतिक्रिया ही होता है। उक्त सूत्र तत्त्व ज्ञानी होने के लिए है, लेकिन व्यवहरिक जीवन में भी हमें प्रतिक्रिया से बचने का प्रयास करना चाहिए। यदि किसी ने मेरे साथ दुर्व्यवहार किया है और प्रतिक्रियावश हम भी उसके साथ दुर्व्यवहार करें तो इसका तात्पर्य तो यही होगा कि हमने उसे महत्त्वपूर्ण मान लिया है।

मैं दो प्रकार से स्पष्ट करता हूँ, जैसे ही हमें कुछ होने का भाव प्रकट हुआ तो यह 'अहम्' को प्रदर्शित करता है। सामान्यतया स्वत: 'अहम्' का रूपांतरण हो गया। मैं कुछ हूँ, अर्थात् 'कुछ होने' के भाव ने मेरे अंदर जन्म लिया है और इसी के साथ 'अहम्' के एक स्वरूप ने भी मेरे अंदर अपना रूप धारण कर लिया, जैसे-जैसे हम कुछ और विशिष्ट होने के भाव में क्षमतावान होते जाते हैं, वैसे-वैसे हमारे अंदर प्रतिक्रिया का रूपांतरण होने लगता है, जैसे मैं ज्ञानी हूँ, मैं आध्यात्मिक हूँ, मैं लोकप्रिय हूँ या मैं वह हूँ, जो सामनेवाला नहीं है। इस प्रकार के धारण किए हुए भाव में व्यक्ति समग्र से पृथक् हो जाता है और इस पृथकता के भाव में वह स्वयं को अन्य से विशिष्ट समझने लगता है। कहने का तात्पर्य यह है कि यह भी अप्रत्यक्ष रूप से अन्य को तिरस्कृत करने का स्वरूप ही है।

3. **उपरति** : भाग्य विषयों का चिंतन नहीं करना उपरति है। यदि वेदांती बनना है, तो उपरति की आदत बनानी होगी।

4. श्रद्धा : मनुष्य के अंदर धर्म और परमेश्वर के प्रति अटूट श्रद्धा होनी चाहिए, जब तक उसमें ऐसी श्रद्धा नहीं होती, तब तक वह 'ज्ञानी' होने की आकांक्षा नहीं कर सकता। मनुष्य सचमुच यह विश्वास करे कि परमेश्वर असीम आनंद की खान है और वह उस खान तक पहुँच सकता है। ईश्वर में अटूट विश्वास और उसके फलस्वरूप, उन्हें पाने की तीव्र उत्सुकता का ही नाम श्रद्धा है।

5. समाधान : परमेश्वर में अपने चित्त को निरंतर स्थापित करने का अभ्यास, समाधान है। धर्म ऐसी वस्तु नहीं है कि दवा की एक गोली के समान निगल ली जाए। इसके लिए लगातार कड़े अभ्यास से मन काबू में लाया जा सकता है।

6. मुमुक्षुत्व : अर्थात् मुक्त होने की उत्कट अभिलाषा। 'अर्नोल्ड' की 'लाइट ऑफ एशिया' नामक पुस्तक में लेख है कि भगवान् बुद्ध ने कहा है कि "अपने दुःखों के पैदा करनेवाले तुम स्वयं ही हो, इस हेतु तुम्हें कोई बाध्य नहीं करता। तुमसे ऐसा भी कोई नहीं कहता कि तुम जीवित रहो अथवा न रहो। तुम क्यों अपने आप ही दुःख के चक्कर में पड़कर अनेक प्रकार के कष्टों का अनुभव करते हो?" विवेकानंदजी कहते हैं कि हम पर जो दुःख आते हैं, वे हमारे ही पसंद किए होते हैं। वे हमारे कर्मों के फल हैं। हमारा स्वभाव ही ऐसा बन गया है, जिसे इस प्रसंग से स्पष्ट किया जा सकता है—साठ साल तक जेल में बंद एक कैदी को जब नए बादशाह के राज्याभिषेक के उपलक्ष्य में जेल से छोड़ा गया तो वह चिल्ला उठा, "अब कहाँ जाऊँ मैं?" आगे बोला, "मैं तो कहीं नहीं जा सकता। मुझे तो उसी कोठरी में चूहों के पास जाने दो। मैं यह उजाला नहीं सह सकता।" फिर उसने प्रार्थना की—"या तो मुझे मार डालो या फिर जेल में ही भेज दो।" उसकी प्रार्थना के अनुसार उसे फिर बंद कर दिया गया। इसी प्रकार सब मनुष्यों की हालत ऐसी ही है। चाहे कोई दुःख हो, उसे पकड़ने के लिए हम जी-तोड़ कर दौड़ लगाते हैं और उससे छुटकारा पाने को बिल्कुल तैयार नहीं हैं।

7. नित्यानित्य विवेक : अर्थात् यह भेद करना कि सत्य क्या है और मिथ्या क्या है? चिरंतन क्या है और नाश्वर क्या है? केवल परमेश्वर ही शाश्वत है और बाकी सब नाश्वर है। देवदूत, मनुष्य, पशु, पृथ्वी, सूर्य, चंद्र, तारे, सभी नष्ट होनेवाले हैं, सभी का विनाश अवश्यंभावी है। सारा विश्व ही एक परिवर्तनशील पिंड है। एकमात्र परमात्मा ही है, हम उनके जितने अधिक समीप जाएँगे, उतना ही कम हममें परिवर्तन या विकार होगा।

स्वामी विवेकानंद

विश्व-मानवता की झनकार का उद्भव होगा, सभी मनुष्य परमात्मा की संतान और आपस में भाई-भाई हैं, अखंड मानव जाति के घटक हैं।

□

38

वैष्णव संप्रदाय में जाति-भेद नहीं है

जाति-भेद एक गंभीर समस्या है। यह अनुभव किया जा रहा है कि जाति-भेद की भावना में दूसरी भिन्न जाति के प्रति वैमनस्यता, ईर्ष्या, दुर्भावनारूपी बीमारी फैल रही है। जातिगत सम्मेलनों में अपने स्वयं के सजातीय उत्थान और विकास पर चर्चाएँ कम होती हैं और दूसरी भिन्न जाति के प्रति विषवमन अधिक होता दिख रहा है, सिर्फ अपनी ही जाति को फायदा पहुँचाने की नीति में अप्रत्यक्ष रूप से दूसरी जाति को नुकसान पहुँचाने का भाव भी समाहित है। भारत में कुछ लोग जाति-भेद की कटुता को जीवंत बनाए रखना चाहते हैं। कुछ नकारात्मक लोग समग्र हिंदू समाज में दलित और आदिवासी वर्ग के नाम पर षड्यंत्रपूर्वक फूट डालने का प्रयास करते रहते हैं। इस कारण द्वेष एवं ईर्ष्या के साथ-साथ जातिगत वैमनस्यता का विकराल स्वरूप प्रकट होने की आशंका है। ऐतिहासिक घटनाएँ साक्षी हैं कि दलित और आदिवासी वर्ग को जाति के आधार पर अलग करने का कार्य कुछ बलशाली, उग्र, उच्चजाति के लोगों ने भी किया है। इस कार्य में धार्मिक पुराणों के प्रसंगों का भी सहारा लेकर वृहद हिंदू समाज में जाति-भेद को उजागर किया गया है, जबकि इस ओर ध्यान ही नहीं दिया गया कि जाति-भेद मनुष्य के कर्म पर आधारित है।

ऐसी मान्यता रही है कि ब्राह्मण के सिवाय किसी अन्य जातिवाले को मोक्ष नहीं मिल सकता। मोक्ष की प्राप्ति हेतु जो सिद्धांत ब्राह्मणों तक सीमित कर दिए गए थे, बुद्ध ने इस धारणा में परिवर्तन किया और कहा हैं कि जो ब्राह्मण अपने वर्ण के आधार पर कर्म नहीं करता है, वह न तो आदर योग्य है और न ही उसे मोक्ष मिल सकता है। यदि दूसरे वर्ण का कोई व्यक्ति सच्चे ब्राह्मण के निर्धारित कर्म करे तो उसे ब्राह्मण समझना चाहिए। हमारे शास्त्रों में ऐसे भी प्रसंग हैं कि जन्म के आधार पर जाति-भेद को मान्यता नहीं देने चाहिए, बल्कि मनुष्य के कर्म के आधार पर भेद किया जा सकता है। विषय पर चर्चा करने में यहाँ कर्म से तात्पर्य मानसिक रूप से किए जा रहे भौतिक कर्म। आध्यात्मिक व सामाजिक विषय के संदर्भ में कर्म का तात्पर्य सदाचरण, सत्कर्म, सत्यवादी से है एवं

दुष्कर्म का तात्पर्य कदाचरण, कुकर्म, असत्य के आचरण में ही विभाजित किया जा सकता है, अर्थात् शूद्र व सवर्ण को हम जन्म के आधार पर विभाजित नहीं कर सकते, बल्कि उसके कर्म के आधार पर ही कर सकते हैं। कर्म से तात्पर्य यह कतई नहीं है कि सफाई करनेवाला व्यक्ति नीच कर्म का हो और सिंहासन पर बैठनेवाला उच्चकर्मवाला हो। यहाँ मैं ऐसे कुछ उद्धरण उल्लिखित करना चाहता हूँ, जिनसे यह स्पष्ट होगा कि हमारे पुराणों में जातिगत भेदभाव को मान्यता नहीं दी गई है, अर्थात् शूद्र व सवर्ण को हम जन्म के आधार पर विभाजित नहीं कर सकते, बल्कि उसके कर्म के आधार पर ही कर सकते हैं।

वैष्णव की महत्ता—

ब्रह्मवैवर्त ब्रह्म 11/39, 44 का उल्लेख, गीताप्रेस गोरखपुर से प्रकाशित कल्याण का अंक 'परलोक और पुनर्जन्मांक' के तेरहवों पुनर्मुद्रण के पृ. 483 पर वैष्णव की महत्ता बताई गई है—

अवैष्णवाद् द्विजाद्विप्र चाण्डालो वैष्णवो वरः।
सगणः श्वपचो मुक्तो ब्राह्मणो नरकं व्रजेत्॥
ध्यायन्ते वैष्णवाः शश्वद् गोविन्दपादपंग्कजम्।
ध्यायते तांश्व गोविन्दः शश्वत्तेषां च संनिधौ॥

अर्थात् जो ब्राह्मण वैष्णव नहीं है, उनसे वैष्णव चांडाल अधिक श्रेष्ठ है, क्योंकि वैष्णव चांडाल संसार बंधन से मुक्त हो जाता है, जबकि अवैष्णव ब्राह्मण मोह, माया एवं सांसारिक इच्छाओं में आसक्त होकर अपनी इच्छापूर्ति में लगा रहता है और ईश्वर में उसका कोई विश्वास व आस्था नहीं रहती है, परिणामतः अवैष्णव ब्राह्मण नरक में ही पड़ा रहता है। वैष्णव सदा गोविंद के चरण कमलों में ध्यान रखते हैं और भगवान् गोविंद भी सदा वैष्णवों के समीप रहकर उनका ध्यान रखते हैं। यह विषय वैष्णव और अवैष्णव के मध्य का है और जाति-भेद का कोई भी स्थान इस संदर्भ में नहीं है। वैष्णव के उक्त सूत्र के आधार पर तो वर्तमान में सामाजिक व व्यवहारिक स्तर पर यह प्रकट होता है कि मोह, माया व अपनी इच्छापूर्ति से विरक्त होकर सांसारिक इच्छाओं में आसक्त नहीं रहनेवाले और पूर्णतः ईश्वर में विश्वास व आस्था रखनेवाले कदाचित् बहुत ही कम होंगे।

यहाँ उक्त सूत्र के माध्यम से यह स्पष्ट किया गया है कि मनुष्य का आचार-विचार, उसकी धारणा यदि नीच प्रकृति की है तो भले ही उसने ब्राह्मण कुल में जन्म लिया हो, उसे श्रेष्ठ नहीं माना जा सकता, परंतु इसके विपरीत नीचे कुल में अथवा तथाकथित रूप से नीची जाति में भले ही किसी ने जन्म लिया हो, लेकिन यदि वह सदाचरण, सत्यवादी, सत्कर्मी है, भगवान् की भक्ति में सराबोर है, अपना ध्यान भगवान् की भक्ति में ही लगाए रहता है, ईश्वर के प्रति आस्थावान है, वह कभी भी दुष्ट व

पापकर्मी नहीं होगा। ऐसा व्यक्ति नीचे कुल में जन्म लेने पर भी ऊँचे कुल से भी श्रेष्ठ माना जाएगा। उक्त सूत्र जातिगत भावना से परे होकर वैष्णव होने के महत्त्व से परिपूर्ण है। यहाँ यह भी कहना अनुचित नहीं होगा कि जो व्यक्ति ईश्वर के प्रति अटूट आस्थावान होगा, उसका सांसारिक इच्छाओं से मोहभंग हो ही जाएगा। वर्तमान युग में जन्म एवं जाति के आधार पर जो भेदभाव रखनेवाले व्यक्तियों, चाहे वे किसी भी जाति अथवा वर्ण के हों, यह सूत्र उनके लिए जवाब है। वैष्णव से तात्पर्य है, विष्णु भगवान् और उनके अवतार के भक्त होना। वैष्णव संप्रदाय के लोग ईश्वर के साकार स्वरूप को मानते हैं और उनकी साकार उपासना करते हैं।

श्रीमद्भगवतगीता में श्रीकृष्ण ने कहा है—

चातुर्वर्ण्यम् मया सृष्टं गुणकर्मविभागश: ।
तस्य कर्तारमपि माँ विद्धियकर्तारमव्ययम् ॥ 4/13 ॥

अर्थात् कृष्ण कहते हैं कि गुण और कर्म के अनुसार चार वर्ण (ब्राह्मण, क्षत्रिय, वैश्य और शूद्र) मेरे द्वारा ही रचे गए हैं। इस श्लोक के माध्यम से उन्होंने यह संदेश दिया है कि इन चार वर्णों का विभाजन करने में किसी भी प्रकार का स्वार्थ अथवा रुचि निहित नहीं रही है, अर्थात् जाति-भेद में उनकी स्वयं की कोई रुचि नहीं रही है और इस हेतु कोई लाभ भी नहीं देखा है। मनुष्य अपने-अपने वर्ण के अनुसार अपना-अपना कर्म करे। यहाँ कृष्ण ने जाति-भेद नहीं किया है, बल्कि वर्ण-भेद किया है, अर्थात् कर्म के अनुसार वर्गीकरण। स्पष्ट है कि जो जैसा कर्म कर रहा है, उसी से मनुष्य का वर्ण निर्धारित होगा। जन्म के आधार पर जाति निर्धारित नहीं होगी, बल्कि कर्म के आधार पर वर्ण निर्धारित होगा।

जन्म के आधार पर समाज में जातिगत व्यवस्था पर जो लोग विश्वास करते हैं, उनके लिए इस संदर्भ में विष्णु सहस्रनाम स्तोत्र के श्लोक 123 में कहा गया है—

वेदान्तगो ब्राह्मण: स्यात् क्षत्रियो विजयी भवेत्।
वैश्यो धनसमृद्ध: स्याच्छूद्र: सुखमवाप्नुयात॥

अर्थात् विष्णु सहस्रनाम का पाठ करने पर ब्राह्मण को वेदांत का ज्ञान होता है, क्षत्रिय विजय प्राप्त करता है, वैश्य को धन-समृद्धि प्राप्त होती है एवं शूद्र को सुख प्राप्त होता है। इस प्रकार विष्णु सहस्रनाम स्तोत्र का पाठ करने में किसी भी जाति-विशेष के लिए रोक नहीं है और चार जातियाँ विभाजित होते हुए भी प्रत्येक को पात्रता प्रदान की गई है कि वह विष्णु सहस्रनाम स्तोत्र का पाठ करे। विष्णु सहस्रनाम स्तोत्र के इस श्लोक में स्पष्टत: यह संदेश है कि जिस जाति का व्यक्ति इस स्रोत का पाठ करेगा, उसे उसी प्रकार परिणाम प्राप्त होगा। स्पष्ट है कि इस स्रोत का पाठ कोई भी कर सकता है, किसी भी जाति के व्यक्ति को पाठ करने से प्रतिबंधित नहीं किया जा सकता। इस प्रकार वैष्णव

मंदिरों में शूद्र के प्रवेश को प्रतिबंधित नहीं किया जा सकता।

अब यहाँ एक प्रश्न उठता है कि कोई व्यक्ति भले ही वैष्णव नहीं है, लेकिन वह शैव अथवा शाक्त का उपासक है तो क्या वह श्रेष्ठ नहीं है? शैव, अर्थात् भगवान् शिव का पूजक। शाक्त, अर्थात् शक्ति (देवी) का पूजक। ऐसा कहा जाता है कि आदिकाल से वैष्णव, शैव व शाक्त के मध्य अपने-अपने संप्रदाय के महत्त्व को बल दिया जाता रहा है। शैव कहते थे कि शिव पूजक सर्वाधिक श्रेष्ठ हैं एवं एकमात्र शिव ही ईश्वर हैं। वैष्णव, सिर्फ विष्णु भगवान् और उनके अवतारों को ही श्रेष्ठ बताते हुए एकमात्र ईश्वर मानते थे। शाक्त स्वयं को श्रेष्ठ मानते थे और कहते थे कि शक्ति के बिना सबकुछ अधूरा है, अर्थात् ये तीनों ईश्वर के सगुण उपासक होते हुए भी इनके अपने-अपने ईश्वर पृथक्-पृथक् थे और एक-दूसरे से तुलना करते हुए स्वयं को श्रेष्ठ बताकर लड़ते-झगड़ते भी थे। समय बदला और सभी ने यह मान लिया कि ईश्वर एक ही है। परब्रह्म परमात्मा तक पहुँचने के लिए चाहे विष्णु भगवान् की उपासना हो या शिव की उपासना अथवा शक्ति की उपासना करते हुए पहुँचा जाए, सबकुछ एक ही है। कहा भी जाता है कि शक्ति के बिना शिव भी शव के समान है। इस प्रकार ईमानदारी से आस्था, विश्वास, समर्पण और भक्ति के साथ ईश्वर के जिस स्वरूप की उपासना हो, व्यक्ति के अंदर सदाचरण एवं सत्कर्म निहित हो जाते हैं और व्यक्ति सद्मार्ग पर चलता है। भक्ति एवं उपासना वैष्णव, शैव अथवा शाक्त संप्रदाय की हो, श्रेष्ठता ही प्रदान करेगी। भगवान् शिव व देवी माता के मंदिरों में तो कभी भी, किसी भी प्रकार का जातिगत अथवा धार्मिक भेदभाव एवं प्रतिबंध नहीं रहा है। बदलते परिवेश में अब तो वैष्णव मंदिरों में भी जातिगत आधार पर प्रवेश एवं दर्शन हेतु भेदभाव नहीं है।

□

प्रश्नोत्तर

प्रश्न : सुख और आनंद में क्या अंतर है?

उत्तर : सामान्यतया हमने अपने मन को स्वपेक्षी होने की आदत बना रखी है। वांछित वस्तु और अनुकूल परिस्थिति होने पर हम सुख का आभास करते हैं और विपरीत स्थिति होने पर दु:खी होने लगते हैं, लेकिन आध्यात्मिक चिंतन का व्यक्ति अनुकूल और प्रतिकूल स्थिति से परे होकर रहता है, वह विपरीत परिस्थिति से प्रभावित नहीं होगा, प्रतिक्रिया में नहीं होगा। वह हमेशा आनंद में रहेगा। उसके आनंद का आभास किसी वस्तु या परिस्थिति का मोहताज नहीं रहता है। सुख या दु:ख अस्थायी व परिवर्तनशील है, लेकिन आनंद शाश्वत है।

प्रश्न : सामाजिक व गृहस्थ जीवन में हम सुख, संतुष्टि, शांति व आनंद कैसे प्राप्त करें?

उत्तर : इस हेतु आध्यात्मिक चिंतन ही एकमात्र रास्ता है। अध्यात्म का तात्पर्य किसी धर्म-विशेष से नहीं है, बल्कि व्यक्ति को निरपेक्ष भाव से निर्णय लेने का रास्ता दिखाता है। सामान्यतया यह कहा जाता है कि आध्यात्मिक क्षेत्र सिर्फ संत-महात्माओं और भक्ति के क्षेत्र से जुड़े व्यक्तियों के लिए है, परंतु यह त्रुटिपूर्ण सोच है। वस्तुत: जो भी व्यक्ति आध्यात्मिक चिंतन के स्वरूप को अंगीकार करेगा, वह जीवन में कभी भी कोई गलत कार्य नहीं कर सकता हैं। उसका प्रत्येक निर्णय निरपेक्ष व न्यायपूर्ण होगा और उससे उसे आंतरिक सुख एवं शांति प्राप्त होगी। आध्यात्मिक चिंतन का अभ्यास बाल अवस्था से कराना चाहिए।

प्रश्न : आध्यात्मिक चिंतन की प्रथम सीढ़ी क्या है?

उत्तर : संपूर्ण जीवन हम दूसरों के बारे में जानने का प्रयास करते रहते हैं, लेकिन हमें स्वयं का परिचय ही ज्ञात नहीं है। परिचय से तात्पर्य यह नहीं है कि स्वयं का नाम, पिता का नाम, योग्यता, जाति, धर्म, निवास की जानकारी हो। ये तो सिर्फ वे सूचनाएँ हैं, जिनका नामकरण कर दिया गया है। हम जीवन भर इन सूचनाओं और परिचय का प्रचार

प्रसार करते रहे हैं। इस पुस्तक में मैंने यह प्रयास किया है कि प्रत्येक व्यक्ति स्वयं का स्वयं से परिचय करने की प्रक्रिया समझ ले। कैसी विडंबना है कि हमें हमारे शिक्षणकाल में उस ज्ञान को परोसा ही नहीं गया, जो आनंद के आभास की राह बताता हो। प्रत्येक व्यक्ति का उद्‌देश्य आनंद में रहने का है। आनंद का आभास मन के माध्यम से होता है तो फिर पहले अपने मन को ही समझ लिया जाए कि अखिर यह क्या बला है और हमारे मन ने अपनी चालों से हमें चकरघिन्नी बनाकर रखा है।

प्रश्न : क्या इस पुस्तक को पढ़ने से हम शाश्वत रूप में आनंदित हो पाएँगे?

उत्तर : पुस्तक को यदि समाचार के रूप में फर्राटे से सरसरी तौर पर पढ़ोगे तो वह लाभ नहीं मिलेगा, जिस उद्‌देश्य हेतु यह पुस्तक लिखी गई है। पुस्तक के एक-एक विषय में डूबना होगा, उसके स्वाद को चखना होगा, ठहरना होगा, चिंतन करना होगा। उद्‌देश्य भले ही यह है कि आध्यात्मिक ज्ञान प्राप्त हो, लेकिन उससे भी ज्यादा महत्त्वपूर्ण है विषय-वस्तु को आभासित करना, अतः विषय-विशेष से संबंधित पूर्वग्रह से मुक्त होकर इस पुस्तक को पढ़ना होगा, अर्थात् मानसिक पटल पर यदि पूर्व से कोई धारणा निर्मित है तो उसे एक तरफ कर दें और निश्चिंत हो जाएँ, फिर चिंतन करें।

प्रश्न : मन के बारे में आपका क्या विचार है?

उत्तर : मनुष्य जीवन के संदर्भ में सबकुछ ईश्वर को ज्ञात है। कितनी श्वासें शेष हैं? कितना भोग व कर्मफल शेष है? कितना मान-सम्मान, अपमान शेष है? सबकुछ ईश्वर पर निर्भर है। ईश्वर ने केवल एक अधिकार मनुष्य को पूर्णतः स्वतंत्र रूप से उपयोग करने हेतु दिया है और वह है हमारा 'मन।' एक मन ही है, जिसका एकमात्र स्वामी मनुष्य है, जैसा चाहे, वैसा सोच ले। अच्छा सोचे अथवा बुरा, सकारात्मक सोचे या नकारात्मक, पुण्य का सोचे या पाप का। सोचते जाइए। मन पूर्णतः स्वतंत्र है, कोई संकोच नहीं, कोई बंधन नहीं, कोई अंकुश नहीं है, कोई रोक-टोक नहीं, कोई नियंत्रण लगानेवाला भी नहीं है। मन हमारा है और हम मन के हैं। प्रश्न यह है कि क्या हम 'मन' के स्वामी हैं या 'मन' हमारा स्वामी है? जिसने अपने 'मन' को नियंत्रण में कर लिया, जो अपने मन का स्वामी है, वह कभी गलत नहीं होगा, लेकिन ध्यान करना होगा कि **'मन'** ही कर्म और कर्म-फल का कारक है, अतः हमारा भविष्य, भाग्य, प्रारब्ध, सबकुछ हमारे ही हाथ में है।

प्रश्न : क्या ईश्वर से वार्त्तालाप संभव है?

उत्तर : मैंने इस पुस्तक के अनेक विषयों में ऐसा उल्लेख किया है कि ध्यानावस्था में मैंने ईश्वर से वार्त्तालाप किया है और इससे पाठकगण कुछ संशय की स्थिति में भी हो सकते हैं। वस्तुतः जब पूर्णतः प्रत्येक प्रकार के रिश्तों, स्वयं की पहचान और अहम् से परे होकर शून्यावस्था में ध्यानस्थ होते हैं तो उस समय स्वतः ही स्वयं के ही अंदर

से निरपेक्षतापूर्वक जवाब आते हैं। ठीक उसी समय ईश्वर अंश स्वतः ही आभासित होने लगता है। प्रत्येक व्यक्ति के अंदर ईश्वर अंश विराजमान है आवश्यकता तो यह है कि हमें उसे आभासित करना है।

प्रश्न : हम कैसा जीवनयापन करें?

उत्तर : इसके लिए इस पुस्तक को पूर्णतः पढ़ना होगा। संक्षिप्त में यह है कि निश्छलता, निष्कपटता, सकारात्मकता, व्यवहार में पारदर्शिता, प्रेममय होना आदि ईश्वरीय गुण हैं और जिस व्यक्ति में इन गुणों की प्रधानता होगी, उसी अनुसार वह ईश्वर के निकट होगा। इन गुणों की जीवंतता हमें अपने अंदर आभासित करनी होगी। हमें स्वयं के साथ पारदर्शी एवं ईमानदार होना होगा। मन, वचन और कर्म में यदि एकरूपता है तो पारदिर्शिता स्वतः प्रस्फुटित होने लगेगी। व्यवहारिक जीवन की नाटकीय कलाबाजियों के कारण क्षणिक प्राप्त हुई सफलता को उपलब्धि मानकर अंततः हम भ्रम के सागर में ही डूबे रहते हैं।

प्रश्न : हम चिंतित क्यों रहते हैं?

उत्तर : जिसका जितना बड़ा 'कल' है, वह उतना ही चिंतित रहेगा। प्रत्येक व्यक्ति का 'कल' उसका अपना व्यक्तिगत और पृथक्-पृथक् है। किसी का 'कल' उसकी अपनी निजी भविष्य की कोई उपलब्धि या संपूर्ण जीवन तक सीमित है, किसी का 'कल' अगली एक पीढ़ी तक सीमित है और किसी का 'कल' अगली सात पीढ़ियों तक का उसने फैलाकर रखा है। जिसका जितना लंबा विशाल 'कल' है, वह उतना ही चिंतित है। कहने का तात्पर्य यह है कि हमें अपना 'कल' कम-से-कम एक निश्चित समय का निर्धारित करना चाहिए और इस निर्धारण में संतुष्टि व ठहराव होना आवश्यक है। मृत्यु हुई और शरीर नष्ट हुआ, फिर सबकुछ समाप्त, काहे का 'कल'? काहे का सुख और काहे का दुःख? परंतु इतना अवश्य है कि जिन्होंने मानसिक रूप से अपना एक लंबा विशाल 'कल' निर्मित कर रखा था, वे चैन से नहीं जी पाए। समस्त जीवन चिंतित ही बने रहे।

प्रश्न : कहा जाता है कि मूड ठीक नहीं है। ये क्या बला होती है?

उत्तर : किन्हीं लोगों में 'मन' की यह एक टेंडेंसी निर्मित होती है। कुछ लोग हमेशा यह अपेक्षा करते हैं कि संपूर्ण संसार उनके अनुसार संचालित हो। समस्त परिस्थितियाँ उन्हीं के अनुकूल हों और ऐसा यदि नहीं होता है तो यह देखने को मिलता है कि वे स्वयं के किसी निजी कारण या स्वयं की असफलता के कारण भिन्ना रहे हैं, घुन्ना रहे हैं, झुँझला रहे हैं अथवा कभी-कभी तो उन्हें स्वयं भी ज्ञात नहीं होता है कि उनके मूड खराब होने का कारण क्या है? इस प्रकार के मूड खराब होने के कारण ऐसे लोग स्वयं के साथ-साथ दूसरों का नुकसान करते हैं। वस्तुतः ईश्वर का वास प्रसन्न व प्रफुल्लित मन में ही होता है।

प्रश्न : यह देखने में आता है कि कुछ दुष्ट लोग बड़े मजे कर रहे हैं, चैन में हैं, जबकि सदाचारी, सत्य के मार्ग का आचरण करनेवाले दुःख व किसी-न-किसी कष्ट में जीवनयापन करते देखे जाते हैं। ऐसा क्यों?

उत्तर : देखिए, इसी को कर्म-बंधन कहते हैं। जन्म-जन्मांतर से प्रत्येक व्यक्ति के कर्मों का लेखा-जोखा उसके साथ चलता रहता है। इस विषय को भी मैंने 'सुख और दुःख नजरिए का अंतर' अध्याय में वर्णित किया है। श्रीमद्भगवतगीता में भी भगवान् श्रीकृष्ण के कर्मयोग का सिद्धांत बताया गया है। पूर्व में किए गए कर्मों के परिणाम हम आज हैं, पूर्व से तात्पर्य पिछला जन्म भी शामिल है और वर्तमान में किए जा रहे कर्मों का परिणाम आगे दिखनेवाला है। प्रत्येक परिस्थिति के हम स्वयं ही जिम्मेदार हैं। चरक संहिता का एक सूत्र है—

दैवं पुरा यत् कृतमुच्यते तत्, तत्पौरूषं यत्त्विह कर्मदृष्टम्।
प्रवृत्तिहेतुर्विषमः स दृष्टो, निवृत्तिहेतुर्हि समः स एव॥

तात्पर्य यह है कि पूर्व जन्म में किए गए कर्म-फल को भाग्य कहा जाता है और इस जन्म में किए जा रहे कर्म को पुरुषार्थ माना जाता है। इन दोनों समय में किए गए कर्मों में यदि विषमता है तो रोग, अर्थात् दुःखों की उत्पत्ति होती है तथा अनुकूलता होने पर दुःखों से निवृत्ति होती है। अनुकूलता से तात्पर्य सत्कर्मों की समानता से है। पूर्वजन्म में सत्कर्म किए हैं, पुरुषार्थी रहे हैं तो सुख मिलनेवाला है, परंतु पूर्वजन्म में तो सत्कर्म किए हैं और इस जन्म में कुकर्म किए जा रहे हैं तो निश्चित ही जब तक पिछले सत्कर्मों का घड़ा भरा है, तब तक सुख भोग लो, फिर तो दुःख भोगना ही है। इसके विपरीत यदि पूर्व-जन्मों में कुकर्म किए गए हैं और इस जन्म में सत्कर्म व पुरुषार्थ हैं, तो अभी दुःख भोग लो, फिर आगे सुख-ही-सुख है, अतः स्पष्ट है कि सदाचारी व्यक्ति शुभ कर्म करते हुए यदि रोगी और दुःखी है, इसी प्रकार दुराचारी यदि स्वस्थ व सुखी है तो निश्चित ही वह कर्म-फल का भोग कर रहा है।

प्रश्न : आध्यात्मिक ज्ञान अर्जित होना ही क्या अध्यात्म में समाहित हो जाना है?

उत्तर : लोगों में अध्यात्म के दो स्वरूप मिलते है, एक है ज्ञान और दूसरा है आभास या अनुभव। पुस्तकों के माध्यम से अध्ययन करते हुए अथवा सुनते-सुनते व्यक्ति ज्ञानी हो सकता है, विद्वान् हो सकता है, वक्ता हो सकता है, लेकिन यह अधूरा अध्यात्म है और लक्ष्य तक पहूँचने का केवल रास्ता है। यह ठीक ऐसे ही है कि जैसे तैरने की समस्त प्रक्रिया पुस्तकों में तो पढ़ ली है, लेकिन तालाब के पानी में उतर नहीं रहे हैं। तैरने का सिर्फ किताबी ज्ञान है। वस्तुतः अध्यात्म तो आभास और अनुभव का विषय है। इसमें डूबना होगा, ठहरना होगा, समझना होगा, आभासित होना होगा, तभी इसका ज्ञान सारगर्भित है। एक बात और, यह विषय आम नहीं है, खास है। जिनका हृदय स्थल सूखा

है, नीरस है, संवेदनहीन है, पारदर्शी नहीं है, ऐसे व्यक्तियों को सामान्यतया अपने स्वजनों से जुड़ने में कठिनाई होती है, तब फिर परमात्मा और उस महाशक्ति से जुड़ने का तो सवाल ही नहीं उठता हैं। हृदय में भाव की प्रधानता आवश्यक है। जुड़ना ही तो योग है।

प्रश्न : जीवन की यथार्थता क्या है?

उत्तर : जीवन की वास्तविकता और सत्य के आईने से हम सामान्यतया विमुख रहते हैं। इसे अध्यात्म के माध्यम से ही समझा जा सकता है। चिंतन करिए कि 'मेरे शरीर व मन के द्वारा अभी तक जो भी कर्म हुए हैं या हो रहे हैं, वे सभी मेरे प्रारब्ध के परिणाम हैं। इस जन्म में या पूर्व जन्म में किए गए कर्म और कर्मों के परिणाम में निहित रही मेरी आसक्ति व उसके प्रति मेरे इन्वॉल्वमेंट के परिणामस्वरूप मेरा प्रारब्ध बना है। उसी के कारण मैं और मेरा वर्तमान सामने है। प्रारब्ध अच्छा है या बुरा, परंतु उसका कारक मैं ही तो हूँ।' वस्तुतः प्रारब्ध ही भोग है। हम प्रारब्ध से जुड़े हैं और इसीलिए जन्म है और मृत्यु है, सुख है और दुःख है।

प्रश्न : क्या ऐसा नहीं हो सकता कि प्रारब्ध का निर्माण ही न हो?

उत्तर : हो सकता है। इस धारणा हो अवतरित करना होगा, इसमें संशयरहित होकर डूबना होगा कि 'मैं कभी कोई कर्म नहीं करता। परमात्मा द्वारा मेरे शरीर व मन के माध्यम से कर्म कराया जा रहा है। मैं केवल माध्यम हूँ। मैं एक मशीनी पुरजा की तरह हूँ और इसका स्विच उस महाशक्ति के पास है, जिसके लिए और जिसके द्वारा मुझसे कर्म कराया जा रहा है। उसकी इच्छा है तभी मैं साँस ले पा रहा हूँ, दैनिक कार्यों व कर्मक्षेत्र के कार्य कर पा रहा हूँ। अन्यथा मेरी इच्छा मात्र से सबकुछ होता तो मैं तो दुनिया का बादशाह बनना चाहता हूँ। मुझे मेरे कर्मों के परिणाम से कोई सरोकार नहीं है। जीत हो या हार, सफलता मिले या असफलता, सम्मान मिले या अपमान, सबकुछ उस महाशक्ति के खाते का है। जो भी प्राप्त है या प्राप्य है, उसी का है। मैं किस तरह रहूँ, यह जिम्मेदारी मेरी नहीं है, यह परमात्मा के जिम्मे का काम है, क्योंकि उसी ने मुझे पृथ्वी पर भेजा है। न तो मेरा जन्म मेरी इच्छा से हुआ और न ही मेरी मृत्यु मेरी इच्छा के आधीन है। मैं पूर्णतः परमात्मा के आधीन हूँ, लेकिन अकर्मण्य नहीं हूँ। पुरुषार्थी हूँ, क्योंकि उसने कर्म के लिए ही भेजा है।' निष्कर्ष यही है कि कर्म करने में सकारात्मकता और परिणाम जानने में निरपेक्षता होनी चाहिए।

प्रश्न : मुक्त कैसे हो पाऊँगा?

उत्तर : चिंतन की दिशा बदलनी होगी। 'मुझे न किसी से लगाव है और न किसी से बिलगाव! न किसी से जुड़ा हूँ और न किसी से छूटा हूँ! निःस्वार्थ भाव से सभी मेरे हैं और मैं सभी का हूँ! कोई मेरा नहीं है और मैं किसी का नहीं हूँ! यदि किसी प्रक्रिया से पिछले जन्मों को देख सकूँ तो अनेक पिता, अनेक माताएँ, अनेक पत्नियाँ, अनेक पुत्र

पुत्रियाँ, अनेक भाई, अनेक मित्र, अनेक दुश्मन, ये सभी मेरे पूर्व के जन्मों में थे, उन्हें प्रत्येक जन्म में छोड़ता रहा हूँ और छोड़ता रहूँगा। न मुझे वो याद हैं और न ही उन्हें मैं याद हूँ। न मुझे यह ज्ञात है कि वे अब कहाँ हैं और न ही उन्हें यह ज्ञात है कि मैं अब यहाँ हूँ, अब वर्तमान मेरे समक्ष है। समय निरंतर चलायमान है। मृत्यु के पश्चात् किसी को यह ज्ञात नहीं रहेगा कि मैं कहाँ हूँ और न ही मुझे इनका स्मरण या आभास रहेगा। सबकुछ अस्थायी है। कितना बड़ा भ्रम लेकर ढो रहा हूँ। यदि मेरी यही सुंदर सूरत स्वरूप सत्य है तो एक्स-रे मशीन के सामने खड़ा हो जाता हूँ, तब कैसा दिखता हूँ ? तब क्यों डर जाता हूँ ? वह भी तो मैं ही हूँ। वह सत्य क्यों नहीं है ? यदि वह सत्य नहीं है तो यह स्वरूप भी सत्य नहीं है। मेरे पद, ओहदे, स्टेटस परिवर्तनशील हैं, स्थायी नहीं हैं, अत: असत्य हैं। ओह···मैं असत्य को लेकर ढो रहा हूँ। सत्य से विमुख हूँ। मैं पूर्णत: स्वतंत्र हूँ, शाश्वत हूँ। न मरता हूँ, न जन्म लेता हूँ। केवल कपड़े बदलता हूँ। अनेकों-अनेक जन्मों में मेरे कपड़े नौ महीनों में किसी-न-किसी माँ के गर्भ में बनते रहे हैं और मेरा दर्जी ? परमात्मा ही मेरा दर्जी है, जैसे भी कपड़े उसने बना दिए, वही पहने हुए हूँ। ओह···फिर भी अपने कपड़ों पर छद्म घमंड करता हूँ ?'

□□□